金毓黻等 编

文溯閣四庫全書提要

三

子部

中華書局

本册目録

欽定四庫全書提要卷四十九

子部一

儒家類一

孔子家語

臣等謹案孔子家語十卷魏王肅注肅自序云鄭氏學行五十載矣義理不安違錯者多是以奪而易之孔子二十二世孫有孔猛者家有其先人之書昔相從學頃還家方取以來與予所論有若重規疊矩考漢書藝文志有孔子家語二十七卷顏師古注云非今所有家語禮樂記稱舜彈五弦之琴以歌南風鄭注其詞未聞王肅聖證論引家語阜財解慍之詩以難康成孔穎達疏亦云家語不足據故王柏家語考曰四十四篇之家語乃王肅自取左傳國語荀孟二戴記割裂織成之孔衍之序亦王肅自爲也獨史繩祖學齋佔畢曰大戴一書雖列之十四經然其書大抵雜取家語之書分析而爲篇目其公冠篇載成王

冠祝辭內有先帝及陛下字周初豈曾有此家語止稱王字當以家語爲正今考陛下離顯先帝之光曜已下篇內已明云孝昭冠辭繼祖誤連爲祝雍之言殊未之考蓋王肅襲取公冠篇爲冠頌已誤合孝昭冠辭于成王冠辭故删去先帝陛下字竄改王字家語襲大戴非大戴襲家語就此一條亦其明證其割裂他書亦往往類此反覆考證其出于王肅無疑特其流傳既久且遺文軼事往往多見于其中故自唐以來知其僞而不能廢也其書自明以來傳本頗稀故何孟春注自云未見王肅本王鏊震澤長語亦稱家語今本爲近世妄庸所删削惟有王肅注者今本所無多具焉則亦僅見之也閩徐興公家有王肅注家語中缺二十餘頁毛晉家亦有宋刻王肅注者與興公藏本稍異憾不能合毛徐二本對校刊行今徐本不知存佚此本則毛晉所校刊較之坊刻猶爲近古者矣乾隆四十七年九月恭校上

臣等謹案荀子二十卷趙人荀況撰亦曰荀卿漢人或稱曰孫卿宣帝諱洵以同音避也漢志儒家載荀卿三十三篇王應麟考證謂當作三十二篇劉向校書序錄稱孫卿書凡三百二十三篇以相校除重複二百九十篇定著三十三篇爲十二卷題曰新書唐楊倞分易舊第編爲二十卷復爲之註更名荀子即今本也考劉向序錄卿以齊宣王時來游稷下後仕楚春申君死而卿廢然史記六國年表載春申君死上距宣王之末凡八十七年史記稱卿年五十始游齊則春申君死之年卿當一百三十七矣於理不近晁公武讀書志謂史記所云年五十爲十五之譌意或然也宋濂荀子書後又以爲襄王時游稷下亦未詳所本況之著書主於明周孔之敎崇禮而勸學惟其恐人恃質不學遂創爲性惡之說又疾諸儒之横議故非十二子一篇併子思孟子而排之遂爲後人口實實則不悖於聖人未可盡非也韓愈謂其大醇而小疵其論當矣楊倞爲註亦多詳洽見唐藝文志以倞爲楊汝士子而宰相世系表則載楊汝士三子

一名知温一名知遠一名知至無名㝩者不知何以互異也乾隆四十七年四

月恭校上

孔叢子

臣等謹案孔叢子三卷孔子八世孫鮒撰鮒字子魚仕陳涉爲博士嘗蒐輯仲

尼而下子上子高子順之言行列爲六卷凡二十一篇漢孝武朝太常孔臧以

其所著賦與書上下二篇合爲一卷綴之于末名曰連叢統名之曰孔叢子蓋

言有善而叢聚之也晁公武云漢志無孔叢子儒家有孔臧十篇雜家有孔甲

盤盂書二十六篇今考獨治篇載鮒或稱孔甲意者孔叢子即孔甲盤盂連叢

即孔臧書歟朱子語錄又謂其文氣軟弱不似西漢文字蓋其後人集先世遺

文而成之者然唐書藝文志所載小爾雅即此書第十一篇李軌嘗註而別行

之則其來已久矣書凡二十三篇與通考所載同舊作七卷此分上中下卷不

知何人所併也乾隆四十七年八月恭校上

新語

臣等謹案新語二卷舊本題漢陸賈撰案漢書賈本傳稱著新語十二篇漢書藝文志儒家陸賈二十七篇蓋兼他所論述記之隋志則作新語二卷此本卷數與隋志合篇數與本傳合似爲舊本然漢書司馬遷傳稱遷取戰國策楚漢春秋陸賈新語作史記楚漢春秋張守節正義猶引之今佚不可考戰國策取九十三事皆與今本合惟是書之文悉不見于史記王充論衡本性篇引陸賈曰天地生人也以禮義之性人能察己所以受命則順順謂之道今本亦無其文又穀梁傳至漢武帝時始出而道基篇末乃引穀梁傳曰時代尤相牴牾其殆後人依託非賈原本歟考馬總意林所載皆與今本相符李善文選註于司馬彪贈山濤詩引新語曰楩柟仆則爲世用於王粲從軍詩引新語曰聖人承天威承天功與之爭功豈不難哉於陸機日出東南隅行引新語曰高臺百仞於古詩第一首引新語曰邪臣之蔽賢猶浮雲之蔽日月於張載雜詩第七首

引新語曰建大功于天下者必垂名于萬世也以今本核校雖文句有詳略異同而大致亦悉相應似其僞猶在唐前惟玉海稱陸賈新語今存于世者道基術事輔政無爲資賢至德懷慮纔七篇此本十有二篇乃反多于宋本爲不可解或後人因不完之本補綴五篇以合本傳舊目也今但據其書論之則大旨皆崇王道黜霸術歸本於修身用人其稱引老子者惟思務篇引上德不德一語餘皆以孔氏爲宗所援據多春秋論語之文漢儒自董仲舒外未有如是之醇正者流傳既久其眞其贋存而不論可矣所載衛公子鱄奔晉一條與三傳皆不合莫詳所本中多闕文亦無可校補所稱文公種米曾子駕羊諸事劉晝新論馬總意林皆全句引之知無訛誤然皆不知其何說又據犂嗝報之語訓詁亦不可通古書佚亡今不盡見闕所不知可也乾隆四十七年九月恭校上

新書

臣等謹案新書十卷漢賈誼撰漢書藝文志儒家有賈誼五十八篇崇文總目

云本七十二篇劉向删定爲五十八篇隋唐志皆九卷別本或爲十卷考今隋唐志皆作十卷無九卷之說蓋校刋隋書唐書者未見崇文總目反據今本追改之明人傳刻古書往往如是不足怪也然今本僅五十六篇又問孝一篇有錄無書實五十五篇已非北宋本之舊又陳振孫書錄解題稱首載過秦論末爲弔湘賦且略節誼本傳於第十一卷中今本雖首載過秦論而末無弔湘賦亦無附錄之第十一卷且併非南宋時本矣其書多取誼本傳所載之文割裂其章段顛倒其次序而加以標題殊瞀亂無條理朱子語錄曰賈誼新書除了漢書中所載餘亦難得粹者看來只是賈誼一雜記稾耳中間事事有些個陳振孫亦謂其非漢書所有者輒淺駁不足觀決非誼本書今考漢書誼本傳贊稱凡所著述五十八篇掇其切於世事者著於傳應劭漢書註亦於過秦論下注曰賈誼書第一篇名也則本傳所載皆五十八篇所有足爲顯證贊又稱三表五餌以係單于顏師古註所引賈誼書與今本同又文帝本紀註引賈誼書

衛侯朝於周周行人問其名亦與今本同則今本即唐人所見亦足爲顯證然決無摘錄一段立一篇名之理亦決無連綴十數篇合爲奏疏一篇上之朝廷之理疑誼過秦論治安策等本皆爲五十八篇之一後原本散佚好事者因取本傳所有諸篇離析其文各爲標目以足五十八篇之數故餖飣至此其書不全眞亦不全僞雖殘闕失次要不能以斷爛棄之矣乾隆四十七年五月恭校上

鹽鐵論

臣等謹案鹽鐵論十二卷漢桓寬撰寬字次公汝南人宣帝時舉爲郎官至廬江太守丞昭帝始元六年詔郡國舉賢良文學之士問以民所疾苦皆請罷鹽鐵榷酤御史大夫桑弘羊等建議相詰難寬集其所論爲書凡六十篇篇各標目實則反覆問答諸篇皆首尾相屬後罷榷酤而鹽鐵則如舊故寬作是書惟以鹽鐵爲名蓋惜其議不盡行也書末雜論一篇述汝南朱子伯之言記賢良

茂陵唐生文學魯萬生等六十餘人而最推中山劉子雍九江祝生于桑弘羊車千秋深致微詞蓋其著書之大旨所論雖食貨之事而言多述先王稱六經故諸史皆列之儒家明嘉靖癸丑華亭張之象爲之注無所發明然事實亦略具梗槩云乾隆四十七年九月恭校上

新序

臣等謹案新序十卷漢劉向撰向字子政初名更生以父任爲輦郎歷官中壘校尉事蹟具漢書本傳案班固漢書藝文志稱向所序六十七篇新序說苑世說列女傳頌圖也隋書經籍志新序三十卷錄一卷唐書藝文志亦同曾鞏校書序則云今可見者十篇鞏與歐陽修同時而所言卷帙懸殊蓋修志皆據唐時全本爲言鞏所校錄則宋初殘闕之本也晁公武謂曾子固綴輯散逸新序始復全者誤矣此本雜事五卷刺奢節士義勇各一卷善謀二卷即曾鞏校定之舊崇文總目云所載皆戰國秦漢間事以今考之春秋時事尤多漢事不過

數條大抵採百家傳記以類相從故頗與春秋内外傳戰國策太史公書互相出入高似孫子略謂先秦古書甫脱燼劫一入向筆采擷不遺至其正紀綱迪教化辨邪正黜異端以爲漢規監者盡在此書其言雖推崇已甚要其推明古訓以衷之于道德仁義在諸子中猶不失爲儒者之言也葉大慶考古質疑摘其昭奚恤對秦使者一條所稱司馬子反在奚恤前二百二十年葉公子高令尹子西在奚恤前一百三十年均非同時之人又摘其誤以孟子論好色好勇爲對梁惠王皆切中其失至大慶謂黍離乃周詩新序誤云衛宣公之子壽閔其兄且見害而作則殊不然向本學魯詩而大慶以毛詩繩之其不合也固宜是則未考漢儒專門授受之學矣乾隆四十七年九月恭校上

說苑

臣等謹案說苑二十卷漢中壘校尉劉向撰成帝時向典祕書因采傳記百家之言可爲法戒者以類相從凡二十篇隋唐志皆同崇文總目云今存者五篇

餘皆亡曾鞏校書序云得十五篇於士大夫家與舊爲二十篇晁公武讀書志云劉向說苑以君道臣術建本立節貴德復恩政理尊賢正諫法誡善說奉使權謀至公指武叢談雜言辨物修文爲目陽嘉四年上之闕第二十卷曾子固所得之二十篇正是析十九卷作修文上下篇耳案今本第十法誡篇作敬慎而修文篇後有反質篇陸游渭南集記李德芻之言謂得高麗所進本補成完書則宋時已有此本公武蓋偶未見也乾隆四十七年四月恭校上

揚子法言

臣等謹案揚子法言十卷漢揚雄撰宋司馬光集注考漢書藝文志儒家揚雄所序三十八篇注曰法言十三雄本傳具列其目曰學行第一吾子第二修身第三問道第四問神第五問明第六寡見第七五百第八先知第九重黎第十淵騫第十一君子第十二孝至第十三凡所列漢人著述未有若是之詳者蓋當時甚重雄書也自程子始謂其蔓衍而無斷優柔而不決蘇軾始謂其以艱

深之詞文淺易之說至朱子作通鑑綱目始書莽大夫揚雄死雄之人品著作遂皆爲儒者所輕若北宋之前則大抵以爲孟荀之亞故光作潛虚以擬太玄而又採諸儒之說以注此書考自漢以來有侯芭注六卷宋衷注十三卷李軌解一卷辛德源注二十三卷又有柳宗元注宋咸廣注吳祕注至光之時惟李軌柳宗元宋咸吳祕之注存故光裒合四家增以己意而爲此注也乾隆四十七年十一月恭校上

潛夫論

臣等謹案潛夫論十卷漢王符撰符字節信安定臨涇人後漢書本傳稱和安之後世務游宦當途者更相薦引而符獨耿介不同于俗以此遂不得升進志意藴憤乃隱居著書三十餘篇以譏當時得失不欲章顯其名故號曰潛夫論今本凡三十五篇合序錄爲三十六篇蓋猶舊本卷首讚學一篇論勵志勤修之旨卷末五德志篇述帝王之世次志氏姓篇考譜牒之源流其中卜列正列

相列夢列四篇亦皆雜論方技不盡指陳時政范書所云舉其著書大旨爾符生卒年月不可考本傳之末載度遼將軍皇甫規解官歸里符往謁見事規解官歸里據本傳在延熹五年則符之著書在桓帝時故所說多切漢末弊政惟桓帝時皇甫規段熲張奐諸人屢與羌戰而其救邊邊議二篇乃以避寇爲憾殆以安帝永初五年嘗徙安定北地郡順帝永建四年始還舊治至永和六年又内徙符安定人故就其一鄉言之耶然其謂失涼州則三輔爲邊三輔内入則弘農爲邊弘農内入則洛陽爲邊推此以相況雖盡東海猶有邊則灼然明論足爲輕棄邊地之炯鑒也乾隆四十七年九月恭校上

申鑒

臣等謹案申鑒五卷漢荀悦撰悦字仲豫潁川潁陰人淑之孫爽之兄子也獻帝時官祕書監侍中後漢書本傳稱悦侍講禁中見政移曹氏志在獻替而謀無所用乃作申鑒五篇其所論辨通見政體既成奏上帝覽而善之其書見于

隋經籍志唐藝文志者皆五卷卷爲一篇一曰政體二曰時事皆制治大要及時所當行之務三曰俗嫌皆禨祥讖緯之説四曰雜言上五曰雜言下則皆泛論義理頗似揚雄法言後漢書取其政體篇爲政之方一章時事篇正當主之制復内外注記二章載入傳中又稱悦别有崇德正論及諸論數十篇今並不傳惟所作漢紀及此書尚存于世漢紀文約事詳足稱良史而此書剖析事理深切著明蓋由其原本儒術故所言皆不詭于正也明正德中吴縣黄省曾嘗爲之注凡萬四千餘言引據博洽多得悦旨其于後漢書所引間有同異者亦並列其文于句下以便考訂然如政體篇眞實而已句今本後漢書實作定不肅而治句今本後漢書治作成而省曾均未之及則亦不免于偶疎也乾隆四十七年十月恭校上

中論

臣等謹案中論二卷魏徐幹撰幹字偉長北海劇人建安中爲司空軍謀祭酒

掾屬五官將文學事蹟附見魏志王粲傳末及裴松之注所引先賢行狀中是書隋唐志皆作六卷隋志又注云梁目一卷崇文總目亦作六卷而晁公武讀書志陳振孫書錄解題則作二卷與今本合蓋宋人所合併也書凡二十篇大都闡發義理原本經訓而歸之於聖賢之道故前史皆列之儒家曾鞏校書序云始見館閣中論二十篇及觀貞觀政要太宗稱嘗見幹中論復三年喪篇今書獨闕又考之魏志文帝稱幹著中論二十餘篇乃知館閣本非全書而晁公武又稱李獻民所見別本實有復三年制役二篇是其書在宋時尚未盡殘闕鞏特據館閣不全本著之於錄相沿既久所謂別本者不可復得於是二篇遂終佚不存又書前有原序一篇不題名字陳振孫以爲幹同時人所作今驗其文猶出漢人手筆知振孫所言爲不誣惟魏志稱幹卒於建安二十二年而序乃作二十三年二月與史頗異似當以此序爲得其實云乾隆四十七年五月恭校上

傅子

臣等謹案傅子晉司隸校尉鶉觚子北地傅玄撰晉書本傳稱玄撰論經國九流及三史故事評斷得失各爲區例名爲傅子爲內外中篇凡有四部六録合百四十首數十萬言行世玄初作內篇成以示司空王沈沈與玄書曰省足下所著書言富理濟經綸政體存重儒教足以塞楊墨之流遁齊孫孟于往代其爲當時所重如此隋書經籍志唐書藝文志皆載有傅子一百二十卷是唐世其書尚完至宋而崇文總目所録止存二十三篇較之原目已亡一百一十七篇故宋藝文志僅載有五卷其後惟尤袤遂初堂書目尚見其名至元明以後藏書家遂絶無著録者蓋傳本久佚世所見者獨藝文類聚太平御覽諸書所引寥寥數條而已今檢永樂大典中散見頗多且所標篇目咸在謹采掇裒次得文義完具者十有二篇曰正心曰仁論曰義信曰通志曰舉賢曰重爵禄曰禮樂曰貴教曰檢商賈曰校工曰戒言曰假言又文義未全者十二篇曰問政

曰治體曰授職曰官人曰曲制曰信直曰矯違曰問刑曰安民曰法刑曰平役賦曰鏡總敍篇目視崇文總目較多其一疑問刑法刑本一篇而永樂大典誤分爲二其宋志五卷原第已不可考謹依文編綴總爲一卷其有大典失載篇目及他書所徵引者復蒐輯得四十餘條當即前篇闕佚之文顧未敢以意附會則别爲附錄繫之于後晉代子家今傳于世者惟張華博物志干寶搜神記葛洪抱朴子嵇含草木狀戴凱之竹譜尚存然博物志搜神記皆經後人竄改已非原書草木狀竹譜記錄瑣屑無關名理抱朴子又多道家詭誕之說不能悉軌于正獨玄此書所論皆關切治道闡敵儒風精意名言往往而在以視論衡昌言皆當過之惜其全本世已無存而殘編斷簡收拾于缺爛之餘者尚得以考見其什一是亦可爲寶貴也乾隆四十七年十月恭校上

中說

臣等謹案中說十卷舊本題隋王通撰唐志文中子中說五卷通考及玉海則

作十卷與今本合晁公武郡齋讀書志嘗辨通以開皇四年生李德林以開皇十一年卒通方八歲而有德林請見歸援琴鼓蕩之什門人皆沾襟事關朗以太和丁巳見魏孝文帝至開皇四年通生已相隔一百七年而有問禮于朗事薛道衡以仁壽二年出爲襄州總管至煬帝即位始召還又隋書載道衡子收初生即出繼族父儒及長不識本生而有仁壽四年通在長安見道衡道衡語其子收事洪邁容齋隨筆又辨唐書載薛收以大業十三年歸唐而世家有江都難作通有疾召薛收共語事王應麟困學紀聞亦辨唐會要載武德元年五月始改隋太興殿爲太極殿而書中有隋文帝召見太極殿事皆證以史傳牴牾顯然然大旨要不甚悖于理且摹擬聖人之語言自揚雄始猶未敢冒其名摹擬聖人之事迹則自通始乃併其名而僭之後來聚徒講學釀爲朋黨以至禍延宗社者通實爲之先驅坤之初六履霜堅冰姤之初六繫于金柅錄而存之亦足見儒風變古其所由來者漸也乾隆四十七年十月恭校上

帝範

臣等謹案帝範四卷唐貞觀二十二年太宗文皇帝御撰以賜太子者也新舊唐書皆云四卷晁公武讀書志僅載六篇陳振孫書錄解題亦題曰一卷此本載永樂大典中凡一十二篇首尾完具後有元吳萊跋謂征雲南僰夷時始見完書考其事在泰定二年蓋此書南宋佚其半至元乃復得舊本故明初轉有全文也唐書藝文志載有賈行注而舊唐書敬帝本紀稱寶歷二年祕書省著作郎韋公肅注是書以進特賜錦綵百疋是唐時已有二注今本注無姓名觀其體裁似唐人注經之式而其中時稱楊萬里呂祖謙之言蓋元人因舊注而補之其詞雖不免冗贅而援引頗爲詳洽足資參考惟傳寫多所脫誤謹旁考諸書一一釐訂各附案語于下方仍依舊史釐爲四卷以復其舊焉乾隆四十七年十月恭校上

續孟子

臣等謹案續孟子二卷唐林慎思撰慎思字虔中長樂人咸通十年進士十一年又中宏詞拔萃魁授祕書省校書郎興平尉尋除尚書水部郎中守萬年縣令黃巢之亂抗節不屈死崇文總目及鄭樵通志藝文略皆載是書二卷與今本合崇文總目載慎思之言曰孟子七篇非軻自著書而弟子共記其言不能盡軻意因傳其說演而續之今觀其書十四篇大抵因孟子之言推闡以盡其義獨其不自立論而必假借姓氏類乎莊列之寓言又如與民同樂本莊暴齊王之事而移于陽章之樂正子魯君義頗無取然其委曲發明亦時有至理不可廢也昔揚雄作太玄以擬易王通作中說以擬論語儒者皆有僭經之譏蔡沈作洪範九疇數　御纂性理精義亦惡其僭經斥之不錄慎思此書頗蹈此弊然唐時孟子不號爲經故馬總意林與諸子之書並列而韓愈亦與荀揚並稱固不能以後來論定之制爲慎思責矣乾隆四十七年九月恭校上

伸蒙子

臣等謹案伸蒙子三卷唐林慎思撰前有慎思自序曰舊著儒範七篇辭艱理僻不爲時人所知復研精覃思一旦齋沐禱心靈是宵夢有異焉明日召蓍祝之得蒙之觀曰伸蒙入觀通明之象也因自號伸蒙子又曰嘗與二三子辨論興亡敷陳古今編成上中下三卷槐里辨三篇象三才敘天地人之事澤國紀三篇象三人敘君臣人之事（案唐人避太宗諱故以君臣民爲君臣人）時喻二篇象二致敘文武之事今觀其書上卷設爲干祿先生知道先生求己先生問答中卷設爲弘文先生如愚子盧乳子問答下卷則自抒己說惟上卷喻時一篇釋仲尼小天下之義詞不近理其餘皆持論醇正非唐時天隱無能諸子所可彷彿崇文總目列之儒家蓋爲不忝惟其所列六人之名書干祿爲岸䅝書知道爲泇遒書求己爲秝砐書弘文爲虢敉書如愚爲籹糲書盧乳爲虘甃而各注所以增改偏傍之故皆怪而近妄是則好奇之過矣乾隆四十七年九月恭校上

素履子

臣等謹案素履子三卷唐張弧撰其書新唐書藝文志晁公武讀書志陳振孫書錄解題尤袤遂初堂書目皆未著錄惟鄭樵藝文略宋史藝文志有之蓋其詞義平近出於後代不能與漢魏諸子抗衡故自宋以來不甚顯於世宋濂作諸子辨亦未之及然其援引經史根據理道要皆本聖賢垂訓之旨而歸之於正亦儒家者流也弧唐書無傳宋晁説之謂世所傳子夏易傳乃弧僞作舊題其官爲將仕郎試大理寺評事而里貫已不可考藝文略及宋志皆作一卷今本三卷殆後人所分也乾隆四十七年五月恭校上

家範

臣等謹案家範十卷宋司馬光撰光所著溫公易説諸書已別著錄是書見於宋史藝文志文獻通考者卷目俱與此相合蓋猶當時原本自顔之推作家訓以教子弟其議論甚正而詞旨氾濫不能盡本諸經訓至狄仁傑著有家範一卷史志雖載其目而書已不傳光因取仁傑舊名別加甄輯以示後學準繩首

載周易家人卦辭大學孝經堯典詩思齊篇語則即其全書之序也其後自治家至乳母凡十九篇皆雜採史傳事可爲法則者亦間有光所論說與朱子小學義例差異而用意略同其節目備具切於日用簡而不煩實足爲儒者治行之要朱子嘗論周禮師氏云至德以爲道本明道先生以之敏德以爲行本司馬溫公以之觀於是編其型方訓俗之規尤可以概見矣乾隆四十七年二月恭校上

帝學

臣等謹案帝學八卷宋范祖禹撰祖禹有唐鑑已著錄是書元祐初祖禹在經筵時所進皆纂輯自古賢君迨宋祖宗典學事迹由伏羲迄宋神宗每條後間附論斷自上古至漢唐二卷自宋太祖至神宗六卷于宋諸帝敘述獨詳蓋亦本法祖之意以爲啟迪也祖禹初侍哲宗經幄因夏暑罷講即上書論今日之學與不學係他日治亂而力陳宜以進學爲急又歷舉人主正心修身之要言

甚切至史稱其在邇英時守經據正獻納尤多又稱其長于勸講平生論諫數十萬言其開陳治道區别邪正辨釋事宜平易明白洞見底藴雖賈誼陸贄不是過今觀此書言簡義明敷陳剴切實不愧史臣所言雖哲宗惑于黨論不能盡用祖禹之説終致更張初政國是混淆而祖禹忠愛之忱惓惓以防微杜漸爲念觀于是書千載猶將見之矣乾隆四十七年十一月恭校上

儒志編

臣等謹案儒志編一卷宋王開祖撰開祖字景山永嘉人皇祐五年進士試祕書省校書郎佐處州麗水縣既而退居郡城東山設塾授徒年僅三十二而卒其著作亦多湮沒是編乃其講學之語舊無刋本據其原序乃明汪循守永嘉時始爲蒐訪遺佚編輯成帙因當時有儒志先生之稱故題曰儒志編然考宋史藝文志儒家類中有王開祖儒志一卷則非循之所輯或原本殘缺循爲釐訂而刻之歟其書久湮復出眞僞雖不可考然當時濂洛之説猶未大盛講學

者各尊所聞孫復號爲名儒而尊揚雄爲模範司馬光三朝耆宿亦疑孟子而重揚雄開祖獨不涉岐趨相與講明孔孟之道雖其說展轉流傳未必無所附益而風徽人往越數百年官是土者猶爲掇拾其殘帙要必有所受之固異乎王通中說出於子孫之夸飾者矣循字進之休寧人弘治丙辰進士官至順天府通判所著有仁峯集今未見傳本不知存佚惟此書尚行於世云乾隆四十七年十月恭校上

欽定四庫全書提要卷四十九

欽定四庫全書提要卷五十

子部二

儒家類二

太極圖說述解

臣等謹案太極圖說述解一卷西銘述解一卷明曹端撰端字正夫號月川澠池人永樂戊子舉人官霍州學正後改蒲州周子太極圖說張子西銘二篇皆朱子所注端以其尙覺簡奧因列朱子之注于前而句櫛字解爲之疏義以便初學大旨仍以朱子爲歸太極圖說末附詩四首讚一首發明周子之旨又附辨戾一條則以朱子所論太極陰陽語錄與注解互異而考定其說蓋注解出朱子之手而語錄則門人之所記不能無訛端得于朱子者深故能辨微茫不同耳食前有端自序作于宣德戊申惟論太極圖說及以詩讚辨戾附末之意而不及西銘卷末正德辛未黎堯卿跋始兼言二書蓋即堯卿所合編也乾隆

四十七年九月恭校上

通書述解

臣等謹案通書述解二卷明曹端撰端字正夫號月川澠池人永樂六年舉人官霍州學正明史稱其學務躬行實踐而以靜存爲要讀宋儒太極圖說通書西銘歎曰道在是矣篤志研究坐下著足處兩甎皆穿明代醇儒以端與薛瑄爲最而端又開瑄之先是書每章皆總括大意標于題下而逐句爲之訓釋其言皆明正通達極詳悉而不支蔓使淺學見之易解而高論者亦終不能踰前有孫奇逢序及跋其跋言此書而序則言所箋解者爲太極圖說通書西銘三書澠池令張燝合刻之蓋此所刋之一種也其排纂頗無體例刋板亦不遵其法皆以正文與注連書而以方匡界正文每句之上下以爲識別殊混淆難讀今離而析之使注與正文別行以便省覽焉乾隆四十七年九月恭校上

臣等謹案張子全書十四卷附錄一卷宋張載撰載履貫事迹具宋史道學傳考載所著書見於宋史藝文志者有易說三卷正蒙十卷經學理窟十卷文集十卷見於文獻通考者又有西銘集解一卷則趙師俠所輯也此本不知何人所編題曰全書而實非完帙蓋後人選錄之本名以全書殊爲乖舛然明徐時達所刊已是此本 國朝康熙己亥朱軾督學於陝西時得舊稿於其裔孫五經博士繩武家爲之重刊以行者亦即此本則其來已久矣張子之學主於精思自得本不以著作繁富爲長此本所錄雖卷帙無多而去取謹嚴凡橫渠之奥論微言採摭精英業已略備求關中之學者從茲沿溯固亦可以探其淵源也乾隆四十七年四月恭校上

注解正蒙

臣等謹案注解正蒙二卷 國朝李光地撰正蒙一書張子以精思而成故義博詞奥註者多不得其涯涘又章句既繁不免偶有出入或與程朱之說相牴

牾註者亦莫知所從不敢置議光地是書疏通證明多闡張子未發之意又于先儒互異之處如太虛之說與周子太極不同淸神濁形之分爲程子所議太極陰陽爲三之說啟胡氏三角太極之學地有升降一條黃瑞節以爲執四遊舊說又如六經之中釋孟子之過化爲不滯於物釋中庸之敦化爲體厚用神釋易繼善爲不已其善釋論語上智下愚爲習成釋中庸仁者爲生安智者爲學利釋論語空空無知爲無思無爲釋易蒙以養正爲養蒙以正釋論語先進後進爲急行緩行洋洋盈耳爲樂失其次儆之而無憾句以共字屬下釋好勇疾貧章二亂字爲迷繆釋易險阻爲聖德之高堅釋論語素絢後素二素字異義釋詩勿翦勿拜爲拜跪之拜棠棣爲文王之詩而周公有所加晨風爲勞而不休釋禮禘祫之義牽用註疏舊說殤祭之義又改易舊說皆一一别白是非使讀者曉然不疑于明初以來諸家註釋之中可謂善本矣乾隆四十七年九月恭校上

正蒙初義

臣等謹案正蒙初義十七卷　國朝王植撰植有皇極經世解別著錄是編詮釋正蒙于大全所收集釋補註集解外取明高攀龍徐德夫　國朝冉覲祖李光地張伯行之註列程朱諸說之後並採張子經學理窟語錄性理拾遺三書相發明者附錄之而各以己見參訂於後其大旨謂張子見道原從儒釋異同處入手故其言太虚皆與釋氏對照又謂太虚有三義又謂程朱多不滿此書太虚二字然晰其本旨殊塗同歸正不必執程朱諸論以詆之又謂書箋詩序禮疏舊說張子所用爲多今人習見習聞皆程朱遺澤遂咤而怪之但當分別讀之不宜橫生訾議其立論皆持平頗能破門戶之見其謂張子自註惟見于參兩神化至當三十樂器者各一見于王禘者五乾稱者四諸本或以集釋之說誤爲自註又謂十七篇爲蘇昞所傳張子手定李光地本多割裂其辨析皆爲不苟至所稱張伯行註出于他人之假名非所自著云得諸伯行面言亦足

資考訂也乾隆四十七年四月恭校上

二程遺書

臣等謹案二程遺書二十五卷附錄一卷宋二程子門人所記平日聞見問答之語而朱子復次錄之者也自程子既歿已後所傳語錄有李籲呂大臨謝良佐游酢蘇昞劉絢劉安節楊迪周孚先張繹唐棣鮑若雨鄒柄暢大隱諸家其說頗多散亂失次且各隨學者之意其記錄往往不同如語錄載朱子所云游錄語慢上蔡語險劉質夫語簡李端伯語宏肆永嘉諸公語絮者可以得其大概是編乃取家藏善本復以類訪求附益略據所聞歲月先後編第成爲二十五卷又以行狀之屬八篇爲附錄一卷語錄載陳淳問第九卷介甫言律一條何意曰伯恭以凡事皆具惟律不說偶有此律遂漫載之又鄭可學問遺書有古言乾坤不用六子一段如何曰此一段卻主張是自然之理又有一段卻不取云云蓋朱子輯是書於去取之間具有深意不同泛然摭拾故二程之微言

粹旨悉備於此考大全集內有答呂伯恭書稱遺書節本已寫出愚意所删去者亦須用草紙鈔出逐條略注删去之意方見不草草處若暗地删去久遠卻惑人今觀書內如劉安節所錄謹禮者不透須看莊子一條語涉偏矯則注云別本所增又暢大隱所記道豈有可離而不可離一條純入於禪則注云多非先生語亦足以見其詳愼矣又考文獻通考載遺書卷目與此本同而黃震日鈔所載則至十七卷而止與此互異殆黃震尚有脫文歟乾隆四十七年九月恭校上

二程外書

臣等謹案二程外書十二卷亦二程子門人所記而朱子編次之凡朱光廷陳淵李參馮忠恕羅從彥王蘋時紫芝七家所錄又胡安國游酢家本及建陽大全集印本三家又傳聞雜記自王氏塵史至孔文仲疏凡一百五十二條均採附焉其語皆遺書所未錄故每卷悉以拾遺標目其稱外書者則朱子自題所

謂取之之雜或不能審所自來其視前書學者尤當精擇審取者是也中間傳聞異辭頗不免於叢脞如程氏學拾遺卷內以望道未見爲望治道太平一條黃震日鈔謂恐於本文有增又時氏本拾遺卷內以老子天地不仁萬物芻狗之說爲是一條震亦謂其說殊有可疑蓋皆記者之失其本指要其精言奧義搜括無遺實多有益研尋與前書足相闡發即如呂氏童蒙訓記伊川言僧家讀一卷經要一卷經道理受用儒者讀書都無用處一條又明道至禪寺見趨進揖遜之盛歎曰三代威儀盡在是一條朱子語錄嘗謂其記錄未精語意不圓而終以其言足以警切學者故並收入傳聞雜記中無所刋削其蒐羅之廣博亦概可見矣乾隆四十七年九月恭校上

二程粹言

臣等謹案二程粹言二卷宋楊時撰時字中立南劍州將樂人熙寧九年進士官至國子祭酒高宗即位除工部侍郎兼侍讀以龍圖閣直學士提舉杭州洞

胥宮卒謚文靖事蹟具宋史本傳時始以師禮見明道於潁昌相得甚歡明道沒又見伊川於洛東南學者推爲程氏正宗南渡以後士大夫知崇尚正學而朱子及張栻等得程氏之傳其源委脈絡皆出於時是書乃其自洛歸閩時以二程子門人所記師說採掇編次爲十篇朱子嘗稱明道之言發明極致善開發人伊川之言即事明理尤耐咀嚼皆足與六經語孟相爲發明然當時記錄既多如遺書外書雅言師說雜說之類卷帙浩繁讀者不能驟窺其要又所載多有龐雜朱子嘗欲删訂爲節本而未就張栻有伊川粹言不及明道又未免於闕略時師事二程親承指授爲此書以綜其緒論使内聖外王之學條理秩然洵擇之精而語之詳學者玩其辭旨於二程之微言奥義亦可云思過半矣

乾隆四十七年三月恭校上

公是弟子記

臣等謹案公是弟子記宋劉敞撰其曰弟子記者蓋託言弟子之所記而文格

古雅與敞所注春秋詞氣如出一手似非其弟子所能故晁公武以爲自記其問答之言當必有所據也公武又稱書中于王安石楊慥之徒書名王深甫歐陽永叔之徒書字以示褒貶然公武所說亦大概以意推之即如王回一人論四岳薦縣一條論聖人一條則書其名論泰伯一條論晉武公一條則書其字是于褒貶居何等乎且其書固多攻王氏新學而亦兼寓鍼砭元祐諸賢之意故其言曰淫聲出乎律呂而非所以正律呂也小道生乎仁義而非所以明仁義也又曰八音不同物而同聲同聲乃和賢能不同術而同治同治乃平又曰忘情者自以爲達悖情者自以爲難直情者自以爲眞三者異趨同亂又曰學不可行者君子弗取也言不可用者君子弗詢也又曰智不求隱辯不求給名不求難行不求異又曰無爲而治者因堯之臣襲堯之俗用堯之政斯孔子謂之無爲也又曰夫賢者爲人所能爲而已矣人所不能爲賢者不爲也又曰君子恥過而改之小人恥過而遂之君子欲善而自反小人欲善而自欺又曰矜

小名以售大僞飾小廉以釣大利者惟鉅孱也蓋是時三黨交訌而敞獨蕭然

于門戶之外故其言和平如是至于稱老子之無爲則爲安石新法發辨孟子

之人皆可以爲堯舜則爲安石之自命聖人發其說稍激則有爲言之也其或

謂仁義禮智不若道之全一條謂道固仁義禮智之名仁義禮智弗在焉安用

道亦豫杜後來狂禪之弊所見甚正徒以獨抱遺經澹于聲譽未與伊洛諸人

傾意周旋故講學者罕相稱述實則元豐熙寧之間卓然一醇儒也其書宋時

蜀中有刻板乾道十年豫章謝諤得本于劉文濬付三衢江溥重刊淳熙元年

趙不黯又于敞從曾孫子和及子和從叔椿家得二舊本校正舛脫就江本改

刻十八頁補三百七十字此本即從不黯所刻鈔出者末有諤溥不黯三跋證

以永樂大典所引一一符合知爲原書亦可謂罕覯之笈矣敞墓誌及宋史本

傳俱稱弟子記五卷讀書志則作一卷蓋南宋之初已病其繁碎合併爲一今

以篇頁稍多釐爲四卷以酌其中又錢曾讀書敏求記載極沒要緊一卷注曰

即劉原父弟子記也考浙江所採遺書有極沒要緊一卷亦題公是先生撰其文皆剽掇郭象莊子注語似出依託與此顯爲二書今別存其目于道家類中庶眞贋不相淆焉乾隆四十七年五月恭校上

節孝語錄

臣等謹案節孝語錄一卷宋徐積撰積字仲車山陽人登進士第元祐初以薦授揚州司戶參軍爲楚州教授歷和州防禦推官改宣德郎監中岳廟卒政和六年賜諡節孝處士事蹟具宋史卓行傳是書爲其門人江端禮所錄文獻通考載一卷與今本合其中說經之條如釋唐棣之華偏其反而謂偏當音偏言開偏而復合今考禮二名不偏諱注偏讀爲徧則偏徧二字原相通然以釋偏其反而則曲說矣其釋春秋壬申御廩災乙亥嘗謂說者皆言先言御廩災是火災之餘而嘗志不敬其實曾子問言天子諸侯之祀遇日食火災喪服則皆廢祀今御廩災則嘗可廢而不廢是爲不敬何必謂火災之餘而嘗今考曾子

問曰當祭而日食太廟火乃廢祭他火災不廢也積概言火災則廢反斥公穀二傳亦殊失經意他若以論語三嗅爲三嘆謂春秋西狩獲麟重書僭狩非禮不重書獲麟亦皆穿鑿至於尙論古人推揚雄而譏賈誼至以陳平爲秦漢以來第一人殊乖平允而誤解禮記葬欲速朽以近世用厚棺爲非尤爲紕繆然積篤於躬行粹於儒術所言皆中正和平無宋代刻核古人之習大致皆論事論人無空談性命之說蓋近於古之儒家焉乾隆四十七年九月恭校上

儒言

臣等謹案儒言一卷宋晁說之撰說之字以道鉅野人少慕司馬光之爲人光晚號迂叟說之因自號曰景迂元豐五年進士蘇軾以著述科薦之元符中以上書入邪等靖康初召爲著作郎試中書舍人兼太子詹事建炎初擢徽猷閣待制高宗惡其作書非孟子勒令致仕是書已編入景迂生集然晁公武讀書志已別著錄蓋當時亦集外別行也公武以是書爲辨王安石學術違僻而作

今觀所論大抵新經義及字說居多而託始於安石之廢春秋公武所言良信然序稱作於元默執徐實徽宗政和二年壬辰在崇寧二年安石配享孔子後故其中孔孟一條名聖一條祀聖一條皆直斥其事則實與紹述之徒辯非但與安石辯也又不奪一條心迹一條及流品以下凡數條併兼斥安石之居心行事亦非但爲學術辯也當紹述之說盛行而侃侃不撓誠不愧儒者之言至於因安石附會周禮而詆周禮因安石尊崇孟子而抑孟子則有激之談務與相反惟以恩怨爲是非殊不足爲訓蓋元祐諸人實有負氣求勝攻訐太甚以釀黨錮之禍者賢智之過亦不必曲爲諱也取其大旨之正可矣乾隆四十五年九月恭校上

童蒙訓

臣等謹案童蒙訓三卷宋呂本中撰蓋所著以誨家塾者本中家本汴都望族及見元祐遺老師友傳授具有淵源故其所記格言正論至多皆有益於立身

行己從政服官之道中間如申顏李潛張瓊侯無可諸人其事蹟史多失傳賴
此猶可以考見大略其言皆根本經訓切於實用固不獨爲幼學啟迪之資而
已其書初刻於長沙龍溪譌舛頗甚嘉定乙亥婺州守邱壽雋重校刊之有樓
昉所爲跋後紹定己丑眉山李𡒄守郡得本於提刑呂祖烈復鋟木於玉山堂
今所傳本蓋即明時依宋槧所刊頗爲精審考朱子答呂祖謙書有舍人丈所
著童蒙訓極論詩文必以蘇黄爲法之語此本内無之其他書所引而帙中脱
漏者甚多故何焯疑其但節録要語而成蓋已非原本矣乾隆四十七年二月
恭校上

省心雜言

臣等謹案省心雜言一卷宋李邦獻撰邦獻懷州人太宰邦彦之弟官至直敷
文閣是書在宋有臨安刊本題爲林逋撰或又以爲尹焞所撰至宋濂跋其書
則謂逋固未嘗著焞亦因和靖之號偶同而誤皆非其實而王佖所編朱子語

錄續類內有省心錄乃沈道原作之文必有所據當定爲沈本陶宗儀說郛錄

其數條仍署爲林逋所作迄無定論今考永樂大典具載是書共二百餘條蓋

依宋時槧本全帙錄入前有祁寬鄭望之沈濬汪應辰王大寶五序後有馬藻

項安世樂章三跋并有邦獻孫耆岡及四世孫景初跋三首皆謂此書邦獻所

作耆岡且言曾見手稿而辨世所稱林逋之非其說出於李氏子孫自屬不誣

又考王安禮爲沈道原作墓誌具列所著詩傳論語等書並無省心雜言之名

足證確非道原作宋濂遽因朱子語錄定爲道原其亦考之未審矣其書切近

簡要質而能該於範世勵俗之道頗有發明謹釐正舛誤定爲李氏之書而考

證其異同如右乾隆四十五年十月恭校上

上蔡語錄

臣等謹案上蔡語錄三卷宋曾恬胡安國所錄謝良佐語朱子又爲删定者也

良佐字顯道上蔡人登進士第建中靖國初官京師召對忤旨出監西京竹木

場復坐事廢爲民事蹟具宋史道學傳恬字天隱溫陵人安國有春秋傳已著錄是書成于紹興二十九年朱子年三十歲監潭州南岳廟時生平論著此書爲最早據朱子後序稱初得括蒼寫本吳中版本二篇皆曾天隱所記最後得胡氏二篇凡書四篇以相參校胡氏上篇五十五章記文定公問答下篇四十九章與版本括蒼本略同然時有小異輒因其舊定著爲二篇獨版本所增多猶百餘章或失本旨雜他書其尤者五十餘章至詆程氏以助佛學輒放而絶之其餘亦頗刋去而得先生遺語三十餘章別爲一篇凡所定著書三篇云云是朱子於此書芟薙特嚴後乾道戊子重爲編次益以良佐與安國手簡數條定爲今本又作後記稱胡憲于呂祖謙家得江民表辨道錄見所刪五十餘章首尾次序無一字之差然後知果爲江氏所著非謝氏之書則去取亦爲精審觀語錄稱某二十年前得上蔡語錄觀之初用朱筆書出合處及再觀則不同乃用粉筆三觀則又用墨筆數過之後全與原看時不同則精思熟讀研究至

深非漫然而定也良佐之學以切問近思爲要其言論閎肆足以啟發後進惟
才高意廣不無過中之弊故語錄云看道理不可不仔細程門高弟如謝上蔡
游定夫楊龜山下梢皆入禪學去又云上蔡觀復齋記中說道理皆是禪底意
思又云程子諸門人上蔡有上蔡之病龜山有龜山之病和靖有和靖之病也
是合下見得不周偏差了其論皆頗以良佐近禪爲譏然爲良佐作祠記則又
云以生意論仁以實理論誠以常惺惺論敬以求是論窮理其命意皆精當而
直指窮理居敬爲入德之門尤得明道教人之綱領乃深相推重蓋良佐之學
醇疵相半朱子于語錄舉其疵于祠記舉其醇似矛盾而非矛盾也合而觀之
良佐之短長可見矣乾隆四十七年十月恭校上

袁氏世範

臣等謹案袁氏世範三卷宋袁采撰考衢州府志采字君載信安人登進士第
三宰劇邑以廉明剛直稱仕至監登聞鼓院陳振孫書錄解題稱采嘗宰樂清

修縣志十卷王圻續文獻通考又稱其令政和時著有政和雜志縣令小錄今皆不傳是編即其在樂淸時所作分睦親處己治家三門題曰訓俗府判劉鎭爲之序始更名世範其書於立身處世之道反覆詳盡所以砥礪末俗者極爲篤摯雖家塾訓蒙之書意求通俗詞句不免於鄙淺然大要明白切要使覽者易知易從固不失爲顏氏家訓之亞也明陳繼儒嘗刻之祕笈中字句訛脫特甚今以永樂大典所載宋本互相校勘補遺正誤仍從文獻通考所載勒爲三卷云乾隆四十五年十月恭校上

延平答問

臣等謹案延平答問一卷宋朱子撰程子之學一傳爲楊時再傳爲羅從彥又再傳爲李侗侗字愿中延平其所居也侗於朱子爲父執紹興二十三年朱子二十四歲將赴同安主簿任往見侗于延平始從受學紹興三十年冬同安任滿再見侗僅留月餘又閱四載而侗歿計前後相從不過數月故書札往來問

答爲多後朱子輯而錄之又載其與劉平甫二條以成是書朱子門人又取朱子平昔論延平語及祭文行狀別爲一卷題曰附錄明非朱子原本所有也後侗裔孫葆初别掇拾侗之詩文增入一卷改題曰延平文集且總題爲朱子所編殊失其舊今仍錄原本而葆初竄亂之本别存目於集部焉乾隆四十七年十月恭校上

近思錄

臣等謹案近思錄十四卷宋朱子與吕祖謙所共輯蓋周張二程之書宏深奥衍承學之士莫由得其涯涘朱子慮其不知所擇因與祖謙分類緝纂以成是書獨取太極圖說易通西銘正蒙經學理窟二程遺書易傳而於邵子之書則從姑舍蓋其慎也書以近思名蓋取切問近思之義俾學者致力於日用之實而不使鶩於高遠論者謂爲五經之階梯信不誣歟宋明諸儒若何氏基薛氏瑄羅氏欽順莫不服膺是書其後因有續而廣之者亦堪輔翼而權輿之精無

過是編云乾隆四十七年四月恭校上

近思錄集註

臣等謹案近思錄集註十四卷　國朝茅星來撰朱子近思錄宋以來註者數家惟葉采集解至今盛行星來病其麤率膚淺解所不必解而稍費擬議者則闕乂多彼此錯亂字句訛舛因取周張二程全書及宋元近思錄刋本參校同異凡近刻舛錯者悉從朱子考正錯簡之例各註本條之下乂薈稡衆說參以已見爲之支分節解於名物訓詁考證尤詳更以伊洛淵源錄所載四子事迹具爲箋釋冠于簡端謂之附說書成於康熙辛丑有星來自序乂有後序一篇作于乾隆丙辰去書成時十五年蓋殫一生之精力爲之也其後序有曰自宋史分道學儒林爲二而言程朱之學者但求之身心性命之間不復以通經學古爲事蓋嘗竊論之馬鄭賈孔之說經譬則百貨之所聚也程朱諸先生之說經譬則操權度以平百貨之輕重長短者也微權度則貨之輕重長短不見而

非百貨所聚則雖權度亦無所用之故欲求程朱之學者其必自馬鄭諸傳疏始愚於是編備著漢唐諸家之說以見程朱諸先生學之有本俾彼空疎寡學者無得以藉口云云持論光明洞達無黨同伐異爭名求勝之私可謂能正其心術矣乾隆四十七年九月恭校上

近思錄集註

臣等謹案近思錄集註十四卷　國朝江永撰永有周禮疑義舉要已著錄案朱子年譜近思錄成于淳熙二年其後又數經删補然各卷之中惟以所有之書爲先後而不及標立篇名至淳祐閒葉采纂爲集解表進于朝雖闡發不免少略尚無所竄亂于其閒明代有周恕者始妄加分析各立細目移置篇章或漏落正文或淆混註語謬誤幾不可讀永以其貽誤後學因仍原本次第爲之集註凡朱子文集或問語類中其言有相發明者悉行採入分註或朱子說有未備始取葉采及他家之說以補之閒亦附以己意引據頗爲詳洽蓋永遂于

經學究心古義穿穴于典籍者深雖以餘力爲此書亦具有實徵與講學之家空談尊朱者異也乾隆四十七年九月恭校上

雜學辨

臣等謹案雜學辨一卷附記疑一卷宋朱子撰以斥當代諸儒之雜於佛老者也凡蘇軾易傳十九條蘇轍老子解十四條張九成中庸解五十二條呂希哲大學解四條皆摘錄原文各爲駁正於下末有乾道丙戌何鎬跋鎬字京叔何兑之子丙戌爲乾道二年朱子三十七歲監嶽廟家居時也記疑一卷前有朱子題詞稱偶得雜書一册不知何人所記懼其流傳久遠上累師門云云蓋程子門人記錄師說傳以己意因而流入二氏者亦摘錄而與之辨凡二十條其書作於淳熙二年丙申三月朱子方在婺源距作雜學辨時十年矣後人附刻雜學辨後以類相從今亦仍舊本錄之焉乾隆四十七年十月恭校上

御定小學集註

臣等謹案　御定小學集註六卷雍正五年　世宗憲皇帝詔儒臣因明臣陳選集註而訂正刊行之者冠以　御製序文發明綱常倫紀之當崇視聽言動之當謹與嘉言懿行之當遵循慕效蓋儒者爲學之始基實備于此朱子作小學內外篇以迪蒙幼皆雜取經傳中論幼儀者分類條繫而以史事廣之宋儒所謂養正之功立教之本誠非溢美選爲此註隨文衍義務取明白曉暢俾鄉塾童蒙皆可省覽而得其意義實爲有功初訓選字士賢臨海人天順庚辰進士官至廣東布政使追贈光祿寺卿謚恭愍其爲御史時救羅倫劾倪謙錢溥馬昂汪直風采可觀及官廣東又以爭市舶忤宦官卒至逮死其立身本末足以不愧所學而此註復得　大聖人表章家弦戶誦其食報亦榮且厚矣乾隆四十七年十月恭校上

朱子語類

臣等謹案朱子語類一百四十卷宋咸淳庚午導江黎靖德編初朱子與門人

問答之語門人各錄成編嘉定乙亥李道傳輯廖德明等三十二人所記爲四十三卷又續增張洽錄一卷刻於池州曰池錄嘉熙戊戌道傳之弟性傳續蒐黃榦等四十二人所記爲四十六卷刋於饒州曰饒錄淳祐己酉蔡杭又裒楊方等三十二人所記爲二十六卷亦刋於饒州曰饒後錄咸淳乙丑吳堅採三錄所記者於二十九家又增入未刻四家爲二十卷刋於建安曰建錄其分類編輯者則嘉定己卯黃士毅所編凡百四十卷史公說刋于眉州曰蜀本又淳祐壬子王佖續編四十卷刋於徽州曰徽本諸本既互有出入其後又翻刻不一訛舛滋多靖德乃裒而編之刪除重複一千一百五十餘條分爲二十六門頗清整易觀其中門人意爲增減敍述不確者如包揚錄中論胡子知言以書爲溺心志之大穽之類槩爲刋削亦深有功於朱子靖德目錄後記有曰朱子嘗言論語後十篇不及前六言六蔽不似聖人法語是孔門所記猶可疑而況後之書乎觀其所言則今他書間傳朱子之語而不見於語類者蓋多爲靖德

所刪削鄭任鑰不知此意乃以四書大全所引不見今本語類者指爲或問小注之證其亦不考之甚矣乾隆四十七年二月恭校上

戒子通錄

臣等謹案戒子通錄八卷宋劉淸之撰淸之字子澄號靜春臨江人紹興二年進士光宗時知袁州宋史本傳稱其生平著述甚多是書其一也其書博採經史羣籍凡有關庭訓者皆節錄其大要至於母訓閨教亦備述焉史稱其甘貧力學博極羣書故是編採摭繁富或不免於冗雜然其隨事示教不憚於委曲詳明雖瑣語碎事莫非勸戒之資固不以過多爲患也元虞集甚重其書嘗勸其後人刻諸金谿後崔棟復爲重刻顧自宋以來史志及諸家書目皆不著錄惟文淵閣書目載有二册亦無卷數外間傳本尤稀今謹據永樂大典所載約略篇頁釐爲八卷所引諸條原本於標目之下各粗舉其人之始末其中間有未備者今並爲考補增注以一體例惟自宋以前時代錯出頗無倫次蓋一時

隨手摘錄未經排比之故今亦姑仍其舊焉乾隆四十六年四月恭校上

知言

臣等謹案知言六卷附錄一卷宋胡宏撰宏有皇王大紀已著錄是篇乃其論學之語隨筆劄記屢經改訂而後成呂祖謙嘗以爲勝於正蒙然宏之學本其父安國安國之學雖出於楊時而又兼出於東林常總總嘗謂本然之性不與惡對言安國沿習其說遂以本然者與善惡相對者分作兩性宏作此書亦仍守其家傳其所謂性無善惡心以成性天理人欲同體異用同行異情指名其體曰性指名其用曰心性不能不動動則心矣云云朱子力詆其非至作知言疑義與呂祖謙及宏門人張栻互相論辨即栻亦不敢盡以其師說爲然其論治道以井田封建爲必不可廢亦泥古而流於迂謬然其他實多明白正大足以闡正學而闢異端朱子亦嘗稱其思索精到處殊不可及固未以一二瑕疵盡廢其書也自元以來其書不甚行於世明程敏政始得舊本於吳中後坊賈

遂有刋板然明人傳刻古書好意爲竄亂此本亦爲妄人强立篇名顛倒次序字句舛謬全失其眞惟永樂大典所載尙屬宋槧原本首尾完備條理釐然謹據其其章目詳加刋正以復其舊其朱子語類各條亦仍依原本別爲附録一卷繫之於末以備考證焉乾隆四十六年四月恭校上

明本釋

臣等謹案明本釋三卷宋東平劉荀撰其書大指謂天下事物莫不有本因擧其關於大體者共三十三條多引六經語孟及宋儒言行或旁採史鑑以證明之議論頗明白剴切宋史藝文志晁公武讀書志皆不載陳振孫書録解題馬端臨經籍考但載荀所撰建炎德安守禦録而是書亦略焉惟明文淵閣書目國史經籍志有之蓋其書在宋不甚顯至元明間始行於世也然楊士奇焦竑皆作明本三卷劉荀撰此本乃標曰明本釋疑或後人因其註而增題之也荀字子卿嘗知盱眙軍書中多稱先文肅公蓋劉摯之孫故所稱引皆元祐諸人

語又與朱子同時故其言具有本末云乾隆三十八年四月恭校上

少儀外傳

臣等謹案少儀外傳二卷宋呂祖謙撰祖謙有古周易已著録是書末有雲谷胡巖起跋及其弟祖儉後序丹陽譚元猷嘗刻之於學宫歲久散佚久無刊本故朱彝尊經義考注曰未見此本載永樂大典中尚端末完整無所譌缺今仍釐爲二卷以還其舊其書爲訓課幼學而設故取禮記少儀爲名然中間雜引前哲之懿行嘉言兼及於立身行己應世居官之道所該繁富不專主於灑埽進退之末節故命之曰外傳猶韓嬰引事說詩自題曰外傳云爾呂本中舊有童蒙訓皆自爲誥誡之語此書則採輯舊文體例近朱子小學小學盛行于世童蒙訓亦有刊本而此本淹沒不彰蓋書之傳不傳亦有幸不幸焉未可以是定優劣也永樂大典別載辨志録二卷亦題呂祖謙撰其文全與此同蓋一書二名編纂者不出一手因而兩收今附著於此不復重録其文亦不復別存其

目焉乾隆四十六年九月恭校上

麗澤論說集錄

臣等謹案麗澤論說集錄十卷宋呂祖謙門人雜錄其師之說也前有祖謙從子喬年題記稱先君嘗所裒輯不可以不傳故今仍據舊錄頗附益次比之喬年爲祖謙弟祖儉之子則蒐錄者爲祖儉喬年又補綴次第之矣凡易說二卷詩說拾遺一卷周禮說一卷禮記說一卷論語說一卷孟子說一卷史說一卷雜說二卷皆冠以門人集錄字明非祖謙所手著也祖謙初與朱子相得後以爭論毛詩不合遂深相排斥黎靖德所編語類以論祖謙兄弟者别爲一卷其中論祖謙者凡三十二條惟病中讀論語一條稍稱其善答項平甫書罵曹立之書一條稱編其集者誤收他文其餘三十條于其著作詆繫辭精義者二詆讀詩記者二詆大事記者五詆少儀外傳者一詆宋文鑑者五詆東萊文集者三其餘十一條則皆詆其學問托克托等修宋史因置祖謙儒林傳中使不得

列于道學夫學者窮研經義始可斷理之是非亦必博覽史書始可知事之得失博學反約古有明訓朱氏之學精矣呂氏之學亦何可盡廢耶乾隆四十七年十月恭校上

曾子

臣等謹案曾子一卷宋汪晫編晫字處微績溪人是書成於慶元嘉泰間咸淳十年其孫夢斗與子思子同獻於朝得贈通直郎考漢志載曾子十八篇隋志有曾子二卷目一卷唐志亦載曾子二卷晁公武郡齋讀書志著錄二卷十篇稱即唐本高似孫子略稱其與大戴禮四十九篇五十八篇及雜見小戴記者無異同後人掇拾以爲之陳振孫書錄解題並稱有慈湖楊簡註是宋時原有曾子行世殆晫偶未見故輯爲此書凡十二篇仲尼閒居第一明明德第二養老第三周禮第四有子問第五喪服第六中闕第七第八晉楚第九守業第十三省第十一忠恕第十二明明德獨標云內篇養老以下皆標外篇而仲尼閒

居篇不言内外疑本有内篇字而傳寫佚之也其第一篇即孝經而削去經名

別爲標目未免自我作古第二篇即大學考自宋以前有子思作大學之傳而

無曾子作大學之説歸之曾子已屬疑似又改其篇目與前篇武斷亦同至外

篇十篇亦往往割裂經文以就門目如曾子問師行必以遷廟主行乎至老聃

云孔疏曰此一節論出師當取遷廟主及幣帛皮圭以行廟無虚主之事蓋首

問師行必以遷廟主論其常也師行無遷主又籌其變也二問相承意實相濟

故孔疏通爲一節今割古者師行無遷主至蓋貴命也入周禮篇割古者師行

必以遷廟主行乎至老聃云入喪服篇文義殆爲乖隔若云以其文有涉喪服

是以分屬則周禮篇内又明載三年之喪弔乎數節爲例尤屬不純然漢本久

佚唐本亦未見先賢之佚文緒論頗可借此以考見則過而存之猶愈於過而

廢之矣卷首冠以夢斗進表稱有晫自序而此本佚之僅有元汪澤民俞希魯

翟思忠明朱文選序四篇明詹潢後序一篇皆合二書稱之蓋晫本編爲一部

也今以前代史志二子皆各自爲書故分著於錄焉乾隆四十七年七月恭校

上

子思子

臣等謹案子思子一卷宋汪晫編考晁公武讀書志載有子思子七卷晫蓋亦未見其本故别作是書凡九篇内篇天命第一鳶魚第二誠明第三外篇無憂第四胡毋豹第五喪服第六魯繆公第七任賢第八過齊第九其割裂中庸别立名目與曾子載孝經大學同又晫輯曾子用朱子改本大學至孔叢子一書朱子反覆辨其僞而晫采之獨多已失鑒别又往往竄亂原文如孔叢子子上雜所習請於子思注曰雜者諸子百家故下文子思答曰雜説不存焉此書引之改曰子上請所習於子思則與子思答義全不相貫孔叢子仲尼曰由乎心心之精神是謂聖推數究理不以疑此書引之聖字下多一區字疑字上多一物字又孔叢子云伋於進瞻亟聞夫子之教此書引之以進瞻作進善輕改舊

文均失先儒詳愼之道且與曾子所引均不著其出典亦非輯錄古書之體較薛據孔子集語蓋瞠乎後矣特以書中所錄雖眞贋互見然多先賢之格言故雖編次踳駁至今不得而廢焉乾隆四十七年九月恭校上

邇言

臣等謹案邇言十二卷宋劉炎撰炎字子宣松陽人是書分十二章曰成性存心立志踐行天道人道君道臣道今昔經籍習俗志見其立言醇正篤實而切于人情近于事理無迂闊難行之說亦無刻核過高之論如曰井田封建成之非一日其壞也亦非一朝之故不必泥其制也能存其意亦可以爲治矣又曰或問節義之士如之何而黨錮曰自取之也君子百是必有一非小人百非必有一是天下士至不少矣豈必登龍仙舟者皆賢不在此選者皆不肖耶更相題表自立禍的者也人豈能禍之哉又曰或問學聖賢之道者其流亦有偏乎曰近聞之眞公學而至之烏得偏學而不至雖孔孟門人不能無偏能遡其源

其流歸于正矣不然毫釐之差其謬逾遠是足爲學二程而不至者之戒也如此之類皆他儒者心知其然而斷不出之于口者炎獨筆之于書可謂光明磊落無纖毫門戶之私矣此本爲嘉靖己丑光澤王所刊考明史諸王表光澤榮端王寵瀼以成化末年襲封前有梅南生序稱得鈔本于棠陵方思道梅南生即寵瀼别號也又有嘉泰甲子炎自序嘉定壬午眞德秀後序嘉定癸未葉克跋書中君道篇第一條第二條習俗篇第十一條志見篇第九條寵瀼俱註有脱誤今無别本可核亦仍其舊又經籍篇唐無全史一條中亦有訛脱而寵瀼未註又經籍篇第二條下有夾註止庵曰一段駁揚陶潛蘇軾而抑屈原之非其言有理併附錄之考寵瀼序末有私印曰止庵則此註亦寵瀼所加矣乾隆四十七年五月恭校上

木鐘集

臣等謹案木鐘集十一卷宋陳埴撰埴字器之永嘉人嘗舉進士授通直郎致

仕其學出於朱子最爲醇正永樂中修五經大全所稱潛室陳氏即埴也是編雖以集爲名而實則所作語錄凡論語一卷孟子一卷六經總論一卷周易一卷尚書一卷毛詩一卷周禮一卷禮記一卷春秋一卷近思雜問一卷史一卷其說大學中庸列禮記之中蓋其時四書章句集注雖成猶私家之書未懸於國學之功令故仍從古本史論惟及漢唐則伊洛之傳不以史學爲重偶然及之非專門也其體例皆先設問而答之故卷首自序謂取禮善問者如攻堅木善待問者如撞鐘義名曰木鐘刊板久逸明弘治十四年溫州知府鄧淮始得舊本重刊自第五卷至十一卷皆題曰某卷下疑各佚其上半卷而核其所列則書始二典詩始比興賦春秋始隱元年近思雜問始理氣史始漢皆不似尚有前文惟周禮不始天官而始府史禮記不始曲禮而始王制似有所佚然府史之名先見於序官而王制亦禮記第三篇即從此記起亦無不可宋本既不可見姑闕所疑焉可矣乾隆四十七年十月恭校上

經濟文衡集

臣等謹案經濟文衡前集二十五卷後集二十五卷續集二十二卷原本不著編輯人名氏初刻于正德辛巳有楊一清序再刻于萬歷丙午有朱吾弼序皆但稱先儒所輯而不能指其人黃虞稷千頃堂書目載是書爲馬季機編所列前集後集續集之目亦皆相合乾隆己未南昌楊雲服重刻程恂序之稱爲宋滕珙編考滕珙字德章號蒙齋婺源人淳熙十四年進士官合肥令與兄璘俱遊朱子之門朱子銘其父墓稱二子皆有聲州縣間又稱珙廷對甚佳蓋亦新安高弟也今觀是書取朱子語錄文集分類編次前集皆論學後集皆論古續集則兼二集所遺而補之每一論必先著其緣起次標其立論之意條分縷析條理秩然視他家所編經世大訓之類或簡而不詳或繁而少緒者迥乎不同似非親炙之士學有淵源者不辦恂說當有所據也惟是朱子平生學問大端具見於此而獨以經濟爲名殆不可曉其門目亦太繁碎多不應分而分之前

集尤甚亦爲一瑕讀者取其宏旨可矣乾隆四十七年十月恭校上

大學衍義

臣等謹案大學衍義四十三卷宋眞德秀撰德秀事蹟詳具宋史此書端平初爲戸部尚書時所進讀也因大學條目而傳以經史爲綱二爲目四又別其類爲十有二每條之中首之以聖賢之典訓次之以古今之事迹及諸儒經釋史論之有所發明者而己說亦附焉其著述之意詳見自序及所上劄子當時即謂其有裨治道明楊士奇稱其廣大精密綱目畢備張寧稱其依經據史博古通今言天必徵于人語事不遺乎理錄善惡以示鑒戒廣節要以盡工夫皆非虛譽也嘉靖初禮部尚書楊廉嘗爲之節略删成二十卷雖意存簡要究非德秀本旨耳乾隆四十七年十月恭校上

西山讀書記

臣等謹案西山讀書記六十一卷宋眞德秀撰案陳振孫書錄解題謂西山讀

書記有甲乙丙丁甲言性理中述治道末言出處大抵本經史格言而述以己
意今但有甲三十七卷丁二卷乙丙未見故載於文獻通考者僅三十九卷今
世所傳明時舊刊本甲丁二記卷數與書錄解題合中多乙記二十二卷前有
開慶元年德秀門人湯漢序稱讀書記惟甲乙丙爲成書甲乙二記先刊行乙
記上即大學衍義久進於朝其下未及繕寫而德秀沒漢從其子仁夫鈔得釐
爲二十二卷而刊之福州據此則丙記原書本闕乙記爲湯漢所續刊振孫惟
見初行之本故止於甲丁二記也甲記自論天命之性至論鬼神各分標目前
有綱目一篇具詳論次先後之旨乙記載虞夏以來名臣賢相事業略仿編年
之體前亦有綱目一篇謂訖於五閏而書中至唐李德裕而止蓋撰次未完者
丁記上卷皆論出處大義下卷分處貧賤處患難處死生安義命審輕重諸目
與上卷互相發明德秀大學衍義羽翼聖經推闡已無遺藴此書乃分類詮録
以爲下學上達之本故自身心性命天地五行以及先儒授受源流無不臚晰

名言緒論徵引極多皆有裨於研究至於致治之法衍義所未及詳者則於乙記中備著其事俾古今興衰治忽之故犂然可睹足便觀覽體用兼該之學於此更可見一斑矣乾隆四十七年四月恭校上

心經

臣等謹案心經一卷宋眞德秀撰是編集聖賢論心格言而以諸家議論爲之注末附四言贊一首端平元年顔若愚鋟於泉州府學有跋一首稱其築室粤山之下雖晏息之地常如君父之臨其前淳祐二年大庾令趙時棣又以此書與政經合刻德秀受業門人王邁嘗云心經一書行於世至徹禁中端平乙未公薨後兩月從臣洪公咨夔在經筵上出公心經曰眞某此書朕乙夜覽而嘉之卿宜爲之序其見重也如此文獻通考作心經法語與書錄解題相合蓋一書而二名耳明程敏政嘗爲作注而疑其中有引及眞西山讀書記者非德秀之原文殆後人又有所附益非舊本矣乾隆四十七年五月恭校上

政經

臣等謹案政經一卷宋眞德秀撰采典籍中論政之言列于前而以行政之迹列于後題曰傳以別之末附當時近事六條謂之附錄其後載德秀帥長沙咨呈及知泉州軍事時勸諭文帥長沙時勸民間置義倉文帥福州曉諭文諸篇蓋後人所益如心經之引讀書記耳德秀雖自命大儒斷不敢以己之條教題曰經也案宋史道學傳德秀任湖南安撫使知潭州以廉仁公勤四字厲寮屬復立惠民倉置社倉其知福州戒所部無濫刑橫歛無徇私黷貨蓋德秀立朝日淺其政績多在居外任時故留心民瘼著爲此編其門人王邁嘗謂先生再守溫陵日著政經考德秀再守泉州在理宗紹定五年蓋晚年之作邁又言趙時棣爲法曹朝夕相與遂得此經實在四方門人之先而四方門人亦未必盡見之書錄解題載心經而不及此書豈心經行世早而此書晚出歟抑或德秀名重好事者依託之也眞僞既不可詰而其言能不悖于儒者故姑與心經並

存焉乾隆四十七年九月恭校上

項氏家說

臣等謹案項氏家說十卷附錄二卷宋項安世撰安世有周易玩辭已別著錄此蓋其讀經史時條記所得積以成編者案嘉定辛未樂章撰周易玩辭後序曰項公昔忤權臣擯斥十年杜門卻掃足迹不涉戸限耽思經史專意著述成書數篇迨兵端既開邊事告急被命而起獨當一面外禦憑陵内固根本成就卓然陳振孫書錄解題亦稱其當慶元中得罪時謫居江陵杜門潛心起居不出一室送迎賓友未嘗踰閾諸書皆有論說然則是書慶元間斥居江陵時作也安世學有體用通達治道而說經不尚虛言其訂覈同異考究是非往往洞見本原迥出同時諸家之上是書見於宋史藝文志者十卷附錄四卷又別出孝經說一卷中庸說一卷書錄解題並同自明初以來其本久佚今惟散見永樂大典各韻内核其所載多兼及說經說事說政說學等篇名而逐條又各有

標題其原書體例約略可見篇帙亦尚多完善謹依類排纂經則按各經之文次之卷一卷二並易說卷三書說卷四詩說卷五周禮卷六禮記卷七論語孟子等是爲說經篇凡七卷其八九十三卷則先以說事篇次說政篇次說學篇雖原目無存未必悉符其舊然陳振孫說是書有云九經皆有論著其第八卷以後雜說文史政學則序次大致當亦不甚懸殊振孫又云附錄孝經中庸詩篇次邱乘圖則各爲一書重見諸類似附錄之四卷本分爲四種單行而復取以附於家說後者也今檢永樂大典但有孝經說中庸臆說二書而詩篇次邱乘圖未經收入疑當時即已散佚無可考補謹據其現存者仍合爲附錄二卷次之於末以略還原書之舊焉乾隆四十二年二月恭校上

先聖大訓

臣等謹案先聖大訓六卷宋楊簡撰簡有慈湖易傳別著錄是編蒐輯孔子遺言排比成五十五篇錢時作簡行狀曰歸自胄監家食者十四載築室德潤湖

上更名慈湖始取先聖大訓見諸雜說中者刋訛別誣萃六卷而爲之解即此書也簡之學出陸九淵其嘉定二年擬陛辭劄子稱臣願陛下即此虛明不起意之心以行勿損勿益自然無所不照嘉定三年面對稱舜曰道心明心即道孔子曰心之精神是謂聖孟子曰仁人心也此心虛明無體廣大無際日用云爲無非變化無思無爲而萬物畢照其立言宗旨實開新會餘姚之派故註是書往往借以抒發心學未免有所牽附然秦漢以來百家詭激之談緯候怪誕之說無一不依託先聖爲重龐雜蕪穢害道滋深學者愛博嗜奇不能一一决擇也簡此書剷除僞妄而取其精純刋落瑣屑而存其正大其間字句異同文義舛互者亦皆參訂斟酌歸於一是較之薛據集語頗爲典核求洙泗之遺文者固當以是爲驪淵矣乾隆四十七年五月恭校上

黃氏日鈔

臣等謹案黃氏日鈔九十七卷宋黃震撰震有古今紀要已著錄是書本九十

七卷凡讀經者三十卷讀三傳及孔氏書者各一卷讀諸儒書者十三卷讀史者五卷讀雜史讀諸子者各四卷讀文集者十卷計六十八卷皆論古人其六十九卷以下凡奏劄申明公移講義策問書記序跋啟祝文祭文行狀墓誌著錄者計二十九卷皆所自作之文其中八十一卷八十九卷原本並缺其存者實九十五卷也震與楊簡同鄉里簡爲陸氏學震則自爲朱氏學不相附和是編以所讀諸書隨筆劄記而斷以己意有僅摘切要數語者有不摘一語而但存標目者併有不存標目而采錄一兩字者大旨於學問則力排佛老由陸九淵張九成以上溯楊時謝良佐皆議其雜禪雖朱子校正陰符經參同契亦不能無疑於治術則排功利詆王安石甚力雖朱子謂周禮可致太平亦不敢遽信其他解説經義或引諸家以翼朱子或舍朱子而取諸家亦不堅持門戶之見蓋震之學朱一如朱之學程反復發明務求其是非中無所得而徒假借聲價者也乾隆四十七年五月恭校上

北溪字義

臣等謹案北溪字義二卷宋陳淳撰淳字安卿號北溪龍溪人嘉定十年授迪功郎泉州安溪主簿未上而卒事迹具宋史本傳此編爲其門人清源王雋所錄以四書字義分二十有六門每拈一字詳論原委旁引曲證以暢其論初刻于永嘉趙氏又有清漳家藏本刻于宋淳祐間即九華葉信厚本也舊板散佚明弘治庚戌始重刻此本乃四明豐慶所刊附以嚴陵講義四條曰道學體統曰師友淵源曰用工節目曰讀書次第乃淳嘉定九年待試中歸過嚴陵郡守鄭之悌延講郡庠時作也又考趙汸東山集有答汪德懋性理字義疑問書稱陳先生性理字義取先儒周程張朱精思妙契之旨推而演之蓋爲初學者設云云不知即此書之別名抑或此書之外又有性理字義今未見其本莫之詳矣乾隆四十七年十月恭校上

臣等謹案準齋雜說二卷宋吳如愚撰如愚字子發錢塘人少以父蔭補承信郎監福建連江商稅再調常熟解職歸嘉熙二年以丞相喬行簡奏薦換授承信郎差充祕閣校勘三疏辭免特轉秉義郎與祠其仕履見于館閣續錄及趙希弁讀書附志而宋史不爲立傳故行實不槩見今考徐元杰楳埜集有所作如愚行狀臚載事蹟極詳大略言如愚孝友忠恕安貧樂道理明行修凡所著述於學問自得甚深別有易詩書說大學中庸論孟及陰符經解諸種並佚不傳此書亦久無行世之本獨散見永樂大典中者尙得四十餘篇大抵皆研究理學之文元杰又稱如愚早年留心清淨之教凡三四年旣而幡然盡棄所學刻意講道是如愚學術其初亦稍涉於禪悅其解大學格物以正爲訓明王守仁傳習錄所謂格物如孟子格君心之格其說實創于如愚似欲毅然獨行一家之言者然如愚平日嘗稱塞乎天地者皆實理行乎萬世者皆實用惟盡心知性則實理融而實用貫其用功致力實以體用兼備爲主而不墜于虛無故

其剖晰義理如天理人欲之辨三畏四勿之論無不發揮深至於宋末諸儒中所造較爲平實元杰又言永嘉陳昉親炙不倦得所著述退輒錄之刻爲一編臨川羅愚復刋于廣右漕臺所傳益廣蓋是編即昉所輯久經刋布在當時甚重其書今檢行狀載如愚别有踐形踐迹諸說已不在永樂大典中則所錄亦不免闕佚然崖略具存謹編次成帙釐爲二卷猶可考見其槩焉乾隆四十五年十月恭校上

性理羣書句解

臣等謹案性理羣書句解二十三卷宋熊節編熊剛大注節字端操建陽人官至通直郎知閩清縣事剛大亦建陽人受業于蔡淵黄榦嘉定中登進士自稱覺軒門人掌建安書院朱文公諸賢從祀祠其仕履則不可考注中稱邇年皇上親灑白鹿洞規以賜南康則理宗時人也節受業于朱子是書採摭有宋諸儒遺文分類編次原列濂溪明道伊川横渠康節涑水考亭遺像並傳道支派

次贊次訓次戒次箴次規次銘次詩次賦次序次記次說次錄次辨次論次圖次正蒙次皇極經世次通書次文而以七賢行實終焉其列司馬光一人與後來講學諸家持論迥異考朱子于紹熙五年冬築竹林精舍率諸生行舍菜之禮于先聖先師以周程邵張司馬延平七先生從祀集中載其祝文有曰邵曰張爰及司馬學雖殊轍道則同歸之語則朱子序列學統本自有光後來門戶日分講學者乃排而去之節親受業于朱子故猶不敢恣爲高論也所錄之文亦以七賢爲主而楊時羅仲素范浚呂大臨蔡元定黄榦張栻胡宏眞德秀所作亦間及焉其上及范質者以朱子作小學嘗錄其詩旁及蘇軾者則以司馬光行狀之故非因軾也明永樂中詔修性理大全其錄諸儒之語皆因近思錄而廣之其錄諸儒之文則本此書而廣之併其性理之名似亦因此書之舊是其文雖習見固亦作樂者之葦籥造車者之椎輪矣剛大所注蓋爲訓課童蒙而設淺近之甚殊無可採以其原附此書以行姑並錄之以存其舊焉乾隆四

十七年十一月恭校上

東宮備覽

臣等謹案東宮備覽六卷宋陳模撰模字中行泉州永春人慶元二年進士嘉泰二年除祕書省正字三年兼國史院編修官開禧三年又兼實錄院檢討官嘉定二年除校書郎仍兼檢討其歷官始末見于館閣續錄中是書乃其爲正字時所上取經史舊文有關于訓儲者彙成一編凡分二十條曰始生曰入學曰立教曰師傅曰講讀曰宮僚曰擇術曰廣誨曰謹習曰主器曰正本曰問安曰友悌曰戒逸曰崇儉曰辨分曰正家曰規諫曰幾諫曰監國支分縷晰節次詳明前有進書表一篇敘一篇又有上宰相劄子中言二十餘條中擇妃嬪簡宮僚謹遊習三條尤爲切務又冠以改官省劄及誥詞以溫嶠侍臣箴比之蓋當時甚重其書也案宋史藝文志載陳模東宮備覽一卷然考模進表及敘皆稱分爲六卷則宋史字誤矣其第二卷講讀條缺一頁宮僚條缺一頁第六卷

監國條缺一頁今無別本可校亦姑仍其舊錄之焉乾隆四十七年四月恭校

上

孔子集語

臣等謹案孔子集語二卷宋薛據撰據字叔容永嘉人官至浙東常平提舉是書專記孔子事實及摘錄粹言分爲二十篇所引諸書凡三十餘種其凡例謂曾子大戴禮孔叢子孔子家語四全書及左氏莊子荀子列子槩不採及惟見於他古書者採之然孔子世家何以異於孔叢家語古禮記及孔子三朝記何以異於大戴禮記去取之間頗爲未允且既云不錄大戴禮記而顏叔子第十二乃又引其一條亦自亂其例至引說文黍可爲酒禾入水也一貫三爲王推一合十爲士等語幷數條爲一條義不相貫尤爲失倫他若韓非子說林下內儲說上內儲說下外儲說左上外儲說右下難一難三諸篇可採者幾二十條而此書所引僅三條又若淮南子道應訓主術訓齊俗訓修務訓泰族訓要略

訓諸篇所可採者不下十餘條而此所引者亦僅三條則其餘挂漏可以槩知
特所錄尙多秦漢古書殘篇斷句或可藉此以僅存故考古者亦不能廢焉乾
隆四十七年三月恭校上

朱子讀書法

臣等謹案朱子讀書法四卷宋張洪齊𤋮同編洪字伯大𤋮字充甫皆鄱陽人
事蹟無可考據洪自序咸淳中分敎四明𤋮適客遊浙東遂相與商搉是書而
刻諸鄞泮其書本朱子門人輔廣所輯巴川度正嘗屬遂寧于和之校刋鄱陽
王氏復廣爲後編洪與𤋮又因而補訂之以輔氏原本爲上卷而以所續增者
列爲下卷皆以文集語類排比綴輯分門隸屬雖捃拾鈔撮稗販舊文不足以
言著述而條分縷析綱目井然於朱子一家之學亦可云覃思研究矣元時板
已不存至順中江南行臺御史趙之維重鍥於集慶路學故永樂大典全帙收
入原編卷次已不可考今酌其篇帙釐爲四卷俾講新安之學者有所考證焉

乾隆四十六年十月恭校上

家山圖書

臣等謹案家山圖書一卷不著撰人名氏永樂大典題爲朱子所作今考書中引用諸說有文公家禮且有朱子之稱則非朱子手定明矣錢曾讀書敏求記曰家山圖書晦菴私淑弟子之文案弟子二字刊本誤倒其文今改正蓋逸書也李晦顯翁得之於劉世常平父劉得之於魯齋許文正公其書以易中庸古大學古小學參列於圖而于修身之指歸綱領條分極詳此本惜不多覯宜刋布之以廣其傳云云曾家所藏舊本久已不傳世無刋版書遂散佚惟永樂大典尚備載其原文然首列古小學本旨圖中多曲禮內則少儀之事與曾所謂以易中庸古大學參列于圖者體例稍異意是書諸儒相傳互有增損行世者非一本歟然要其指歸則一也其書先圖後說根據禮經依類標題詞義顯著自入學以至成人序次冠昏喪祭賓禮樂射御書數諸儀節至詳且備而負劍辟咡以及鄉飲五

御諸圖尤足補聶崇義所未及蓋朱子小學一書詳於義理而此則詳於名物度數之間二書相輔而行本末互資内外兼貫均于蒙養之學深有所裨有不容以偏廢者焉乾隆四十六年十二月恭校上

欽定四庫全書提要卷五十

欽定四庫全書提要卷五十一

子部三

儒家類三

讀書分年日程

臣等謹案讀書分年日程三卷元程端禮撰端禮字敬叔號畏齋鄞縣人以薦爲建平教諭遷台州路教授事迹具元史儒學傳是書有延祐二年自序謂一本輔漢卿所萃朱子讀書法修之考朱子讀書法六條一曰居敬持志二曰循序漸進三曰熟讀精思四曰虛心涵泳五曰切己體察六曰著緊用力端禮本其法而推廣之雖每年月日讀書程限不同而一以六條爲綱領史稱所著有讀書工程國子監以頒示郡縣即此書也然書末又有端禮自跋歷敘崇德吳氏平江陸氏池州馮氏及江浙諸處鈔刊各本而不及國子監頒示事則本傳所云或端禮身後之事歟跋作于元統三年十一月朔考順帝以元統元年十

一月辛丑改元至元此標十一月朔則尚在辛丑改元之前故仍稱元統云乾隆四十七年十月恭校上

辨惑編

臣等謹案辨惑編四卷附録一卷元謝應芳撰應芳字子蘭武進人順帝時以薦授三衢清獻書院山長阻兵不能赴明洪武中歸隱横山以終自號曰龜巢老人是編作於至正間因吴俗信鬼神多拘忌乃引古人事蹟及先儒議論一一條析而辨之其目凡十五一曰死生二曰疫癘三曰鬼神四曰祭祀五曰淫祀六曰妖怪七曰巫覡八曰卜筮九曰治喪十曰擇葬十一曰相法十二曰禄命十三曰方位十四曰時日十五曰異端末一卷附録書及雜著八篇皆力闢俗見斷斷然據理以爭與是編相發明者也昔宋儲泳作祛疑説原本久佚惟左圭百川學海中載其節本應芳此書持論雖似乎淺近而能因風俗而救正之用以開導愚迷其有益於勸戒與泳書相等而持論較泳尤正大固不得以

平易忽之也乾隆四十七年九月恭校上

治世龜鑑

臣等謹案治世龜鑑一卷元蘇天爵撰天爵有名臣事略别著録此書篇首結銜題中奉大夫江浙等處行中書省參知政事考元史天爵本傳凡兩拜是官一在至正七年一在至正十二年此書前有林興祖趙汸二序皆標至正十二年壬辰正月則是書作於再任之日是時妖寇自淮右延及江東詔天爵總兵饒信克復一路六縣正干戈倣擾之際此書所採皆宋以前善政嘉言而大旨歸於培養元氣其目凡六一曰治體一曰用人一曰守令一曰愛民一曰爲政而終之以止盜殆有深意也天爵著述載於本傳者名臣事略十五卷文類七十卷松廳章疏五卷春風亭筆記二卷詩七卷文三十卷又載有遼金紀元黄河源委二書未及脱稿而不載此書此本爲成化丙午吳江知縣太和陳堯弼所刊其時去至正壬辰纔百餘年舊本流傳當有所據本傳蓋偶遺之此亦足

證元史之疎略也乾隆四十七年五月恭校上

管窺外篇

臣等謹案管窺外篇二卷元史伯璿撰伯璿字文璣溫州平陽人其書成於至元丁未元於是歲遂亡計其人當已入明故楊士奇稱所作四書管窺在倪士毅四書輯釋後也四書管窺凡五卷朱彝尊經義考注曰未見黃俞邰千頃堂書目載之稱其輯諸家之說與朱子相悖者今亦未見傳本惟永樂大典中載有數條核其所說亦胡炳文之流亞此書繼管窺而作皆條記友朋問答以相闡發中多辨證之文不主於詮釋章句故曰外篇實即伯璿之語錄經義考四書類中惟列管窺不載此書蓋由於此非彝尊疎漏也然書中於天文歷算地理田制言之頗詳多能有所闡發核其所學較胡炳文等爲博惟論天象疑月星本自有光不待日以受光之類則又未免仍涉臆斷之習耳其書自明以來未有刻本康熙乙亥邑人呂宏誥始以付梓雍正壬子王靈露等復續補成之

乃得行於世云乾隆四十七年五月恭校上

內訓

臣等謹案內訓一卷明仁孝文皇后撰成祖以篡逆取國淫刑肆暴無善可稱后乃特以賢著是書凡二十篇曰德性曰修身曰愼言曰謹行曰勤勵曰警戒曰節儉曰積善曰遷善曰崇聖訓曰景賢範曰事父母曰事君曰事舅姑曰奉祭祀曰母儀曰睦親曰慈幼曰逮下曰待外戚前有永樂三年正月望日自序內有肅事今皇上三十餘年之語考明史后妃傳后以洪武九年冊爲燕王妃至永樂三年正月則甫及三十年云三十餘年或甚言其久耳又考本傳載后此書頒行天下在永樂五年之前而明朝典彙載五年十一月以仁孝皇后內訓賜羣臣俾教於家若五年前已頒行天下不應至五年之末始賜羣臣又考何喬遠坤則記載后初爲此書不過示皇太子諸王而已至永樂五年七月以後成祖乃出后內訓勸善二書頒賜臣民與典彙相合此本爲明初刊板首標

大明仁孝皇后考后於永樂五年七月乙卯崩甲午諡曰仁孝則此本刊於五年七月以後無疑至十一月特賜臣民正屬刊行之始明史本傳偶未及檢耳各章之下繫以小註往往頌揚本書當爲儒臣所加明藝文志及典彙惜俱不著其名又藝文志載内訓一卷高皇后撰勸善書一卷文皇后撰不知二書之出於一人亦志之誤也乾隆四十七年四月恭校上

理學類編

臣等謹案理學類編八卷明張九韶撰九韶字美和清江人洪武十年以薦爲國子助教陞翰林院編修致仕是書取諸家論說有關於天地鬼神人物性命之理者輯爲五類分二十二子目大旨以周程張朱爲主而每篇之末繹以己見其初名格物編臨川吴當爲易今名復作序以冠其首書中所採皆擇古人微言奥論醇乎其醇故雖卷帙無多而精藴具在學者將欲窮理盡性而得此以爲門徑可不致氾濫無歸於進修之功不爲無助而異端一門舉凡陰陽相

術讖緯之說反覆辨論斥駁詳明洵足以破流俗之惑而偕之大道用以閑邪翼正於世教尤有裨益焉乾隆四十七年四月恭校上

讀書錄

臣等謹案讀書錄續錄二十三卷明薛瑄撰瑄字德溫河津人永樂辛丑進士官至禮部右侍郎入閣預機務贈禮部尚書謚文清事迹具明史本傳其書皆躬行心得之言兩錄之首皆有自記言其因張子心有所開不思則塞之語是以自錄隨時所得以備屢省其後萬歷中有侯鶴齡者因所記錯雜更爲編次删去重複名讀書全錄然去取之間頗失瑄本意今仍錄原書以存其舊瑄嘗言樂有雅鄭書亦有之小學四書六經濂洛關閩諸聖賢之書雅也嗜者常少以其味之淡也百家小說淫辭綺語怪誕不經之書鄭也莫不喜談而樂道之蓋不待教督而好之矣以其味之甘也淡則人心平而天理存甘則人心迷而人欲肆觀瑄是錄可謂不愧所言矣乾隆四十七年四月恭校上

臣等謹案大學衍義補一百六十卷明邱濬撰濬有家禮儀節已著錄濬以宋眞德秀大學衍義止于格致誠正修齊而治國平天下之事闕焉乃採經傳子史輯成是書附以己見分爲十有二目於孝宗初奏上之有詔嘉奬命錄副本付書坊刋行濬又自言衍義補所載皆可見之行事請摘其要者下內閣議行帝亦報可至神宗復命梓行親爲製序蓋皆甚重其書也特濬聞見甚富議論不能甚醇故王鏊震澤紀聞稱其學問該洽尤熟于國家掌故議論高奇務于矯俗能以辨博濟其說譏范仲淹多事秦檜有再造功評隲皆乖正理又力主舉行海運平時屢以爲言此書更力申其說所列從前海運抵京之數謂省內河挽運之貲即可抵洋面漂亡之粟似乎言之成理然一舟覆沒舟人不下百餘糧可以抵轉輸之費人命以何爲抵乎其後萬恭著議謂爲有大害而無微利至以好事斥之非苛論也又明之中葉正閹豎恣肆之時濬既欲陳誨納忠

則此條尤屬書中要旨乃獨無一語及宦寺張志淳南園漫錄詆其有所避而不書殆亦深窺其隱以視眞氏原書殊未免瑕瑜互見然治平之道其理雖具于修齊其事則各有制置眞氏原本實闕遺濬博綜旁搜以補所未備兼資體用實足以羽翼而行且濬學本淹通又習知舊典故所條列原原本本貫串古今亦復具有根柢其人雖不足重其書要不爲無用也乾隆四十七年九月恭校上

居業錄

臣等謹案居業錄八卷明胡居仁撰居仁字叔心號敬齋餘干人是書皆其講學語錄居仁與陳獻章皆出吳與弼之門而宗旨截然互異獻章之學上繼金谿下啟姚江居仁則恪守朱子不踰尺寸故以敬名其齋而是書之中辨獻章之近禪不啻再三蓋其人品端謹學問篤實與津河薛瑄相類而是書亦與瑄讀書錄並爲學者所推黃宗羲明儒學案乃謂其以有主言靜中之涵養與獻

章之靜中養出端倪同門冥契特牽引附合之言非篤論也正德中有張吉者嘗删其書爲要語又有吳廷舉者又删其書爲粹言此本爲弘治甲子余祜所編猶爲原帙祜字子積鄱陽人弘治乙未進士官至吏部右侍郎年十九時受業於居仁居仁以女妻之而卷首序文自稱門人蓋用黄榦編朱子集之例榦又用李漢編韓愈集之例也然考皇甫湜作愈墓誌稱愈女初適於漢後乃離婚嫁樊氏漢稱門人而不稱壻蓋緣於此榦及祜沿襲其稱殊爲不考閻若璩潛邱劄記乃以爲重道統而輕私親則又曲爲之詞矣乾隆四十七年四月恭校上

楓山語錄

臣等謹案楓山語錄一卷明章懋撰懋字德懋别號闇然子蘭溪人成化丙戌會試第一改庶吉士授編修命作鼇山燈詩不奉詔且以疏諫黜爲臨武知縣弘治正德間累官南京禮部尚書致仕事迹具明史本傳是編卷帙不多分爲

五類曰學術曰政治曰藝文曰人物曰拾遺其學術政治雖人人習見之理而明白醇正不失爲儒者之言藝文諸條持論亦極平允不似講學者動以載道相繩其評隲人物于陳獻章獨有微詞則懋之學專主篤實而獻章未免墮入空虛也然獻章出處之間稍有遺議而懋人品高潔始終負一代重望則篤實鮮失之明驗矣又謂胡居仁不適於用似亦有見惟推尊吳與弼太過頗不可解是則未免于稍偏云乾隆四十七年十月恭校上

東溪日談錄

臣等謹案東溪日談錄十八卷明周琦撰琦字廷璽馬平人成化辛丑進士官至南京戸部員外郎琦之學出自河東薛瑄是編記所心得分十三類凡性道談二卷理氣談一卷祭祀談二卷學術談一卷出處談一卷物理談一卷經傳談三卷著述談一卷史系談二卷儒正談一卷文詞談一卷異端談一卷闢異談一卷廣西通志載其著日談錄十八卷又著儒正篇論薛河東之學今考儒

正即此書之第十五卷非別有儒正篇也昔呂景蒙嘗謂是書刻於嘉靖丁酉而此本乃係傳寫或其板已佚後人錄存之歟琦爲人以端直謹厚見重鄉里其書亦一本濂洛之說不失醇正蓋河東之學雖或失之拘謹而篤實近理故數傳之後尙能篤守師傳不至放言無忌也乾隆四十七年四月恭校上

困知記

臣等謹案困知記二卷續記二卷附錄一卷明羅欽順撰欽順字允升號整菴泰和人弘治癸丑一甲第三人及第官至南京吏部尙書贈太子太保謚文莊事蹟具明史儒林傳欽順潛心理學深有得於性命理氣之微旨晚年乃述爲是編以發明之前記成於嘉靖戊子凡一百五十六章續記成於嘉靖辛卯凡一百十三章附錄一卷皆與人論學之書凡六首欽順自稱初官京師與一老僧論佛漫舉禪語爲答意其必有所得爲之精思達旦恍然而悟既而官南雍取聖賢之書潛玩久之漸覺就實始知所見者乃此心虛靈之妙而非性之理

自此研磨體認積數十年始確乎有以自信葢其學本眞積力久而後得之故專以躬行實踐爲務而斥王守仁良知之非嘗與守仁書講辨甚至此書摘發理奧明白直捷於後學實有啟迪之功其痛闢佛教反覆抉摘因人之所明而牖之尤爲詳盡剴切高攀龍嘗稱自唐以來排斥佛氏未有若是之明且悉者洵有裨於正學矣乾隆四十七年三月恭校上

讀書劄記

臣等謹案讀書劄記八卷明徐問撰問字用中號養齋武進人弘治壬戌進士官至南京戶部尚書謚莊裕是書問爲巡撫貴州時與從學諸人問答隨時劄記而成所論天文歷象山川性理六經四子書皆守先儒成說其論學則一本程朱而力黜王守仁之學如古本大學親民格物知行合一各說皆逐條辨正問嘗與羅欽順書云王氏之學本諸象山至今眩惑人聽讀書劄記第二册則實闢其說葢以廣中侍讀黄才伯促而成之才伯者黄佐字也所云第二册者

即指此本第五卷中語今核其所闢各條大都託之或謂又稱爲近學世學而並未斥言蓋是時王學方盛行故問不欲顯加排擯然所摘發多能切中癥結迥異乎叫囂强辨之流在明人語錄中猶篤實而不支蔓者也乾隆四十七年五月恭校上

士翼

臣等謹案士翼三卷明崔銑撰銑字子鍾又字仲鳧號洹野安陽人弘治乙丑進士官至南京禮部右侍郎事蹟具明史儒林傳是書凡三卷名曰述言皆語錄之類又嘗作續士翼草稿未成而没此書自序謂退居相臺十祀非聖人之志不存非翼經之文不閱乃劄記所明稍修章句名曰士翼蓋以輔彝典也其間如論高宗夢傅說事涉于怪誕韓子原道蓋先乎養二氏之徒之繁由君無以養而安之也又云談理至宋人而精然而滋蔓講學至宋人而切然而即空又曰漢之小人易見宋之小人難知漢唐之君子可信宋之君子當考所論頗

爲有見非漫爲空言者比然以蕭何之薦曹參爲克己歸仁盧懷慎之讓姚崇爲一个臣之有容雖意有所諷亦未免品題失當矣乾隆四十七年恭校上

涇野子內篇

臣等謹案涇野子內篇三十七卷明呂柟撰柟字仲木號涇野高陵人正德戊辰進士第一授翰林院修撰歷官南京禮部右侍郎謚文簡事蹟具明史儒林傳柟師事渭南薛敬之接河東薛瑄之傳在南都與湛若水鄒守益同主講席是書乃其門人所編語錄凡雲槐精舍語二卷東林書屋語一卷端溪問答一卷解梁書院語一卷柳灣精舍語二卷鷲峯東所語十二卷太常南所附邵伯舟中語三卷太學語二卷春官外署語二卷禮部北所語一卷其子畇等類而刻之柟爲學在格物以窮理先知而後行其所謂窮理不是泛常不切於身只在語默作止處驗之所謂知者即從聞見之知以通德性之知但事事不肯放過其踐履最爲篤實嘗斥王守仁言良知之非以爲聖人教人未嘗規規於一

方今不論資禀造詣刻數字以必人之從不亦偏乎故其議論一以程朱爲歸終身不變其所守亦可謂篤信好學者矣乾隆四十七年五月恭校上

周子鈔釋

臣等謹案周子鈔釋二卷明呂柟撰柟有涇野經說別著錄宋五子惟周子著書最少而諸儒辨論則惟周子之書最多無極太極之說朱陸兩家斷斷相軋至今五六百年不能歸一太極圖說與通書表裏之說元何虛中至特著一書辨此一語論者亦遞相攻擊究無定評主靜之說至明代詬爭尤甚是編蓋因周子全書而摭其精要一卷爲太極圖說通書二卷爲遺文遺詩而附以雜記一卷則本傳墓碣事狀也較全書特爲簡潔每條之下各釋以一二語或標其大旨或推所未言之意較諸家連篇累牘之辨亦特爲淳實其釋荀子元不識誠一條謂貶荀子太過而以大學中庸之言誠擬荀子之言誠未免駁雜釋養心亭記一條謂寡欲亦允執厥中之義若至于無恐難通行于衆亦未免詞不

達意然大旨要爲不悖觀周子之書者其精華畧具于此矣乾隆四十七年十一月恭校上

張子鈔釋

臣等謹案張子鈔釋六卷明呂柟撰是編摘録張子之書以西銘東銘爲冠次正蒙十九篇次經學理窟十一篇次語録次文集而終以行狀亦每條各附以釋如周子鈔釋之例首有嘉靖辛丑柟自序稱張子書存者止二銘正蒙理窟語録文集而文集又未完止得二卷于馬伯循氏諸書皆言簡意實出于精思力行之後顧其書散見漫衍渙無統紀而一義重出亦容有之暇嘗稡鈔成帙註釋數言略發大旨以便初學觀省蓋其謫官解州時作也案虞集作吳澄行狀稱澄校正張子之書挈東西銘于篇首而正蒙次之大意與柟此本合澄本今未見柟此本簡汰不苟較世所行張子全書亦頗爲精要矣乾隆四十七年十月恭校上

二程子鈔釋

臣等謹案二程子鈔釋十卷明呂柟編前有自序稱初得二程全書于崔銑以其中解說六經四書之語與門弟子問答行事之言統爲一書浩大繁博初學難于觀覽因鈔出心所好者集爲八卷凡二十九篇而卷首所列程子門人姓氏後有嘉靖辛卯柟門人休寧程爵重刊跋乃稱涇野先生鈔釋程氏書凡十卷此本爲嘉靖丙申柟門人鄧浩所刊卷數與爵跋相合豈柟作序時其書尚止八卷後或有所增益分晰而序文則未改歟其書不分門類亦不敘先後仍以二程遺書原載門人某某所記分編每條之末皆以一二語標其大意昔朱子編遺書嘗病其眞贋相雜柟是書削駁留醇頗爲不苟蓋柟之學源于河津最爲篤實故去取皆有所見惟其文原出李夢陽全集率詰屈不可讀故每條下所釋詞旨往往晦澀非初學所能洞曉云乾隆四十七年五月恭校上

臣等謹案朱子鈔釋二卷明呂柟撰是編乃嘉靖丙申柟爲國子監祭酒時所定宋儒之中惟朱子著述最富辨論亦最多其時諸弟子所述者有池錄饒錄饒後錄建錄諸刻黎靖德刊除重複分類編次尚得一百四十卷則浩博可知矣柟此本所鈔止於二卷乃較張子二程子爲少然朱子之學無所不通與門人亦無所不講黎氏語類以二十六目舉其大凡包括尚有未盡讀者茫無津涯又早年晚年持論或異門人所記或以己意增損之亦往往彼此不同讀者亦莫能決其去取明人遞相選錄幾於人有一編其大意乃在於勝負相爭區分門戶不過借朱子爲名未嘗眞爲明道計也柟作是編惟摘切要之詞而不甚以攻擊爲事於學問大旨轉爲簡明然於與陸子靜論意見一條注其下曰陸氏終近禪則是非之辨亦未嘗不謹嚴矣乾隆四十七年十月恭校上

中庸衍義

臣等謹案中庸衍義十七卷明夏良勝撰良勝字於中南城人正德戊辰進士

官至給事中事蹟具明史本傳自宋眞德秀作大學衍義明孝宗初邱濬進大學衍義補而未及中庸良勝是書成於嘉靖間謫戍遼海之時自性道教達道達德九經三重之屬推廣演繹一仿眞德秀大學衍義之體而多引邱濬之說以相闡發至於崇神仙好符瑞改祖制抑善類數端之弊尤惓惓言之蓋皆爲世宗時事發也良勝於正德嘉靖間兩以直言杖謫其人爲世所重而是編宗旨醇正亦不愧儒者之言焉乾隆四十七年四月恭校上

格物通

臣等謹案格物通一百卷明湛若水撰若水有春秋正傳已別著錄是編乃嘉靖七年若水任南京禮部侍郎時所進體例略仿大學衍義以致知併於格物而以格物統貫誠意正心修身齊家治國平天下六條凡誠意格十七卷分審幾立志謀慮感應儆戒敬天敬祖考畏民八子目正心格三卷無子目修身格九卷分正威儀愼言語進德業三子目齊家格十三卷分謹妃匹正嫡庶事親

長養太子嚴內外恤孤幼御臣妾七子目治國格十四卷分事君使臣立教興化事長慈幼使衆臨民正朝廷正百官正萬民七子目平天下格四十四卷分公好惡用人理財三子目而用人中又分學校舉錯課功任相任將六官六目理財之中又分修虞衡抑浮末飭百工屯田馬政漕運勸課禁奪時省國費慎賞賜蠲租薄斂恤窮賑濟十四目皆雜引諸儒之言參以明之祖訓而各以己意發明之大致與邱濬大學衍義補相近而濬書多徵舊事以爲法戒之資此書多引前言以爲講習之助二書相輔而行均於治道有裨者也乾隆四十七年三月恭校上

世緯

臣等謹案世緯二卷明袁袠撰袠字永之號胥臺吳縣人嘉靖丙戌進士官至廣西提學僉事明史文苑傳附見文徵明傳中是書凡二十篇曰官宗曰遴傳曰簡輔曰降交曰誘諫曰廣薦曰崇儒曰貴士曰裁閹曰汰異曰距僞曰抑躁

曰久任曰惜爵曰懲墨曰節浮曰革奢曰正典曰實塞曰均賦其言皆指陳無隱切中時弊雖立說不免過激而憂時感事發憤著書亦賈誼痛哭之流亞也當時狃於晏安文恬武嬉朝廷方以無事爲福故奏自序有鑿枘異用竽瑟殊好空言無益祇增多口之語而距僞一篇講學者尤深嫉之然奏之言曰今之僞者其所誦讀者周孔之詩書也其所講習者程朱之傳疏也而其所談者則佛老之糟粕也黨同而伐異尊陸而毁朱云云蓋指姚江末流之弊有激言之觀於明季袞可謂見微知著矣又烏得惡其害己指其爲排抑道學乎乾隆四十七年四月恭校上

呻吟語摘

臣等謹案呻吟語摘二卷明吕坤撰坤有四禮疑已著録明史藝文志載呻吟語凡四卷此止二卷考卷末萬歷丙辰其子知畏跋則此乃坤從四卷中手自删削並取知畏所續入者若干條存十之二三距萬歷壬辰郭子章作序之時

又二十四年蓋坤晚年之定本也其內篇分七門曰性命曰存心曰倫理曰談道曰修身曰問學曰應務外篇分九門曰世運曰聖賢曰品藻曰治道曰人情曰物理曰廣喻曰詞章大抵不侈語精微而篤實以爲本不虛談高遠而踐履以爲程在明代講學諸家似乎麤淺然尺尺寸寸務求規矩而又不違戾于情理視陸學末派之猖狂朱學末派之迂僻其得失則有間矣乾隆四十七年十月恭校上

劉子遺書

臣等謹案劉子遺書四卷明劉宗周撰宗周有古易鈔義別著錄是編凡聖學宗要一卷載周子太極圖說張子東西銘程子識仁說定性書朱子中和說王守仁良知問答等篇各爲注釋蓋本其友人劉去非宋學宗源一書而增益之加以詮解改爲今名又學言三卷乃宗周講學語錄其門人姜希轍所刻也宗周生于山陰守其鄉先生之傳故講學大旨多淵源于王守仁蓋目染耳濡其

來有漸然明以來講姚江之學者如王畿周汝登陶望齡陶奭齡諸人大抵高
明之過純墮禪機奭齡講學白馬山至全以佛氏因果爲說去守仁本旨益遠
宗周獨深鑒狂禪之弊築證人書院集同志講肄務以誠意爲主而歸功于愼
獨其臨沒時猶語門人曰爲學之要一誠盡之而主敬其功也云云蓋爲良知
末流深砭痼疾故其平生造詣能盡得王學之所長而去其所短卒之大節炳
然始終無玷爲一代人倫之表雖宗紫陽而攻金谿者亦不能以門戶之殊倂
詆宗周也知儒者立身之本末惟其人不惟其言矣乾隆四十七年十一月恭
校上

人譜　人譜類記

臣等謹案人譜一卷類記二卷明劉宗周撰姚江之學多言心宗周懲其末流
故課之以實踐是書乃其主蕺山書院時所述以授生徒者也人譜一卷首列
人極圖說次紀過格次改過說人譜類記二卷曰體獨篇曰知幾篇曰凝道篇

曰考疑篇曰作聖篇皆集古人嘉言善行分類錄之以爲楷模每篇前有總記後列條目間附以論斷主於啟迪初學故詞多平實淺顯兼爲下愚勸戒故或參以福善禍淫之說然偶一及之與袁黄功過格立命之學終不同也或以蕪雜病之則不知宗周此書本爲中人以下立教失其著作之本旨矣乾隆四十七年十月恭校上

榕壇問業

臣等謹案榕壇問業十八卷明黄道周撰道周有易象正已著錄此編乃其家居時講學之語考道周自崇禎壬申削籍歸石養山守墓是年講學於浦之北山越二年甲戌夏始入郡就芝山之正學堂爲講舍至乙亥冬以原官召用始罷講故此書起甲戌五月至乙亥仲冬者凡十六卷其十七卷有云丙子春者則道周已罷講還家取他方友人書牘問難之詞當時未即答者續爲發明綴入其十八卷則同年蔣德璟所問之詞道周屬諸弟子代答間亦衷以己說併

以德璟原問十八條附錄於後其書每卷分載所編弟子姓氏卷之前後道周復各綴以題識其大旨以致知明善爲宗大約左祖考亭而益加駿厲書内所論凡天文地志經史百家之說無不隨問闡發不盡作性命空談蓋由其博洽精研靡所不究故能有叩必竭響應不窮雖詞意間涉深奥而指歸可識不同於禪門機括幻窅無歸先儒語錄每以陳因迂腐爲博學之士所輕道周此編可以一雪斯誚矣乾隆四十七年四月恭校上

温氏母訓

臣等謹案温氏母訓一卷明温璜錄其母陸氏之訓也璜初名以介字于石號石公後以夢兆改今名而字曰寶忠烏程人崇禎癸未進士官徽州府推官事迹附見明史邱祖德傳乾隆四十一年　賜謚忠烈璜有遺集十二卷此書其卷末所附錄語雖質直而頗切事理末有跋語不署名氏稱原集繁重不便單行乃錄出再付之梓案璜於順治乙酉起兵與金聲相應以拒　王師凡四閲

月城破抗節以死其氣節震耀一世可謂不愧於母教又高承埏忠節錄載璜就義之日慨然語妻茅氏曰吾生平學爲聖賢不過求今日處死之道耳因繞屋而走茅氏曰君之遲留得無以我及長女寶德在乎時女已寢母呼之起女問何爲母曰死耳女曰諾即延頸受死璜手刃之茅氏亦臥床引頸待刃璜復斫死乃自剄知其家庭之間素以名教相砥礪故皆能臨難從容如是非徒託之空言者矣故雖女子之言特錄其書於儒家示進之也乾隆四十七年十月恭校上

欽定四庫全書提要卷五十一

欽定四庫全書提要卷五十二

子部四

儒家類四

御定資政要覽

臣等謹案資政要覽三卷順治十二年勅大學士呂宮額色赫金之俊恭纂總三十篇仰惟世祖章皇帝濬哲天縱以夙齡定天下投戈講學默契性天是書首標倫常彝秉之源次詳用人行政之道以及持躬育物之理薈經史之粹精發聖賢之藴奧大書以闡其旨分注以核其事其旨賅其事約洵爲萬萬世立政之模與典謨並重矣卷末載有臣呂宮等十六人恭撰後序既詳述君師統一作書垂訓之旨臣等亦無能更贊一詞云乾隆四十七年四月恭校上

聖諭廣訓

臣等謹案　聖諭十六條　聖祖仁皇帝所　頒以曉諭薄海臣民垂教萬世而　廣訓萬言則　世宗憲皇帝因而　闡發之俾服誦　聖訓者咸得曉然於　聖祖牖民覺世之旨勿徒視爲條教號令之虚文而　紹聞善述之謨亦亙古爲昭矣是書簡帙雖約義藴實閎方今布在學官著於令甲凡童子應試初入學者並令默寫無遺乃爲合格而於朔望日令有司合鄉約耆長宣讀以警覺顓蒙蓋所以陶成民俗祗服　訓言者法良意美洵無以復加云乾隆四十七年十月恭校上

聖祖仁皇帝庭訓格言

臣等謹案　聖祖仁皇帝庭訓格言雍正八年　世宗憲皇帝親編凡二百四十有六則皆　實録　聖訓所未及載者蓋我　聖祖仁皇帝臨御悠久　世宗憲皇帝至孝承顔於　問安視膳之暇祗聆默識　神會心融逮　嗣服後著録成編　製序刋布昭垂奕禩眞以　家法爲　治法者臣等校録之餘仰

見　聖　聖相承　垂謨貽範之盛敻絶萬古云乾隆四十七年十月恭校上

日知薈説

臣等謹案　日知薈説四卷凡二百六十則乾隆元年　皇上取所製各體文親爲刪擇成篇第一卷多論帝王治化之要第二卷論天人性命之旨第三卷論禮樂法度之用第四卷論古今行事之迹　言之爲典型者　行之即爲模法而猶有取于子夏日知之説以之　命名益有以懋昭　聖學矣乾隆四十七年四月恭校上

御定孝經衍義

臣等謹案孝經衍義一百卷我　世祖章皇帝特詔儒臣纂修未竟逮　聖祖仁皇帝繼成孝治復　命侍郎臣葉方藹學士臣張英充總裁官而蒐考編輯則侍講臣韓菼專任其事並呈　睿覽而後裁定康熙二十一年春告成其體例悉仿眞德秀大學衍義一書凡所引事先經後史下逮諸家文集名臣奏議

嘉言懿行有關孝理者徧爲採摭若荀揚而下諸子稗官間有旁及皆不以入正條義例秩然洵可以闡萬化之源廣太和之治矣伏考孝經疏解之學自漢以來累數百家而以衍義名書者八宋有劉元剛元有程顯道楊少愚葉瓚諸書皆佚惟明呂維祺張有譽蔡景默所著尚存而徵引未廣若吳從周止衍父母生之一章尤未堪羽翼全經方之是編不但螢光爝火之於日星已乾隆四十七年三月恭校上

御定內則衍義

臣等謹案內則衍義十六卷順治十三年大學士傅以漸恭纂仰邀欽定冠以御製序文以禮記內則篇爲本援引經史諸書以佐證推闡之分八綱三十二子目一曰孝之道分事舅姑事父母二子目二曰敬之道分事夫勸學佐忠贊廉重賢五子目三曰敎之道分敎子勉學訓忠三子目四曰禮之道分敬祭祀肅家政定變守貞殉節端好尚崇儉約謹言慎儀九子目五曰讓之道分

崇謙退和妯娌睦宗族待外戚四子目六曰慈之道分逮下慈幼敎仁愛民宥過五子目七曰勤之道分女工飲食二子目八曰學之道分好學著書二子目考古西周盛運化起宮闈周南始關雎而桃夭漢廣不變乎民風召南始鵲巢而采蘋采蘩具嫺乎禮敎蓋正其家而天下正天下各正其家而風俗淳美民物泰平故先王治世必以内政爲本也此編出自聖裁併經慈鑒端人倫之始以握風化之源疏通經義使知所遵循引證史文使有所法戒用以修明閫敎永著典型以視豐鎬開基之治有過之無不及矣班昭女誡以下區區熠火之明又何足仰擬日月歟乾隆四十七年八月恭校上

御纂性理精義

臣等謹案性理精義十二卷康熙五十六年御定自來以性理名書者始于宋代陳淳性理字義二卷蠡明指要至金熊節有性理羣書元陳剛有性理會元卷帙既多采輯漸廣明永樂中勅修性理大全至七十卷頒之學宮與經書

通鑑並重自後讀者率有節本而擇焉不精莫能傳遠　聖祖仁皇帝默契性
天闡明理奧以大學士臣李光地熟于宋五子書任以編纂　親加釐定削蔡
氏洪範數之作以斥僭經删箴銘詩賦之屬以嚴浮藻發凡起例抉要鉤深洵
非元明諸儒所得而與聞也乾隆四十七年十一月恭校上

御纂朱子全書

臣等謹案朱子全書六十六卷康熙五十二年　聖祖仁皇帝命大學士臣李
光地熊賜履等纂輯向來流傳朱子之書有大全文集大全語錄各一百卷元
儒程端學讀書功程謂治四書及諸經者俱宜列注疏於前而附朱子文集語
錄於後以定是非之歸故宋元明諸儒合纂爲書者甚多而諸經率各自爲部
是書則彙輯其全自小學迄詩賦雜著凡十有九門罔不根極理訓折衷羣言
蓋朱子集諸儒之大成而是書又集朱子之大成也乾隆四十七年二月恭校
上

欽定執中成憲

臣等謹案執中成憲八卷　世宗憲皇帝欽定雍正六年春始　命儒臣纂輯經書所載帝堯以來嘉言良法下逮名臣奏議諸儒論說凡有裨于治道者以次編錄先標經語次以　御論折衷其是後復引前人論斷以備參考迄十三年夏書成我　皇上尊聞善述于乾隆三年春刊竣頒行冠以　御製序文闡發是書所以　編定之旨信乎先後一揆爲萬世法程矣乾隆四十七年四月恭校上

御覽經史講義

臣等謹案　御覽經史講義三十一卷乾隆十四年大學士蔣溥等奉　勅編錄乾隆二年　詔令翰詹科道諸臣輪日呈進講義於諸經先標經文下注先儒疏義於諸史節略史文下注先儒論斷於往代名臣奏議擇其有裨實用删繁存要仍各抒所見於後旣呈　覽有敷陳中理者降　旨嘉勉其或所論未

當則　召對開示昭宣義藴並令記錄繕進是編卷首恭載十五條是也蓋都
俞吁咈罔非　聖學之裁成而諸臣誦習所及悉蒙　采擇薈稡成書昭示萬
古尤屬非常之榮幸云乾隆四十七年四月恭校上

正學隅見述

臣等謹案正學隅見述一卷　國朝王宏撰撰宏撰有周易筮述已著錄是編
以周子無極之説陸九淵爭之于前朱子格物之説王守仁軋之于後諸儒聚
訟數百年而未休大抵尊朱者則全斥陸王爲非尊陸王者則全斥朱子爲謬
迄無持是非之平者宏撰此書則以爲格物之説當以朱子所註爲是無極之
説當以陸九淵所辨爲是持論頗爲平允其中雖歷引諸説以相詰難而詞氣
皆極和平凡諸儒所稱先朝之亂由于學術不正其首禍爲王陽明及所稱無
極二字出于老子爲周子眞贓實犯者宏撰皆指爲太過其言曰予素信朱子
惟于無極太極之説小異誠不敢以心之所不安者徒勦襲雷同以蹈于自欺

欺人之爲其亦殊于好爲異論者矣乾隆四十七年五月恭校上

思辨錄輯要

臣等謹案思辨錄輯要三十五卷　國朝陸世儀撰世儀字桴亭太倉人是書乃箚記師友問答及平生聞見而成儀封張伯行爲汰其繁冗分類編次故題曰輯要明非世儀之完本也凡分小學大學立志居敬格致誠正修齊治平天道人道諸儒異學經子史籍十四門世儀之學主于敦守禮法不虛談誠敬之旨主于施行實政不空爲心性之功于近代講學諸家最爲篤實故其言曰天下無講學之人此世道之衰天下皆講學之人亦世道之衰嘉隆之間書院徧天下呼朋引類動輒千人附影逐聲廢時失事甚有借以行其私者此所謂處士橫議也又曰今所當學者正不止六藝如天文地理河渠兵法之類皆切于用世不可不講俗儒不知內聖外王之學徒高談性命無補于世所以來迂拙之誚也其言皆深切著明足砭虛憍之病雖其中如修齊類中必欲行區田治

平類中必欲行井田封建不免有迂闊之失而大端切于日用不失爲有裨之言惟伯行意主貪多往往榛楛勿翦甚至如頭容直一條王周臣書屋警語一條之類前後重出亦失于刊除倘擷採英華汰其枝蔓則彌爲精善矣乾隆四十七年四月恭校上

雙橋隨筆

臣等謹案雙橋隨筆十二卷　國朝周召撰召字公右號拙菴衢州人康熙初官陝西鳳縣知縣是編乃其甲寅乙卯間值耿精忠搆逆避兵山中所作雙橋者其山中所居地也卷端標曰受書堂集而以雙橋隨筆爲子目殆全集中之一種歟召平日嘗稱老生常談誠不足採而藥石之言原以鍼砭兒輩與世無關所自矜者集中大意在於信道而不信邪事人而不事鬼言理而不言數崇實而不崇虛竊以爲獨立之見若中流一砥云云雖自詡似乎太過而所言皆崇禮教斥異端於明末士大夫陽儒陰釋空談性命之弊尤言之深切於人心

風俗頗有所裨惟其隨筆記錄意到即書不免於重複冗蔓又適逢寇亂流離奔走不免有憤激之詞往往歸怨於天是則其學之未粹耳乾隆四十七年五月恭校上

讀朱隨筆

臣等謹案讀朱隨筆四卷國朝陸隴其撰隴其有三魚堂四書大全困勉錄諸書已别著錄是編乃其讀朱子大全集時取所心得隨筆標記於正集二十九卷以前凡詩賦劄子人所共知者即不復置論其自正集三十卷起至别集五卷止則摘其精蘊分條摘錄而各加案語以引伸之其書初無雕本康熙戊子儀封張伯行從隴其之壻曹宗柱索得稿本因爲刊行於福州隴其之學一以朱子爲宗在近儒中最稱醇正是編大意尤在於闢異說以羽翼紫陽故於儒釋出入之辨金谿姚江蒙混之弊凡朱子書中有涉此義者無不節取而發之其剖析疑似分别異同殊爲親切有味其他一字一句亦多潛心體察而深

識其用意之所以然於朱子之書誠能融會貫徹而非徒以口耳佔畢爲事者雖不過一時簡端題識之語本非有意著書而生平得力所在亦槩可見矣乾隆四十七年四月恭校上

三魚堂賸言

臣等謹案三魚堂賸言十二卷　國朝陸隴其撰本名日鈔皆平時劄記之文未分門目其甥金山陳濟排次成編雖亦不立標題而推求其例則一卷至四卷皆說五經五卷六卷皆說四書而附太極圖說近思錄小學數條七卷八卷皆說諸家得失九卷至十二卷皆說子史而亦間論雜事昔朱子博極羣書於古今之事一一窮究其原委而别白其是非故凡所考論悉有根據不爲懸揣臆斷之談隴其傳朱子之學爲　國朝醇儒第一是書乃其緒餘而於名物訓詁典章度數一一精核乃如此凡漢注唐疏爲講學諸家所不道者亦皆研思探索多所取裁可知一代通儒其持論具有本末必不空言誠敬屏棄詩書自

謂得聖賢之心法其於朱陸異同非不委曲詳明剖析疑似而詞氣和平使人自領亦未嘗堅分壁壘以詬厲相爭蓋諸儒所得者淺故爭其名而不足隴其所得者深故務其實而有餘觀於是編可以見其造詣矣乾隆四十七年五月恭校上

松陽鈔存

臣等謹案松陽鈔存二卷　國朝陸隴其撰隴其有三魚堂四書大全別著錄是編乃其爲靈壽知縣時於簿書之暇所輯問學錄日記二書摘其中切要之語錄爲一編以示學者靈壽古松陽地故以松陽鈔存爲名本七十八條儀封張伯行嘗爲刋板删其與問學錄重複者僅存二十八條殊失隴其之意此本刋於乾隆辛未乃金山楊開基所重編分道體爲學處事敎學辨學術觀聖賢六門仍以原第幾條注於本條之下以存其舊而別以己見附識於後前有開基序稱問學錄爲中年之書此本爲晚年手定之書極論伯行之删本爲非又

有隴其孫申憲跋亦謂伯行刻隴其遺書四種惟讀禮識疑讀朱隨筆爲足本此書及問學錄均刪節失眞云乾隆四十七年十月恭校上

榕村語錄

臣等謹案榕村語錄三十卷　國朝李光地撰光地有周易觀彖別著錄是編爲其門人徐用錫及其從孫清植所輯有光地所自記者有子弟門人所記者各注於諸條之後冠以經書總論與論四書者爲八卷論易書詩三禮春秋孝經者爲九卷論六子諸儒諸子道統者爲三卷論史者爲一卷論歷代者爲一卷論學者爲二卷論性命理氣者爲二卷論治道者爲二卷論詩文者爲二卷而韻學附焉光地於律呂算術皆所究心而是編一語不載殆以別爲專門爲儒者所當知而非儒者所急歟抑或律呂惟授王蘭生算術惟授魏廷珍而清植等不及聞也光地之學源於朱子而能心知其意得所變通故不拘拘於門戶之見其詁經兼取漢唐之說其講學亦酌採陸王之義而於其是非得失毫

釐千里之分則辨之甚明往往一語而決疑似以視黨同伐異之流斥姚江者無一字不加排詆攻紫陽者無一語不生訕笑其相去不可道里計蓋學問既深則識自定而心自平固宜與循聲佐鬭者迥乎異矣乾隆四十七年四月恭校上

讀書偶記

臣等謹案讀書偶記三卷　國朝雷鋐撰鋐字貫一寧化人雍正癸丑進士官至副都御史是編乃其讀書劄記大旨惟以朱子爲宗然能不爭競門戶如卷一中一條云古人心最平如孟子謂夷惠隘與不恭君子不由而又謂其爲百世之師是也後世如陸子靜王陽明陳白沙論學術者必辨之謂其非孔孟程朱之正派也然其砥節礪行以之鍼砭卑鄙俗夫不亦百世之師耶其持論特平較諸講學之家頗爲篤實無客氣書中論易幾及其半大致多本李光地其論禮則多本方苞一則其鄉前輩一則其受業師也所記方苞駁蘇軾一條引

曾子問及檀弓曾申之事謂親在不妨學喪禮乃　國初汪琬與閻若璩以論禮訢爭琬以是攻若璩若璩援以駁琬者其始末具見若璩潛邱劄記中苞殆偶述舊文而鋐誤以爲師說蓋當鋐在時潛邱劄記尚未出故未見也惟太極一圖經先儒闡發已無賸義而繪圖作說累牘不休殊爲支蔓夫人事邇天道遠日月五星有形可見儒者所論自謂精微推步家實測驗之其不合者固多矣況臆度諸天地之先乎是則不免於習氣耳乾隆四十七年九月恭校上

欽定四庫全書提要卷五十三

子部五

兵家類

握奇經

臣等謹案握奇經一作握機經一作幄機經舊本題風后撰漢丞相公孫弘解晉西平太守馬隆述讚案漢書藝文志兵家陰陽風后十三篇班固自注曰圖二卷依託也並無握奇經之名且十三篇七略著錄固尚以為依託則此經此解七略不著錄者其依託更不待辨矣馬隆述讚隋志亦不著錄則亦猶公孫弘解也考唐獨孤及毘陵集有八陣圖記曰黃帝順煞氣以作兵法文昌以命將風后握機制勝作為陣圖故八其陣所以定位也衡抗於外軸布於內風雲附其四維所以備物也虎張翼以進蛇向敵而蟠飛龍翔鳥上下其旁所以致用也至若疑兵以固其餘地游軍以案其後列門具將發然後合戰弛張則二

廣迭舉掎角則四奇皆出云云所説乃一一與此經合疑唐以來好事者因諸葛亮八陣之法推演爲圖託之風后其後又因及此記推衍以爲此經併取記中握機制勝之語以爲之名宋史藝文志始著於録其晚出之顯證矣高似孫子略曰馬隆本作幄機序曰幄者帳也大將所居言其事不可妄示人故云幄機則因握幄字近而附會其文今本多題曰握奇則又因經中有四爲正四爲奇餘奇爲握奇之語改易其名也乾隆四十七年九月恭校上

六韜

臣等謹案六韜六卷舊本題周呂望撰考莊子徐無鬼篇稱金版六弢經典釋文曰司馬彪崔譔云金版六弢皆周書篇名本又作六韜謂太公六韜文武虎豹龍犬也案今本以文武龍虎豹犬爲次與陸德明所注不同未詳孰是謹附識於此則戰國之初原有是名然即以爲太公六韜未知所據漢書藝文志兵家不著録惟儒家有周史六弢六篇班固自注曰惠襄之間或曰顯王時或曰孔子問焉則六弢別爲一書顔師古

注以今之六韜當之毋亦因陸德明之說而牽合附會歟三國志先主傳注始稱閒暇歷觀諸子及六韜商君書益人志意隋志始載太公六韜五卷注曰梁六卷周文王師姜望撰唐宋諸志皆因之今考其文大抵詞意淺近不類古書中間如避正殿乃戰國以後之事將軍二字始見左傳周初亦無此名（案路史有虞舜時伯益爲百蟲將軍之語雜說依託不足爲據）其依託之迹灼然可驗然晁公武讀書志稱元豐中以六韜孫子吳子司馬法黃石公三略尉繚子李衛公問對頒行武學號曰七書則其來已久談兵之家恒相稱述今故仍錄存之而備論其踳駁如右乾隆四十七年九月恭校上

孫子　吳子　司馬法

臣等謹案孫子一卷周孫武撰考史記孫子列傳載武之書十三篇而漢書藝文志乃載孫子兵法八十二篇圖九卷故張守節正義以十三篇爲上卷又有中下二卷杜牧亦謂武書本數十萬言皆曹操削其繁賸筆其精粹以成此書

然史記稱十三篇在漢志之前不得以後來附益者爲本書牧之言固未可以爲據也此書注本極夥隋書經籍志所載自曹操外有王凌張子尙賈詡孟氏沈友諸家唐志益以李筌杜牧陳皡賈林孫鎬諸家馬端臨經籍考又有紀燮梅堯臣王晳何氏諸家歐陽修謂兵以不窮爲奇宜其說者之多其言最爲有理然至今傳者寥寥應武舉者所誦習惟坊刻講章鄙俚淺陋無一可取故今但存其本文著之於錄武書爲百代談兵之祖葉適以其人不見於左傳疑其書乃春秋末戰國初山林處士之所爲然史記載闔閭謂武曰子之十三篇吾盡觀之矣則確爲武所自著非後人嫁名於武也

臣等謹案吳子一卷周吳起撰事蹟見史記列傳太史公稱起兵法世多有而不言篇數漢藝文志載吳起四十八篇隋志作一卷賈詡註唐志並同鄭樵通志略又有孫鎬註一卷晁公武讀書志則作三卷稱唐陸希聲類次爲之說圖國料敵治兵論將變化勵士凡六篇案今世所行本其篇第並與讀書志相合

惟變化作應變疑公武所記有誤至四十八篇之數不知何時散佚今已不可考矣起殺妻求將齧臂盟母其行事殊不足道然嘗學於曾子故所論較爲精粹與戰國術士專事智術詐譎者判然有殊如對魏武侯則曰在德不在險論制國治軍則曰教之以禮勵之以義論爲將之道則曰所慎者五一曰理二曰備三曰果四曰戒五曰約大抵持議正大猶有先王節制之遺高似孫子略謂其尚禮義明教訓或有得於司馬法誠此書之定評也

臣等謹案司馬法一卷舊題齊將司馬穰苴撰今考史記穰苴列傳稱齊威王使大夫追論古者司馬兵法而附穰苴於其中因號曰司馬穰苴兵法然則是書乃齊威王使其臣所追輯隋唐諸志皆以爲穰苴所自撰者非也漢志稱軍禮司馬法百五十五篇陳師道以傳記所載司馬法之文今本皆無之而疑其非齊之全書然其言大抵據道依德本仁祖義所謂明白正大廓然王者之規三代行軍用師之大經大法猶藉存什一於千百文章亦閎深簡括詞旨嚴肅

非後人所能作班固序兵權謀十三家形勢十一家陰陽十六家技巧十三家獨取此書入禮類亦以其說多與周官相出入爲五禮之一故特加分析不使其與縱横變詐之術同類而並道耳雖胡應麟惜其以穰苴所言參伍於仁義禮樂之中謂不免懸疣附贅然其大旨純正在兵家之中固最爲近古矣隋唐志俱作三卷今以篇頁無多併爲一卷云乾隆四十七年十月恭校上

尉繚子

臣等謹案尉繚子五卷周尉繚撰其人當六國時不知其本末或曰魏人以天官篇有梁惠王問知之或又曰齊人鬼谷子之弟子劉向别錄又云繚爲南君學未詳孰是也漢志雜家有尉繚二十九篇隋志作五卷唐志作六卷亦並入於雜家鄭樵譏其見名而不見書馬端臨亦以爲然然漢志兵形勢家内實别有尉繚三十一篇故胡應麟謂兵家之尉繚即今所傳而雜家之尉繚並非此書今雜家亡而兵家獨傳鄭以爲孟堅之誤者非也特今書止二十四篇與所

謂三十一篇者數不相合則後來已有所亡佚耳其書大旨主於分本末別賓主明賞罰所言往往有合於正如云兵不攻無過之城不殺無罪之人又云兵者所以誅暴亂禁不義也兵之所加者農不離其田業賈不離其肆宅士大夫不離其官府故兵不血刃而天下親皆戰國談兵者所不道而兵令一篇於誅逃之法尤詳亦可想見其節制周氏涉筆謂雖未純王政亦庶幾能窺見本統者自孫武吳起而下未有能通之者也其書坊行本無卷數今依隋志之目分爲五卷略存其舊焉乾隆四十七年四月恭校上

黃石公三略

臣等謹案黃石公三略三卷始見於隋書經籍志云下邳神人撰成氏注唐宋藝文志所載並同相傳其源出於太公圯上老人以一編書授張良者即此本宋時嘗頒之武學與孫吳諸子並稱七書而先儒多疑其僞作蓋自漢以來兵家之言往往以黃石公爲名史志所載有黃石公記三卷黃石公略注三卷黃

石公陰謀乘斗魁剛行軍祕一卷黃石公神光輔星祕訣一卷又兵法一卷三鑑圖一卷兵書統要一卷今雖多亡佚不存然大抵出於附會是書文義不古當亦後人依仿而託之者鄭瑗井觀瑣言稱其純是剽竊老氏遺意迂緩支離不適於用其知足戒貪等語蓋因子房之明哲而爲之辭非子房反有得於此其非圯橋授受之書明甚然戴少望作將鑑謂三略通於道而適於用可以立功而保身眞德秀亦謂其言治國養民法度與儒者指意不悖皆信其眞出自先秦以前蓋以其詞意簡當頗能闡發黃老之本旨且後漢光武帝詔書已引黃石公柔能制剛弱能制强之語實出此書所載軍讖之文則其來亦已遠矣今故仍錄而存之焉

三略直解附

臣等謹案三略直解三卷明劉寅撰寅始末未詳自題前辛亥科進士考太學進士題名洪武辛亥有劉寅崞縣人蓋即其人張綸林泉隨筆稱太原劉寅作

六書直解證據經史辯析舛謬然則寅所著者凡六書此其一種也三略一書漢志不著於錄張商英僞作素書託盜者得之張良冢中而以稱三略出黃石公者爲誤寅辨其雜取子書中語更換字樣聯屬之詆商英言涉虛無其說當矣然必以三略爲出太公至黃石公始授張良於書中引越王句踐投醪飲士一事無以爲解則指爲黃石公所附益又遁其說以爲句踐以前或别有投醪之事今不可考則其誣與商英等矣然眞德秀西山集有是書序亦以爲雖非太公作而當爲子房之所受則寅說亦有所自來也其著書大旨出於黃老務在沈幾觀變先立於不敗以求敵之可勝操術頗巧兵家或往往用之寅之所註亦頗能發明此意又能參校諸本註其異同較他家所刻亦特詳贍中有闕字無可考補今亦姑仍之焉乾隆四十七年五月恭校上

黃石公素書

臣等謹案黃石公素書一卷舊本題黃石公撰宋張商英註分爲六篇一曰原

始二曰正道三曰求人之志四曰本德宗道五曰遵義六曰安禮黄震日鈔謂其說以道德仁義禮五者爲一體雖於指要無取而多主於卑謙損節背理者寡張商英妄爲訓釋取老子先道而後德先德而後仁先仁而後義先義而後禮之說以言之遂與本書說正相反其意蓋以商英之註爲非而不甚斥本書之僞然觀其後序所稱圯上老人以授張子房晉亂有盜發子房冢於玉枕中得之始傳人間又稱上有祕戒不許傳於不道不仁不聖不賢之人若非其人必受其殃得人不傳亦受其殃尤爲道家鄙誕之談故晁公武謂商英之言世未有信之者至明都穆聽雨紀談以爲自晉迄宋學者未嘗一言及之不應獨出於商英而斷其有三僞胡應麟筆叢亦謂其書中悲莫悲於精散病莫病於無常皆仙經佛典之絶淺近者蓋商英嘗學浮屠法於從悦喜講禪理此數語皆近其所爲前後註文本文亦多如出一手以是核之其即爲商英所僞撰明矣以其言頗切理又宋以來相傳舊本姑録存之備參考焉乾隆四十七年九

月恭校上

李衛公問對

臣等謹案李衛公問對三卷唐司徒幷州都督衛國景武公李靖所對太宗問兵事而後人録以成書者也靖少爲其舅韓擒虎所知謂孫武不是過卒爲唐初名將史稱所著兵法世無完書惟通典中略見大概此書出於宋初大抵因杜氏所有者而附益之何薳春渚紀聞謂蘇軾嘗言世傳王通元經關子明易傳及此書皆阮逸所僞撰蘇洵曾見其草本馬端臨據四朝國史兵志謂神宗熙寧間嘗詔樞密院校正此書似非逸所假託胡應麟筆叢則又稱其詞旨淺陋猥俗最無足采阮逸亦不應鄙野至此當是唐末宋初村儒俚學掇拾貞觀君臣遺事而爲之諸說紛紜多不相合其果出阮逸與否固未可定而非靖所自著則絶無可疑特其所言分別奇正指畫攻守變易主客於兵家術法頗見詳盡亦不至遂如胡應麟所詆鄭瑗謂問對之書雖僞然必出於有學識謀略

者之手斯言較爲得之唯宋代遽立之學官使與孫吳並稱雜然無別斯則不免失於詳考耳世所行本不分卷數今依文獻通考定爲三卷仍著之於錄以備兵書之一種焉乾隆四十七年四月恭校上

太白陰經

臣等謹案太白陰經八卷唐李筌撰筌有陰符經註別著錄此編乃其自著談兵之書也考唐書藝文志及宋史藝文志皆云太白陰經十卷而此本止八卷疑非完帙然核其篇目始于天地陰陽險阻終于雜占首尾完具又似無所闕佚者殆後人遞相傳寫有所合併故卷數不同歟兵家者流大抵以權謀相尚儒家者流又往往持論迂闊諱言軍旅蓋兩失之筌此書先言主有道德後言國有富强內外兼修可謂持平之論其人終于布衣其術亦未有所試不比孫吳穰苴李靖諸人以將略表見于後世然杜佑通典兵類取通論二家一則李靖兵法一即是經其攻城具篇則取爲攻城具守城具篇築城篇鑿濠篇弩臺

篇烽燧臺篇馬鋪土河篇游奕地聽篇則取爲守拒法水攻具篇則取爲水戰具濟水具篇則取爲軍行渡水火攻具篇火戰具篇則取爲火兵井泉篇則取爲識水泉宴娛音樂篇則取爲聲感人則佑之採用此書與李靖之書無異其必有以取之矣靖之兵法宋時已殘闕舛訛筌此經至今猶存惟篇首陰經總序及天地無陰陽篇有錄無書今亦姑仍原本錄之焉乾隆四十七年十月恭

校上

武經總要

臣等謹案武經總要四十卷宋曾公亮丁度等奉勅撰晁公武讀書後志稱康定中朝廷恐羣帥昧古今之學命公亮等採古兵法及本朝計謀方略凡五年奏御仁宗御製序文其書分前後二集前集制度十五卷邊防五卷而十六卷十八卷各分上下後集故事十五卷占候五卷仁宗爲守成令主然武事非其所長公亮等亦但襄贊太平未嫻將略所言陣法戰具其制彌詳其拘牽彌甚

大抵所謂檢譜角觝也至于諸蕃形勢皆出傳聞所言道里山川以今日考之亦多剌謬然前集備一朝之制度後集具歷代之得失亦有足資考證者讀書後志別載王洙武經聖略十五卷方寶元中西邊用兵詔洙編祖宗任將用兵邊防事迹爲十二門今已佚南渡以後又有御前軍器集模一書今惟造甲法二卷造神臂弓法一卷尚載永樂大典中其餘亦佚宋一代朝廷講武之書存者惟此編而已固宜存與史志相參也乾隆四十七年十一月恭校上

虎鈐經

臣等謹案虎鈐經二十卷宋許洞撰洞字淵夫吳興人登咸平三年進士爲雄武軍推官免歸尋召試中書改烏江縣簿坐事變姓名隱中條山龔明之中吳紀聞謂洞平生以文章自負所著詩篇甚多歐陽修嘗稱爲俊逸之士者是也是書卷首有洞進表及自序大意謂孫子兵法奧而精學者難于曉用李筌太白陰符經論心術則祕而不言談陰陽又散而不備乃演孫李之要而撮天時

事之變備舉其占凡六壬遁甲星辰日月風雲氣候風角鳥情以及宣文設奠醫藥之用人馬相法莫不具載積四年書成凡二百十篇分二十卷名曰虎鈐經大都彙輯前人之說而參以己意惟第九卷所載飛鶚長虹重覆八卦四陣及飛轅塞諸圖爲洞自創耳其四陣統論自以爲遠勝李筌所纂其間亦多迂闊誕渺之說不足見諸施行然考漢書藝文志兵家者流有兵權謀兵形勢陰陽諸類凡七百餘篇蓋古來有此專門之學今漢志所錄者久已亡佚而洞獨能掇拾遺文撰次成帙不可謂非一家之言錄而存之亦足以備一說也乾隆四十七年十一月恭校上

何博士備論

臣等謹案何博士備論二卷宋何去非撰去非字正通浦城人元豐五年以特奏召廷試除右班殿直武學教授博士元祐四年以蘇軾薦換承奉郎五年出爲徐州教授軾又奏進所撰備論薦爲館職不果行是編即軾所奏進者軾狀

稱二十八篇此本僅二十六篇蓋佚其二也去非本以對策論兵得官故是編皆評論古人用兵之作其文雄快踔厲風發泉涌去蘇氏父子爲近蘇洵作六國論咎六國之賂秦蘇轍作六國論咎四國之不救去非所論乃兼二意其旨尤相近故軾屢稱之卷首惟載軾薦狀二篇所以誌是書之緣起也卷末有明歸有光跋深譏是論之謬且以元符政和之敗歸禍本於去非夫宋之釁由於用兵而致釁之由則起於狃習晏安廢弛武備驅不可用之兵而戰之故一試而敗再試而亡南渡以後卒積弱以至不振有光不咎宋之潰亂由士大夫不知兵而轉咎人之談兵明代通儒所見如是明所由亦以弱亡歟乾隆四十七年十月恭校上

守城錄

臣等謹案守城錄四卷宋右正議大夫陳規在德安禦寇事蹟也規字元則密州安邱人中明法科靖康末金兵南下荆湖諸郡所在盜起規以安陸令攝守

事連敗劇寇建炎元年除知德安府擢鎮撫使羣盜先後來攻隨機捍禦皆擢破去尋召赴行在又出知順昌與劉錡同卻金兵又移知廬州兼淮西安撫使卒乾道中追封忠利智敏侯立廟德安事蹟具宋史本傳是書凡分三種首爲規所撰靖康朝野僉言後序朝野僉言本夏少曾作備載靖康時金人攻汴始末規在順昌見之痛當日大臣將帥捍禦失策因條列應變之術附於各條下謂之後序徐夢莘嘗採入北盟會編一百三十九卷中然其文與此大同小異疑傳錄者有所刪潤也次曰守城機要亦規所作皆論城郭樓櫓制度及攻城備禦之方宋史本傳載規有攻守方略傳世疑即此書次曰建炎德安守禦錄乃劉陽湯璹所作璹淳熙十四年進士官德安教授尋訪規守城遺士作爲此書紹熙四年除太學錄乃表上之案規本傳載乾道八年詔刻規德安守城錄頒天下爲諸守將法藝文志亦別有劉荀建炎德安守禦錄三卷而無璹書之名疑荀所撰者即乾道所頒之本璹書上於紹熙時距乾道已二十餘年或又

據荀書而重加增定歟三書本各自爲帙不知何人始併爲一編觀書末識語則寧宗以後人所輯矣宋自靖康板蕩寓内淪胥規獨能支拄經年不可謂非善於備禦然此僅足爲守一城乘一障者應變之圖而不足爲有國有家者固圉之本當時編爲程式原欲令沿邊肄習蘄保殘疆然至元師南下直破臨安爲東京之續卒未聞有一人登陣以抗敵者豈非本根先撥雖有守禦之術亦無所用歟伏讀　睿題闡發精微抉汴梁喪敗之由申守在四夷之訓然後知保邦謐命自有常經區區輪攻壘守之技固其末務矣謹錄存是帙以不沒規一事之長並恭錄　宸翰弁於簡端俾天下萬世知　聖人之所見者大也乾隆四十六年十一月恭校上

武編

臣等謹案武編十卷明唐順之編順之有右編已著錄是書皆論用兵指要分前後二集前集六卷自將士行陣至器用火藥軍需雜術凡五十四門後集徵

述古事自料敵撫士至堅壁擢標凡九十七門體例略如武經總要所錄前人舊說自孫吳穰苴李筌許洞諸兵家言及唐宋以來名臣奏議無不摭集史稱順之于學無所不窺凡兵法弧矢壬奇禽乙皆能究極原委故言之具有本末其應詔起爲淮揚巡撫勦倭也負其宿望虛憍恃氣一戰而幾爲寇困賴胡宗憲料其必敗伏兵豫救得免殆爲宗憲玩諸股掌之上然其後部署既定亦頗能轉戰蹙賊捍禦得宜著有成效究非房琯劉秩迂繆僨轅者可比是編雖紙上之談亦多由閱歷而得固未可槩以書生之見目之矣乾隆四十七年九月恭校上

陣紀

臣等謹案陣紀四卷明何良臣撰良臣字惟聖揚州人是編皆述練兵之法一卷曰募選束伍教練致用賞罰節制二卷曰奇正虛實衆寡卒伍技用三卷曰陣宜戰令戰機四卷曰摧陷因勢車戰騎戰步戰水戰火戰夜戰山林谷澤之

戰風雨雪霧之戰凡二十三類共六十六篇明之中葉武備廢弛疆圉有警大抵鳩烏合以赴敵十出九敗故良臣所述切切以選練爲先其所列機要亦多即中原野戰立說夫事機萬變應在一心蘇軾所謂神兵非學到自古不留訣也明代談兵之家自戚繼光諸書外往往捃摭陳言横生鄙論如湯光烈之掘穽藏錐彭翔之木人火馬殆如戲劇惟良臣嘗身在軍中目睹形勢非憑虚理斷攘袂坐談者可比在明代兵家猶爲切實近理者矣乾隆四十七年三月恭校上

江南經略

臣等謹案江南經略八卷明鄭若曾撰若曾有籌海圖編别著録是編爲江南倭患而作而兼及防禦土寇之事凡八卷每卷又分二子卷卷一之上爲兵務總要卷一之下爲江南内外形勢總考卷三之上至卷六之下分蘇州常州松江鎮江四府所屬山川險易城池兵馬各附以土寇要害卷七上下論戰守事

宜卷八上下則雜論戰具戰備而終以水利積儲與蘇松之浮糧明季武備廢弛倭寇恒以數十人横行海上州縣莫敢攖鋒土寇亦乘之不靖若曾此書蓋專爲當時而言故多一時權宜之計然所列江海之險要道路之衝僻守禦之緩急則地形水勢今古略同未嘗不足以資後來之考證究非若紙上空談檢譜而角觝者也隆慶二年應天巡撫林潤與巡按御史董堯封嘗爲具奏梓行此本即潤等所刊每篇之末皆附潤評大抵皆同疣贅今悉芟不錄焉乾隆四十七年十一月恭校上

紀效新書

臣等謹案紀效新書十八卷明戚繼光撰是書乃其官浙江參將時前後分防寧波紹興台州金華嚴州諸處練兵備倭時所作首爲申請訓練公移三篇所謂提督阮者阮一鶚所謂總督軍門胡者胡宗憲也次爲或問題下有繼光自注云束伍既有成法信於衆則令可申苟一字之種疑則百法之是廢故爲或

問以明之蓋明人積習惟務自便其私而置國事於不問故己在事中則攘功避過以身之利害爲可否以心之愛憎爲是非己在事外則嫉忌成功惡人勝己吠聲結黨倡浮議以掣其肘繼光恐局外阻撓敗其成績故反覆論辨冠之簡端蓋爲當時文臣發也其下十八篇曰束伍曰操令曰陣令曰諭兵曰法禁曰比較曰行營曰操練曰出征曰長兵曰牌筅曰短兵曰射法曰拳經曰諸器曰旌旗曰守哨曰水兵各系以圖而爲之説皆閲歷有驗之言故曰紀效其詞率如口語不復潤飾蓋宣諭軍衆非如是則不曉耳或問第一條云開大陣對大敵比塲中較藝擒捕小賊不同千百人列陣而前勇者不得先怯者不得後只是一齊擁進轉手皆難焉能容得左右動跳一人回頭大衆同疑焉能容得或進或退可謂深明形勢不爲韜略之陳言第四篇中一條云若犯軍令便是我的親子姪也要依法施行厥後竟以臨陣回顧斬其長子可謂不愧所言矣宜其所向有功也乾隆四十七年十月恭校上

練兵實紀　練兵雜紀

臣等謹案練兵實紀九卷雜紀六卷明戚繼光撰繼光字元敬世襲登州衛指揮僉事歷官薊州永平山海等處地方總兵官中軍都督府左都督進太子太保事蹟具明史本傳考隆慶二年繼光以都督同知總理薊州昌平保定三鎮練兵事至鎮上疏請浙東殺手礮手各三千再募西北壯士馬軍五枝步軍十枝專聽訓練此書乃載其練兵實效一練伍法二練膽氣三練耳目四練手足五練營陣六練將其附載雜紀一儲將通論二將官到任三登壇口授四軍器制解五車步騎解蓋繼光爲將精於訓練臨事則飆發電舉當世稱爲戚家軍今以此書考其守邊事蹟無不相符非泛摭韜略常談者比繼光初到鎮疏有云教兵之法美觀則不實用實用則不美觀此書標曰實紀徵實用也考登壇口授云時惟庚午夏六月諸邊新臺肇建過半奏奉暫停以舉練事庚午爲隆慶四年又考繼光請刋此書移文云擬定教練已經二年今將條約通集成帙

則是書成於隆慶五年辛未矣明史本傳稱薊鎮十七年中易大將十人率以罪去繼光在鎮十六年邊備修整薊門晏然繼之者踵其成法數十年得無事又稱所著紀效新書練兵事實談兵者遵用焉此本題曰練兵實紀與史不同或史偶誤一字歟乾隆四十七年十月恭校上

欽定四庫全書提要卷五十四

子部六

法家類

管子

臣等謹案管子二十四卷舊本題管仲撰晁公武讀書志曰其書載管子將沒對桓公之語疑後人續之葉適水心集亦曰管子非一人之筆亦非一時之書以其言毛嬙西施吳王好劍推之當是春秋末年今考其文大抵後人附會多於仲之本書其他姑無論即仲卒於桓公之前而篇中處處稱桓公其不出仲手已無疑義矣書中稱經言者九篇稱外言者八篇稱內言者九篇稱短語者十九篇稱區言者五篇稱雜篇者十一篇稱管子解者五篇稱管子輕重者十九篇意其中孰爲手撰孰爲記其緒言如語錄之類孰爲述其逸事如家傳之類孰爲推其義旨如箋疏之類當時必有分別觀其五篇明題管子解者可以

類推必由後人混而一之致滋疑竇耳劉向所校本八十六篇至宋已亡十篇明人所刋往往顚倒其篇次如以牧民解附牧民篇下形勢解附形勢篇下之類不一而足彌爲竄亂失眞此本爲萬歷壬午趙用賢所刋稱由宋本翻雕前有紹興己未張嵲跋云舛脱甚衆頗爲是正用賢序又云正其脱誤者逾三萬言則屢經點竄已非劉向所校之舊然終逾於他氏所妄更者在近代猶善本也舊有房玄齡註晁公武以爲尹知章所託然考唐藝文志玄齡註管子不著録而所載有尹知章註管子三十卷則知章本未託名殆後人以知章人微玄齡名重改題之以炫俗其文淺陋頗不足采以古來無他註本明劉績所補註亦僅小有糾正未足相代故仍舊本録之焉乾隆四十七年五月恭校上

管子補注

臣等謹案管子補注二十四卷明劉績撰績字用熙號蘆泉江夏人弘治庚戌進士官至鎭江府知府管子舊注本或稱房玄齡或稱尹知章張嵲跋其後曰

管子書多古字如專作摶忒作貣宥作侑況作兄釋作澤此類甚衆大匡載召忽語曰雖得天下吾不生也兄與我齊國之政也注乃謂召忽呼管仲爲兄曰澤命不渝注乃以爲恩澤之命不可偏舉黃震日鈔曰管子注釋最多牴牾四傷之篇誤名百匿而以四傷名七法之篇幼官篇首章云若因夜虛守靜人物則皇其後方之圖本可覆也乃衍人物二字不知參對乃以夜虛爲句守靜人物爲句而曲爲之說曰聽候人物也幼官五圖以形生理爲句而中央之注獨以形生屬上文明法篇以比周以相匿爲句而下又云是故忘生死交其後方之明法解可覆也乃以相爲匿是爲句而曲爲之說曰匿公是而不行也五法之章曰天下不患無財患無人以分之分地之利乃釋云可以分與財者賢人也立政之章曰道塗無行禽指人言之謂其爲能行之禽耳乃釋云無禽獸之行版法篇云悅在施愛有衆在廢私今因缺文而云悅在施有衆在廢私不成文矣云云其抉摘皆中理績本之以作是注故於舊解頗有匡正皆附于玄齡

原注之後以績案別之雖其循文詮解於訓詁亦罕所考訂而推尋意義務求明愜較原注所得則已多矣案明有兩劉績一爲山陰人字孟熙千頃堂書目載此書於劉績名下注江夏人則爲字用熙者無疑坊刻或題曰宋劉績者誤也乾隆四十七年五月恭校上

鄧子

臣等謹案鄧子一卷周鄧析撰析鄭人列子力命篇曰鄧析操兩可之語設無窮之詞子產執政作竹刑鄭國用之數難子產之治子產屈之子產執而戮之俄而誅之劉歆奏上其書（案高似孫子略誤以此奏爲劉向今據書錄解題改正）則曰於春秋左氏傳昭公二十年而子產卒子太叔嗣爲政定公八年太叔卒駟歂嗣爲政明年乃殺鄧析而用其竹刑然則列子爲誤矣其書漢志作二篇今本仍分無厚轉辭二篇而併爲一卷然其文節次不相屬似亦掇拾之本也其言如天於人無厚君於民無厚父於子無厚兄於弟無厚勢者君之輿威者君之策則其旨同於申

韓如令煩則民詐政擾則民不定心欲安靜慮欲深遠則其旨同於黃老然其大旨主於勢統於尊事覈於實於法家爲近故竹刑爲鄭所用也至於聖人不死大盜不止一條其文與莊子同析遠在莊周以前不應預有勦說而莊子所載又不云鄧析之言或篇章殘缺後人摭莊子以足之歟乾隆四十七年十月恭校上

商子

臣等謹案商子五卷舊本題秦公孫鞅撰鞅事迹具史記鞅封于商號商君故漢志稱商君二十九篇其稱商子則自隋志始也陳振孫書錄解題云漢志二十九篇今二十八篇已亡其一晁公武讀書志則云本二十九篇今亡者三篇讀書志成于紹興二十一年既云已缺三篇書錄解題成于宋末乃反較晁本多二篇蓋兩家所錄各據所見之本故多寡不同歟此本自更法至定分目凡二十有六似即晁氏之本然其中第十六篇第二十一篇又皆有錄無書則併

非宋本之舊矣史記稱讀鞅開塞書在今本爲第七篇文義甚明而司馬貞作索隱乃妄爲之解爲晁公武所譏知其書唐代不甚行故貞不及睹又文獻通考引周氏涉筆以爲鞅書多附會後事擬取他詞非本所論著然周氏特據文臆斷未能確證其非今考史記稱秦孝公卒太子立公子虔之徒告鞅欲反惠王乃車裂鞅以徇則孝公卒後鞅即逃死不暇安得著書如爲平日所著則必在孝公之世又安得開卷第一篇即稱孝公之謚殆法家者流掇鞅餘論以成是編猶管子卒于齊桓公前而書中屢稱桓公耳諸子之書如是者多既不得撰者之主名則亦姑從其舊仍題所託之人矣乾隆四十七年九月恭校上

韓非子

臣等謹案韓非子二十卷周韓非撰漢書藝文志載韓子五十五篇張守節史記正義引阮孝緒七録載韓子二十卷篇數卷數皆與今本相符惟王應麟漢藝文志考作五十六篇殆傳寫字誤也考史記非本傳稱非見韓削弱數以書

諫韓王韓王不能用悲廉直不容于邪枉之臣觀往者得失之變故作孤憤五
蠹內外儲說林說難十餘萬言又云人或傳其書至秦秦王見孤憤五蠹之書
則非之著書當在未入秦前太史公自敘所謂韓非囚秦說難孤憤者乃史家
駁文不足爲據今書冠以初見秦次以存韓皆入秦後事雖似與史記自敘相
符然傳稱韓王遣非使秦秦王悅之未信用李斯姚賈害之下吏治非李斯使
人遺之藥使自殺計其間未必有暇著書且存韓一篇終以李斯駁非之議及
斯上韓王書其事與文皆爲未畢疑非所著書本各自爲篇非歿之後其徒收
拾編次以成一帙故在韓在秦之作均爲收録併其私記未完之稿亦收拾書
中名爲非撰實非非所手定也乾隆四十七年九月恭校上

疑獄集

臣等謹案疑獄集四卷補疑獄集六卷晉宰相和凝與其子中允㠓撰前有㠓
序及至正十六年杜震序陳振孫書録解題稱疑獄三卷上一卷爲凝書中下

二卷爲嵘所續今本四卷疑後人所分也補疑獄集六卷明張景所增共一百八十二條所記皆平反冤濫抉摘姦慝之事俾司憲者觸類旁通以資啓發雖人情萬變事勢靡恒不可限以成法而推尋故迹舉一反三師其意而通之於治獄亦不無裨益也書中間有案語稱訥曰者不著其姓考宋端平中桂萬榮撫凝父子所載事迹益以鄭克之折獄龜鑑編爲棠陰比事一書明景泰中吴訥又删補之則所謂訥者乃吴訥也景既剽掇其文不著所出又復刊削不盡是亦不去葛龔之類矣凝事迹具五代史景號西墅汝陽人嘉靖癸未進士此書爲其官監察御史時作也乾隆四十七年四月恭校上

折獄龜鑑

臣等謹案折獄龜鑑宋鄭克撰是書宋志作二十卷晁公武讀書志陳振孫書錄解題俱題作決獄龜鑑蓋一書而異名者也大旨以五代和凝疑獄集及其子嵘所續均尚未詳盡因採綴舊文補苴其闕分二十門其間論斷雖意主尚

德緩刑而時或偏主於寬未能悉協中道所輯故實務求廣博多有出於正史之外者而亦或兼收瑣細未免猥雜然究悉物情用廣見聞而資觸發較和氏父子之書特爲賅備晁公武讀書志稱其依劉向晏子春秋舉其綱要爲之目錄體例井然亦可謂有條不紊者矣書錄解題載其目凡二百七十六條三百九十五事今世所傳錢本祇存五門餘皆散佚惟永樂大典所載尚爲全書而已經合併連書二十卷之界限不復可考謹詳加校訂析爲八卷卷數雖減於舊其文則無所缺失也乾隆四十六年四月恭校上

棠陰比事

臣等謹案棠陰比事一卷附錄一卷宋桂萬榮撰明吳訥刪補萬榮鄞縣人由餘干尉仕至朝散大夫直寶章閣知常德府訥字思菴常熟人由太醫院醫士擢監察御史官至右都御史是集前有嘉定四年萬榮自序稱取和魯公父子疑獄集參以開封鄭公折獄龜鑑比事屬詞聯成七十二韻又有端平甲午重

刻自序稱以尚右郎陛對理宗諭以嘗見是書深相褒許因有求其本者以鋟梓星江遠莫之致是用重刻流布其書仿唐李瀚蒙求之體括以四字韻語便於記誦而自爲之注凡一百四十四條皆古來剖析疑獄之事明景泰間吳訥以其徒拘聲韻對偶而敘次無義乃删其不足爲法及相類複出者存八十條以事之大小爲先後不復以叶韻相從其注亦稍爲點竄又爲補遺二十三事附錄四事別爲一卷萬榮書中附論七條首五條辨析律意末二條則推論他事然不應僅首尾有此數條中間全置不議或傳寫又有所删佚歟第四條下注云存中宋人不書時代後同不類萬榮之語當亦訥所加也訥所續二十七條每條各有評語附於題下其書雖略於和㠓諸家而敘述明白較㠓等乃爲簡切亦折獄者所宜取裁也乾隆四十七年十月恭校上

欽定四庫全書提要卷五十四

欽定四庫全書提要卷五十五

子部七

農家類

齊民要術

臣等謹案齊民要術十卷後魏高平太守賈思勰撰自序稱起自耕農終於醯醢資生之樂靡不畢書凡九十二篇今本乃終於五穀果蓏非中國物者自序又稱商賈之事闕而不錄今本貨殖一篇乃列於第六十二莫知其義中第三十篇爲雜說而卷端又列雜說數條不入篇數一名再見於例殊乖其詞亦鄙俗不類疑後人所竄入然陳振孫書錄解題稱其治生之道不仕則農爲名言則宋本已有之未能詳也思勰序不言作註亦不云有音今本句下之註有似自作然多引及顏師古者考文獻通考載李燾孫氏要術音義解釋序曰奇字錯見往往艱讀今運使祕丞孫公爲音義解釋略備則今本之註蓋孫氏之書

而其名不可考耳錢曾讀書敏求記云嘉靖甲申刻齊民要術於湖湘首卷簡端周書曰云云原係細書夾註今刊作大字毛晉津逮祕書亦然今以第二篇至六十篇之例推之其說良是則又以孫氏之註爲思勰之書矣蓋書多奇字自王世貞已費檢核輾轉訛脫理固有所不免也乾隆四十七年五月恭校上

農書

臣等謹案農書三卷附蠶書一卷此書影宋鈔農本書題曰陳旉撰宋史藝文志亦同陳振孫書錄解題作西山隱居全眞子陳雱撰未詳何人永樂大典所載則作陳敷考漢郊祀歌朱明旉與顏師古注曰旉古敷字永樂大典蓋改古文從今文陳氏作雱則字形相近而訛也首有自序佚其前二頁末有洪興祖後序及旉自䟦與祖序稱西山陳居士於六經諸子百家之書釋老氏黃帝神農氏之學貫穿出入往往成下誦至術數小道亦精其能平生讀書不求仕進所至即種藥治圃以自給又稱其紹興己巳年七十四則南北宋間處士也自

序稱此書非騰口空言誇張盜名如齊民要術四時纂要迂疎不適用之比其自命殊高今觀其書上卷泛言農事中卷論養牛下卷論養蠶大抵泛陳大要引經史以證明之虛論多而實事少殊不及齊民要術之典賅詳明遽詆前人殊不自量然所言亦頗有入理者宋人舊帙久無刊本姑存備一家可也末有蠶書一卷宋秦湛撰湛字處度高郵人秦觀之子也所言蠶事頗詳宋志與尤書各著錄不知何人以綴尃書後合爲一編其說與尃書下篇可以互相補苴今亦仍並錄之焉乾隆四十七年十月恭校上

農桑輯要

臣等謹案農桑輯要七卷元世祖時司農司撰以頒行司農司設於至元七年專掌農桑水利分布勸農官巡行郡邑察舉農事成否達於戶部以殿最牧民長官元史謂世祖即位之初首詔天下崇本抑末於是頒農桑輯要之書於民永樂大典載是書有至元十年王磐序及至順三年印行萬部官牒合之蘇天

爵元文類所載蔡文淵序則延祐元年仁宗特命刊版於江浙行省迨英宗明宗文宗一再申命頒布焉焦竑經籍志與錢曾讀書敏求記皆云七卷永樂大典作二卷非有殘缺蓋修書時併合之今仍分作七卷觀其博採經史及諸子雜家益以試驗之法考核詳贍而一一切於實用當時絕貴重之不虛也乾隆四十七年十一月恭校上

農桑衣食撮要

臣等謹案農桑衣食撮要二卷元魯明善撰明善元史無傳其始末未詳此本有其幕僚導江張㮚序一篇稱明善輝和爾（舊作畏吾兒今依元國語解改正）人以父字魯爲氏名鐵柱以字行於延祐甲寅出監壽陽郡始撰是書且鋟諸梓又有明善自序則稱叨憲紀之任取所藏農桑撮要刊之學宮末署至順元年六月蓋自壽陽刊板之後閱十有七年而重付剞劂者也考豳風所紀皆陳物候夏小正所紀亦多切田功古來四民月令四時纂要諸書蓋其遺意而今多不傳至元中

頒行農桑輯要於耕種樹畜之法言之頗詳而歲用雜事僅列爲卷末一篇未爲賅備明善此書分十二月令件繫條別簡明易曉使種藝斂藏之節開卷了然蓋以陰補農桑輯要所未備亦可謂留心民事講求實用者矣乾隆四十五年九月恭校上

農書

臣等謹案農書二十二卷元永豐令王禎撰禎字伯善東平人文淵閣書目曰王禎農書一部十册讀書敏求記曰農桑通訣六穀譜四農器圖譜十二總名曰農書此本分爲八卷割裂綴合已非其舊今依原序條目細爲區分仍作二十二卷其書典贍而有法蓋賈思勰之流圖譜中所載水器尤於實用有裨又每圖之末必繫以銘贊詩賦亦風雅可誦今外間所有農務集即從是摘鈔者也唐中和節所進農書世無傳本宋人農書惟陳旉所作存元人農書永樂大典所載凡三本惟禎書華實兼該最爲詳備蓋于諸家之中特爲翹楚矣乾隆

四十七年十一月恭校上

救荒本草

臣等謹案救荒本草八卷明周王朱橚撰橚明太祖子洪武十一年封十四年就藩開封建文時廢徙雲南成祖復其爵洪熙元年薨謚曰定明史本傳稱橚好學能詞賦嘗作元宮詞百章以國土夷曠庶草蕃廡考核其可佐饑饉者四百餘種繪圖上之即是書也李時珍本草綱目以此書及普濟方俱云洪武初周憲王著考憲王有燉於仁宗初始嗣封其說殊誤是編爲嘉靖乙卯陸柬所重刊每卷又分爲前後共成四卷其見諸舊本草者一百三十八種新增者二百七十六種皆詳核可據陸柬嘗稱是書爲周憲王著蓋當時以親藩貴重刊書皆不題名故輾轉傳訛有所不免今特爲糾正焉乾隆四十七年五月恭校上

臣等謹案農政全書六十卷明徐光啓撰光啓有詩經六帖已著錄是編總括農家諸書裒爲一集凡農本三卷皆經史百家有關民事之言而終以明代重農之典次田制二卷一爲井田一爲歷代之制次農事六卷自營沼開墾以及授時占候無不具載次水利九卷備錄南北形勢兼及灌漑器用諸圖譜後六卷則爲泰西水法考明史光啓本傳光啓從西洋人利瑪竇學天文歷算火器盡其術崇禎元年又與西洋人龍華民鄧玉函羅雅谷等同修新法歷書故能得其一切捷巧之術筆之書也次爲農器四卷皆詳繪圖譜與王禎之書相出入次爲樹藝六卷分穀蓏蔬果等四子目次爲蠶桑四卷又蠶桑廣類二卷廣類者木棉麻苧之屬也次爲種植四卷皆樹木之法次爲牧養一卷兼及養魚養蜂諸細事次爲製造一卷皆常需日用物次爲荒政十八卷前三卷爲備荒中十四卷爲救荒本草末一卷爲野菜譜亦類附焉其書本末咸該常變有備蓋合時令農圃水利荒政數大端條而貫之匯歸于一雖采自諸書而較諸書

各舉一偏者特爲完備明史稱光啓編修兵機屯田鹽筴水利諸書又稱其負經濟才有志用世于此書亦略見一斑矣乾隆四十七年九月恭校上

泰西水法

臣等謹案泰西水法六卷明萬歷壬子西洋熊三拔撰是書皆記取水蓄水之法一卷曰龍尾車用挈江河之水二卷曰玉衡車附以專筩車曰恒升車附以雙升車用挈井泉之水三卷曰水庫記用蓄雨雪之水四卷曰水法附餘皆尋泉作井之法而附以療病之水五卷曰水法或問備言水性六卷則諸器之圖式也西洋之學以測量步算爲第一而奇器次之奇器之中水法尤切於民用視他器之徒矜工巧爲耳目之玩者又殊固講水利者所必資也四卷之末有附記云此外測量水地度形勢高下以決排江河蓄洩湖淀別爲一法或於江湖河海之中欲作橋梁城垣宫室永不圮壞別爲一法或於百里之遠疏引源泉附流灌注入於國城分枝析脈任意取用別爲一法皆別有備論茲者專言

取水未暇多及云云則其法尙有全書今未之見也乾隆四十七年十月恭校

上

野菜博錄

臣等謹案野菜博錄四卷明鮑山撰山字元則號在齋婺源人嘗入黄山築室白龍潭上七年備嘗野蔬諸味因次其品彙別其性味詳其調製著爲是編分草部二卷木部一卷草部葉可食者自大藍至秋角苗一百四十二種木部葉可食者自茶樹柯至藩籬枝五十九種花可食者自臘梅至蘩齒五種實可食者自靑舍子條至野葡萄二十五種花葉可食者槐樹欒華木房木三種葉實可食者杏樹至石榴十九種花葉實俱可食者松樹至旁其五種葉皮實俱可食者榆錢至女貞實三種並圖繪其形以備荒歲葢明之末造饑饉相仍山作此書亦仁者之用心乎所錄廣于王磐野菜譜較明周憲王救荒本草亦互有出入木饑金穰理可先知堯水湯旱數亦莫遁有備無患不厭周詳苟其有益

于民命則王道不廢焉書雖淺近要亦荒政之一端也乾隆四十七年十一月

恭校上

欽定授時通考

臣等謹案授時通考七十八卷乾隆二年　詔內廷翰林等編纂越六年成書

製序頒行書凡八門曰天時曰土宜曰穀種曰功作曰勸課曰蓄聚曰農餘

曰蠶桑門各有類一類之中首引經次史次子次諸家雜說皆取其切於農用者有圖有譜有說凡自寒暑風雨之徵剛柔燥濕之等水泉灌溉之利南北早晚之宜耕耘蒔穫之度飼育繅績之法旁及蔬果竹木之樹藝必詳必備而事舉其重用惟其廣洵足以上禆羲和之掌旁通稼圃之學率而行之則歲皆順成室多寧阜非獨農家者流已也乾隆四十七年十一月恭校上

欽定四庫全書提要卷五十五

欽定四庫全書提要卷五十六

子部八

醫家類一

內經素問

臣等謹案內經素問二十四卷唐王冰注漢書藝文志載黃帝內經十八篇無素問之名後漢張機傷寒論引之始稱素問晉皇甫謐甲乙經序稱鍼經九卷素問九卷皆爲內經與漢志十八篇之數合則素問之名起于漢晉間矣故隋書經籍志始著于錄也然隋志所載祇八卷全元起所注已闕其第七冰爲寶應中人乃自謂得舊藏之本補足此卷宋林億等校正謂天元紀大論以下卷帙獨多與素問餘篇絕不相通疑即張機傷寒論序所稱陰陽大論之文冰取以補所亡之卷理或然也其刺法論本病論則冰本亦闕不能復補矣冰本頗更其篇次然每篇之下必注全元起本第幾字猶可考見其舊第所注排抉隱

奥多所發明其稱大熱而甚寒之不寒是無水也大寒而甚熱之不熱是無火也無火者不必去水宜益火之源以消陰翳無水者不必去火宜壯水之主以鎮陽光遂開明代薛巳諸人探本命門之一法其亦深于醫理者矣冰名見新唐書宰相世系表稱爲京兆府參軍林億等引人物志謂冰爲太僕令未知孰是然醫家皆稱王太僕晁公武讀書志獨作王砅杜甫集亦有此名然唐宋志皆作冰而世傳宋槧本亦作冰字或公武因杜詩而誤歟乾隆四十七年五月恭校上

靈樞經

臣等謹案靈樞經十二卷晁公武讀書志曰王冰謂靈樞即漢志黄帝内經十八卷之九或謂好事者於皇甫謐所集内經倉公論中鈔出之名爲古書未知孰是又李濂醫史載元呂復羣經古方論曰内經靈樞漢隋唐志皆不錄隋有鍼經九卷唐有靈寶經及黄帝九靈經十二卷而已或謂王冰以九靈更名爲

靈樞又謂九靈尤詳於鍼故皇甫謐名之爲鍼經苟一經而二名不應唐志別出鍼經十二卷是靈樞不及素問之古宋元人已言之矣近時杭世駿道古堂集亦有靈樞經跋曰七略漢藝文志黃帝内經十八篇皇甫謐以鍼經九卷素問九卷合十八篇當之隋書經籍志鍼經九卷黃帝九靈十二卷是九靈自九靈鍼經自鍼經不可合而爲一也王冰以九靈名靈樞不知其何所本觀其文義淺短與素問之言不類又似竊取素問而鋪張之其爲王冰所僞託可知後人莫有傳其書者至宋紹興中錦官史崧乃以家藏舊本靈樞九卷送祕書省國子監是此書至宋中世而始出未經高保衡林億等校定也其中十二經水一篇黃帝時無此名冰特據身所見而妄臆度之云云其考證尤爲明白然李杲精究醫理而使羅天逸作内經類編兼採素問靈樞呂復亦稱善學者當與素問並觀其旨義互相發明蓋其書雖僞而其言則綴合古經具有源本不可廢也乾隆四十七年十月恭校上

難經本義

臣等謹案難經本義二卷元滑壽撰壽字伯仁明史方技傳稱爲許州人寄居鄞縣案朱右攖寧生傳曰世爲許州襄城大家元初祖父官江南自許徙儀真而壽生焉又曰在淮南曰滑壽在吳曰伯仁氏在鄞越曰攖寧生然則許乃祖貫鄞乃寄居實則儀真人也壽卒於明洪武中故明史列之方技傳然戴良九靈山房集有懷滑攖寧詩曰海日蒼涼兩鬢絲異鄉飄泊已多時欲爲散木居官道故託長桑說上池蜀客著書人豈識韓公賣藥世偏知道塗同是傷心者只合相從賦黍離則壽亦抱節之遺老託於醫以自逃耳是書首有張翥序稱壽家去東垣近早傳李杲之學攖寧生傳則稱學醫於京口王居中學鍼法於東平高洞陽考李杲足迹未至江南與壽時代亦不相及翥所云云殆因許近東垣附會其說歟難經八十一篇漢藝文志不載隋唐志始載難經二卷秦越人著吳太醫令呂廣嘗註之則其文當出三國前廣書今不傳未審即此本否

然唐張守節著史記扁鵲列傳所引難經悉與今合則今書猶古本矣其曰難經者謂經文有疑各設問難以明之其中有此稱經云而素問靈樞無之者則今素問傳寫有脱今本靈樞乃王冰依託而作非其舊也其文辨析精微詞致簡遠讀者不能遽曉故歷代醫家多有註釋壽所採摭凡十一家今惟壽書傳於世壽本儒者能通解古書文義故其所註視他家所得爲多云乾隆四十七年十月恭校上

鍼灸甲乙經

臣等謹案鍼灸甲乙經十二卷晉皇甫謐撰謐有高士傳已著錄是編皆論鍼灸之道隋書經籍志稱黄帝甲乙經十卷註曰音一卷梁十二卷不著撰人姓名考此書首有謐自序稱七略藝文志黄帝内經十八卷今有鍼經九卷素問九卷二九十八卷即内經也又有明堂孔穴鍼灸治要皆黄帝岐伯選事也三部同歸文多重複錯互非一甘露中吾病風加苦聾百日方治案此四字文義未明疑有舛誤

今仍舊本錄之謹附識於此要皆淺近乃撰集三部使事類相從刪其浮詞除其重複至爲十二卷案至字文義未明亦疑有誤云云是此書乃裒合舊文而成故隋志冠以黃帝然刪除謐名似乎黃帝所自作則於文爲謬舊唐書經籍志稱黃帝三部鍼經十三卷始著謐名然較梁本多一卷其併音一卷計之歟新唐書藝文志既有黃帝甲乙經十二卷又有皇甫謐黃帝三部鍼經十三卷兼襲二志之文則更舛誤矣書凡一百一十八篇內十二經脈絡脈支別篇疾形脈診篇鍼灸禁忌篇五臟傳病發寒熱篇陰受病發痹篇陽受病發風篇各分上下經脈篇六經受病發傷寒熱病篇各分上中下實一百二十八篇句中夾注多引楊上達太素經孫思邈千金方王冰素問注王惟德銅人圖參考異同其書皆在謐後蓋宋高保衡孫奇林億等校正所加非謐之舊也考隋志有明堂孔穴五卷明堂孔穴圖三卷又明堂孔穴圖三卷唐志有黃帝內經明堂十三卷黃帝十二經脈明堂五臟圖一卷黃帝十二經明堂偃側人圖十二卷黃帝明堂三卷又楊上善

黃帝內經明堂類成十三卷楊元孫黃帝明堂三卷今併亡佚惟賴是書存其精要且節解章分具有條理亦較端緒易尋至今與內經並行不可偏廢蓋有由矣乾隆四十七年十月恭校上

金匱要略論注

臣等謹案金匱要略論注二十四卷漢張機撰　國朝徐彬注機字仲景南陽人嘗舉孝廉建安中官至長沙太守是書亦名金匱玉函經乃晉高平王叔和所編次陳振孫書錄解題曰此書乃王洙於館閣蠹簡中得之曰金匱玉函要略上卷論傷寒中論雜病下載其方併療婦人乃錄而傳之今書以逐方次於證候之下以便檢用其所論傷寒文多簡略故但取雜病以下止服食禁忌二十五篇二百六十二方而仍其舊名云云則此書叔和所編本爲三卷洙鈔存其後二卷後又以方一卷散附於二十五篇內蓋已非叔和之舊然自宋以來醫家奉爲典型與素問難經並重得其一知半解皆可起死回生則亦岐黃之

正傳和扁之嫡嗣矣機所作傷寒卒病論自金成無己之後注家各自爭名互相竄改如宋儒之談錯簡原書端緒久已瞀亂難尋獨此編僅僅散附諸方尚未失其初旨尤可寶也漢代遺書文句簡奧而古來無注醫家猝不易讀彬注成於康熙辛亥注釋尚爲顯明今錄存之以便講肄彬字忠可嘉興人江西喻昌之弟子故所學頗有師承云乾隆四十七年九月恭校上

傷寒論註釋

臣等謹案傷寒論註釋十卷附傷寒明理論三卷論方一卷漢張機撰晉王叔和編金成無已註明理論三卷論方一卷則無已所自撰以發明機說者也機字仲景南陽人嘗舉孝廉建安中官長沙太守叔和高平人官太醫令無已聊攝人生于宋嘉祐治平間後聊攝地入于金遂爲金人至海陵王正隆丙子年九十餘尚存見開禧元年歷陽張孝忠跋吳勉學刻此書題曰宋人誤也傷寒論註釋前有宋高保衡孫奇林億等校上序稱開寶中節度使高繼沖曾編錄

進上其文理舛錯未能考正國家詔儒臣校正醫書今先校定傷寒論十卷總二十二篇合三百九十七法除複重定有一百一十三方今請頒行又稱自仲景于今八百餘年惟王叔和能學之云云而明方有執作傷寒論條辨則詆叔和所編與無己所註多所改易竄亂併以序例一篇爲叔和僞託而删之國朝喻昌作尙論篇于叔和編次之舛序例之謬及無己所註林億等所校之失攻擊尤詳皆重爲考定更其錯簡自謂復長沙之舊本其書盛行于世而王氏成氏之書遂微然叔和爲一代名醫又去古未遠其學當有所受無己于斯一帙研究終身亦必深有所得似未可槪從屛斥盡以爲非也乾隆四十七年十月恭校上

肘後備急方

臣等謹案肘後備急方八卷晉葛洪原撰初名肘後卒救方梁陶弘景補其闕漏得一百一首爲肘後百一方金楊用道又取唐愼微證類本草諸方附于肘

後隨證之下爲附廣肘後方洎元世祖至元間有烏某者得其本于平鄉郭氏始刻而傳之段成己爲之序稱葛陶二君共成此編而不及楊用道此本爲明嘉靖中襄陽知府呂顒所刻始並列葛陶楊三序于卷首書中凡楊氏所增皆別題附方二字列之於後而葛陶二家之方則不加分析無可辨別案隋書經籍志葛洪肘後方六卷梁二卷陶弘景補闕肘後百一方九卷亡宋史藝文志止有葛書而無陶書是陶書在惰已亡不應元時復出又陶書原目九卷而此本合楊用道所附祇有八卷篇帙多寡亦不相合疑此書本無百一方在內特後人取弘景原序冠之耳書凡分五十一類有方無論不用難得之藥簡要易明雖頗經後來增損而大旨精切猶未失稚川本意云乾隆四十七年十月恭校上

褚氏遺書

臣等謹案褚氏遺書一卷舊本題南齊褚澄撰澄字彦適陽翟人褚淵弟也尚

宋文帝女廬江公主拜駙馬都尉入齊爲吴郡太守官至左民尚書事迹具南齊書本傳是書分受形本氣平脈津潤分體精血除疾審微辨書問子十篇大旨發揮人身氣血陰陽之奥宋史始著于録前有後唐清泰二年蕭淵序云黄巢時羣盜發冢得石刻棄之先人偶見載歸後遺命即以褚石爲槨又有釋義堪序云石刻得之蕭氏冢中凡十有九片其一即蕭淵序也又有嘉泰元年丁介跋稱此書初得蕭氏父子護其石而始全繼得僧義堪筆之紙而始存今得劉義先鋟之木而始傳所云劉義先者亦不知何許人其書于靈樞素問之理頗有發明李時珍王肯堂俱采用之其論寡婦僧尼必有異乎妻妾之療發前人所未發而論吐血便血飲寒涼百不一生尤千古之龜鑑疑宋時精醫理者所著而僞託澄以傳其序跋當亦後人所附會然其言可采雖贋託不可廢也中頗論精血化生之理所以辨病源戒保嗇耳高儒百川書志列之房中類則其誤甚矣乾隆四十七年四月恭校上

巢氏諸病源候總論

臣等謹案巢氏諸病源候總論五十卷隋大業中太醫博士巢元方等奉詔撰考隋書經籍志有諸病源候論五卷目一卷吴景賢撰舊唐書經籍志有諸病源候論五十卷吴景撰皆不言巢氏書宋史藝文志有巢元方巢氏諸病源候論五十卷又無吴氏書惟新唐書藝文志二書並載書名卷數並同不應如是之相複疑當時本屬官書元方與景一爲監修一爲編撰故或題景名或題元方名實止一書新唐書偶然重出觀晁公武讀書志稱巢元方等撰足證舊本所列不止一名然則隋志吴景作吴景賢賢或監字之誤其作五卷亦當脱一十字如止五卷不應目録有一卷矣其書但論病源不載方藥蓋猶素問難經之例惟諸證之末多附導引法亦不言法出誰氏考隋志有導引圖三卷註曰立一坐一臥一或即以其説編入歟讀書志稱宋朝舊制用此書課試醫而太平興國中集聖惠方每門之首亦必冠以此書蓋其時去古未遠漢以來經方

脈論存者尙多又裒集衆長共相討論故其言深密精邃非後人之所能及自張機王叔和葛洪數家書外此爲最古究其指要亦可云證治之津梁矣乾隆四十七年四月恭校上

備急千金要方

臣等謹案備急千金要方九十三卷唐孫思邈撰思邈華原人周宣帝時隱居太白山隋文帝以國子博士徵不起唐太宗高宗屢召入京授以爵祿皆不受至永淳元年乃卒嘗謂人命至重貴於千金一方濟之德踰於此故所著方書以千金名之又作翼方以補所未及考晁陳諸家著錄千金方千金翼方各三十卷錢曾讀書敏求記亦同又稱宋仁宗命高保衡林億等校正刋行後列禁經二卷合三書計之僅六十二卷此本增多三十一卷疑後人復取思邈千金隨方千金月令方二書合併爲一雖非北宋校刋之舊而類聚部分秩然詳備亦醫學之淵海也太平廣記載思邈救昆明池龍得龍宮仙方三十首散入千

金方三十卷中酉陽雜俎諸書記思邈亦多神怪殆小説家因其工醫多壽而附會之均無足深辨耳乾隆四十七年三月恭校上

銀海精微

臣等謹案銀海精微二卷舊本題唐孫思邈撰唐宋藝文志皆不著錄思邈本傳亦不言有是書其曰銀海者蓋取目爲銀海之義考蘇軾雪詩有凍合玉樓寒起粟光搖銀海炫生花句瀛奎律髓引王安石之説謂道書以肩爲玉樓目爲銀海銀海爲目僅見于此然迄今無人能舉安石所引出何道書者則安石以前絶無此説其爲宋以後書明矣前有齊一經序稱管河北道時得于同僚李氏亦不著時代年月莫知何許人也其中辨論諸證頗爲明晰其法補瀉兼施寒溫互用亦無偏主一格之弊方技之家率多依託但求其術之可用無庸核其書之必眞本草稱神農素問言黄帝固不能一一確鑿也此書載療目之方較爲可取則亦就書論書而已乾隆四十七年五月恭校上

外臺祕要方

臣等謹案外臺祕要方四十卷唐王燾撰燾郿人王珪孫也唐書附見珪傳稱其性至孝爲徐州司馬母有疾彌年不廢帶視絮湯劑案視絮二字未詳然玉海所引亦同是宋本已然姑仍其舊數從高醫游遂窮其術因以所學作外臺祕要討繹精明歷世寶焉歷給事中鄴郡太守藝文志載外臺祕要四十卷又外臺要略十卷今要略久佚惟祕要尚傳此本爲宋治平四年孫兆等所校明程衍道所重刻前有天寶十一載燾自序又有皇祐二年內降箚子及兆校上序其卷首乃題林億等名考書錄解題引宋會要稱嘉祐二年置校正醫書局於編修院以直集賢院掌禹錫林億校理張洞校勘蘇頌等並爲校正後又命孫奇高保衡孫兆同校正每一書畢即奏上億等皆爲之序則卷首題林億名乃統以一局之長故有等字也燾居館閣二十餘年多見宏文閣圖籍方書其作是編則成於守鄴州時其結銜稱持節鄴郡諸軍事兼守刺史故曰外臺書錄解題作外臺祕要方自序

亦同唐書及孫兆序中皆無方字蓋相沿省文耳書分一千一百四門皆先論而後方其論多以巢氏病源爲主每條之下必詳注原書在某卷世傳引書注卷第始程大昌演繁露而不知例創於燾可以見其詳確其方多古來專門祕授之遺陳振孫在南宋末已稱所引小品深師崔氏許仁則張文仲之類今無傳者猶間見於此書今去振孫四五百年古書益多散佚惟賴燾此編以存彌可寶貴矣乾隆四十七年五月恭校上

顱顖經

臣等謹案顱顖經二卷不著撰人名氏世亦别無傳本獨永樂大典内載有其書考歷代史志自唐藝文志以上皆無此名至宋藝文志始有師巫顱顖經二卷今檢此書前有序文一篇稱王母金文黄帝得之昇天祕藏金匱名曰内經百姓莫可見之後穆王賢士師巫於崆峒山得而釋之云云其所言師巫與宋志相合當卽此本疑其唐末宋初人所爲以王冰素問注第七卷内有師氏藏

之一語遂託名師巫以自神其說耳其名顱顖者案首骨曰顱腦蓋曰顖殆因小兒初生顱顖未合證治各別故取以名其書首論脈候至數之法小兒與大人不同次論受病之本與治療之術皆深中肯綮要言不煩次論火丹證治分列十五名目皆他書所未嘗見其論雜證亦多祕方非後世俗醫所可及蓋必別有師承故能精晰如此宋史方技傳載錢乙始以顱顖經著名至京師視長公主女疾授翰林醫學乙幼科冠絶一代而其源實出於此書亦可知其術之精矣謹據永樂大典所載裒而輯之依宋志舊目釐爲二卷俾不至無傳於後焉乾隆四十六年四月恭校上

銅人鍼灸經

臣等謹案銅人鍼灸經七卷不著撰人名氏案晁公武讀書後志曰銅人腧穴鍼灸圖三卷皇朝王惟德撰仁宗嘗詔惟德考次鍼灸之法鑄銅人爲式分臟腑十二經旁註腧穴所會刻題其名併爲圖法及主療之術刻板傳於世王應

麟玉海曰天聖五年十月壬辰醫官院上所鑄腧穴銅人式二詔一置醫官院一置大相國寺仁濟殿先是上以鍼砭之法傳述不同命尚藥奉御王惟一考明堂氣穴經絡之會鑄銅人式又纂集舊聞訂正訛謬爲銅人腧穴鍼灸圖經三卷至是上之摹印頒行翰林學士夏竦序所言與晁氏略同惟王惟德作惟一人名小異耳此本卷數不符而大致與二家所言合疑或天聖之舊本而後人析爲七卷歟周密齊東野語曰嘗聞舅氏章叔恭云昔倅襄州日嘗獲試鍼銅人全像以精銅爲之腑臟無一不具其外腧穴則錯金書穴名於旁凡背面二器相合則渾然全身蓋舊都用此以試醫士者其法外塗黄蠟中實以水俾醫工以分折寸按穴試鍼中穴則鍼入而水出稍差則鍼不可入矣亦奇巧之器也後趙南仲歸之内府叔恭嘗寫二圖刻梓以傳焉今宋銅人及章氏圖皆不傳惟此書存其梗概爾乾隆四十七年九月恭校上

臣等謹案明堂灸經八卷題曰西方子撰不知何許人與銅人鍼灸經俱刋于山西平陽府其書專論灸法銅人惟有正背左右人形此則兼及側伏較更詳密考唐志有黃帝十二經明堂偃側人圖十二卷茲或其遺法歟其曰明堂者錢曾讀書敏求記曰昔黃帝問岐伯以分經絡盡書其言藏于靈蘭之室洎雷公請問乃坐明堂授之後世言明堂者以此今醫家記鍼灸之穴爲偶人點志其處名明堂非也今考舊唐書經籍志以明堂經脈別爲一類則曾之說信矣古法多鍼灸並言或惟言鍼以該灸靈樞稱鍼經是也自王燾外臺祕要始力言誤鍼之害凡鍼法鍼穴俱删不錄惟立灸法爲一門此書言灸不言鍼蓋猶燾志也乾隆四十七年九月恭校上

博濟方

臣等謹案博濟方五卷宋王衮撰衮太原人其仕履未詳惟鄖簡原序稱其嘗爲錢塘酒官而已此書諸家書目皆著於錄惟宋史藝文志陳振孫書錄解題

俱作三卷晁公武讀書志作五卷稍有不同蓋三五字形相近傳寫者有一譌也公武又稱敘於慶歷間因官滑臺暇日出家藏七十餘方擇其善者爲此書名醫云其方用之無不效如草還丹治大風太乙丹治鬼胎尤奇驗今案敘自序有云鄉侍家君之任滑臺道次得疾遇醫之庸者妄投湯劑疾竟不瘳據此則官滑臺者乃敘之父而公武即以爲敘殊爲失考敘又言博採禁方逾二十載所得方論凡七千餘道因於中擇其尤精要者得五百餘首而公武乃云家藏七十餘方則又傳寫之誤也原書久無傳本惟永樂大典內載有其文裒輯編次共得三百五十餘方視敘序所稱五百首者尚存十之七謹分立三十五類依次排比從讀書志之目釐爲五卷其中方藥多他書所未備今雖不盡可施用而當時實著有奇效足爲醫家觸類旁通之助惟頗好奇異往往雜以方術家言如論服杏仁則云彭祖夏姬商山四皓煉杏仁爲丹王子晉服四十年而騰空丁令威服二十年而身飛此類殊誕妄不足信今故取服食諸法編附

卷末以著其謬俾讀者知所持擇焉乾隆四十六年四月恭校上

蘇沈良方

臣等謹案蘇沈良方八卷宋蘇軾沈括二人所集方書也括博學善文史稱其於醫藥卜算無所不通皆有所論著其見於宋藝文志者有靈苑方二十卷良方十卷而別出蘇沈良方十五卷注云沈括蘇軾所著今考陳振孫書錄解題有蘇沈良方而無沈存中良方尤袤遂初堂書目亦同晁公武讀書志則二書並列而於沈存中良方下云或以蘇子瞻論醫藥雜說附之蘇沈良方下亦云括集得效方成一書後人附益以蘇軾醫藥雜說所言二書體例約略相似而永樂大典又載有蘇沈良方原序一篇亦括一人所作且自言予所著良方云云當即存中良方之序疑此書即括原本後人以蘇軾所編方書附入其間而別題此名者耳案明晁瑮寶文堂書目有蘇沈二內翰良方一部是正嘉以前傳本未絕其後不知何時散佚今據永樂大典所載掇拾編次釐爲八卷宋世

士大夫類通醫理而軾與括尤博洽多聞其所徵引於病證治驗皆詳著其狀確鑿可據其中如蘇合香丸至寶丹礞石丸椒朴丸等類已爲世所常用至今神效即有奇祕之方世不恒見者亦無不精妙絶倫足資利濟洵爲有用之書固不僅以其人傳也乾隆四十九年十月恭校上

壽親養老新書

臣等謹案壽親養老新書四卷第一卷爲宋陳直撰本名養老奉親書第二卷以後則元大德中泰寧鄒鉉所續增與直書合爲一編更題今名直於元豐時爲泰州興化令文獻通考載有直所著奉親養老書一卷而此本則題曰養老奉親書其文互異然此本爲至正中浙江所刊猶據舊本翻雕不應標題有誤蓋通考傳寫倒置也鉉號冰壑又號敬直老人書中稱其曾祖曰南谷叔祖曰樸菴以福建通志考之南谷爲宋參知政事應龍樸菴爲宋江西提刑應博皆有名於時據周應紫序稱鉉爲總管鄒君又稱其官中都時則鉉亦曾登仕版

者特通志不載其行履不可詳考矣直書自飲食調治至簡妙老人備急方分爲十五篇二百三十三條節宣之法甚備明高濂作遵生八牋其四時調攝牋所錄諸藥品大抵本於是書鉉所續者前一卷爲古今嘉言善行七十二事後二卷則凡寢興器具饘粥飲膳藥石之宜更爲賅具而附以婦人小兒食治諸方凡二百五十六條其中如祝壽詩詞連篇載入不免失於冗雜又敘述閒適之趣往往詞意纖仄採掇瑣碎明季清言小品實濫觴於此然徵引方藥類多奇祕於高年頤養之法不無小補固爲人子者所宜究心也乾隆四十七年五月恭校上

腳氣治法總要

臣等謹案腳氣治法總要二卷宋董汲撰汲字及之東平人始末未詳錢乙嘗序其斑疹論則其著書在元豐元祐之間是書書錄解題作一卷宋史藝文志亦同久無傳本今從永樂大典所載排纂成帙以篇頁稍繁分爲二卷上卷論

十二篇大旨謂脚氣必由於風濕風濕兼有冷熱皆原本腎虚陰陽虚實病之别也春夏秋冬治之異也高燥卑濕地之辨也老壯男女人之殊也説賅備矣下卷方四十六獨活湯木香散傳信方防風粥桑枝煎專治風天麻丸茴香丸烏蛇丸趁痛丸專治濕薏苡仁湯海桐皮散木瓜丸治風濕相兼獨活寄生湯石楠丸牛膝丸治風濕瘴癘八味丸腎瀝湯地黄粥治虚神功丸麻仁丸三脘散大黄湯治實屬陰者兼冷木香飲子治其偏於陰也屬陽者兼熱紅雪治其偏於陽也絳宫丸白皮小豆散木通散治其屬於陰陽而兼淋閉散者也松節食前丸食後丸橘皮丸治尋常法也三仁丸潤腸丸五柔丸治老人血枯法也天門冬大煎則爲總治法淋煠蒸熨五方則爲外治法而以鍼灸法爲始原序方有一十九門大約不出於此即缺佚亦僅矣考脚氣即素問所謂厥疾至唐始有此名治法亦漸以詳備然李暄及蘇敬徐玉唐侍中諸家之書今多不傳獨汲此帙尚存頗爲周密醇正觀其自述稱嘗患此疾至劇因深思其源遂得

祕要殆所謂三折肱而爲良醫者歟今特錄而存之以備專門之一種焉乾隆四十五年十月恭校上

旅舍備要方

臣等謹案旅舍備要方一卷宋董汲撰陳振孫書錄解題載有小兒斑疹論腳氣治法不及此書然宋史藝文志載之卷帙亦同蓋陳氏偶未見也汲因客途猝病醫藥尤難特集經效之方百有餘道內如蚰蜒入耳及中藥毒最爲險急而所用之藥至爲簡易其雜傷五方古書中不少槩見今亦罕傳尤頗見奇特蓋古所謂專門禁方用之則神驗至求其理則和扁有所不能解即此類也至於小半夏湯五苓散兩方本於漢之張機今以半夏湯治濕痰仍其本法至五苓散本治傷寒汗後不解及有水氣之病今書中引爲通行利水之劑殆亦變通用之如河間益元散本雙解半表半裏之傷寒而後人取以醫暑歟其治中暑一方似卽李杲清暑益氣湯之藍本其無比香薷散與後來局方稍有出入

蓋亦本古方爲加減然云治兩脚轉筋疼痛而反去主治之木瓜則不解其故矣小兒一門大概與同時錢乙藥證眞訣相出入第以柔脆之腸胃而多用膩粉硃砂諸峻藥古人氣厚服之無妨在後來亦未可槩施也原本久佚今從永樂大典收掇排纂得方尙幾五十仍舊目分爲一十有二類其觸寒心痛厥風涎潮等證有錄無書無從校補則亦闕焉乾隆四十六年十一月恭校上

素問入式運氣論奥

臣等謹案素問入式運氣論奥三卷附黄帝内經素問遺篇一卷宋劉溫舒撰溫舒里居未詳前有元符己卯序舊題朝散郎太醫學司業蓋以醫通籍者也晁公武讀書志云溫舒以素問運氣爲治病之要而問答紛糅文詞古奥讀者難知因爲三十論二十七圖上于朝今詳考其圖實二十九蓋十干起運十二支司天二圖原本別題曰訣故公武不以入數僅曰二十有七其論實爲三十一篇末五行勝復論一篇原本別注附字故公武亦不以入數僅曰三十也卷

末別附刺法論一卷題曰黄帝内經素問遺篇案刺法論已亡在王冰作注之前温舒生北宋之末何從得此其注亦不知出自何人殆不免有所依託未可盡信焦竑經籍志載此書作四卷合此論爲一書益舛誤矣乾隆四十七年十月恭校上

傷寒微旨

臣等謹案傷寒微旨二卷宋韓祗和撰是書宋史藝文志不載陳振孫書録解題載有其名亦不著作者名氏但據序題元祐丙寅知其爲哲宗時人而已今檢永樂大典各卷内此書散見頗多每條悉標韓祗和之名而元戴良九靈山房集亦稱自漢張機著傷寒論晉王叔和宋成無己龐安常朱肱許叔微韓祗和王賓之流皆互有闡發其間祗和姓名與永樂大典相合是祗和實北宋名醫以傷寒爲專門者特宋史方技傳不載其履貫遂不可考耳書凡十五篇間附方論大抵皆推闡張機之旨而能變通於其間其可下篇不立湯液惟以早

藏禁方祕論纂輯成編凡二百卷其書久而佚脫林購求殘帙凡得三本互相補苴尚闕一百七十三卷至一百七十七卷不可復見以其繁重難行乃撮其指要重爲纂輯門類悉依其舊所闕小兒方五卷則倩其友項睿補之仍冠以徽宗原序大德四年集賢學士焦惠校上序及校刊諸臣銜名考晁陳二氏書目但有徽宗聖濟經不載是書觀焦惠序稱始成於政和重刊於大定殆汴京破後隨內府圖籍北行南渡諸人未睹其本歟今雖未見原書然宋代崇尚醫學搜羅至富就所採錄古來專門授受之方尚可以見其大略其每類冠論一篇亦皆詞簡而理明均足以資考訂原本之末有神仙服餌三卷或言烹砂煉石或言嚼柏咀松或言吐納清和或言斬除三尸蓋是時道教方興故有是妄語林病其荒誕一槩汰除惟約取其尋常頤養之藥三十餘方其別擇具有條理故所錄諸方多可行用與膠執古法者異焉乾隆四十七年四月恭校上

臣等謹案證類本草三十卷宋唐愼微撰陳振孫書錄解題載此書三十卷名大觀本草晁公武讀書志則作證類本草三十二卷亦題唐愼微撰是宋時已有兩本矣玉海載紹興二十七年八月十五日王繼先上校定大觀本草三十二卷釋音一卷詔祕書省修潤付胄監鏤板行之則南宋且有官本然皆未見其原刻今行于世者亦有兩本一爲明萬歷丁丑翻刻元大德壬寅宗文書院本前有大觀二年仁和縣尉艾晟序稱其書三十一卷目錄一卷集賢孫公得其本而善之命官校正鏤板以廣其傳愼微不知何許人傳其書者失其邑里族氏故不載焉陳氏所見蓋此本故題曰大觀本草一爲明成化戊子翻刻金泰和甲子晦明軒本前有宋政和六年提舉醫學曹孝忠序稱欽奉玉音使臣楊戩總工刋寫繼又命孝忠校正潤色之其改稱政和本草蓋由于此實一書也今以二本互校大德本于朱書墨蓋（案原本每條稱墨蓋以下爲愼微所續其式如今刻工所稱之魚尾較爲）分明泰和本則多與條例不相應然刋刻淸整首末序跋完具則泰和本爲勝

今以泰和本著錄大德本則附見其名于此不別存目焉乾隆四十七年十月

恭校上

全生指迷方

臣等謹案全生指迷方四卷宋王貺編案書錄解題貺字子亨考城人名醫宋毅叔之壻宣和中以醫得幸官至朝請大夫是書宋史藝文志作三卷而傳本久絕故方家罕所徵引或至不知其名今檢永樂大典所收按條掇拾雖未必盡符原本然大要已略具矣方書所載大都皆標某湯某丸主治某病詳其藥品銖兩而止獨貺此書于每證之前非惟具其病狀且一一論其病源使讀者有所據依易於運用其脈論及辨脈法諸條皆明白曉暢凡三部九候之形病證變化之象及脈與病相應不相應之故無不辨其疑似剖析微茫亦可爲診家之樞要謹詳加訂正分爲二十一門依類編次而以論脈諸篇冠之于首因篇頁稍繁釐爲四卷不復如其原數焉乾隆四十五年九月恭校上

小兒衛生總微論方

臣等謹案小兒衛生總微論方二十卷不著撰人名氏凡論一百條自初生以至成童無不悉備論後各附以方前有嘉定丙午和安大夫特差判太醫局何大任序稱家藏是書六十餘載不知作者爲誰博加搜訪亦未嘗聞此書之流播因鋟於行在太醫院以廣其傳案宋錢乙仲陽以治小兒得名其藥證眞訣一書僅有傳本亦不免缺略其他如晁陳二氏所著錄者有兒童寶鏡小兒靈祕方小兒至訣小兒醫方小兒斑疹論諸書皆不可得見是書詳載各證如梗舌鱗瘡之類悉近時醫書所未備其議論亦篤實明晰無明以來諸醫家黨同伐異自立門戶之習誠保嬰之要書也此本爲明弘治己酉濟南朱臣刻於寧國府者改名保幼大全今據嘉定本原序復題本名臣序又稱得之醫者鄭和稱得之古冢中其說迂怪蓋方技家自神其授受亦無取焉乾隆四十七年三月恭校上

類證普濟本事方

臣等謹案類證普濟本事方十卷宋許叔微撰叔微字知可或曰揚州人或曰毘陵人惟曾敏行獨醒雜志作眞州人二人同時當不誤也登紹興二年張九成榜進士第六人醫家謂之許學士宋代詞臣率以學士爲通稱不知所歷何官也是書載經驗諸方兼記醫案故以本事爲名朱國禎湧幢小品載叔微嘗獲鄉薦春闈不利而歸舟次平望夢白衣人勸學醫遂得盧扁之妙凡有病者診後與藥不取其直晚歲取平生已試之方併記其事實以爲本事方取本事詩之例以名之云云即指此書然考獨醒雜志叔微雖有夢見神人事而學醫則在其前不知國禎此語何本也叔微診治之術最爲精詣其所論廣絡原野以冀一獲之說尤救弊之篇論其書屬詞簡雅不諧於俗故明以來不甚傳布此本從宋槧鈔出其中凡丸字皆作圓猶是漢張機傷寒論金匱要略舊例也國禎又記叔微所著尚有擬傷寒歌三卷凡百篇又有治法八十一篇及仲景

脈法三十六圖翼傷寒論二篇辨類五卷今皆未見傳本疑已散佚云乾隆四十七年九月恭校上

太平惠民和劑局方

臣等謹案太平惠民和劑局方十卷舊本題宋庫部郎中提轄措置藥局陳師文等奉勅編案王應麟玉海云大觀中陳師文等校正和劑局方五卷二百九十七道二十一門晁公武讀書志云大觀中詔通醫刊正藥局方書閲歲書成校正七百八字增損七十餘方又讀書後志曰太醫局方十卷元豐中詔天下高手醫各以得效祕方進下太醫局驗試依方製藥鬻之仍摹本傳於世是大觀之本實因神宗時舊本重修故公武有校正增損之語也然此本止十四門而方乃七百八十八考玉海又載紹興十八年閏八月二十三日改熟藥所爲太平惠民局二十一年十二月十七日以監本藥方頒諸路此本以太平惠民爲名是紹興所頒之監本非大觀之舊矣其中又有寶慶淳祐續添諸方更在

紹興之後兼附用藥總論指南三卷皆從圖經本草鈔撮增入亦不知何時所加陳振孫書錄解題稱和劑局方其後時有增補殆指此類歟岳珂桯史曰和劑局方乃當時精集諸家名方凡幾經名醫之手至提領以從官內臣參校可謂精矣然其間差訛者亦自不少第歷代相傳專門禁方多在是焉在用者詳審而已乾隆四十七年四月恭校上

傳信適用方

臣等謹案傳信適用方四卷舊本不著撰人名氏宋史藝文志載此書亦不云誰作而別有劉禹錫傳信方二卷考此書每方之下皆註曰傳自某人中有引及和劑局方者必非禹錫書也馬端臨文獻通考有傳道適用方二卷陳振孫云稱拙菴吳彥夔淳熙庚子撰與此卷帙正同知此即彥夔之書通考屢經傳寫訛信爲道也此本由宋槧影寫前後無序跋所錄皆經驗之方最可依據中有八味圓問難一條尤深得制方之旨其餘各方雖經後人選用而采擇未盡

者尚多末附夏子益治奇疾方三十八道其書罕見單行之本明李時珍本草綱目所載疑或從此鈔出也乾隆四十七年四月恭校上

衞濟寶書

臣等謹案衞濟寶書二卷舊本題東軒居士撰不著名氏陳振孫書錄解題宋史藝文志載之皆列其目爲一卷世間久無傳本惟永樂大典內尚有其文並原序一篇稱予家藏癰疽方論二十二篇圖證悉具可傳無窮故記之曰家傳衞濟寶書序中具述方論之所自來而復言憑文註解片言隻字皆不妄發云云然則是書所載本以經驗舊方裒輯成帙惟中間註語乃東軒居士所增入耳又別有董璉序一篇紀其得此書於妻家汪氏始末中有乾道紀年知東軒居士尚當爲孝宗以前人特其姓名終不可考至徐文禮不過校正刋行而所作後序亦有舉諸家治法集成一書之語乃當時坊本售名欺世之陋習不足信也所列論治諸條皆設爲問答之詞原序以爲傳之不老山高先生其說頗

荒誕不可稽而剖晰精微深中奥妙實非有所師授者不能其後臚列諸方附以圖說於藥物之修製鍼灸之利害抉摘無遺多後來醫流所未見謹因其舊文掇拾排比析爲上下二卷著之於錄以備醫家之一種其乳癰軟癤二門則別系之卷末俾各從其類焉乾隆四十六年三月恭校上

醫說

臣等謹案醫說十卷宋張杲撰杲字季明新安人其伯祖張擴嘗受業於龐安時以醫名京洛間羅願鄂州小集有擴傳敘其治驗甚詳此書前有淳熙己酉羅頊序亦稱擴授其弟子發子發授其子彥仁杲爲彥仁之子承其家學亦喜談醫嘗欲集古來醫案勒爲一書初期滿一千事猝不易足因先採掇諸書據其見聞所及以成是編凡分四十七門前七門總敘古來名醫醫書及鍼灸診視之類次分雜證二十八門次雜論六門次婦人小兒二門次瘡及五絶痺疝三門而以醫功報應終焉其間雜採說部頗涉神怪又既載天靈蓋不可用乃

復收陳藏器本草人肉一條亦爲駁雜然取材既富奇疾險證頗足以資觸發又古之專門禁方往往在焉蓋三世之醫淵源有自固與道聽塗説者殊矣乾隆四十七年四月恭校上

鍼灸資生經

臣等謹案鍼灸資生經七卷舊本題葉氏廣勤堂新刋蓋麻沙本也不著撰人名氏前有嘉定庚辰徐正卿初刋序稱東嘉王叔權作又有紹定四年趙綸重刋序稱澧陽郡博士王執中作而疑叔權爲執中字以字義推之其説或是也其書第一卷總載諸穴二卷至末分論諸證經緯相資各有條理頗爲明白易曉舊本冠以徽宗崇寧中陳承裴宗元陳師文等校奏醫書一表與序與書皆不相應考裴宗元陳師文等即校正太平惠民和劑局方之人殆書賈移他書進表置之卷端欲以官書取重歟然宋代官書自有王惟德銅人鍼灸經曷可誣也乾隆四十七年十一月恭校上

婦人大全良方

臣等謹案婦人大全良方二十四卷宋陳自明撰自明字良父臨川人官建康府醫學教授是編凡分八門首調經次衆疾次求嗣次胎教次妊娠次坐月次産難次産後每門各立子目總二百六十餘論論後附方案婦人專科始唐昝殷産寶其後有李師聖之産育保慶集陸子正之胎産經驗方大抵卷帙簡略流傳亦尠自明採摭諸家提綱挈領於婦科證治詳悉無遺明薛己醫案曾以己意删訂附入治驗自爲一書是編刻於建陽余氏勤有書堂猶爲自明原本舊有嘉熙元年自序稱三世業醫家藏醫書若干又徧行東南所至必索方書以觀其用心亦可云勤矣乾隆四十七年四月恭校上

太醫局諸科程文格

臣等謹案太醫局程文格九卷宋時考試醫學之制也其命題有六一曰墨義試以記問之博二曰脈義試以察脈之精三曰大義試以天地之奥與臓腑之

源四曰論方試以古人製方佐輔之法五曰假令試以證候方治之宜六曰運氣試以一歲陰陽客主與人身感應之理考宋史醫學初隸太常寺元豐間始置提舉判局設三科以教之曰方脈科鍼科瘍科凡方脈以素問難經脈經爲大經以巢氏病源龍樹論千金翼方爲小經鍼科瘍科則去脈經而增三部鍼灸經常以春試學生願與者聽迨崇寧間改隸國子監分上舍內舍外舍其考試法第一場問三經大義五道次場方脈及臨證運氣各二道鍼科瘍科試小經大義三道運氣二道三場假令治病法三道中格高等爲尚藥局醫師以下職乾道中罷局而存御醫諸科後更不置局僅存醫學科淳熙中又稍變其制焉此太醫局係紹興二年後所置程文以墨義爲第一道較舊制又稍異矣其裒爲一集不知何人所編世亦別無傳本今從永樂大典中排纂得墨義九道脈義六道大義三十七道論方八道假令十八道運氣九道謹釐次爲九卷其文皆通貫三經及三部鍼灸之法暨金石之品草木之性辨析精微足資啓發

蓋有宋一代于醫學最爲留意自皇祐中於古來經方脈論皆命孫兆林億高保衡等校刋頒行垂爲程式故學者沿波討流各得以專門名家觀于是編可以見當時討論之詳矣乾隆四十六年九月恭校上

三因極一病證方論

臣等謹案三因極一病證方論十八卷宋陳言撰言字無擇莆田人是書分別三因歸於一治其說出金匱要略三因者一曰内因爲七情發自臟腑形於肢體一曰外因爲六淫起自經絡舍於臟腑一曰不内外因爲飲食飢飽叫呼及傷氣以及虎狼毒蟲金瘡壓溺之屬皆有論有方文詞典雅而理致簡該非他家鄙俚冗雜之比蘇軾傳聖散子方葉夢得避暑録話極論其謬而不能明其所以然言亦指其通治傷寒諸證之非而獨謂其方爲寒疫所不廢可謂持平吳澄集有易簡歸一方序稱近代醫方惟陳無擇議論最有根柢而其藥多不驗嚴子禮剽取其論而附以平日所用經驗之藥則兼美矣是嚴氏濟生方其

源實出於此宋志著錄六卷陳振孫書錄解題亦同此本分爲十八卷蓋何鉅重錄所分第二卷中太醫習業一條有五經二十一史之語非南宋人所應見然證以諸家所引實爲原書其詞氣亦非近人所及疑校正者不學無術但聞二十一史之說遂妄改古書不及考其時代也乾隆四十七年四月恭校上

產育寶慶集

臣等謹案產育寶慶集二卷不著撰人名氏宋史藝文志以爲郭稽中撰考陳振孫書錄解題稱濮陽李師聖得產論二十一篇有說無方醫學教授郭稽中爲時良醫以方附諸論末遂爲完書則稽中特因師聖所得舊本增以新方非所自撰宋史所載似未見陳氏說也然稽中所增合原論共爲一卷與此本不合以卷首諸序考之蓋括蒼陳言撰三因方嘗取其方論各評得失婺醫杜荍因採所評附入各條之下後趙瑩得產乳備要增以楊子建七說合於產論爲一集有冀致君者又掇御藥院雜病方論及八月產圖體玄子借地法安產藏

衣方位綴于其末是輾轉增益已非郭氏之舊特沿其舊名耳其書世罕傳本今載於永樂大典者得論二十一陳言評十六方三十四爲一卷產乳備要暨經氣妊娠等證方六十二爲一卷其體玄子借地法永樂大典佚不載今亦闕焉案胎敎之法古人所重賈誼新書所引靑史之記劉向列女傳所記太任育文王之事尙可見其崖略惟產育方藥則罕專書唐書藝文志有昝殷產寶一卷始別立一門今其書不傳則講妊育者當以是書爲最古矣卷中惟陳言之論標識姓名餘皆不標爲誰說今以原本體例推之上卷之方皆出郭氏下卷娩乳安產經氣三條外殆即楊氏之說所附方藥殆即冀致君所採御藥院方也陳言有三因方已著錄楊子建名倓有楊氏家藏方今未見李師聖等皆南宋人冀致君序稱諸人爲宋儒又稱近在燕趙間蓋元人云乾隆四十六年十一月恭校上

集驗背疽方

臣等謹案集驗背疽方一卷宋李迅撰迅字嗣立泉州人官大理評事以醫著名此書見於陳振孫書錄解題稱所集凡五十三條其議論詳盡曲當馬端臨經籍考亦著於錄而題作李逸撰與書錄解題不合今案此書前有郭應祥序亦云嗣立名迅則通考誤也背疽爲患至鉅俗醫剽竊一二丹方或妄施刀鍼而於受病之源發病之形及夫用藥次第節宣禁忌之所宜俱置不講故夭閼者十恆八九今迅所撰於集方之前俱系以論說凡診候之虛實治療之節度無不斟酌輕重辨析毫芒使讀者瞭如指掌中如五香連翹湯內補十宣散加料十全湯加減八味丸立效散之類皆醇粹無疵足稱良劑至忍冬丸與治乳癰發背神方皆祇金銀花一味用藥易而收功多於窮鄉僻壤難以覓醫或貧家無力服藥者尤爲有益洵瘍科中之善本矣謹從永樂大典中採掇裒訂仍爲一卷其麥飯石膏及神異膏二方乃諸方中最神妙者而永樂大典乃偶佚之今據蘇沈良方及危亦林得效方補入又赤水元珠亦載有神異膏方與得

效方稍有不同今並列之以備參考焉乾隆四十六年十二月恭校上

濟生方

臣等謹案濟生方八卷宋嚴用和撰用和始末未詳考吳澄集有易簡歸一方序稱嚴子禮剽陳氏三因方之論而附以經驗之藥以其名推之子禮似即用和字其人蓋在陳氏後矣澄又有古今通變仁壽方序曰世之醫師不一惟有所傳授得之嘗試者多驗予最喜嚴氏濟生方之藥不泛不繁用之輒有功蓋嚴師於劉其方乃平日所嘗試而驗者也則澄蓋甚重此書矣其書分門别類條例甚備皆立論於前而以所處諸方次列於後自序稱論治凡八十製方凡四百總爲十卷用之十五年收效甚多因鋟梓以傳是當時嘗板行於世後經亡佚醫家但輾轉援引如歸脾湯至今尚冠以濟生之名蓋其遺法今檢永樂大典中所採尚多以類裒輯得論五十六方二百四十餘釐爲八卷雖不能及原書之數然其所闕亦僅十之三四而已書中議論平正條分縷析往往深中

肯綮如論補益云藥惟平補柔而不僭專而不雜間有藥用羣隊必使剛柔相濟佐使合宜又云用藥在乎穩重論欬嗽云今人治嗽喜用傷脾之劑服之未見其效榖氣先有所損論吐衄云寒涼之劑不宜過進諸方備列參而用之蓋其用藥主於小心畏愼雖不善學之亦可以模棱貽誤然用意謹嚴固可與張從正劉完素諸家互相調劑云乾隆四十五年九月恭校上

產寶諸方

臣等謹案產寶諸方一卷不著撰人名氏宋史藝文志不載惟陳振孫書錄解題有之自明以來諸家書目亦罕有著錄者今檢永樂大典所載尙得七十餘方又十二月產圖一篇與振孫所記並合蓋即宋時之原本又別有序論一首王卿月序一首皆殘缺當亦原書之佚簡也其方於保產之法頗爲賅備而原第爲永樂大典所亂已不可復考謹詳加釐訂以類分排首調經養血次安胎次胎中諸病次催生次產後次雜病仍爲一卷其中所引各方多爲後人所承

用如人參飲子一方與朱震亨所製達生散雖品味多寡不同而以大腹皮爲君人參爲輔命意無異知震亨實本此而增損之又如張元素以枳殼白朮爲束胎丸後人以爲不宜於藜藿之軀易以白朮黄芩相沿至今爲便產良藥而不知亦本是書所載之枳殼湯又今時治產後血風有所謂舉卿古拜者核其所用惟荆芥一味即此書之青金散蓋荆芥主治風素問東方主風而肝屬於木平肝木即所以助肺金故以青金爲名後人竊用其方而又翻切荆芥字音詭名以炫俗耳凡此類皆可以證古今傳授之由惟所用多降氣破血之品辛熱震動之劑則古人禀厚可受攻伐有未可槩施於後來者此則神而明之存乎其人矣乾隆四十六年十月恭校上

仁齋直指

臣等謹案仁齋直指二十六卷傷寒類書七卷俱宋楊士瀛撰士瀛字登父仁齋其號也福州人始末無考前有自序題景定甲子甲子爲景定五年次年即

度宗咸淳元年則宋末人矣此本爲嘉靖庚戌所刻前有余鏜序稱直指列爲二十八卷析七十九條今考七十九條之數與序相符而其書止二十六卷焦竑國史經籍志載有此書亦作二十六卷蓋序文偶誤然士瀛所撰本名仁齋直指其每條之後題曰附遺者則明嘉靖中朱崇正所續加崇正字宗儒徽州人即刋刻此本者也焦志既題曰仁齋直指附遺方乃惟註楊士瀛撰則併附遺歸之士瀛亦未免小誤也其傷寒類書七卷焦志不著錄據仁齋直指自序其成書尚在直指前此本以卷帙較少故刻于後卷首標題亦稱朱崇正附遺然核其全編每條皆文義相屬絕無所謂附遺者惟卷一活人證治賦後有司天在泉圖五運六氣圖傷寒脈法指掌圖目錄中註一附字耳或因此一卷有附遺而牽連題及七卷或因直指有附遺而牽連題及此書均未可定宋槧舊本既已不存今已無從考正姑疑以傳疑可矣乾隆四十七年九月恭校上

急救仙方

臣等謹案急救仙方六卷不著撰人名氏其書宋志及諸家書目均未著錄惟焦竑國史經籍志載有救急仙方十一卷註云見道藏亦不言作者爲誰考白雲霽道藏目錄太元部惻字號中有急救仙方與永樂大典所載合則焦氏誤倒其文爲救急也瘍醫自周禮即自爲一科然傳習其術者多不能通古人之意是編於背瘡疔瘡眼科痔證四者所載證治尤詳蓋作者所擅長在此中間如論背瘡條內所載蓮子蜂窠散走流注腎俞諸發名目猥衆乃能一一討論各詳其證之形狀與得病之因療治之法條分縷晰爲自來瘍科所未及其疔瘡門內所立追疔奪命湯一方備詳加減之法學者苟能觸類旁通亦足以資博濟之用非精於是術者不能作也雖雜瘡證諸門稍有闕佚然綱要具存正不以不完爲病矣乾隆四十六年二月恭校上

欽定四庫全書提要卷五十七

子部九

醫家類二

素問元機原病式

臣等謹案素問元機原病式一卷金劉完素撰完素字守眞河間人事蹟具金史方技傳是書因素問至眞要論詳言五運六氣盛衰勝復之理而以病機一十九條附於篇末乃於十九條中采一百七十六字演爲二百七十六字以爲綱領而反復辨論以申之凡二萬餘言大旨多主於火故張介賓作景岳全書攻之最力然完素生於北地其人禀賦多强兼以飲食醇醲久而蘊熱與南方風土原殊又完素生於金朝人情淳樸習於勤苦大抵充實剛勁亦異乎南方之脆弱故其持論多以寒涼之劑攻其有餘皆能應手奏功其作是書亦因地因時各明一義補前人所未及耳醫者拘泥成法不察虛實概以伐牀生氣譬

諸檢譜角觝宜其致敗其過實不在譜也介賓憤疾力排盡歸其罪於完素然則參桂誤用亦可殺人又將以是而廢介賓書哉張機傷寒論有曰桂枝下咽陽盛乃斃承氣入胃陰盛以亡明藥務審證不執一也故今仍録完素之書並著偏主之弊以持其平焉乾隆四十七年九月恭校上

宣明方論

臣等謹案宣明方論十五卷金劉完素撰是書皆對病處方之法首諸證門自煎厥薄厥飧洩䐜脹以至諸痺心疝凡六十一證皆采自内經諸論每證各有主治之方一宗仲景次諸風次熱次傷寒次積聚次水濕次痰飲次勞次燥次洩痢次婦人次補養次諸痛次痔瘻次瘧疾次眼目次小兒次雜病共十七門每門各有總論亦發明運氣之理兼及諸家方論于軒岐奥旨實多所闡發而好用涼劑偏主其説者不無流弊在善用者消息之耳考原病式自序云作醫方精要宣明論一部三卷十萬餘言今刋入河間六書者乃有十五卷其中如

三卷之菊葉湯薄荷白檀湯四卷之妙功藏用丸十二卷之華茄丸補中丸楮實子丸皆注新增字而七卷之信香十方靑金膏不注新增字者據其方下小序稱灌頂法王子所傳併有偈呪金時安有灌頂法王顯爲元明以後之方則竄入而不注者不知其幾矣卷增于舊殆以是歟乾隆四十七年四月恭校上

傷寒直格論方

臣等謹案傷寒直格論方三卷傷寒標本心法類萃二卷舊本題金劉完素撰傷寒直格方大旨出入於原病式而於傷寒證治議論較詳前序一篇不知何人所撰馬宗素傷寒醫鑒引平城翟公胥行遇燈之語與此序正相合殆即翟公所撰歟醫鑒又云完素著六經傳變直格一部計一萬七千零九字又於宣明論中集緊切藥方六十道分爲六門亦名直格此書有方有論不分門類不能確定爲何種卷首又題爲臨川葛雍編蓋經後人竄亂未必完素之舊矣傷寒標本心法類萃上卷分別表裏辨其緩急下卷則載其所用之方其上卷傳

染一條稱雙解散益元散皆爲神方二方即完素所製不應自譽至此考完素原病式序稱宗仲景之書率參聖賢之說推夫運氣造化自然之理以集傷寒雜病脈證方論之文一部三卷十萬餘言目曰醫方精要宣明論云云今檢宣明論中已有傷寒二卷則完素治傷寒法已在宣明論中不別爲書二書恐出於依託流傳已久疑以傳疑姑存之以備參考焉乾隆四十七年十月恭校上

保命集

臣等謹案保命集三卷金張元素撰元素字潔古易州人八歲應童子舉二十七試進士以犯廟諱下第乃去而學醫精通其術因抒所心得述爲此書凡分三十二門首原道原脈攝生陰陽諸論次及處方用藥次第加減君臣佐使之法于醫理精蘊闡發極爲深至其書初罕傳播金末楊威始得其本刊行之而題爲河間劉完素所著明初寧王權重刊亦沿其誤并僞撰完素序文詞調于卷首以附會之至李時珍作本草綱目始糾其謬而定爲出于元素之手于序

例中辨之甚明考李濂醫史稱完素嘗病傷寒八日頭痛脈緊嘔逆不食元素往候令服其藥完素大服如其言遂愈元素自此顯名是其造詣深邃足以自成一家原不必託完素以爲重今特爲改正其僞託之序亦並從删削焉乾隆四十七年五月恭校上

儒門事親

臣等謹案儒門事親十五卷金張從正撰從正字子和號戴人睢州考城人興定中召補太醫尋辭去與麻知幾常仲明輩講求醫理輯爲此書有說有辨有記有解有誡有箴有詮有式有斷有論有疏有述有衍有訣有十形三療有六門三法名目頗煩碎而大旨主於用攻其曰儒門事親者以爲惟儒者能明其理而事親者當知醫也從正宗河間劉守眞用藥多寒涼其汗吐下三法當時已多異議故書中辨謗之處爲多丹溪朱震亨亦譏其偏後人遂併其書置之然病情萬狀各有所宜當攻不攻與當補不補厥弊維均偏執其法固非竟斥

其法亦非也惟中間負氣求勝不免太激顧矯庸醫恃補之失或至於過直又傳其學者不知察脈虚實論方久暫概以峻利施治遂致爲世所藉口要之未明從正本意耳乾隆四十七年四月恭校上

內外傷辨惑論

臣等謹案內外傷辨惑論三卷元李杲撰杲字明之自號東垣老人東明人少好醫藥從易水張元素遊盡得其傳是編發明內傷之證有類外感辨别陰陽寒熱有餘不足而大旨總以脾胃爲主故特製補中益氣湯專治飲食勞倦虚人感冒法取補土生金升淸降濁妙得陰陽生化之旨其闡發醫理至爲深微前有自序題丁未歲序中稱此論束之高閣十六年以長歷推之其書蓋成于金哀宗之正大九年辛卯也乾隆四十七年十月恭校上

脾胃論

臣等謹案脾胃論四卷元李杲撰杲既著辨惑論恐世俗不悟復爲此書其說

以土爲萬物之母故獨重脾胃引經立論精鑿不磨明孫一奎醫旨緒餘云東垣生當金元之交中原擾攘士失其所人疲奔命或以勞倦傷脾或以憂思傷脾或以飢飽傷脾病有緩急不得不以急者爲先務此眞知杲者也前後二序一爲元好問一爲羅天益考遺山文集有爲杲所作傷寒會要引一篇備載其所治驗元史方技傳全取之而此序獨無意其偶有散佚歟然好問稱杲長於傷寒而今所傳者如辨惑論專言內傷蘭室祕藏備載雜證獨不及傷寒是傷寒會要尤東垣之祕旨又戴良九靈山房集有抱一翁項昕傳稱昕嘗作脾胃後論以補東垣之未備惜其書皆失傳矣乾隆四十七年十月恭校上

蘭室祕藏

臣等謹案蘭室祕藏六卷元李杲撰杲有內外傷辨惑論諸書已著錄此書題曰蘭室祕藏者取黃帝素問藏諸靈蘭之室語也其治病分三十一門以飲食勞倦居首他如中滿腹脹如心腹痞胃脘痛諸證皆諄諄於脾胃蓋其所獨重

也考所發明內傷之類外感實有至理而以土爲萬物之母肝胃爲生化之源尤前人所未發其脾胃虚損論一篇極言寒涼峻利之害可謂深切而著明矣小兒門有斑疹論即今之痘證蓋當時未有痘名故統謂之斑而治法亦略耳

乾隆四十七年七月恭校上

醫壘元戎

臣等謹案醫壘元戎十二卷元王好古撰好古字進之趙州人官本州教授據好古所作此事難知序蓋其學出於李杲然此書海藏黄耆湯條下稱杲爲東垣李明之先生而易老大羌活湯條下稱先師潔古老人則好古實受業張完素殆如趙匡陸淳同受春秋於啖助而淳又從匡講問歟自跋稱是書已成於辛卯（金哀宗正大八年）至丁酉春（元滅金之第四年）爲人陰取之元槀已絶更無餘本予職州庠杜門養拙虀鹽之暇無可用心想像始終十得七八試書首尾僅得復完其書以十二經爲綱皆首以傷寒附以雜證大旨祖長沙緒論而參以東垣易水

之法亦頗採用和劑局方與丹溪門徑小異然如半硫丸條下註云此丸古時
用今時氣薄不用則斟酌變通亦未始不詳且愼矣此本爲嘉靖癸卯遼東巡
撫右都御史餘姚顧遂所刻萬歷癸巳兩淮鹽運同知鄞縣屠本畯又重刻之
體例頗爲參差蓋書帕之本往往移易其舊式今無原本可校亦姑仍屠本錄
之焉乾隆四十七年五月恭校上

此事難知

臣等謹案此事難知四卷元王好古撰好古字海藏趙州人李杲之高弟也是
編專述杲之緒論於傷寒證治尤詳其問三焦有幾分別手足明孫一奎極稱
其功但謂命門包絡於右尺同診又謂包絡亦有三焦之稱未免誤會經旨史
稱杲長於傷寒而會要一書元好問實序之今其書已失傳則杲之議論猶賴
此以存其一二前有至大元年自序稱得師不傳之祕旬儲月積寖就篇帙蓋
好古所自爲裒輯者今本東垣十書竟屬之杲則非矣乾隆四十七年十月恭

校上

湯液本草

臣等謹案湯液本草三卷元王好古撰曰湯液者取漢志湯液經方義也上卷載東垣藥類法象用藥心法附以五宜五傷七方十劑中下二卷以本草諸藥配合三陰三陽十二經絡仍以主病者爲首臣佐使應次之每藥之下先氣次味次入某經所謂象云者藥類法象也心云者用藥心法也珍云者潔古珍珠囊也其餘各家雖閒有採輯然好古受業於潔古而講肄於東垣故二家用藥尤多徵引焉考本草藥味不過三品三百六十五名陶弘景别錄以下遞有增加往往有名未用即本經所云主治亦或古今性異不盡可從如黄連今惟用以清火解毒而經云能厚腸胃醫家有敢遵之者哉好古此書所列皆從名醫試驗而來雖爲數無多而條例分明簡而有要亦可云適於日用之書矣乾隆四十七年九月恭校上

瑞竹堂經驗方

臣等謹案瑞竹堂經驗方五卷元沙圖穆蘇原作薩德彌實今改正撰沙圖穆蘇元史無傳其事蹟不可考以吳澂王都中二序核之則其字爲謙齋嘗以御史出爲建昌太守是書即其在郡時所撰集也原書本十五卷楊士奇等文淵閣書目載有一部一册而晁瑮寶文堂書目內亦列其名則是明中葉以前原帙尚存其後遂尠傳本今據永樂大典所載搜採編輯計所闕已十之五六而所存者尚多謹依方詮次分立二十四門釐爲五卷中間如調補一門不輕用金石之藥其處方最爲醇正又女科之八珍散即四君子湯四物湯之併方其用尤廣明薛己醫案已詳著之至瘡科所載返魂丹與今世瘍醫所用梅花點舌丹奪命丹相類內托千金散以治癰毒亦見殊功是皆可資利濟之用惟幼科之褐丸子與蘇沈良方中所列褐丸名目相類治療亦同特彼用烏頭桂香附乾薑陳皮配合攻補兼行頗爲周密此乃用黑牽牛京三棱蓬莪朮諸品殊病其過於

峻利蓋金元方劑往往如斯由北人氣禀壯實與南人異治故也此在於隨宜消息不可以成法拘矣乾隆四十六年十月恭校上

世醫得效方

臣等謹案世醫得效方二十卷元危亦林撰亦林字達齋南豐人官本州醫學教授是編積其高祖以下五世所集醫方合而成書一曰大方脈科分子目九十有一二曰小方脈科分子目七十有一三曰風科分子目十四曰産科兼婦人雜病科分子目三十有三五曰眼科分子目十二六曰口齒兼咽喉科分子目六七曰正骨兼金鏃科分子目二十九八曰瘡腫科分子目二十四共十九卷附以孫眞人養生法節文一卷其總目鍼灸一科有録無書校檢其文皆散附各科之中蓋標題踈舛實非缺佚自序稱搰始於天歷元年迄功於後至元三年其用力亦云勤篤前有至元五年太醫院題識蓋江西官醫提舉司以是書牒醫院下諸路提舉司重校覆白於醫院而後刊行亦頗矜愼云乾隆四十

七年十一月恭校上

格致餘論

臣等謹案格致餘論一卷元朱震亨撰震亨字彦修號丹溪金華人受業于羅知悌得劉守眞之傳其說謂陽易動陰易虧獨重滋陰降火創爲陽常有餘陰常不足之論張介賓等攻之不遺餘力然震亨意主補益故諄諄以飲食色欲爲箴所立補陰諸丸實多奇效孫一奎醫旨緒餘云丹溪生當承平見人多酗酒縱欲精竭火熾復用剛劑以至于斃因爲此救時之說惟言之稍過後人不察遂以寒涼殺人此不善學丹溪者也立說可謂平允是編前有自序云古人以醫爲吾儒格物致知之一事故特以是名書其自負可知矣乾隆四十七年九月恭校上

局方發揮

臣等謹案局方發揮一卷元朱震亨撰以和劑局方不載病源止於各方下條

列證候立法簡便而未能變通因一一爲之辨論大旨專爲闢溫補戒燥熱而作張介賓景岳全書云局方一書宋神宗案此方成於徽宗之時介賓以爲神宗殊爲舛誤謹附訂於此詔天下高醫奏進而成雖其中或有過於粉飾者神效之方亦必不少豈可輕議云云其意頗不以震亨爲然考震亨之學出於宋內官羅知悌知悌之學距河間劉完素僅隔一傳完素主於瀉火震亨則主於滋陰雖一攻其有餘其劑峻利一補其不足其劑和平而大旨不離其淵源故於局方香竄燥烈諸藥諄諄致辨明以來沿其波者往往以黄蘗知母戕傷元氣介賓鑒其末流故惟以益火爲宗掊擊劉朱不遺餘力其以冰雪凜冽爲不和以天晴日煖爲和取譬固是然清風涼雨亦不能謂之不和鑠石流金亦不能强謂之和各明一義而忘其各執一偏其病實相等也故介賓之說不可不知而震亨是編亦未可竟廢也

乾隆四十七年五月恭校上

金匱鉤玄

臣等謹案金匱鉤玄三卷元朱震亨撰明戴原禮校補中稱戴云者原禮說也末附論六篇不列於目錄中一曰火豈君相五志俱有論一曰氣屬陽動作火論一曰血屬陰難成易虧論一曰滯下辨論一曰三焦之疾燥熱勝陰論一曰泄瀉經濕治有多方論皆不題誰作觀其滯下辨論引震亨之言則亦原禮所加也震亨以補陰爲宗實開直補眞水之先其以鬱治病亦妙闡内經之旨開諸家無窮之悟雖所用黄蘗知母不如後人之用六味圓直達本原所製越鞠丸亦不及後人之用逍遥散和平無弊然蓽路藍縷究以震亨爲首庸是書詞旨簡明不愧鉤玄之目原禮所補亦多精確明史方技傳載此書於原禮傳中卷數與今本同稱其附以己意人謂不愧其師其爲醫家善本可知矣原禮洪武中御醫本名思恭以字行浦江人朱國禎湧幢小品曰戴元禮國朝之聖醫也太祖稱爲仁義人太孫即位拜院使云云元禮即原禮蓋國禎得諸傳聞故音同字異耳乾隆四十七年九月恭校上

扁鵲神應鍼灸玉龍經

臣等謹案扁鵲神應鍼灸玉龍經一卷元王國端撰國端婺源人其書專論鍼灸之法首爲一百二十穴玉龍歌八十五首次爲注解標幽賦一篇次爲天星十一穴歌訣十二首次爲人神尻神太乙九宮歌訣次爲六十六穴治證次爲子午流注心要祕訣次爲日時配合六法圖次爲盤石金直刺祕傳次又附以鍼灸歌及雜録切要後有天歷二年國端弟子周仲良序稱託名扁鵲者重其道而神之其中名目頗涉鄙俚文義亦多淺近而剖析簡要循覽易明非精於其技者亦不能言之切當若是也乾隆四十七年十一月恭校上

外科精義

臣等謹案外科精義二卷元齊德之撰德之里居未詳以醫學博士充御藥院外科太醫是編先論後方於瘡腫診候淺深虛實最爲詳盡實開後來瘍醫法門案外科之書古來專行者少如宋張允蹈之保安方今已失傳李迅之背疽

方今始從永樂大典中裒輯成編世間别無行本而竇漢卿之經驗全書又多依託不可信故治瘡瘍者當以此書爲主而參之内經以明經絡按之銅人以施鍼灸則思過半矣原本附東垣十書之末孫一奎赤水玄珠引之竟稱東垣外科精義然是書議論不及東垣或德之别有所授受耳乾隆四十七年九月恭校上

脈訣刊誤

臣等謹案脈訣刊誤二卷元戴啟宗撰啟宗字同父金陵人官龍興路儒學教授考隋書經籍志載王叔和脈經十卷唐志並同而無所謂脈訣者吕復羣經古方論曰脈訣一卷乃六朝高陽生所撰託以和叔之名謬立七表八裏九道之目以惑學者通眞子劉元賓爲之註且續歌括附其後詞既鄙俚意亦滋晦其說良是然以高陽生爲六朝人則不應隋志唐志皆不著録是亦考之未審文獻通考以爲熙寧以前人僞託得其實矣其書自宋以來屢爲諸家所攻駁

然泛言大略未及一一核正其失且淺俚易誦故俗醫仍相傳習啟宗是書乃考證舊文句句爲辨原書僞妄始抉摘無遺於脈學殊爲有裨明嘉靖間祁門汪機刋之又以諸家脈書要語類爲一卷及所撰矯世惑脈論一卷並附錄於後以其說足相發明仍並載之資參考焉乾隆四十七年五月恭校上

醫經溯洄集

臣等謹案醫經溯洄集二卷元王履撰履字安道崑山人學醫於金華朱彥修盡得其術至明初始卒故明史載入方技傳中其實乃元人也嘗以陽明篇無目痛少陰篇言胸背滿不言痛太陰篇無嗌乾厥陰篇無囊縮必有脫簡乃取三百九十七法去其重複者二百三十八條復增益之仍爲三百九十七法因極論內外傷經旨異同併中風中暑之辨撰爲此書凡二十一篇其間闡發明切者如亢則害承乃制及四氣所傷皆前人所未及他若溫病熱病之分三陰寒熱之辨以及瀉南補北諸論尤確有所見又以素問云傷寒爲病熱言常不

言變至仲景始分寒熱然義猶未盡乃備列常與變作傷寒立法考一篇李中梓嘗稱之觀其歷數諸家俱不免有微詞而內傷餘議兼及東垣可謂少可而多否者然其會通研究洞見本原於醫道中實能貫徹源流非漫爲大言以夸世也乾隆四十七年五月恭校上

普濟方

臣等謹案普濟方四百二十六卷明周定王朱橚撰橚太祖第五子初封吳王洪武十一年改封周十四年就藩開封洪熙元年薨謚曰定事蹟見明史諸王列傳橚好學能文留心民事嘗作救荒本草已著於錄是書取古今方劑彙輯成編乃橚所自訂而敎授滕碩長史劉醇等同考定之凡一千九百六十論二千一百七十五類七百七十八法六萬一千七百三十九方二百三十九圖可謂集方書之大全者李時珍本草綱目采錄其方至多然時珍稱爲周憲王則以爲橚子有燉所作未免舛誤明史藝文志作六十八卷與此不合疑六十八

上誤有脫文也其書捃摭浩博重複牴牾頗不免雜糅之弊然醫理至深寒涼溫補用各攸宜虛實陰陽時亦有當俗師見聞不廣往往株守一偏用之適足以致誤是書於一證之下備列諸方使學者依類推求於異同出入之間得以窺見古人之用意因而折衷參伍不致爲成法所拘其有益於醫術者甚大正不必以繁蕪爲病矣乾隆四十七年五月恭校上

推求師意

臣等謹案推求師意二卷明汪機輯機字省之號石山祁門人所著石山醫案已著錄機私淑丹溪朱震亨震亨門人戴元禮嘗本震亨未竟之意推求闡發筆之於書世無傳者機覩其本於歙人始錄之以歸其門人陳桷乃爲校而刊行之其名亦機所題也元禮本震亨高弟能得師傳故所錄皆祕旨微言非耳剽目竊者可比震亨以輔陰爲主世言直補眞水者實由此開其先書中議論大率皆本此意然俗醫不善學震亨者往往矯枉過正反致以寒涼殺人此書

獨能委曲圓融俾學者得其意而不滋流弊亦可謂有功於震亨者矣乾隆四十七年九月恭校上

玉機微義

臣等謹案玉機微義五十卷明徐用誠撰劉純續增用誠字彥純會稽人純字宗厚咸寧人用誠原本名曰醫學折衷凡分十七類純以其條例未備廣爲三十三類始改今名仍於目錄各注續添字以相辨識或於用誠原本十七類中有所附論亦注續添字以別之其書雖皆採掇諸家舊論舊方而各附案語多所訂正非餖飣鈔撮者可比嘉靖庚寅延平黃焯刻於永州首載楊士奇序知二人皆明初人士奇序謂二人皆私淑朱震亨今觀其書信然乾隆四十七年四月恭校上

仁端錄

臣等謹案仁端錄十六卷明徐謙撰其門人陳葵删定謙字仲光嘉興人葵字

蓋夫嘉善人是書專論治痘諸法分別五臟及經絡傳變觀形察色調列方論末卷附治疹之法案痘瘡之證古所不詳往往以斑疹統之自宋以來治小兒者莫如錢乙而藥證眞訣亦略之蓋其氣之盛行在元以後故著爲方論者至明而詳是編推原本始備載治驗平正通達實爲痘科法門較之强分南北偏主攻補者殆不可以道里計矣乾隆四十七年三月恭校上

薛氏醫案

臣等謹案薛氏醫案七十七卷明薛己撰己字立齋吳縣人是書凡十六種己所自著者爲外科樞要四卷原機啓微三卷內科摘要二卷女科撮要二卷癘瘍機要三卷正體類要二卷保嬰粹要一卷口齒類要一卷保嬰金鏡錄一卷其訂定舊本附以己說者爲陳自明婦人良方二十三卷外科精要三卷王履明醫雜著六卷錢乙小兒眞訣四卷陳文仲小兒痘疹方一卷杜本傷寒金鏡錄一卷及其父鎧保嬰撮要二十卷初刻於秀水沈氏板已殘缺天啓丁卯朱

明爲重刻之前有明紀事一篇載明病困時夢己教以方藥服之得愈又夢己求刻此書其事甚怪然精神所注魂魄是憑固亦理之所有不妨存其說也己本瘍醫後乃以内科得名其老也竟以瘍卒詬之者以爲溫補之弊終於自戕然己治病務求本原用八味丸六味丸直補眞陽眞陰以滋化源實自己發之其治病多用古方而出入加減具有至理多在一兩味間見其變化之妙厥後趙獻可作醫貫執其成法遂以八味丸六味丸通治各病甚至以六味丸治傷寒之渴膠柱鼓瑟流弊遂多徐大椿作醫貫砭因并集矢於薛氏其實非己本旨不得以李斯之故歸罪荀卿也世所行者別有一本益以十四經發揮諸書實非己所著亦非己所校蓋坊賈務新耳目濫爲增入猶之東垣十書河間六書泛收他家所作以足卷帙固不及此本所載皆己原書矣乾隆四十七年十月恭校上

鍼灸問對

臣等謹案鍼灸問對四卷明汪機撰機字省之祁門人是書上中三卷論鍼法下卷論灸法及經絡穴道皆設爲問答語簡而明其論鍼能治有餘之病不能治不足之病詳辨内經虚補實瀉之説爲指虚邪實邪又論古人充實病中於外故鍼灸有功今人虚耗病多在内鍼灸不如湯液又論誤鍼誤灸之害與巧立名目之誣尤術家所諱不肯言者其説可謂篤實矣乾隆四十七年十一月

恭校上

外科理例

臣等謹案外科理例七卷附方一卷明汪機撰機字省之號石山祁門人有鍼灸問對已著録是書成於嘉靖辛卯凡分一百四十七類又補遺七類共爲一百五十四門後附方一卷凡一百六十五則機平日自稱外科必本諸内知乎内以求乎外其如視諸掌乎治外遺内所謂不揣其本而齊其末可謂探源之論其曰理例者謂古人所論治無非理欲學者倣其例而推廣之也大旨主於

調補元氣先固根柢不輕用寒涼攻利之劑又分爲舍脈從證舍證從脈及治之不應別求其故三例用法通變亦異於轇轕之談惟措語拙澁驟讀之或不了了是其所短然方技之書不能責以文章之事存而不論可矣書中多引外科精要朱震亨之論又稱輯已成編得新甫薛先生心法發揮復采其說參入其中考新甫爲薛己之字己父鎧弘治時官太醫則已爲弘治正德間人是書杖瘡門中記療治武宗時廷杖諫官事則機在正德中亦以醫名二人同時而虛心從善如是其持論平允良亦有由也乾隆四十七年五月恭校上

石山醫案

臣等謹案石山醫案三卷明陳桷撰桷祁門人學醫於同邑汪機因取機諸弟子所記機治療效驗裒爲一集每卷之中略分門類爲次自宋金以來太平惠民和劑局方行於南河間原病式宣明論方行於北局方多溫燥之藥河間主瀉火之說其流弊亦適相等元朱震亨始矯局之過通河間之變而補陰之說

出焉機所作推求師意一書實由戴元禮以溯震亨故其持論多主丹溪之法然王氏明醫雜著株守丹溪至於過用苦寒機復爲論以辨之其文今附醫案之末則機亦因證處方非拘泥一格者矣其隨試輒效固有由也舊本又有機門人陳鑰所作病用參耆論一篇又有機所作其父行狀及李汎所作機小傳今亦併錄之備參考焉乾隆四十七年八月恭校上

名醫類案

臣等謹案名醫類案十二卷明江瓘編其子應宿增補瓘字民瑩歙縣諸生因病棄而學醫應宿遂世其業其書成於嘉靖己酉所採自史記三國志所載秦越人淳于意華佗諸人下迄元明諸名醫凡治驗之案見於諸書者捃摭殆徧分二百五門各詳其病情方藥瓘所隨事評論者亦夾註於下如傷寒門中許叔微治祕結而汗出一案衆醫謂陽明自汗津液已漏法當用蜜兑而叔微用大柴胡湯取效瓘則謂終以蜜兑爲穩又如轉胞門中朱震亨治胎壓膀胱一

案稱令產媪托起其胎瓘則謂無此治法其言不確凡斯之類亦多所駁正發明頗爲精審其中如尸蹷門中附載鍼驗引及酉陽雜俎所載高句驪人言髮中虛事與治病毫無所涉難產門中引焦氏類林載于法開令孕婦食肥羊十餘臠鍼之即下事既不明食羊何義又不明所鍼何穴亦徒廣異聞無裨醫療皆未免騖博嗜奇然可爲法式者固十之八九亦醫家之法律矣瓘初成是編未及刊刻瓘没之後應宿又以瓘之醫案分類附之而應宿醫案亦附焉歲久板刓近時歙縣鮑廷博又爲重刊其中間附考證稱琇案者乃魏之琇所加之琇字玉横錢塘醫人也乾隆四十七年四月恭校上

赤水玄珠

臣等謹案赤水玄珠三十卷明孫一奎撰一奎字文垣號東宿又號生生子休寧人是編分門七十每門又各條分縷析如風門則有傷風眞中風類中風痞痱之别寒門則有中寒惡寒之殊大旨專以明證爲主故於寒熱虛實表裏氣

血八者諄諄致意其辨古今病證名稱相混之處尤爲明析惟第十卷怯損勞瘵門附方外還丹專講運氣補液之法殊非岐黄正道蓋一奎以醫術遊公卿間不免以是投其所好遂爲全書之大瑕是足惜耳原本卷末附醫旨緒餘二卷醫案五卷今别自爲帙焦氏經籍志載孫一奎赤水玄珠十卷醫旨緒餘二卷而不及醫案或所見非全本歟乾隆四十七年四月恭校上

醫旨緒餘

臣等謹案醫旨緒餘二卷明孫一奎撰發明太極陰陽五行之理備於人身分别臟腑形質手足經上下宗氣營氣衛氣三焦包絡命門相火及各經絡配合之義又引黄庭經以證丹溪相火屬右腎之非引脈訣刊誤以駁三因方三焦有形如脂膜之謬分噎膈翻胃爲二證辨癲狂癇之異治皆卓然有特識其議論諸家長短謂仲景不徒以傷寒擅名守眞不獨以治火要譽戴人不當以攻擊蒙譏東垣不專以内傷樹績陽有餘陰不足之論不可以疵丹溪而攖寧生

之技亦可並垂不朽尤千古持平之論原本與醫案同附赤水玄珠之後今各自爲帙云乾隆四十七年九月恭校上

證治準繩

臣等謹案證治準繩一百二十卷明王肯堂撰肯堂有尚書要旨已著錄是編肯堂嘗自謂先撰證治準繩八册專論雜證分爲十三門附以類方八册皆成于丁酉戊戌間其書採摭繁富而參驗脈證辨别異同條理分明具有端委故博而不雜于寒溫攻補無所偏主視繆希雍之餘派虛實不問但談石膏之功張介賓之末流診候未施先定人參之見者亦爲能得其平其諸傷門内附載傳尸勞諸蟲之形雖似涉乎語怪然觀北齊徐之才以死人枕療鬼疰則專門授受當有所傳未可槩疑以荒誕也其傷寒準繩八册瘍醫準繩六册則成于甲辰幼科準繩九册女科準繩五册則成于丁未皆以補前書所未備故仍以證治準繩爲總名惟其方皆附各證之下與雜證體例稍殊耳史稱肯堂好讀

書尤精于醫所著證治準繩該博精詳世競傳之其所著鬱岡齋筆塵論方藥者十之三四蓋于茲一藝用力至深宜其爲醫家之圭臬矣乾隆四十七年五月恭校上

本草綱目

臣等謹案本草綱目五十二卷明李時珍撰時珍字東璧蘄州人官四川蓬溪知縣是編取神農以下諸家本草薈粹成書複者芟之闕者補之譌者糾之凡十六部六十二類一千八百八十二種每藥標正名爲綱附釋名爲目次以集解辨疑正誤次以氣味主治附方其分部之例首水火次土次金石次草穀菜果木次服器次蟲鱗介禽獸終之以人前有圖三卷又序例二卷百病主治藥二卷於陰陽標本君臣佐使之論最爲詳析考諸家本草舊有者一千五百一十八種時珍所補者又三百七十四種搜羅羣籍貫串百氏自謂歲歷三十書采八百餘家稿凡三易然後告成者非虛語也其書初刻於萬歷間弇州山人

王世貞爲之序其子建元又獻之於朝有進疏一篇冠於卷首　國朝順治間錢塘吳毓昌重訂付梓於是業醫者無不家有一編明史方技傳極稱之蓋集本草之大成者無過於此矣乾隆四十七年四月恭校上

奇經八脈考

臣等謹案奇經八脈考一卷明李時珍撰其書謂人身經脈有正有奇手三陰三陽足三陰三陽爲十二正經陰維陽維陰蹻陽蹻衝任督帶爲八奇經正經人所共知奇經醫所易忽故特評其病源治法並參考諸家之說薈稡成編其原委精詳經緯貫徹洵辨脈者所不可廢又創爲氣口九道脈圖暢發內經之旨而詳其診法尤能闡前人未洩之祕考明初滑壽嘗撰十四經發揮一卷於十二經外益以督任二脈舊附刊薛己醫案之首案薛己醫案凡二本其一本不載此書醫家據爲繩墨時珍此書更加精核然皆根據靈樞素問以究其委曲而得其端緒此以知徵實之學由於考證遞推遞密雖一技亦然矣乾隆四十七年十月恭校

上

瀕湖脈學

臣等謹案瀕湖脈學一卷明李時珍撰宋人剽竊王叔和脈經改爲脈訣其書之鄙謬人人知之然未能一一駁正也至元戴啟宗作刊誤字剖句析與之辨難而後其僞妄始明啟宗書之精核亦人人知之然但斥贋本之非尚未詳立一法明其何以是也時珍乃撮舉其父言聞四診發明著爲此書以正脈訣之失其法分浮沈遲數滑濇虛實長短洪微緊緩芤弦革牢濡弱散細伏動促結代二十七種毫釐之别精核無遺又附載宋崔嘉彥四言詩一首及諸家考證脈訣之説以互相發明與所作奇經八脈考皆附本草綱目之後可謂既能博考又能精研者矣自是以來脈訣遂廢其廓清醫學之功亦不在戴啟宗下也

乾隆四十七年十月恭校上

傷寒論條辨

臣等謹案傷寒論條辨八卷附本草鈔一卷或問一卷痙書一卷明方有執撰有執字中行歙縣人是書刻於萬歷壬辰前有己丑自序一篇又有辛卯後序一篇又有癸巳所作引一篇則刻成時所加也大旨以後漢張機傷寒卒病論初編次於晉王叔和已有所改移及金成無己作注又多所竄亂醫或以爲不全之書置而不習或沿習二家之誤彌失其眞乃竭二十餘年之力尋求端緒排比成編一一推作者之意爲之考訂故名曰條辨其原本傷寒例一篇不知爲何人所加者竟削去之而以本草鈔一卷或問一卷附綴於末又以醫家誤痙爲驚風多所夭枉乃歷引素問金匱要略傷寒卒病論諸說爲痙書一卷併附於末有執歿後其板散佚江西喻嘉言遂採掇有執之說參以己意作傷寒尚論篇盛行於世而有執之書遂微　國朝康熙甲寅順天林起龍得有執舊本惡嘉言之剽襲舊說而諱所自來乃重爲評點刊板併以尚論篇附刊於末以證明其事即此本也起龍序文於嘉言毒詈醜詆頗乖雅道其所評論亦皆

贊美之詞於病證方藥無所發明今並削而不載所附刻之尙論篇原本具存已别著録其異同得失可以互勘不待此本之複載今亦削之而附見原目於此焉乾隆四十七年四月恭校上

先醒齋廣筆記

臣等謹案先醒齋廣筆記四卷明繆希雍撰希雍字仲醇常熟人明史方技傳附見李時珍傳中天啟中王紹徽作點將録以東林諸人分配水滸傳一百八人姓名稱希雍爲神醫安道全以精於醫理故也是編初名先醒齋筆記乃長興丁元薦取希雍所用之方裒爲一編希雍又增益羣方兼采本草常用之藥增至四百餘品又增入傷寒溫病時疫治法故曰廣筆記希雍與張介賓同時介賓守法度而希雍頗能變化介賓尙溫補而希雍頗用寒涼亦若易水河間各爲門徑然實各有所得力朱國禎湧幢小品記天啟辛酉國禎患膈病上下如分兩截中痛甚不能支希雍至用蘇子五錢即止是亦足見其技之工矣乾

隆四十七年十月恭校上

神農本草經疏

臣等謹案神農本草經疏三十卷明繆希雍撰希雍字仲醇常熟人素精於脈理是編分本草爲十部首玉石次草次木次人次獸次禽次蟲魚次果次米穀次菜皆以神農本經爲主而發明之附以名家主治藥味禁忌次序悉依宋大觀中證類本草部分混雜者爲之移正首爲序例二卷論三十餘首備列七方十劑及古人用藥之要自序云據經以疏義緣義以致用參互以盡其長簡誤以防其失是也喻昌嘗言古今本草止述藥性之功能惟繆氏兼述藥性之過劣不知草木之性正取其偏以適人之用其過劣又何必言然藥類繁多性味互異與其失於臨時不若慎於其始希雍特爲分析俾人知藥之利亦知藥之害用意良苦雖徵引該洽不如李時珍之綱目而簡易易從要亦未可輕議耳

乾隆四十七年四月恭校上

類經

臣等謹案類經三十二卷明張介賓撰介賓字會卿號景岳山陰人是書以素問靈樞分類相從一曰攝生二曰陰陽三曰藏象四曰脈色五曰經絡六曰標本七曰氣味八曰論治九曰疾病十曰鍼刺十一曰運氣十二曰會通共三百九十條又益以圖翼十一卷附翼四卷雖不免割裂古書而條理井然易于尋覽其註亦頗有發明考元劉因静修集有内經類編序曰東垣李明之得張氏之學者鎭人羅謙甫嘗從之學一日遇予言先師嘗教予曰夫古雖有方而方則有所自出也子爲我分經病證而類之則庶知方之所自出矣予自承命凡三脱稾而先師三毁之研磨訂定三年而後成名曰内經類編云云則以内經分類實自李杲創其例而羅天益成之今天益之本不傳介賓此編雖不以病分類與杲例稍異然大旨要不甚相遠即以補其佚亡亦無不可矣乾隆四十七年四月恭校上

景岳全書

臣等謹案景岳全書六十四卷明張介賓撰介賓字會卿號景岳別號通一子山陰人父爲定西侯客介賓從之入京師就名醫金夢石學盡得其術學問淹博凡象數星緯堪輿律呂皆能究其底蘊而於醫尤深其持論以流俗專用寒涼爲害甚至故力主補火之論以救滋陰之弊是書綜覈百家刻晰微義勒成數十萬言餘姚黃宗羲以爲王冰之所未盡推奬之詞未免溢量然自金元以來河間劉守眞立諸病皆屬於火之論丹溪朱震亨立陽有餘陰不足及陰虚火動之論後人拘守其方不能審求虛實寒涼攻伐動輒濫施遂不免於貽害介賓力救其偏謂人之生氣以陽爲主難得而易失者惟陽既失而難復者亦惟陽因立右歸丸一方專補命門之火與左歸丸相輔而行其神明變化雖不能及薛己新方之妙而其中如大補元煎之治虛損貞元飲之治氣脫金水六君煎之治寒痰胃關煎之治瀉痢以及理陰煎回陽飲諸方用之者亦往往有

效在近代可謂良醫至於株守其說偏溫偏補動以參桂戕人者又其末流之弊矯枉過直固不得以是咎介賓矣乾隆四十七年四月恭校上

溫疫論

臣等謹案溫疫論二卷明吳有性撰有性字又可震澤人是書成於崇禎壬午以四時不正之氣發爲溫疫其病與傷寒相似而迥殊誤作傷寒治之多死古書未能分別乃著論以發明之大抵謂傷寒自毫竅而入中於脈絡由表入裏故其傳經有六自陽至陰以次而深溫疫自口鼻而入伏於膜原其邪在不表不裏之間其傳變有九古人以溫疫爲雜證醫書往往附見不立專門又或誤解素問冬傷於寒春必病溫之文妄施治療有性因崇禎辛巳南北直隸山東浙江同時大疫以傷寒法治之不效乃推求病源著爲此書溫疫一證始有繩墨之可守亦可謂有功於世矣其書不甚詮次似隨筆劄錄而成今姑仍其舊其下卷正名一篇傷寒例正誤一篇諸家溫疫正誤不原目以蓋成載篇一書

後所續入今亦併錄之成完書焉乾隆四十七年九月恭校上

痎瘧論疏

臣等謹案痎瘧論疏一卷明盧之頤撰之頤字子繇錢塘人是書論痎瘧證治於虛實寒熱四者最爲詳盡足以發明素問瘧論刺瘧法諸篇微意大旨謂瘧屬陽痎屬陰日作者屬陽間日間數日作者屬陰而曰温曰寒曰癉曰牝皆可以痎瘧該之其主方多用王肯堂證治準繩其餘所列諸方亦多簡當雖爲書不過一卷然治瘧之法約略盡乎是矣杭世駿道古堂集有之頤小傳稱所著初有金匱要略模象爲其父所焚續著有本草乘雅半偈今行於世後著有摩索金匱九卷又有傷寒金鎞鈔醫難析疑二書今未見傳本獨無此書之名或世駿作傳之時未見其本故爾疎漏歟乾隆四十七年五月恭校上

本草乘雅半偈

臣等謹案本草乘雅半偈十卷明盧之頤撰其說謂神農本經三百六十五種

應周天之數無容去取但古有今無者居三之一因於本經取二百二十二種
又於歷代名家所纂自陶宏景別録至李時珍綱目諸書內采取一百四十三
種以合三百六十五之數未免拘牽附會然考據該洽辨論亦頗明晰於諸家
藥品甄録頗嚴雖詞稍枝蔓而於本草究爲有功其曰乘雅者四數爲乘此書
初例有覈有參有衍有斷每藥之下其目有四故曰乘也又曰半偈者明末兵
燹佚其舊稿之顚追憶重修乃以覈參該衍斷已非原書之全故曰半也立名
亦可謂僻澀矣案杭世駿所作之頣傳稱其父復精於醫理嘗著本草綱目博
議有椒菊雙美之疑不能決得之頣私評而決因令面判匕藥皆有至理病亟
趣令之頣成之歷十八年而本草乘雅始出中冠以先人字者即博議也則此
書實繼其父書而作惟此本十卷而世駿傳作十二卷則不知其何故矣乾隆
四十七年五月恭校上

御纂醫宗金鑑

臣等謹案醫宗金鑑九十卷乾隆四年　詔出內府所藏醫書善本　命大學士臣鄂爾泰董率醫院諸臣編纂至乾隆七年書成刊行首以訂正傷寒論註十七卷次以訂正金匱要略註八卷蓋醫書始於靈樞素問有法無方猝難施用至漢張機傷寒論金匱要略二書乃立爲方法而義理深奧舊註罕能闡發兹逐條詮釋用爲察脈立方之本次爲删補名醫方論八卷以推求古人立方之意次爲四脈要訣一卷取崔紫虛脈訣合於靈素之說詳論望聞問切之法次爲運氣要訣一卷以闡五運六氣之理次爲諸科心法要訣五十一卷正骨心法要旨四卷皆有圖有說有方有論有歌訣俾學者既易考求復便成誦爲自來醫家諸書所未有誠能熟而習之庶幾和扁可學而至而我　皇上仁民壽世之盛心覃被無疆矣乾隆四十七年五月恭校上

尚論篇

臣等謹案尚論篇八卷　國朝喻昌撰昌字嘉言南昌人是書本名尚論張仲

景傷寒論重編三百九十七法其文過繁難舉世稱尙論篇者省文也首爲尙論大意一篇次爲辨王叔和編次之失一篇次爲辨林億成無己校註之失一篇次爲駁正王叔和序例一篇皆不入卷數其於傷寒論原文則六經各自爲篇而以合病併病壞病痰病四類附三陽經末以過經不解差後勞復病陰陽易病三類附三陰經末每經文各冠以大意綱舉目析頗有條理故醫家稱善本焉康熙甲寅順天林起龍重刻方有執之書以昌此書附後各施評點極論昌之所註全出於剽竊方氏醜詞毒詈無所不加夫儒者著書尙相祖述醫家融會舊論何可遽非況起龍所評方氏則有言皆是喻氏則落筆即非亦未免先存成見有意吹毛砶門戶之見別有所取未可據爲定論故今仍與方氏之書並著於錄焉乾隆四十七年九月恭校上

醫門法律

臣等謹案醫門法律十二卷附寓意草一卷　國朝喻昌撰昌嘗著尙論篇發

明仲景傷寒之理精微透闢皆前人所未及是編又取風寒暑濕燥火六氣及諸雜證分門別類每門先冠以論次爲法次爲律法者治療之術運用之機律者明著醫之所以失而判定其罪如折獄然蓋古來醫書惟著病源治法多不及施治之失即有辨明舛謬者亦僅偶然附論而不能條條備摘其失昌此書專爲庸醫誤人而作其分別疑似既深明毫釐之差千里之謬使臨證者不敢輕嘗其抉摘瑕疵併使執不寒不熱不補不瀉之方苟且依違遷延致變者皆無所遁其情狀亦可謂思患預防深得利人之術者矣後附寓意草一卷皆其所治醫案首冠論二篇一曰先議病後用藥一曰與門人定議病式次爲治驗六十二條皆反覆推論務闡明審證用藥之所以然較各家醫案但泛言某病用某藥愈者亦極有發明足資開悟云乾隆四十七年三月恭校上

傷寒舌鑑

臣等謹案傷寒舌鑑一卷　國朝張登撰登字誕先長洲人璐之子是書備列

傷寒觀舌之法分白胎黑胎灰色紅色紫色灰醬色藍色八種末附妊娠傷寒舌爲圖一百二十各有總論案舌白胎滑之說始見張機傷寒論而其法不詳後金鏡錄推至三十六圖末爲賅備觀舌法衍至一百三十有七圖又頗病繁蕪登以己所閲歷參證于二書之間削繁正舛以成是編較之脈候隱微尤易考驗固論傷寒者所宜參取也乾隆四十七年十一月恭校上

傷寒兼證析義

臣等謹案傷寒兼證析義一卷　國朝張倬撰倬字飛疇吳江人著醫通之張璐即其父也是書專論傷寒而挾雜病者分中風虛勞中滿腫脹噎膈反胃內傷宿食咳嗽咽乾閉塞頭風心腹痛亡血多汗積聚動氣疝氣淋濁瀉痢胎產凡十七種設爲問答以發明之案傷寒論所謂合病併病止言六經兼證而不及雜病醫家不明兼證之意往往於脈參差之際或顧彼而失此或治此而妨彼爲害頗深此書一一剖析使治病者不拘於一隅不惑於多岐亦可謂有功

於傷寒矣乾隆四十七年九月恭校上

絳雪園古方選註

臣等謹案絳雪園古方選註十六卷附得宜本草一卷　國朝王子接撰子接字晉三長洲人所選之方初非祕異而其中增減之道銖兩之宜發揮透徹洵爲醫家之功臣前有自序稱釐爲三卷上卷獨明仲景一百一十三方三百九十七法中下二卷發明內科女科外科幼科眼科及各科之方末附雜方藥性以書按之則和寒溫汗吐下六劑及內科以下諸科上中下三品本草俱各自爲帙不題卷數蓋其門人葉桂吳蒙等所分也今以篇帙較多分卷十六而得宜本草則附于末云乾隆四十七年九月恭校上

續名醫類案

臣等謹案續名醫類案六十卷　國朝魏之琇撰之琇既校刊江瓘名醫類案病其尚有未備因續撰此編雜取近代醫書及史傳地志文集說部之類分門

排纂大抵明以來事爲多而古事爲䕬書所遺者亦間爲補苴故網羅繁富細大不捐如疫門神人教用香蘇散一條猶曰存其方也至脚門載張文定患脚疾道人與緑豆兩粒而愈一條是斷非常食之緑豆豈可録以爲案又如金瘡門載薛衣道人接已斷之首使人回生一條無藥無方徒以語怪更與醫學無關如斯之類往往而是殊不免蕪雜又蟲獸傷門於薛立齋文蟲入耳一條註曰此案耳門亦收之非重出也恐患此者不知是蟲便檢閱耳云云而腹疾門中載金臺男子誤服乾薑理中丸發狂入井一條隔五六頁而重出又是何義例乎編次尤未免潦草然採摭既博變證咸備實足與江䕬之書互資參考又所附案語尤多所發明辨駁較諸空談醫理固有實徵虛揣之別焉乾隆四十七年十月恭校上

神農本草百種録

臣等謹案神農本草百種録一卷國朝徐大椿撰大椿字靈胎號洄溪吴江

人世傳神農本草經三卷載藥三百六十五味分上中下三品今單行之本不傳惟見于唐愼微本草所載其列本以陰文書者皆其原文也大椿以舊註但言其當然不言其所以然因于三品之中採掇一百種備列經文而推闡主治之義有常用之藥而反不收入者其凡例謂辨明藥性使人不致誤用非備品以便查閱也凡所箋釋多有精意較李時珍本草綱目所載發明諸條頗爲簡要然本草雖稱神農而所云出產之地乃時有後漢之郡縣則後人附益者多如所稱久服輕身延年之類率方士之說不足盡信大椿尊崇太過亦一一究其所以然殊爲附會又大椿所作藥性專長論曰藥之治病有可解者有不可解者其說最爲圓通則是書所論猶屬筌蹄之末要于諸家本草中爲有啟發之功者矣乾隆四十七年十月恭校上

蘭臺軌範

臣等謹案蘭臺軌範八卷　國朝徐大椿撰大椿持論以張機所傳爲主謂爲

古之經方唐人所傳已有合有不合宋元以後則彌失古法故是編所錄病論
惟取靈樞素問難經金匱要略傷寒論隋巢元方病源孫思邈千金方王燾外
臺祕要而止所錄諸方亦多取於諸書而宋以後方則採其義有可推試多獲
效者其去取最爲謹嚴每方之下多有附註論配合之旨與施用之宜於疑似
出入之間辨别尤悉較諸家方書但云主治某證而不言其所以然者特爲精
密獨其天性好奇頗信服食之説故所注本草於久服延年之論皆無所駁正
而此書所列通治方中於千金方鍾乳粉和劑局方玉霜圓之類金石燥烈之
藥往往取之是其過中之一弊觀是書者亦不可不知其所短焉乾隆四十七
年十月恭校上

傷寒類方

臣等謹案傷寒類方二卷　國朝徐大椿撰大椿字靈胎吳江人後漢張機傷
寒論乃晉王叔和蒐採成書本非機所自定金聊城成無己始爲作註又以己

意移易篇章自後醫家屢有刊本動以錯簡爲詞如治尚書者之爭洪範武成註大學者之爭古本今本迄於有明終無定論大椿以爲非機依經立方之書乃救誤之書當時隨證立方本無定序於是削除陰陽六經門目但使方以類從證隨方證使人可按證以求方而不必循經以求證雖於古人著書本意未必果符而於聚訟紛呶之中亦芟除葛藤之一術也其中辨證發明亦多精到凡分一十二類計方一百一十有三末附六經脈法又論正證之外有別證變證附以刺法皆有源委可尋自謂七年之中五易草稿乃成云乾隆四十七年八月恭校上

醫學源流論

臣等謹案醫學源流論二卷　國朝徐大椿撰其大綱凡七曰經絡臟腑曰脈曰病曰藥曰治法曰書論曰古今分子目九十有三持論多精鑿有據如謂病之名有萬而脈之象不過數十種是必以望聞問三者參之又如病同人異之

辨兼證兼病之別亡陰亡陽之分病有不愈不死有雖愈必死又有藥誤不即死藥性有古今變遷內經司天運氣之說不可泥鍼灸之法失傳其說皆可取而人參論一篇涉獵醫書論一篇尤深切著明至于有欲救俗醫之弊而矯枉過直者有求勝古人之心而大言失實者以致論病則自岐黃以外秦越人亦不免詆排論方則自張機金匱要略傷寒論以外孫思邈劉守眞李杲朱震亨皆遭駁詰于醫學中殆同毛奇齡之說經然其切中庸醫之弊者固不可廢也

乾隆四十七年四月恭校上

欽定四庫全書提要卷五十八

子部十

天文算法類一

周髀算經

臣等謹案周髀算經二卷音義一卷隋書經籍志天文類首列周髀一卷趙嬰注又一卷甄鸞重述唐書藝文志李淳風釋周髀二卷與趙嬰甄鸞之注列之天文類而復列李淳風注周髀算經二卷於歷算類蓋一書重出也是書首章記周公問於商高而得句股互求之術故稱周髀髀者股也立八尺之表以爲股其影爲句書內以璇璣名黃道之極一晝夜環繞北極一周而過一度冬至夜半璇璣起北極下子位春分夜半起北極左卯位夏至夜半起北極上午位秋分夜半起北極右酉位是爲璇璣四游所極終古不變以七衡六間測日躔發斂冬至日在外衡夏至日在內衡春秋分在中衡當其衡爲中氣當其間爲

節氣亦終古不變古蓋天之學此其遺法蓋渾天如毬寫星象於外人自天外觀天蓋天如笠寫星象於内人自天内觀天笠形半圓有如張蓋故稱蓋天合地上地下兩半圓體即天體之渾圓矣其法失傳已久故自漢以迄元明皆主渾天明萬歷中歐邏巴人入中國始别立新法號爲精密然其言地圓即周髀所謂地法覆槃滂沱四隤而下也其言南北里差即周髀所謂北極左右夏有不釋之冰物有朝生暮穫中衡左右冬有不死之草五穀一歲再熟是爲寒暑推移隨南北不同之故及所謂春分至秋分極下常有日光秋分至春分極下常無日光是爲晝夜永短隨南北不同之故也其言東西里差即周髀所謂東方日中西方夜半西方日中東方夜半晝夜易處加四時相反是爲節氣合朔加時早晚隨東西不同之故也又西人製渾蓋通憲展晝短規使大於赤道規一同周髀之展外衡使大於中衡其新法歷書述弟谷以前西法三百六十五日四分日之一每四歲之小餘成一日亦即周髀所謂三百六十五日者三三

百六十六日者一也西法出於周髀此皆顯證特後來測驗增修愈推愈密耳此書刻本脱誤多不可通今據永樂大典内所載詳加校訂補脱文一百四十七字改訛舛者一百一十三字删其衍複者十八字舊本相承題云漢趙君卿注其自序稱爽以暗蔽注内屢稱爽或疑焉爽未之前聞則君卿當即名爽隋唐志之趙嬰殆趙爽之訛歟注引靈憲乾象則其人在張衡劉洪後也舊有李籍音義别自爲卷今仍其舊書内凡爲圖者五而失傳者三訛舛者一謹據正文及注爲之補訂古者九數惟有九章周髀二書流傳最古故訛誤亦特甚然溯委窮源得其端緒固術數家之鴻寶也乾隆四十九年十一月恭校上

新儀象法要

臣等謹案新儀象法要三卷宋蘇頌撰頌字子容南安人徙居丹徒慶歷二年進士官至右僕射兼中書門下侍郎累爵趙郡公事蹟具宋史本傳是書爲重修渾儀而作事在元祐間而尤袤遂初堂書目稱爲紹聖儀象法要宋藝文志

有儀象法要一卷亦注云紹聖中編蓋是書成于紹聖初也案本傳稱時別製渾儀命頌提舉頌既邃於律算以吏部令史韓公廉有巧思奏用之授以古法爲臺三層上設渾儀中設渾象下設司辰貫以一機激水轉輪不假人力時至刻臨則司辰出告星辰躔度所次占候測驗不差晷刻晝夜晦明皆可推見前此未有也葉夢得石林燕語亦謂頌所修制作之精遠出前古其學略授冬官正袁惟幾今其法蘇氏子孫亦不傳云云案書中有官局生袁惟幾之名與燕語所記相合其説可信知宋時固甚重之矣此本爲明錢曾所藏蓋從宋槧影摹者我　朝儀器精密夐絶千古頌所𭤨造亦無足取法而一時講求制作之意亦頗可嘉尚云乾隆四十七年十一月恭校上

六經天文編

臣等謹案六經天文編二卷宋王應麟撰應麟有鄭氏周易註已著錄是編裒六經之言天文者以易書詩所載爲上卷周禮禮記春秋所載爲下卷三代以

上推步之書不傳論者謂古法疎而今法密如歲差里差之辨皆聖人所未言晉虞喜始知歲差唐人作覆矩圖始知地有東西南北里差然堯典豳風月令左傳國語所言星辰前後已相差一次是歲差之法可即是例推周禮土圭之法日南景短日北景長日東景夕日西景朝是里差之法亦可即是而見後世推步之源未嘗不見於六經特古文簡約不及後來之推衍詳密耳此編雖以天文爲名而不專主於星象凡陰陽五行風雨以及卦義悉彙集之採錄先儒經說爲多義有未備則旁涉史志以明之亦推步家所當考證也宋史藝文志作六卷至正四明續志作二卷今此書分上下二篇則二卷爲是考國朝吉水李振裕補刊玉海序稱應麟著述逾三十種已刻者玉海附詞學指南又有遺書十三種自詩考至通鑑答問共五十餘卷板皆朽蝕悉爲補刊之是編亦與焉此本前後無序跋紙墨甚舊蓋猶至元六年王厚孫所刊也乾隆四十七年五月恭校上

原本革象新書

臣等謹案原本革象新書五卷不著撰人名氏宋濂作序稱趙緣督先生所著先生鄱陽人隱遯自晦不知其名若字或曰名敬字子恭或曰友欽弗能詳也王禕嘗刊定其書序稱名友某字子公其先於宋有屬籍考宋史宗室世系表漢王房十二世以友字聯名書中稱歲策加減法自至元年辛巳行之至今其人當在郭守敬後時代亦合然語出傳聞未能確定都卬三餘贅筆稱嘗見一雜書云先生名友欽字敬夫饒之德興人其名敬字子恭及字子公者皆非亦不言其何所本惟其爲趙姓則灼然無疑也其書自王禕删潤之後世所行者皆禕本趙氏原本遂佚惟永樂大典所載與禕本參校互有異同知姚廣孝編纂之時所據猶爲舊帙禕序頗譏其蕪冗鄙陋然術數之家主於測算未可以文章工拙相繩又禕於天文星氣雖亦究心而儒者之兼通終不及專門之本業故二本所載亦互有短長並錄存之亦足以資參考其中如日至之景一條

周髀謂夏至日値內衡冬至値外衡中國近內衡之下地平與內衡相際於寅戌外衡相際於辰申二至長短以是爲限其寒暑之氣則以近日遠日爲殊而此書謂日之長短由於日行之高低氣之寒暑由於積氣之多寡天周歲終一條天左旋其樞名赤極日右旋其樞名黄極經星亦右旋宗黄極以成歲差而此書謂天體不可知但以經星言之左旋論東西不論南北右旋論南北不論東西截然殊致而此書謂如良驚二馬驚不及良一週遭則復遇一處日道歲差一條歲差由於經星右旋凡考冬至日躔某星幾度幾分爲一事至授時法所立加減謂之歲實消長與恆氣冬至定氣冬至又爲一事迥乎不同而此書合而一之又天地正中一條日中天則形小出地入地則形大乃蒙氣之故而此書謂天頂遠而四旁近又南北度必測北極出地東西度必測日食時刻別無他術而此書欲以北極定東西之偏正以東西景定南北之偏正地域遠近一條地球渾圓隨處皆有天頂而此書拘泥舊説謂陽城爲天頂之下又元史

所記南北海晝夜刻數各有盈縮而此書爲南方晝夜長短不較多又時刻由赤道度而景移在地平故早晚景移遲近午景移疾愈南則遲者愈遲疾者愈疾而此書謂偏西則早遲而晚疾偏東則早疾而晚遲月體半明一條凡日月相望必近交道乃入闇虚遠於交道則地不得而掩之而此書謂隔地受光如吸鐵之石其論皆失之疎舛他如以月孛之孛爲彗孛之孛謂地上之天多於地下之天謂黄道歲歲不由舊路謂月駁爲山河影謂月食爲受日光多陽極反亢謂日月圓徑相倍謂闇虚非地影或拘泥舊法或自出新解於測驗亦多違失然其覃思推究頗亦發前人所未發於今法爲疎於古法則爲已密在元以前談天諸家猶爲實有心得者故於訛誤之處並以今法加案駁正而仍存其說以備一家之學焉乾隆四十六年三月恭校上

重修革象新書

臣等謹案重修革象新書二卷明王禕删定元趙氏本也禕有大事記續編已

著録是書併趙氏原本五卷爲二卷前有禕自序稱原書涉於蕪冗鄙陋反若昧其指意之所在因爲之纂次刪其支離證其訛舛釐其次等挈其要領云云今以原書相較其所潤色者頗多刊除者亦復不少然于改定之處不加論辨使觀者莫能尋其增損之迹以究其得失之由又其中舛謬之處亦未能芟除淨盡特其字句之蕪累一經修飾斐然可觀抑亦善于點竄者矣平心而論原本詞雖稍沓而詳贍可考改本文雖頗略而簡徑易明各有所長未容偏廢故今倣新舊唐書之例並著于録焉乾隆四十七年十一月恭校上

七政推步

臣等謹案七政推步七卷明南京欽天監監副貝琳修輯即焦竑國史經籍志所載瑪實伊克之回回歷也考明史歷志回回歷法乃西域默德那國王瑪哈穆特所作元時入中國而未行洪武初得其書於元都十五年命翰林李翀吳伯宗同回回大師瑪實伊克等譯其書遂設回回歷科隸欽天監而貝琳自跋

又稱洪武十八年遠夷歸化獻土盤法預推六曜干犯名曰經緯度時歷官元統去土盤譯爲漢算而書始行於中國與史所載頗不合案書中有西域歲前積年至洪武甲子歲積若干算之語甲子爲洪武十七年其時書已譯行於世則琳之說非也其書首釋用數次日躔次月離次五星求法幷太陰出入時刻淩犯五星恒星度分末載日食月食算術餘皆立成表其法以隋開皇己未歲爲歷元不用閏月以白羊金牛等十二宮爲不動之月以一至十二大小月爲動月各有閏日所推交食之分寸晷刻雖亦時有出入而在西域術中視九執萬年二歷實爲精密梅文鼎勿菴歷算書記曰回回歷法刻於貝琳其布立成以太陰年而取距算以太陽年巧藏根數雖其子孫隸臺官者弗能知然回歷即西法之舊率泰西本回歷而加精耳亦公論也明一代皆與大統歷參用明史頗述其立法大略然此爲原書更稱詳晰惟其格本以土盤布算用本國之書明初譯漢之後傳習頗寡故無所校讐訛脫尤甚今以兩本互校著之於錄

用存術家之一種而補明史所未備焉乾隆四十七年十月恭校上

聖壽萬年歷

臣等謹案聖壽萬年歷五卷附律歷融通四卷明朱載堉撰載堉有樂書已著錄明史歷志曰明之大統歷實即元之授時承用二百七十餘年未嘗改憲成化以後交食往往不驗議改歷者紛紛如俞正己冷守中不知妄作者無論已而華湘周濂李之藻邢雲路之倫頗有所見鄭世子載堉撰律歷融通進聖壽萬年歷其說本之南京都御史何瑭深得授時之意而能匡所不逮臺官泥於舊聞當事憚於改作並格不行云云即指此二書也其書進於萬歷二十三年疏稱授時大統二歷考古則氣差三日推今即時差九刻蓋因授時減分太峻失之先天大統不減失之後天因和會兩家酌取中數立爲新率編撰成書其步發斂步朔閏步晷漏步交道步五緯諸法及歲餘日躔漏刻日食月食五緯諸議史皆詳採之蓋於所言頗有取也今觀其書雖自行所見斷斷而爭不免

有主特太過之處其測驗亦未必過郭守敬等之精然史載崇禎二年以日食不驗切責監官五官正戈豐年言郭守敬以至元十八年造歷越十八年爲大德三年八月已當食不食六年六月又食而失推是時守敬方知院事亦附之無可奈何況斤斤守法者哉今若循舊向後不能無差則當時司歷之人已自有公論無怪載堉之攻擊不已也況其書引據詳明博通今古原原本本實有足資考證者又不得以後來實測之密遂一切廢置矣乾隆四十七年十月恭校上

古今律歷考

臣等謹案古今律歷考七十二卷明邢雲路撰雲路字士登安肅人萬歷庚辰進士官陝西按察司副使是書詳於歷而略於律七十二卷中言律者不過六卷亦罕所發明惟辨黄鍾三寸九分之非頗爲精當而編在歷代日食之後步氣朔之前不知何意歷法六十六卷則自六經以下迄於明代大統歷一一考

訂其論周改正即改月大抵本於張以寧春王正月考惟於書惟元祀十有二月則指爲建丑之月謂商雖以丑爲正而紀數之月仍以寅爲首與春王正月考之說不同然均之改正而於周則云改月於殷則云不改月究不若張以寧說之爲允也六十五卷中有駁授時歷八條駁大統歷七條其駁大統歷謂斗指析木日躔娵訾非天星分野之次乃月辰所臨之名而大統歷乃以天星次舍加爲地盤月建殊襲趙緣督之誤又謂授時歷至元辛巳黃道躔度十二交宮界郭守敬所測至今三百餘年冬至日躔已退五度則宜新改日躔度數而大統歷乃用其十二宮界不合歲差又謂大統歷廢授時消長之法以至中節相差九刻凡此之類持論皆有根據蓋雲路工於推算多創新術大統爲當時見行之歷故辨之尤力又大統僅廢授時消長一術其餘多所承襲故因而並及授時有明律歷諸書此猶爲明於根柢者矣乾隆四十七年九月恭校上

乾坤體義

臣等謹案乾坤體義二卷明利瑪竇撰利瑪竇西洋人萬歷中航海至廣東是爲西法入中國之始利瑪竇兼通中西之文故凡所著書皆華字華語不煩譯釋是書上卷皆言天象以人居寒煖爲五帶與周髀七衡說略同以七政恒星天爲九重與楚辭天問同以水火土氣爲四大元行以日月地影三者定薄蝕以七曜地體爲比例倍數日月星出入有映蒙皆發前人所未發其多方罕譬亦委曲詳明下卷皆言算術以邊線面積平圜橢圜互相容較亦足以補古方田少廣之所未及雖篇帙無多而其言皆驗諸實測其法皆具得變通所謂詞簡而義賅者我　朝御製數理精蘊多採其說而用之當明季歷法乖舛之餘鄭世子載堉邢雲路諸人雖力爭其失而所學不足以相勝自徐光啓等改用新法乃漸由疎入密至　本朝而益爲推闡始盡精微則是書固亦大輅之椎輪矣乾隆四十七年十一月恭校上

臣等謹案表度說一卷明萬歷甲寅西洋人熊三拔撰三拔有泰西水法已著錄是書大旨言表度起自土圭今更創爲捷法可以隨意立表凡欲明表景之義者先須論日輪周行之理及日輪大於地球比例彼法别有全書此復舉其要略分爲五題一謂日輪周天上向天頂下向地平其轉於地面俱平行一謂地球在天之中一謂地小於日輪一謂地本圓體一謂表端爲地心末言表式表度幷節氣時刻推算之法繪畫日晷術皆具有圖說指證確實夫立表取影以知時刻節氣歷法中之至易至明者然非明於天地之運行習於三角之算術則不能得其確準是時地圓地小之說初入中土驟聞而駭之者甚衆故先舉其至易至明者以示其可信焉

簡平儀說 附

臣等謹案簡平儀說一卷明西洋人熊三拔撰據卷首徐光啟序蓋常參證於利瑪竇者也大旨以視法取渾圓爲平圓而以平圓測量渾圓之數凡名數十

二則用法十三則其法用上下兩盤天盤在下以取赤道經緯故有兩極線赤道線節氣線時刻線地盤在上以取地平經緯故有天頂有地平有高度線有地平分度線皆設人目自渾體外遠視其正對大圓爲平圓斜倚於內者爲橢圓當圓心者爲直線其與大圈平行之距等小圈亦皆爲直線地盤空其半圓使可合視二盤中挾樞紐使可旋轉用時依其地北極高度安定二盤則赤道地平兩經緯交錯分明凡節氣時刻高度偏度皆可互取其數天盤用方板上設兩耳表以測日影地盤中心繫墜線以視度分立用之可以得太陽高弧度既得太陽高弧則本時諸數皆可取焉蓋是儀寫渾於平如取影於燭雖云借象而實數可推弧三角以量代算之法實本於此今復推於測量法簡而用捷亦可云數學之利器矣乾隆四十七年十月恭校上

天問略

臣等謹案天問略一卷明萬歷乙卯西洋人陽瑪諾撰是書於諸天重數七政

部位太陽節氣晝夜永短交食本原地影麤細蒙氣映漾𥈤影留光皆設爲問答反覆以明其義末載𥈤影刻分表并詳解晦朔弦望交食淺深之故亦皆具有圖說指證詳明與熊三拔所著表度說次第相承淺深相繫蓋互爲表裏之書前有陽瑪諾自序其說乃舍其本術而盛稱所謂天主者且謂第十二重不動之天爲諸聖之所居天堂之所在信奉天主者乃得升之以歆動下愚蓋欲借推測之有驗以證天主天堂之不誣其用意極爲詭譎然其考驗天象則實較古法爲善今置其荒誕售欺之說而但取其精密有據之術削去原序以免熒聽其書中間涉妄謬者刊之則文義或不相續姑存其舊而闢其邪說如右焉乾隆四十七年十一月恭校上

新法算書

臣等謹案新法算書一百卷明大學士徐光啓太僕寺少卿李之藻光祿寺卿李天經及西洋人龍華民鄧玉函羅雅谷湯若望等所修西洋新歷也明自成

化以後歷法愈謬而臺官墨守舊聞朝廷亦憚于改作建議者俱格不行萬歷中大西洋人龍華民鄧玉函等先後至京俱精究歷法五官正周子愚請令參訂修改禮部因舉光啟之藻任其事而庶務因循未暇開局至崇禎二年推日食不驗禮部乃始奏請開局修改以光啟領之督成歷書數十卷次第奏進而光啟病卒李天經代董其事又續以所作歷書及儀器上進其書凡十一部曰法原曰法數曰法算曰法器曰會通謂之基本五目曰日躔曰恒星曰月離曰日月交會曰五緯星曰五星交會謂之節次六目書首爲修歷緣起皆當時奏疏及考測辨論之事書末歷法西傳新法表異二種則湯若望入　本朝後所作而附刻以行者其中有解有術有圖有考有表有論皆鉤深索隱密合天行足以盡歐羅巴歷學之藴然其時牽制于廷臣之門戶雖詔立兩局累年測驗明知新法之密竟不能行迨　聖代龍興乃因其成帙用備疇人之掌豈非天之所祐有開必先莫知其然而然者耶越我　聖祖仁皇帝天亶聰明乾坤

合契 御製數理精藴歷象考成諸編益復推闡微茫窮究正變至 欽定歷象考成後編推步之密垂範萬年又非光啟等所能企及然授時改憲之所自其源流實本于是編故具錄存之庶論西法之權輿者有考于斯焉乾隆四十七年九月恭校上

測量法義 測量異同 句股義

臣等謹案測量法義一卷測量異同一卷句股義一卷明徐光啟撰首卷演利瑪竇所譯以明句股測量之義首造器器即周髀所謂矩也次論景景有倒正即周髀所謂仰矩覆矩臥矩也次設問十五題以明測望高深廣遠之法即周髀所謂知高知遠知深也次卷取古法九章句股測量與新法相校證其異同所以明古之測量法雖具而義則隱也然測量僅句股之一端故於三卷則專言句股之義焉序引周髀者所以明立法之所自來而西術之本於此者亦隱然可見其言李冶廣句股法爲測圓海鏡已不知作書之意又謂欲說其義而

未遑則是未解立天元一法而謬爲是飾說也古立天元一法即西洋借根方法是時西人之來亦有年矣而於治之書猶不得其解可以斷借根方法必出於其後也三卷之次第大略如此而其意則皆以明幾何原本之用也乾隆四十七年九月恭校上

渾蓋通憲圖說

臣等謹案渾蓋通憲圖說二卷明李之藻撰之藻有頖宮禮樂疏已著録是書出自西洋簡平儀法蓋渾天與蓋天皆立圓而簡平則繪渾天爲平圓渾天爲全形人目自外還視蓋天爲半形人目自內還視簡平止于一面則以人目定于一處而直視之之所成也其法設人目自南極或北極以視黄道赤道及晝長晝短諸規憑視線所經之點歸界于一平圓之上次依各地北極出地以視法取天頂及地平之周亦歸界于前平圓之內次依赤道經緯度以視法取七曜恒星亦取歸于前平圓之內赤道爲中圈赤道以內愈近目則圈愈大而徑

愈長赤道以外愈遠目則圈愈小而徑愈短之藻取晝短規爲最大圈乃自南極視之晝短規近目而圈大其意以爲中華之地北極高凡距北極百一十三度半以內者皆在其大圈內也卷首總論儀之形體上卷以下規晝度分時刻及制用之法後卷諸圖咸根柢于是梅文鼎嘗作訂補一卷其說曰渾蓋之器以蓋天之法代渾天之用其製見于元史札瑪里鼎所用儀器中竊疑爲周髀遺術流入西方然本書黃道分星之法尚闕其半故此器甚少蓋無從得其制也茲爲完其所闕正其所誤可以依法成造云云又有璇璣尺解一卷皆足與此書相輔而行以已見文鼎書中茲不復贅焉乾隆四十七年十月恭校上

圜容較義

臣等謹案圜容較義一卷明李之藻撰亦利瑪竇之所授也前有萬歷甲寅之藻自序稱凡厥有形惟圜爲大有形所受惟圜至多渾圜之體難名而平面之形易析試取同周一形以相參考等邊之形必鉅于不等邊之形多邊之形必

鉅于少邊之形最多邊者圜也最等邊者亦圜也析之則分秒不漏是知多邊聯之則圭角全無是知等邊不多邊等邊則必不成圜惟多邊等邊故圜容最鉅昔從利公研窮天體因論圜容拈出一義次爲五界十八題借平面以推立圜設角形以徵渾體云云蓋形有全體視爲一面從其一面例其全體故曰借平面以測立圜面必有界界爲線爲邊兩線相交必有角析圜形則各爲角合角形則共成圜故曰設角以徵渾體其書雖明圜容之義而各面各體比例之義胥于是見且次第相生於周髀圓出于方方出于矩之義亦多足發明焉乾隆四十七年十一月恭校上

歷體略

臣等謹案歷體略三卷明王英明撰英明字子晦開州人萬歷丙午舉人是編成於萬歷壬子上卷六篇曰天體地形曰二曜曰五緯曰辰次曰刻漏極度曰雜說中卷三篇曰極宫曰象位曰天漢下卷則續見歐羅巴書撮其體要曰天

體地度曰度里之差曰緯躔曰經宿曰黄道宫界曰赤道緯躔曰氣候刻漏凡七篇又附論日月交食一篇然其上中二卷所講中法亦皆與西法相合蓋是時徐光啟新法算書雖尚未出而利瑪竇先至中國業有傳其書者故英明陰用之耳所論皆天文之梗概不及後來梅文鼎薛鳳祚諸人兼備測量推步之法然學天文者必先知象緯之文與運行之故而後能因其度數究其精微是書説雖淺近固初學從入之門徑也卷首冠以五圖據翁漢麐序英明原著書而不著圖此本順治丙戌英明之子檥官江南督糧道時以原本重刋屬漢麐所補檥跋稱位置編帙與前刻少異考書中步天歌第一章下有附注稱步天歌無善本兹從先生訂正庶鮮魚魯之訛云云核其文義亦漢麐之語則是書蓋經漢麐重訂非其原本矣乾隆四十七年十月恭校上

御製歷象考成

臣等謹案歷象考成四十二卷　聖祖仁皇帝御製乃律歷淵源三書中第一

部也上編十六卷曰揆天察紀以闡其理下編十卷曰明時正度以詳其法又爲表十六卷以致其用自日躔月離交食五星恒星黄赤經緯之度罔不極精殫微可坐而致蓋我聖祖仁皇帝天縱聖神洞精律算而于此書之作猶指授臣工明于推測者就大内蒙養齋詳爲編纂排日進呈親加釐訂良以建天地而俟聖人故慎之又慎如此逮雍正元年刊刻告成世宗憲皇帝纘述高深默契淵藴製序頒行于以欽若昊天敬授人時眞比隆虞典矣乾隆四十七年十一月恭校上

御製歷象考成後編

臣稱謹案御製歷象考成後編十卷因聖祖仁皇帝所製上下二編而增修之蓋上下二編所載推測之法本以康熙十三年所定六儀爲準逮雍正八年相距一甲子其間歲差所積漸成分秒驗諸日食而知新法實較舊加密于是世宗憲皇帝特允監臣之請纂修日躔月離二表以推交食宫度晦朔弦

望晝夜永短之數而有表無說亦無推算之法能作此表者止監正臣戴進賢一人能用此表者亦止監副臣徐懋德及五官正臣明安圖二人而已恐久而失傳則後人無以推尋其法是以乾隆二年協辦吏部尚書臣顧琮復請增補圖說得旨修輯以成是編按法推詳兼明理數以及日躔月離交食步法爲表以列之爲說以闡之于是用數愈密測理愈精而繼述之隆時憲之重永垂萬古矣乾隆四十七年十一月恭校上

欽定儀象考成

臣等謹案欽定儀象考成卷首上下爲御製璣衡撫辰儀卷第一之十三爲總紀恆星及恆星黃道經緯度表卷第十四之二十五爲恆星赤道經緯度表卷第二十六爲月五星相距恆星黃赤道經緯度表卷第二十七之三十爲天漢經緯度表蓋自康熙十三年聖祖仁皇帝用監臣南懷仁之言造六儀以測天行其制實爲精密顧以星辰循黃道行率七十年差一度黃赤二道相

距亦數十年差一分自不可不隨時測究以合垂象我　皇上志切紹　聞爰
允監臣之請增修儀式爲圖以昭其器爲說以致其用始事于乾隆九年告成
于乾隆十七年冠以　御製序文刋刻頒布以垂永久其間星圖視舊增載者
凡一千六百一十四星悉按其次序分註方位推步之精測驗之密夐絕萬古
矣乾隆四十七年八月恭校上

曉菴新法

臣等謹案曉菴新法六卷　國朝王錫闡撰錫闡字寅旭號餘不又號曉菴又
號天同一生吳江人是書前一卷述句股割圜諸法後五卷皆推步七政交食
淩犯之術觀其自序蓋成於明之末年故以崇禎元年戊辰爲歷元以南京應
天府爲里差之元其分周天爲三百八十四更以分弧爲逐限以加減爲從消
創立新名雖頗涉臆撰然其時徐光啟等纂修新法聚訟盈庭錫闡獨閉戶著
書潛心測算務求精符天象不屑屑於門戶之分鉏鋙觚艖稱其精究推步兼

通中西之學遇天色晴霽輒登屋臥鵄吻間仰察星象竟夕不寐蓋亦覃思測驗之士梅文鼎勿菴歷書記曰從來言交食只有食甚分數未及其邊惟王寅旭則以日月圓體分爲三百六十度而論其食甚時所虧之邊凡幾何度今爲推演其法頗爲精確又稱近代歷學以吳江爲最識解在青州之上云云案青州謂薛鳳祚鳳祚益都人爲青州屬邑故也其推挹錫闡甚至迨康熙中御製數理精蘊亦多採錫闡之說蓋其書雖疏密互見而其合者不可廢也書中於法有未備者每稱別見補遺然此本止於六卷實無所謂補遺者豈其有佚篇歟乾隆四十七年九月恭校上

中星譜

臣等謹案中星譜一卷　國朝胡亶撰亶號勵齋仁和人王晫今世說稱其博綜羣書尤精天官家言日月星辰躔度推測毫髮無遺在長安與監中西洋專家反覆辨論羣皆歎伏所著有中星譜周天現界圖步天歌行世今所見者惟

是編所訂經星凡四十有五乃于二十八舍之外益以大角貫索天市帝座織女河鼓天津北落師門土司空天囷五車參左肩參右足天狼南北河軒轅大星太微帝座等七十星用以較午中遲早綴諸時刻首京師附浙江其餘以類而推所論晝夜永短寒暑循環地殊勢異與所引經傳記載考定歲差釐分晷日皆簡明詳切與今儀象考成中星更錄頗相表裏觀其自序撰自康熙八年是此書在　欽定算書以前前明徐光啟新法算書以後存其度數以校證盈縮于恒星歲差之數亦不爲無所裨矣乾隆四十七年九月恭校上

天經或問

臣等謹案天經或問四卷　國朝游藝撰藝字子六建寧人是書凡前後二集此其前集也凡天地之象日月星之行薄蝕朒朓之故與風雲雷電雨露霜霧虹霓之屬皆設爲問答一一闡其所以然頗爲明晳至于占驗之術則悉屏不言尤爲深識昔班固作漢書律歷志言治歷當兼擇專門之裔明經之儒精算

之士正以專門習于成法明于古義精算得其確數欲使互相參考究已往以知未來非欲高談雄辨徒究其精微幽妙之理而已也邵子歷理歷數之說亦謂知其當然與知其所以然學者誤會其旨遂以爲歷數之外別有歷理孫承澤春明夢餘錄因以元授時歷全歸于許衡之明理所載崇禎十四年禮部議改歷法一疏不能決兩家之是非因推原歷本掃除測算尤屬遁詞夫天下無理外之數亦無數外之理授時歷密于前代則有宋諸儒言天鑿鑿何以三百年中歷十八變而不定必待郭守敬輩乎藝作此書亦全明歷理于步算猶屬未諳然藝尚能知歷數故反復究闡具有實徵存是一編可知即數即理本無二致非空言天道者所及可也乾隆四十七年十一月恭校上

天步眞原

臣等謹案天步眞原一卷　國朝薛鳳祚所譯西洋穆尼閣法也鳳祚有兩河清彙已著錄順治中穆尼閣寄寓江寧喜與人談算術而不招人入耶蘇會在

彼教中號爲篤實君子鳳祚初從魏文魁游主持舊法後見穆尼閣始改從西學盡傳其術因譯其所說爲此書其法專推日月交食中間繪弧三角圖三一則有北極出地有日距赤道有時刻而求高弧一則有日距天頂有正午黃道有黃道與子午圈相交之角而求黃道高弧交角一則有黃道高弧交角有高下差而求東西南北二差末繪日食食分一圖鳳祚譯是書時新法初行又中西文字輾轉相通故詞旨未能盡暢梅文鼎嘗訂證其書稱其法與崇禎新法歷書有同有異其似異而同者布算之圖對數之表與歷書迥別然得數無二惟黃道春分二差則根數大異非測候無以斷其是非然其書在未修數理精蘊之前錄而存之猶可以見步天之術由疎入密之漸也乾隆四十七年十月恭校上

天學會通

臣等謹案天學會通一卷　國朝薛鳳祚撰鳳祚有兩河清彙已著錄是書本

穆尼閣天步眞原而作所言皆推算交食之法案推算交食凡有兩例一用積月積日以取應用諸行度數由平三角弧三角等法逐次比例而得食分時刻方位者一用立成表按年月日時度數逐次檢取加減而得食分時刻方位者鳳祚此書蓋用表算之例殊爲簡捷精密梅文鼎訂注是書亦稱其以西法六十分通爲百分從授時之法實爲便用惟仍以對數立算不如直用乘除爲上法惜所訂注之處未獲與之相質云乾隆四十七年九月恭校上

歷算全書

臣等謹案歷算全書六十卷　國朝梅文鼎撰文鼎字定九宣城人篤志嗜古尤精歷算之學康熙四十一年大學士李光地嘗以其歷學疑問進呈　聖祖仁皇帝南巡于德州　召見　御書積學參微四字賜之以年老遣歸嗣詔修樂律歷算書下江南總督徵其孫瑴成入侍及律呂正義書成復驛致命校勘後年九十餘歲終于家　特命織造曹頫爲經紀其喪至今傳爲稽古

之至榮所著歷算諸書李光地嘗刻其七種餘多晚年纂述或已訂成帙或略具草稿魏荔彤求得其本以屬無錫楊作枚校刊作枚遂附以己說或加辨駁自稱訂補名之曰歷算全書謂原書序次錯雜未得要領謹重加編次以言歷者居前而以言算者列之于後蓋歷算之術至是而備矣我國家修明律數探賾索隱集千古之大成文鼎以草野書生乃能覃思切究洞悉源流其所論著皆足以通中西之旨而折今古之中自郭守敬以來罕見其比其受聖天子特達之知固非偶然矣乾隆四十七年十一月恭校上

大統歷志

臣等謹案大統歷志八卷國朝梅文鼎撰初元郭守敬作授時歷其法較古爲密明初所頒大統歷即用其舊法歲久漸差知歷者恒有異議至崇禎間徐光啟推衍西法分局測驗疎舛益明欽天監正戈豐年無以復爭乃諉其過於守敬孫承澤作春明夢餘錄又力辨守敬爲歷中之聖惜不能盡用其法聚訟

迄無定論康熙丙午開局纂修明史史官以文鼎精於算數就詢明歷得失之源流文鼎因即大統舊法詳爲推衍注釋輯爲此編以持其平分原書爲法原立成推步三部法原之目七曰句股測量曰弧矢割圓曰黄赤道差曰黄赤道内外曰白道交周曰日月五星平立定三差曰里差漏刻立成之目四曰太陽盈縮曰太陰遲疾曰晝夜刻分曰五星盈縮推步之目六曰氣朔曰日躔曰月離曰中星曰交食曰五星法原所以取數立成所以作數推步所以紀法皆剖析分明具有條理蓋文鼎于象緯運行實能究極其所以然與疇人子弟沿世業而守成法者所見固不同也歷算之家測未來者當以新法推已往者則當各求以本法知其所以疎而後可以得其密知其所以舛而後可以得其眞知其所以漸差而後可以窮其至變則是書雖明郭氏之法亦測天者前事之師矣其書舊不分卷今以所立十七目別釐定爲八卷以便循覽焉乾隆四十七年十月恭校上

勿菴歷算書記

臣等謹案勿菴歷算書記一卷　國朝梅文鼎撰文鼎歷算諸書僅刊行二十九種此乃合其已刊未刊之書各疏其論撰之意凡推步測驗之書六十二種算術之書二十六種雖亦目錄解題之類而諸家之源流得失一一標其指要使本末釐然實數家之總匯也如謂西法約有九家一爲唐九執歷二爲元札瑪里鼎萬年歷三爲明瑪實伊克回回歷四爲陳壤袁黄所述歷法新書五爲唐順之周述學所撰歷宗通議歷宗中經皆舊西法也六曰利瑪竇天學初函湯若望崇禎歷書南懷仁儀象志永年歷七曰穆尼閣天步眞原薛鳳祚天學會通八曰王錫闡曉菴新法九曰揭暄寫天新語方中通揭方問答皆新西法也非深讀其書亦不能知其故又周髀補註一條曰觀其所言里差之法是即西人之說所自出也回回歷補註一條曰回回歷即西法之舊率泰西本回回歷而加精是皆於中西諸法融會貫通一一得其要領絕無爭競門戶之見故雖有

論無法仍錄之天文算術類中爲諸法之綱領焉乾隆四十七年十月恭校上

中西經星同異考

臣等謹案中西經星同異考二卷　國朝梅文鼏撰文鼏字爾素宣城人文鼎之弟與其兄皆精研歷算之學互相商摧多所發明此其所訂中西恒星名數也星經之最古者莫如巫咸甘石三家而其學失傳雖殘編僅存已不能知其端緒惟隋丹元子步天歌所列星象特爲簡括故自宋以來天官家多據爲準繩迨明季推步不驗而歐邏巴之法始行利瑪竇所撰經天該其名亦與中國相同而位座有無數目多寡與步天歌往往不合文鼏因據南懷仁儀象志所載星名依步天次序臚列其目而以有無多寡之故分行詳注其下其古歌西歌亦各載原文于後以便檢核南極諸星爲古所未及者則幷據湯若望等歷書及儀象志爲考訂補歌附之于末蓋七政之運行必憑恒星爲考驗而樊然麗天者不能自爲標目每隨人之所區別而指名之苟彼此參錯不爲之會其

通則學者且將茫然而無措手文鼏此編獨詳稽同異參考互證朗若列眉洵

丹元之功臣而西法之益友固言推步者所宜推究也乾隆四十七年十月恭

校上

全史日至源流

臣等謹案全史日至源流三十二卷　國朝許伯政撰伯政有易深已著錄此

書遵　御製歷象考成前編之法遡稽經史傳注所載至朔氣閏質其合否糾

其謬誤首二卷皆論步算之術如謂周天宜用三百六十度日法宜用九十六

刻宮次非恒星一定之居歲實奇零積久始覺損益不宜槩爲四分日之一其

論皆爲確當惟所論歲實期以二百一十六年遞減二十秒及日在高卑二日

平行實行適等揆以歷理未免滯礙至後三十卷中排纂長歷分代紀年上起

軒皇下迄明季四千年之中絲牽繩貫使星躔節候一一按譜而稽亦可爲後

來考測之資焉乾隆四十七年十月恭校上

數學

臣等謹案數學八卷續一卷　國朝江永撰永有周禮疑義舉要諸書已著錄是編因梅文鼎歷算全書爲之發明訂正而一準　欽定歷象考成折衷其異同一卷曰歷學補論皆因文鼎之說而推闡所未言二卷曰歲實消長三卷曰恒氣注歷此二卷皆條列文鼎之說而以所見辨於下四卷曰冬至權度五卷曰七政衍六卷曰金水發微七卷曰中西合法擬草亦多推文鼎之說八卷曰算賸則推衍三角諸法求其捷要續數學一卷曰正弧三角疏義以備算賸所未盡故八卷各有小序此卷獨無也文鼎歷算推爲絶技此更因所已具得所未詳踵事而增愈推愈密其於測驗亦可謂深有發明矣乾隆四十七年十一月恭校上

欽定四庫全書提要卷五十八

欽定四庫全書提要卷五十九

子部十一

天文算法類二

九章算術

臣等謹案九章算術九卷蓋周禮保氏之遺法不知何人所傳永樂大典引古今事通曰王孝通言周公制禮有九章之名其理幽而微其形祕而約張蒼删補殘缺校其條目頗與本術不同云云今考書內有長安上林之名上林苑在武帝時蒼在漢初何緣預載知述是書者在西漢中葉後矣舊本有注題曰劉徽所作考晉書稱魏景元四年劉徽注九章然注中所引有晉武庫銅斛則徽入晉之後又有增損矣又有注釋題曰李淳風所作考唐書稱淳風等奉詔注九章算術爲算經十書之首國子監置算學生三十人習九章及海島算經共限三歲蓋即是時作也北宋以來其術罕傳自沈括夢溪筆談以外士大夫少

留意者遂幾於散佚至南宋慶元中鮑澣之始得其本於楊忠輔家因傳寫以入祕閣然流傳不廣迨明又亡故二三百年來算數之家均未嘗得睹其全惟分載於永樂大典者依類裒輯尚九篇具在考鮑澣之後序稱唐以來所傳舊圖至宋已亡又稱不足方程之篇咸缺淳風注文今校其所言一一悉合知即慶元之舊本蓋顯於唐晦於宋亡於明而幸逢聖代表章之盛復完於今其隱其見若有數默存於其間非偶然矣謹排纂成編併考訂訛異各附案語於下方其注中指狀表目如朱實青實黄實之類皆就圖中所列而言圖既不存則其注猝不易曉今推尋注意爲之補圖以成完帙唐李籍音義一卷亦併附焉算術莫古於九數九數莫古於是書雖新法屢更愈推愈密而窮源探本要百變不離其宗録而傳之固古今算學之弁冕矣乾隆四十九年十月恭校上

孫子算經

臣等謹案隋經籍志有孫子算經三卷不著其名亦不著其時代唐藝文志稱

李淳風注甄鸞孫子算經三卷于孫子上冠以甄鸞蓋如淳風之注周髀算經因鸞所注更加辨論也隋書論審度引孫子算術蠶所生吐絲爲忽十忽爲秒十秒爲毫十毫爲氂十氂爲分本書乃作十忽爲一絲十絲爲一毫又論嘉量引孫子算術六粟爲圭十圭爲抄十抄爲撮十撮爲勺十勺爲合本書乃作十圭爲一撮十撮爲一抄十抄爲一勺考之夏侯陽算經引田曹倉曹亦如本書而隋書中所引與史傳往往多合蓋古書傳本不一校訂之儒各有據證無妨參差互見也唐之選舉算學凡十書孫子五曹共限一歲習肄于後來諸算術中特爲近古第不知孫子何許人朱彝尊集五曹算經跋云相傳其法出于孫武然孫子別有算經考古者存其說可爾又有孫子算經跋云首言度量所起合乎兵法地生度度生量量生數之文次言乘除之法設爲之數十三篇中所云廓地分利委積遠輸貴賤兵役分數比之九章方田粟布差分商功均輸盈不足之目往往相符而要在得算多多算勝以是知此編非僞託也彝尊之意

蓋以爲確出于孫武今考書內設問有云長安洛陽相去九百里又云佛書二十九章章六十三字則後漢明帝以後人語孫武春秋末人安有是語乎舊本久佚今從永樂大典所載裒集編次仍爲三卷冠以原序其甄李二家之注則不可復考是則姚廣孝等割裂刊削之過矣乾隆四十七年五月恭校上

數術記遺

臣等謹案數術記遺一卷舊題漢徐岳撰北周甄鸞注岳東萊人晉書律歷志所稱吳中書令闞澤受劉洪乾象法於東萊徐岳者是也隋書經籍志具列岳及甄鸞所撰九章算經七曜術算等目而獨無此書之名至唐藝文志始著於錄書中稱於泰山見劉會稽博識多聞偏於數術余因受業時問曰數有窮乎會稽曰吾曾游天目山中見有隱者云云大抵言其傳授之神祕然案後漢志注引袁山松書曰劉洪泰山蒙陰人延熹中以校尉應太史徵拜郎中後爲會稽東部都尉徵還未至領丹陽太守卒官是洪官會稽後未嘗家居不得言於

泰山見之且洪在會稽乃官都尉其爲太守實在丹陽而注以爲官會稽太守錯互殊甚又舊本皆題漢徐岳撰據晉書所載岳當魏黄初中與太史丞韓翊論難日月食五事則岳已仕於魏不得繫之於漢考古尤爲疎謬書中列黄帝三等數及積算太一算之類皆絶無義藴其天門金虎等語乃道家詭誕之説甚爲隱僻不經注所言算式數位按之正文多不相蒙殆出一手所撰唐代選舉之制算學九章五曹之外兼習此書此必當時購求古算好事者因依託爲之而嫁名於岳耳然流傳既久學者或以古本爲疑故仍錄存之而詳斥其僞以祛後人之惑焉

海島算經

臣等謹案海島算經一卷晉劉徽撰唐李淳風等奉詔注據劉徽序九章算術有云徽尋九數有重差之名凡望極高測絶深而兼知其遠者必用重差輒造重差并爲注解以究古人之意綴於句股之下度高者重表測深者累矩孤離

者三望離而又旁求者四望據此則徽之書本名重差初無海島之目亦但附於句股之下不別爲書故隋志九章算術增爲十卷下云劉徽撰蓋以九章九卷合此而十也而隋志唐志又皆有劉徽九章重差圖一卷蓋其書亦另本單行故別著於錄一書兩出至唐志兼列劉向九章重差一卷則徽之重差既自爲卷因遂訛劉徽爲劉向而一書三出耳今詳爲考證定爲劉徽之書至海島之名雖古無所見不過後人因卷首以海島立表設問而改斯名然唐選舉志稱算學生九章海島共限習三年試九章三條海島一條則改題海島自唐初已然矣其書世無傳本惟散見永樂大典中今裒而輯之仍爲一卷篇帙無多而古法具在固宜與九章算術同爲表章以見算數家源流之所自焉乾隆四十七年十月恭校上

五曹算經

臣等謹案隋書經籍志有九章六曹算經一卷而無五曹之目其六曹篇題亦

不傳唐書藝文志始有甄鸞五曹算經五卷韓延五曹算經五卷李淳風注五曹孫子等算經二十卷魯續新集五曹時要術三卷甄韓二家皆注是書者也其作者則不知爲誰考漢書梅福傳福上書言臣聞齊桓之時有以九九見者顔師古注云九九算術若今九章五曹之輩蓋算學雖多不出乘除二者而乘除不出自一至九因而九之之數故舉九九爲言而師古即以其時所有九章五曹等書實之非梅福時有是書也朱彝尊曝書亭集有五曹算經跋云相傳其法出於孫武然彝尊第曰相傳無所引證蓋不足據觀唐書選舉志稱孫子五曹共限一歲既曰共限則五曹不出孫子明矣姑斷以甄鸞之注則其書確在北齊前耳自元明以來久無刻本藏書家傳寫訛舛殆不可通今散見永樂大典內者甄鸞韓延李淳風之注雖亦散佚而經文則逐條完善謹參互考校俾還舊觀遂爲絶無僅有之善本考夏侯陽算經引田曹倉曹者二引金曹者一而此書皆無其文然此書首尾分明脈絡通貫亦不似有所亡失疑隋志之

九章六曹其目亦同陽所引田曹倉曹金曹等名乃彼書之文故不敢據以補入以涵其眞焉乾隆四十一年六月恭校上

夏侯陽算經

臣等謹案隋經籍志有夏侯陽算經二卷唐藝文志列夏侯陽算經一卷甄鸞注又韓延夏侯陽算經一卷韓延似作注者姓名而直齋書錄解題載元豐京監本乃云三卷無注蓋傳寫互有分合故卷帙各異也然皆不言陽爲何代人考陽自序有云五曹孫子述作滋多甄鸞劉徽爲之詳釋則其人在甄鸞後唐書甄鸞注三字殆因序文而誤歟書內又稱宋元嘉二年徐受重鑄銅斛至梁大同元年甄鸞校之則陽疑隋初人去梁稍遠故目梁時斗尺爲古所用其辨度量衡云在京諸司及諸州各給稱尺並五尺度斗升合等樣皆銅爲之倉庫令諸量函所在官造大者五斛中者三斛小者一斛以鐵爲緣勘平印書然後給用又課租庸調章稱賦役令論步數不等章稱雜令田令之屬皆據隋制言

之則陽爲隋人蓋無可疑唐書選舉志所列算書十種此居其一蓋當時本懸之令甲肄習考課今傳本久佚惟永樂大典內有之然逐條割裂分附九章算術各類之下幾於治絲而棼猝不得其端緒幸尚載原序原目猶可以尋繹編次條貫其文今裒輯排比仍依元豐監本釐爲三卷其十有二門亦從原目其書務切實用雖九章古法非官曹民事所必需者亦略而不載於諸算經中最爲簡要且於古今制度異同多資考證尤足寶重云乾隆四十七年四月恭校

上

張邱建算經

臣等謹案張邱建算經三卷原本不題撰人時代今據邱建自序署曰清河而序中引及夏侯陽孫子之術則當爲隋初人也隋志載此書二卷唐志一卷甄鸞注而别有李淳風注張邱建算經三卷鄭樵通志藝文略張邱建算經二卷又三卷李淳風注宋藝文志中興書目俱作三卷此本乃毛晉汲古閣影鈔宋

鸞云得之太倉王氏首題漢中郡守前司隸甄鸞注經朝議大夫行太史令上輕車都尉李淳風等奉勅注釋算學博士劉孝孫撰細草蓋猶北宋時祕書監趙彦若等校定刋行之本其中稱術曰者乃鸞所注草曰者孝孫所增其細字夾注稱臣淳風等謹案者不過數十處蓋有疑則釋非節節爲之注也其書體例皆設爲問答以參校而申明之凡一百條簡奥古質頗類九章與近術不同而條理精密實能深究古人之意故唐代頒之算學以爲顓業今詳加校勘其上卷起自乘除之法至第十二問爲句股測望十三問爲句股和較十四問爲重句股顛倒測望十五問爲臥句股左右進退測望此四問皆藉圖以明舊本所無今特依義補入自十六問以下皆取差分和較均輸參雜爲目間附以方圓冪積至中卷之六問乃入商功後復及貴賤差分倍半衰分方田諸術惟弧矢一問原本不完未可以他術增補姑仍其缺下卷首問失題又細草下亦脱二十餘字以有後文可據謹爲補足其鹿垣倉三條亦各爲之圖系諸原問之

左俾學者得以考見其端委焉乾隆四十七年十月恭校上

五經算術

臣等謹案五經算術二卷北周甄鸞撰唐李淳風爲之注鸞長于步算仕北周爲司隸校尉漢中郡守嘗撰周天和年歷及注九章五曹孫子周髀等算經不聞其有是書而隋書經籍志有五經算術一卷五經算術錄遺一卷皆不著撰人姓名唐藝文志則有李淳風注五經算術二卷亦不言其書爲誰撰今考是書舉尚書孝經詩易論語三禮春秋之待算乃明者列之而推算之術悉加甄鸞案三字于上則是書當即鸞所撰又考淳風嘗貞觀初奉詔與算學博士梁述助教王眞儒等刊定算經立于學官唐選舉志及百官志並列五經算爲算經十書之一與周髀共限一年習肄及試士各舉一條爲問此書注端悉有臣淳風等謹案字然則唐明算科之五經算即是書矣是書世無傳本惟散見於永樂大典中雖割裂失次尚屬完書據淳風注于尚書推定閏條自言其解釋

之例則知發端于此又如論語千乘之國周官蓋弓字曲竝用開方之術詳于前而略于後循其義例以各經之敍推之其舊第尙可以考見謹依唐藝文志所載之數釐爲上下二卷其中採摭經史多唐以前舊本如引司馬彪志序論十二律各統一月當月者各自爲宮今本後漢志統訛作終月訛作日革木之聲今志訛作草木陽下生陰陰下生陽始于黃鍾終于仲吕今志脫始于黃鍾四字律爲寸于準爲尺律爲分于準爲寸下文承準寸言不盈者十之所得爲分今志脫律爲分于準爲寸二句禮記義疏引志脫誤亦然又兩引上生不得過黃鍾之濁下生不得不及黃鍾之淸申之曰是則上生不得過九寸下生不得減四寸五分與蔡邕月令章句謂黃鍾少宮管長四寸五分者合且足證中央土律中黃鍾之宮乃黃鍾淸律不得溷同于仲冬月律中黃鍾爲最長之濁律吕氏春秋先製黃鍾之宮次製十有二筒亦黃鍾有淸律之證今志作上生不得過黃鍾之淸濁下生不得及黃鍾之數實因淸字訛衍在上後人改竄其

下揆諸律法遂不可通蓋是書不特爲算家所不廢實足以發明經史覈訂疑義于考證之學尤爲有功焉乾隆四十七年五月恭校上

緝古算經

臣等謹案緝古算經一卷唐王孝通撰其結銜稱通直郎太史丞其始末未詳惟舊唐書律歷志戊寅歷條下有武德九年校歷人算歷博士臣王孝通題蓋即其人也是書一名緝古算術唐書藝文志崇文總目俱稱李淳風注今案此本卷首實題孝通撰并注則唐志及總目爲誤又宋志作一卷唐志鄭樵藝文略俱作四卷王應麟玉海謂今亡其三案孝通原表稱二十術檢勘書內條目相同並無缺佚不知應麟何所據而云然也書中大旨以九章商功篇有平地役功受袤之術其於上寬下狹前高後卑闕而不論世人多不達其理因於平地明其法中間每以人戶道里大小遠近及材物之輕重工作之時日乘除進退參伍以得其法頗不以深淺爲次第故讀者或不能驟通而卒篇以後由源

竟委端緒足尋洵爲思極毫芒曲盡事理唐代明算立學習此書者以三年爲限亦知其術之精妙非旦夕所克竟其義矣其書世罕流播此乃宋元豐七年祕書監趙彥若等校定刊行舊本常熟毛扆得之章邱李氏而影鈔傳之者今詳加勘正其文間有脫闕不敢妄補謹撮取其義別加圖說附諸本文之左以便觀覽云乾隆四十七年十月恭校上

數學九章

臣等謹案數學九章十八卷宋秦九韶撰九韶始末未詳惟據原序自稱其籍曰魯郡然序題淳祐七年魯郡已久入於元九韶蓋述其祖貫未詳實爲何許人也是書分爲九類一曰大衍以奇零求總數爲九類之綱二曰天時以步氣朔晷影及五星伏見三曰田域以推方圓冪積四曰測望以推高深廣遠五曰賦役以均租稅力役六曰錢穀以權輕重出入七曰營建以度土功八曰軍旅以定行陣九曰市易以治交易雖以九章爲名而與古九章門目迥別蓋古法

設其術九韶則別其用耳宋代諸儒尚虛談而薄實用數雖聖門六藝之一亦
鄙之不言即有談數學者亦不過推演河洛之奇偶於人事無關故樂屢爭而
不決歷亦每變而愈舛豈非算術不明惟憑臆斷之故歟數百年中惟沈括究
心是事而自夢溪筆談以外未有成書九韶當宋末造獨崛起而明絶學其中
如大衍類蓍卦發微欲以新術改周易揲蓍之法殊乖古義古歷會稽題數既
誤且爲設問以明大衍之理初不計前後多少之歷過尤非實據天時類綴術
推星本非方程法而術曰方程復於草中多設一數以合方程行列更爲牽合
所載皆平氣平朔凡晷影長短五星遲疾皆設數加減不過得其大槩較今之
定氣定朔用三角形推算者亦爲未密然自秦漢以來成法相傳未有言其立
法之意者惟此書大衍術中所載立天元一法能舉立法之意而言之其用雖
僅一端而以零數推總數足以盡奇偶和較之變至爲精妙苟得其意而用之
凡諸法所不能得者皆隨所用而無不通後元郭守敬用之於弧矢李冶用之

於句股方圓歐邏巴新法易其名曰借根方用之於九章八線其源實開自九
韶亦可云有功於算術者矣至於田域測望賦役錢穀營建軍旅市易七類皆
擴充古法取事命題雖條目紛紜曲折往復不免瑕瑜互見而其精確者居多
今即永樂大典所載於其誤者正之疎者辨之顛倒者次序之各加案語於下
庶得失不掩俾算家有所稽考焉乾隆四十九年十月恭校上

測圓海鏡

臣等謹案測圓海鏡十二卷元李冶撰冶字鏡齋欒城人金末登進士入元官
翰林學士事蹟具元史本傳其書以句股容圓爲題自圓心圓外縱橫取之得
大小十五形皆無奇零次列識別雜記數百條以窮其理次設問一百七十則
以盡其用探賾索隱參伍錯綜雖習其法者不能驟解而其草多言立天元一
案立天元一法見於宋秦九韶九章大衍術中厥後授時草及四元玉鑑等書
皆屢見之而此書言之獨詳其法關乎數學者甚大然自元以來疇人皆株守

立成習而不察至明遂無知其法者故唐順之與顧應祥書稱立天元一漫不省爲何語顧應祥演是書爲分類釋術其自序亦云立天元一無下手之術則是書雖存而其傳已泯矣明萬歷中利瑪竇與徐光啟李之藻等譯爲同文算指諸書於古九章皆有辨訂獨於立天元一法闕而不言徐光啟於句股義序中引此書又謂欲說其義而未遑是此書已爲利瑪竇所見而猶未得其解也迨我 國朝醲化翔洽梯航鱗萃歐邏巴人始以借根方法進 呈 聖祖仁皇帝授 蒙養齋諸臣習之梅瑴成乃悟即古立天元一法於赤水遺珍中詳解之且載西名阿爾熱巴拉（案原本作阿爾熱巴達謹據西洋借根法改正）即華言東來法知即冶之遺書流入西域又轉而還入中原也今用以勘驗西法一一脗合瑴成所說信而有徵特錄存之以爲算法之祕鑰且以見中法西法互發益明無容設畛域之見焉乾隆四十七年四月恭校上

測圓海鏡分類釋術

臣等謹案測圓海鏡分類釋術十卷元翰林學士李冶撰測圓海鏡明刑部尚書顧應祥分類釋術冶書前列句股總圖以天地日月山川旦夕朱靑泛泉等字及四方五行八卦之名於圖線之交詳爲標識又於交處所成各形以通邊黃廣大差小差高平皇極太虛惠等諸字記其句股弦之名用以統馭大形小形長線短線以運用和較使不相淆蓋本古句股之術而通變其法益巧捷後應祥於唐順之家得其書以其每條細草俱經立天元一猝不得其端緒乃除去細草專演算法又以所立名類芟節繁文條分縷析使綱目分明秩然有序於冶書實有發明非明人好逞私臆竄亂舊文者比也冶字仁卿欒城人所著敬齋古今黈已從永樂大典中裒輯刊行應祥字惟賢長興人弘治中進士著述甚富亦博雅之士云乾隆四十七年十月恭校上

益古演段

臣等謹案益古演段三卷元李冶撰據至元壬午硯堅序稱冶測圓海鏡既已

刻梓其親舊省掾李師徵復命其弟師珪請冶是編刊行是書在測圓海鏡之後矣其曰益古演段者蓋當時某氏算書案冶序但稱近世有某是冶已不知作者名氏以方圓周徑冪積和較相求定爲諸法名益古集冶以爲其蘊猶匿而未發因爲之移補條目釐定圖式演爲六十四題以闡明奧義故踵其原名其中有草有條段有圖有義草即古立天元一法條段即方田少廣等法圖則繪其加減開方之理義則隨圖解之蓋測圓海鏡以立天元一法爲根此書即設爲問答爲初學明是法之意也所列諸法文皆淺顯蓋此法雖爲諸法之根然神明變化不可端倪學者驟欲通之茫無門徑之可入惟因方圓冪積以明之其理猶屬易見故冶于方圓相求各題下皆以此法步之爲草俾學者得以易入自序稱今之爲算者未必有劉李之工而褊心跼見不肯曉然示人惟務隱互錯糅故爲溟涬黯黮惟恐學者得窺其彷彿云云可以見其著書之旨矣至其條段圖義觸類雜陳則又以必習於諸法而後可以通此法故取以互相發也其書世無傳本顧

應祥唐順之等見測圓海鏡而不解立天元一法遂謂祕其機以爲奇則明之中葉業已散佚今檢永樂大典尚載有全編特錄存之俾復見於世以爲算家之圭臬永樂大典所載不分卷數硯堅序稱三卷今約略篇頁仍釐爲三卷其傳寫訛謬者各以本法推之咸爲校正焉乾隆四十六年十一月恭校上

弧矢算術

臣等謹案弧矢算術一卷明顧應祥撰應祥有人代紀要已著錄弧矢之法始於元郭守敬授時歷草其有弧背求矢草立天元一爲矢云云反覆求之祇得三乘方積數及廉隅縱數而止不載開方算式大抵開諸乘方法尚爲當時疇人所習抑或別有專書皆不可知其弦矢相求及弧容直闊諸法皆以句股法御之明唐順之謂爲步日躔月離源頭作弧矢論以示顧應祥應祥遂演爲是書名其編曰弧矢算術應祥未明立天元一法故置之不論惟補其開帶縱三乘方之式並詳各弦矢相求之法與測圓海鏡分類釋術之作相同亦專備其

數使學者可考而已乾隆四十七年十月恭校上

同文算指前編

臣等謹案同文算指前編二卷通編八卷明李之藻演利瑪竇所譯之書也前編言筆算定位加減乘除之式及約分通分之法通編以西術論九章案九章乃周禮之遺法其用各殊爲後世言數者所不能易西法惟開方句股各有專術餘皆以三率御之若方田粟布差分商功均輸五章本可以三率御之至於盈朒以御隱雜互見方程以御錯糅正負則三率不可御矣蓋中法西法固各有所長莫能相掩也是書欲以西法易九章其論三率比例視中土所傳方田粟布差分諸術實爲詳悉至盈朒方程二術則皆仍舊法少廣略而未備然中土算書自元以來散失尤甚未有能起而蒐輯之者利氏獨不憚其煩積日累月取諸法而合訂是編亦可以爲算家考古之資矣乾隆四十七年十一月恭校上

幾何原本

臣等謹案幾何原本六卷西洋歐几里得撰利瑪竇譯而徐光啓所筆受也歐几里得未詳何時人據利瑪竇序云中古聞士其原書十三卷五百餘題利瑪竇之師丁氏爲之集解又續補二卷于後共爲十五卷今止六卷者徐光啓自序云譯受是書此其最要者也其書每卷有界說有公論有設題界說者先取所用名目解說之公論者舉其不可疑之理設題則據所欲言之理次第設之先其易者次其難者由淺而深由簡而繁推之至于無以復加而後已又每題有法有解有論有系法言題用解述題意論則發明其所以然之理系則又有旁通者焉卷一論三角形卷二論線卷三論圓卷四論圓內外形卷五卷六俱論比例其如三角方圓邊線面積體積比例變化相生之義無不曲折盡顯纖微畢露光啓序稱其窮方圓平直之情盡規矩準繩之用非虛語也且此爲歐邏巴算學專書利瑪竇序云前作後述不絕于世至歐几里得而爲是書蓋亦

集諸家之成故自始至終毫無疵纇加以光啟反覆推闡其文句尤爲明顯以是弁冕西術不爲過矣乾隆四十七年十一月恭校上

御製數理精蘊

臣等謹案數理精蘊五十三卷　聖祖仁皇帝御製乃律歷淵源中第三部也上編五卷曰立綱明體其別有六曰數理本原曰河圖曰洛書曰周髀經解曰幾何原本曰算法原本下編四十卷曰分條致用其別有五曰首部曰線部曰面部曰體部曰末部又表八卷其別有四曰八線表曰對數闡微表曰對數表曰八線對數表于凡度量權衡加減乘除諸法正轉合率和較諸比例盈朒借衰疊借平方句股割圓三角邊線諸算俱有圖有解必精必詳洵爲萬古推測家之範圍矣乾隆四十七年十一月恭校上

幾何論約

臣等謹案幾何論約七卷　國朝杜知耕撰知耕字臨甫號伯瞿柘城人是編

取利瑪竇與徐光啟所譯幾何原本復加删削故名曰約考光啟於幾何原本之首冠以雜議數條有云此書有四不必不必疑不必揣不必試不必改有四不可得欲說之不可得欲駁之不可得欲減之不可得欲前後更置之不可得知耕乃刋削其文似乎蹈光啟之所戒然讀古人書者往往各有所會心當其獨契不必喻諸人人併不必印諸著書之人幾何原本十五卷光啟取其六卷歐几里得以絕世之藝傳其國遞授之祕法其果有九卷之冗贅待光啟去取乎亦各取其所欲取而已知耕之取所欲取不足異也梅文鼎算術造微而所著幾何摘要亦有所去取於其間且稱知耕是書足以相證則是書之删繁舉要必非漫然矣乾隆四十七年十一月恭校上

數學鑰

臣等謹案數學鑰六卷 國朝杜知耕撰其書列古方田粟布衰分少廣商功均輸盈朒方程句股九章取今線面體三部之法隸之載其圖解並摘其要語

以爲之注與方中通所撰數度衍用今法以合九章者體例相同而每章設例必標其凡于章首每問答有所旁通者必附其術于條下所引證之文必著其所出蒐輯尤詳梅文鼎勿菴歷算書記曰近代作者如李長茂之算海詳說亦有發明然不能具九章惟方位伯數度衍于九章之外蒐羅甚富杜端伯數學鑰圖注九章頗中肯綮可爲算家程式其說固不誣矣世有二本其一爲妄人竄亂殊失本眞此本猶當日初刊今據以校正以復知耕之舊焉乾隆四十七年十一月恭校上

數度衍

臣等謹案數度衍二十四卷　國朝方中通撰中通字位伯桐城人明檢討以智之子也以智博極羣書兼通算數中通承其家學著爲是書有數原律衍幾何約珠算筆算籌算尺算諸法復條列古九章名目引　御製數理精蘊法推闡其義其幾何約本前明徐光啟譯本其珠算倣程大位算法統宗筆算尺算

採同文算指及新法算書惟數原律衍未明所自大抵裒輯諸家之長而增減潤色勒爲一編者也其尺算之術梅文鼎謂其三尺交加取數故祇能用平分一線其比例規解之本法惜僅見其弟中履但稱中通得舊法於豫章而不知其法何如竟未獲與中通深論又稱見嘉興陳藎謨尺算用法一卷亦祇平分一線豈中通所據之法與藎謨同出一源與蓋不可考矣乾隆四十七年十月恭校上

句股引蒙

臣等謹案句股引蒙五卷　國朝陳訏撰訏字言揚海寧人由貢生官淳安縣教諭是書成于康熙六十一年壬寅首載加減乘除之法雜引諸書如加法則從同文算指列位自左而右減法則從梅文鼎筆算列位自上而下易横爲直乘法則用程大位算法統宗鋪地錦法畫格爲界除法則用梅文鼎籌算直書列位至定位則又用西人横書之式蓋兼採諸法故例不畫一至開帶縱平方

但列較數而不列和數開帶縱立方但列帶一縱而不列帶兩縱相同及帶兩縱不同皆爲未備然算法精微猝不易得其門徑此書由淺入深循途開示于初學亦不爲無功觀其名以引蒙宗旨可見錄存其說亦足爲發軔之津梁也原本不分卷數今略以類從以算法爲一卷開方爲一卷句股爲一卷三角爲一卷正餘弦切割表爲一卷乾隆四十七年九月恭校上

句股矩測解原

臣等謹案句股矩測解原二卷　國朝黃百家撰百家有體獨私鈔已著錄是書言句股測望並詳繪矩度之形與徐光啓天學初函熊三拔矩度表說大概相同而此書專明一義其說尤詳考句股測望自古有之其法或用方矩或立矩表或用重矩引繩入表以測高深廣遠所不能至者總以近者小者與遠者大者相準世傳劉徽海島算經即此法也　本朝　御製割圜八線表出又儀器制作悉備始有三角形測量蓋測量用三角度低昂甚便步算檢表數密而

功省雖其理與句股無殊而徑捷簡易則不可同日而論矣然必儀與表兼備而後其術可施苟缺其一即精於是術者無從措手故句股之法亦不廢也是書雖僅具古法亦足備測量之資焉乾隆四十七年十月恭校上

少廣補遺

臣等謹案少廣補遺一卷　國朝陳世仁撰世仁海寧人康熙乙未進士其書以一面尖堆及方底三角底六角底尖堆各半堆等題分爲十二法後有抽奇抽偶諸目蓋堆垛之法也案堆垛乃少廣中之一術與尖錐體臺體相似而實不同蓋尖錐體臺體外平而中實堆垛爲衆體所積面有崚嶒中多空隙故二法相較煩簡頓殊古少廣中僅具以邊數層數求積數法亦未有解其故者至以積求邊數層數之法則未備焉又其爲用甚少故算家率略而不詳世仁有見於此專取堆垛諸形反覆相求各立一法雖圖說未具不能使學者窺其立法之意而於少廣之遺法引伸觸類實於數學有裨不可以其一隅而少之也

乾隆四十七年十月恭校上

莊氏算學

臣等謹案莊氏算學八卷　國朝莊亨陽撰亨陽字元仲南靖人康熙戊戌進士官至淮徐道是編乃其自部曹出董河防於高深測量之宜隨事推究設問答以窮其變因筆之于書其後人取殘稿裒輯成帙中間大旨皆遵　御製數理精蘊而參以幾何原本梅氏全書分條採摘各加剖晰頗稱明顯末爲七政步法亦本之新法算書而節取其要其于推步之法條目賅廣縷列星羅無不各有端緒恭案　御製數理精蘊線面體三部凡三十餘卷幾何原本五卷梅氏全書卷帙亦爲浩博學算者非出自專門不能驟窺蹊徑今亨陽撮舉精要別加薈萃簡而不漏括而不支可爲入門之津筏雖未能大有所發明而以爲學者啓蒙之資則殊有裨益矣乾隆四十七年十月恭校上

九章錄要

臣等謹案九章錄要十二卷　國朝屠文漪撰文漪字蒓洲松江人其書因古九章之術參以今法與杜知耕所著數學鑰體例相似而互有詳略疎密知耕詳于方田文漪則詳于句股知耕論少廣備及形體文漪推少廣則研及廉隅之辨知耕參以西法每于設問之下附著其理文漪則采錄梅文鼎諸書推闡以盡其用大致皆綴集今古之法以成書而取舍各異合而視之亦可以互相發也是書有借徵一條即借衰疊徵之術為知耕之所未及考其所載雖未極精密然于借數之巧固已得其大端矣乾隆四十七年十月恭校上

欽定四庫全書提要卷六十

子部十二

術數類一

太玄經

臣等謹案太玄經十卷漢揚雄撰晉范望注漢書藝文志稱揚雄所序三十八卷太玄十九其本傳則稱太玄三方九州二十七部八十一家二百四十三表七百二十九贊分爲三卷曰一二三與太初歷相應又稱有首衝錯測攡瑩數文棿圖告十一篇皆以解剝玄體離散其文章句尚不存焉與藝文志十九篇之說已相違異桓譚新論則稱太玄經三篇傳十二篇合之乃十五篇較本傳又多一篇案阮孝緒稱太玄經九卷雄自作章句隋志亦載雄太玄經章句九卷疑漢志所云十九篇乃合其章句言之今章句已佚故篇數有異至桓譚新論則世無傳本惟諸書遞相援引或訛十一爲十二耳以今本校之其篇名篇

數一一與本傳皆合固未嘗有所脱佚也注其書者自漢以來惟宋衷陸績最
著至晉范望乃因二家之注勒爲一編雄書本擬易而作以家準卦以首準彖
以贊準爻以測準象以文準文言以攡瑩棿圖告準繫辭以數準説卦以衝準
序卦以錯準雜卦全仿周易古本經傳各自爲篇望作注時析玄首一篇分冠
八十一家之前析玄測一篇分繫七百二十九贊之下始變其舊至今仍之其
書唐藝文志作十二卷文獻通考則作十卷均名曰太玄經注此本十卷與通
考合而卷端標題則稱晉范望字叔明解贊考玄測第一條下有附注曰此是
宋陸二家所注即非范望注也蓋范望採此注意自解經贊儒有近習罔知本
末妄將此注升於測曰之上以雜范注混亂義訓今依范望正本移于測曰之
下免誤學者已下七百二十九測注並同云云考望自序亦稱因陸君爲本録
宋所長捐其所短并首一卷本經之上散測一卷注文之中訓理其義以測爲
據然則望所自注特其贊辭其他文則酌取二家之舊故獨以解贊爲文今槩

稱望注要其終而目之耳乾隆四十七年十月恭校上

太玄本旨

臣等謹案太玄本旨九卷明葉子奇撰子奇字世杰號靜齋龍泉人明初以薦官巴陵主簿所著草木子已別著錄雜家類中此其所作太玄經義疏也揚雄以玄擬易說者謂仿焦京卦氣而作故向來解是書者多準歷義研尋如晁說之易玄星紀譜至以星候爲之機括子奇獨謂太玄附會律歷節候而强其合不無臆見歷舉所求而未通者八條以明未足盡易之旨而又稱其能自成一家之學在兩漢不可多得因復爲之註釋大義以正宋陸舊註之舛失蓋亦如說易家之不主象數而專言義理者然太玄大意本有取乎陰陽消息而贊辭所斷吉凶亦皆據人事得失爲言不盡涉乎飛伏互應之說則雄之學原與焦京有別子奇又爲曲折推闡傅合義理使之粹然一出於正於太玄亦不爲無功自漢以後註此書者毋慮五十餘家今惟司馬光集註通行餘多亡佚至明

代而談玄者更寥寂無聞子奇獨好而爲之註擬之蒙莊殆亦王雱林希逸之

流亞歟乾隆四十七年八月恭校上

元包經傳

臣等謹案元包經傳五卷附元包數總義二卷北周衞元嵩撰唐蘇源明傳李

江注宋韋漢卿釋音其總義二卷則張行成所補撰也楊楫嘗序其書云元嵩

益州成都人明陰陽歷算獻策後周賜爵持節蜀郡公胡應麟四部正譌則云

元嵩後周人所撰述有齊三教論七卷見鄭樵通志又隋志釋氏類稱蜀郡沙

門衞元嵩上書言僧徒猥濫周武帝下詔一切廢毀即其人也崇文總目以爲

唐人通志通考並因之疎舛殊甚唐釋道宣廣宏明集載元嵩始末深有詆訶

蓋以澄汰僧徒故緇流積恨然溫大雅創業起居注載元嵩造作謠讖裴寂等

引之以勸進則亦妖妄之徒也是書體例近太玄序次則用歸藏首坤而繼以

乾兌艮離坎巽震卦凡七變合本卦共成八八六十四自繫以辭文多詰屈又

好用僻字難以猝讀及究其傳注音釋乃別無奧義以艱深而文淺易不過效太玄之顰宋紹興中臨邛張行成以蘇李二氏徒言其理未知其數復徧采易說以通其旨著爲總義元嵩書唐志作十卷今本五卷其或併或佚蓋不可考矣乾隆四十七年十月恭校上

潛虛

臣等謹案潛虛一卷附潛虛發微論一卷宋司馬光撰光有書儀諸書已著錄是編乃擬太玄而作晁公武讀書志曰此書以五行爲本五行相乘爲二十五兩之爲五十首有氣體性名行變解七圖然其辭有闕者蓋未成也其手寫草稿一通今在子建姪房朱子跋張氏潛虛圖亦曰范仲彪炳文家多藏司馬文正公遺墨嘗示予潛虛別本則其所闕之文甚多問之云溫公晚著此書未竟而薨故所傳止此近見泉州所刻乃無一字之闕始復驚疑讀至數行乃釋然曰此贋本也其說與公武合此本首尾完具當即朱子所謂泉州本非光之舊

林希逸嘗作㵎虚精語一卷今尚載鬳齋十一稿中凡所存者皆闕本之語而續者不載尚可略見大槩然於闕本中亦不全取究無以知某條爲贋本蓋世無原書久矣姑以原出於光而存之耳張敦實論凡十篇附刻於後敦實婺源人官左朝奉郎監察御史其始末未詳考太玄經末有右廸功郎充浙江提舉鹽茶司幹辦公事張實校勘字疑即一人或南宋避寧宗諱重刻太玄經時删去敦字歟是不可得而詳矣乾隆四十七年十月恭校上

皇極經世書

臣等謹案皇極經世書十四卷宋邵雍撰邵子數學本於李挺之穆修而其源出於陳摶當李挺之初見邵子於百泉即授以義理性命之學其作皇極經世蓋出於物理之學所謂易外别傳者是也其書以元經會以會經運以運經世起於帝堯甲辰至後周顯德六年己未而興亡治亂之蹟皆以卦象推之朱子謂皇極是推步之書可謂能得其要領朱子又嘗謂自易以後無人做得一物

如此整齊包括得盡又謂康節易看了卻看別人的不得而張峄亦謂此書本以天道質以人事辭約而義廣天下之能事畢矣蓋自邵子始爲此學其後自張行成祝泌等數家以外能明其理者甚鮮故世人卒莫窮其作用之所以然其起而議之者則曰元會運世之分無所依據十二萬九千餘年之說近於釋氏之劫數水火土石本於釋氏之地水火風且五行何以去金去木乾在易爲天而經世爲日兑在易爲澤而經世爲月以至離之爲星震之爲辰坤之爲水艮之爲火坎之爲土巽之爲石其取象多不與易相同俱難免於牽强不合然邵子在當日用以占驗無不奇中故歷代皆重其書且其自述大旨亦不專於象數如云天下之事始過於重猶卒於輕始過於厚猶卒於薄又云學以人事爲大又云治生於亂亂生於治聖人貴未然之防是謂易之大綱又云天下將治則人必尚義也天下將亂則人必尚利也尚義則謙讓之風行焉尚利則攘奪之風行焉類皆立義正大垂訓深切是經世一書雖明天道而實責成於人

事洵粹然儒者之言固非讖緯術數家所可同年而語也乾隆四十七年五月

恭校上

皇極經世索隱

臣等謹案皇極經世索隱二卷宋張行成撰行成字文饒一作子饒臨邛人始末不甚可考其所進者易說七種表稱自成都府路提轄司幹辦公事匄祠而歸玉海稱乾道二年六月以行成進易可採除直徽猷閣汪應辰玉山集有論鄧深按知潼川府張行成狀殆由直閣出守歟此編即所進七書之一朱彝尊經義考注云未見今見永樂大典中者别載序文總要及機要二圖而所解觀物諸篇乃散綴於邵伯溫解各段之下蓋割裂分附殊失其舊今摘錄敘次以還其原第遂復爲完書邵子數學源出陳摶於羲文周孔之易理截然異途故嘗以其術授程子而程子不受朱子亦稱爲易外别傳非專門研究其說者不能得其端緒儒者或引其書以解易或引易以解其書適以相淆不足以相發

明也行成於邵子之學用力頗深以伯溫之解於象數未詳復爲推衍其意義故曰索隱於邵子一家之言亦可謂有所發揮矣宋史藝文志作一卷考行成進書原表自稱二卷宋史顯爲字誤今以原表爲據釐爲二卷云乾隆四十五年十月恭校上

皇極經世觀物外篇衍義

臣等謹案皇極經世觀物外篇衍義九卷宋張行成撰是書專明皇極經世外篇之義亦所進七易之一也皇極經世內篇前四卷推元會運世之序後四卷辨聲音律吕之微外篇則比物引類以發揮其蘊奧行成以內篇理深而數略外篇數詳而理顯學先天者當自外篇始因補缺正誤使其文以類相從而推繹其旨以成是編上三篇皆言數中三篇皆言象下三篇皆言理蓋行成以意更定非復舊第然自明以來刻本率以外篇居前題爲內篇未免舛互失序賴行成此本尚可正俗刻之訛且原書由雜纂而成本無義例行成區分排比使

端緒易尋亦頗有條理雖乾坤闔闢變化無窮行成依據舊圖循文生義於造化自然之妙未必能窺至於邵氏一家之學則可謂心知其意矣魏了翁嘗稱其能得易數之詳而書不盡傳則宋代已不免散佚朱彝尊經義考但載皇極經世索隱而不及此書則沈湮已久惟永樂大典所載尚爲完本今據原目仍釐爲九卷著於錄乾隆四十六年十二月恭校上

易通變

臣等謹案易通變四十卷宋張行成撰亦所進易說七種之一也其說取陳摶至邵子所傳先天卦數等十四圖敷演解釋以通其變故謂之通變案以數言易本自漢儒然孟喜之易言六日七分而已京房之易言飛伏納甲而已費直之易言乘承比應而已至魏伯陽作參同契借易以明丹訣始言甲壬乙癸之方位而易緯是類謀亦謂冬至日在坎春分日在震夏至日在離秋分日在兑易通卦驗又謂乾西北主立冬坎北方主冬至艮東北主立春震東方主春分

巽東南主立夏離南方主夏至坤西南主立秋兌西方主秋分蓋易之支流有此衍說至宋而陳摶作圖由穆修以遞授於邵子始借儒者之力大行於世故南宋之後以數言易者皆以陳邵爲宗乂以陳本道家遂諱言陳而惟稱邵行成於蜀中估籍吏人之家得邵子所傳十四圖因著此書其自序謂康節之學主於交泰既濟二圖而二圖尤以卦氣爲根柢參伍錯綜以求之而運世之否泰人物之盛衰皆莫能外其自許甚高其中如人之五臟亦以易數推之謂當重幾斤幾兩殊爲穿鑿故李心傳譏其牽合祝泌謂其發明處甚多而支蔓處亦多然其說亦自成理自袁樞薛季宣以下雖往往攻之迄不能禁其不傳也此本流傳甚少外間僅有宋刻本及明費宏家鈔本今以永樂大典所載參互勘校錄而存之以備數術之一家是書之名永樂大典作易通變費宏本作皇極經世通變蓋原刻其全書七種此乃其一故有細目而無大名不能據以斷兩本之是非以永樂大典所題在費氏本前當爲舊本今姑據以著錄焉乾隆

四十六年十月恭校上

觀物篇解

臣等謹案觀物篇解五卷附皇極經世解起數訣一卷宋祝泌撰泌字子經鄱陽人自號觀物老人書首署銜稱承直郎充江淮荆浙福建廣南路都大提點坑冶鑄錢司幹辦公事而起數訣内又自署提領所幹辦公事不知其終於何官也案朱彝尊經義考有泌所撰皇極經世鈐十二卷此本題作觀物篇解又止五卷與彝尊所記目次不合而别載泌自序一篇所陳大旨又頗與此本義例相近或一書兩名而後人合併之歟又案泌自序末署端平乙未而起數訣序内題淳祐辛丑上距乙未六年在皇極經世鈐已成之後且今起數訣乃單本别行而觀物篇解第四卷中亦有併以起法用法别載成卷語是當與用法别爲一書而用法已佚即起數訣所存亦僅聲韻一譜已非其舊今姑附入觀物篇解後以存其槩二書世所鈔傳閒有譌脱諸本並同無從訂正今亦姑仍

之云乾隆四十七年九月恭校上

皇極經世書解

臣等謹案皇極經世書解十六卷　國朝王植撰植有四書參註別著錄案皇極經世書邵伯溫以爲共十二卷一至六則元會運世七至十則律呂聲音十一二爲觀物篇趙震又分元會運世之六卷爲三十四篇律呂聲音之四卷爲十六篇性理大全則合内篇十二外篇二共爲六十四篇又謂律呂聲音十六篇共圖三千八百四十明嘉興徐必達所刻邵子全書細目復以元經會分十二會爲十二篇律呂聲音則合有字有聲及無字無聲平上去入各九百六十圖植爲此書則并元會運世爲三卷律呂聲音爲一卷内篇外篇共爲卷者十而又標蔡元定原纂圖十及所補錄圖五新附圖三于卷首其于舊本多所釐正如午會之六世之巳書秦奪宣太后權黄畿註未錄入此補錄之聲音篇之配以卦黄畿以爲出于祝氏鈐此一切芟汰之又廣引諸家之說以相發明其

考究頗爲勤摯邵子之數朱子以爲易外別傳然有此一家之學亦不可磨滅于天地之間植之所說雖未必盡得本旨而自朱子以來註是書者不過數家存之亦足資考證也乾隆四十七年九月恭校上

易學

臣等謹案易學一卷宋王湜撰是書宋志不著其名見晁公武讀書志馬端臨文獻通考皆未言湜爲何許人張世南游宦紀聞稱原節先生皇極經世其學無傳此外有所謂太乙數渡江後有北客同州免解進士王湜潛心是書作太乙肘後備檢三卷爲陰陽二遁繪圖一百四十有四上自帝堯以來至紹興六年丙辰云云是南宋初人矣今太乙肘後備檢未見傳本此書則通志堂經解刊之書中首論太極兩儀四象八卦而以夜半日中心腎升降之氣明之又有取於莊子肅肅出乎天赫赫發乎地之語似頗近於道家之說然自序稱於陳摶穆修李之才劉牧之書兼而思之則固以數言易者也其論先天之圖謂希

夷而前莫知其所自來其時距邵子未遠而其言如是可以知傳自伏羲遭秦焚書流于方外之說出於後儒之附會其末爲皇極經世節要自序有云康節遺書或得於家之草稾或得於外之傳聞間有訛謬于是決擇是非以成此書示讀皇極者以門戶然則後人謂經世之書盡出於邵子者不若湜之所記爲得其實矣乾隆四十七年十一月恭校上

洪範皇極內外篇

臣等謹案洪範皇極內外篇五卷宋蔡沈撰沈父元定究心洪範之數未及論著嘗曰成吾書者沈也沈反覆數十年然後成書分內外篇而釋數之辭尚未備故各條之下有但標數曰二字而無其文者永樂大典及性理大全皆作洪範內篇惟熊宗立注本以論三篇爲內篇數八十一章爲外篇考是書數八十一章擬易六十四卦當爲內篇論三篇擬易繫辭說卦等傳當爲外篇今各本皆以論三篇列於前而八十一章列於後倫序頗爲不協疑性理大全與永樂

大典同時纂輯所據同一誤本未及詳考歟明余深著洪範疇解曹溶稱爲釋
蔡氏内篇疇即八十一章之數也程宗舜作洪範内篇釋其自序曰釋八十一
章之數亦不指三篇之論韓邦奇引論中象以偶爲用數語作洪範傳傳以別
於經即外篇矣意其時必有流傳善本與永樂間書局所據不同故諸家之言
如此其訛似無可疑然余深等所據之本今不復見未敢輕改古書姑仍其舊
第編之又考王應麟玉海載此書名洪範數王圻續通考作洪範皇極内外篇
朱彝尊經義考作洪範内外篇今詳考其書當以續通考所名爲是續通考不
載卷數經義考作七卷今以類相從編爲五卷考洛書之名見於易不見於書
洪範之文以明理非以明數其事絶不相謀後人以乾鑿度太乙行九宫法指
爲洛書案史記日者列傳所載占日七家太乙家居其一漢書載太乙諸術亦
列於五行家明爲方技之説事不出於經義矣盧辯注大戴禮記明堂篇始附
合於龜文案盧辯北齊人其説最爲晚出朱子引此注以證龜書指爲鄭康成

撰朱子博極羣書豈不知康成未註大戴禮記特欲申龜文之說別無古證是不得不移之鄭康成耳至宋而圖書之說大興遂以爲洪範確屬洛書洛書確屬龜文龜文確爲戴九履一等九數而聖人敍彝倫之書變爲術家談奇偶之書矣沈作是書附會劉歆河圖洛書相爲表裏八卦九章相爲經緯之說借書之文以擬易之貌以九九演爲八十一疇仿易卦八八變六十四之例也取月令節氣分配八十一疇陰用孟喜解易卦氣值日之術也其揲蓍以三爲綱積數爲六千五百六十一陰用焦贛六十四卦各變六十四卦之法也大意以太玄元包潛虛既已擬易不足以見新奇故變幻其說歸之洪範實則朝三暮四朝四暮三同一僭經而已矣此在術數之家已爲重儓之重儓本不足道以自沈以後又開演範之一派支離轇轕踵而爲之者頗多既有其末不可不著其本故錄而存之而別錄於術數類明非說經之正軌儒者之本務也乾隆四十六年十二月恭校上

臣等謹案天原發微五卷宋鮑雲龍撰雲龍字景翔歙縣人景祐中鄉貢進士入元不仕食貧力學以秦漢以來言天者或拘於數術或淪於空虛致天人之故鬱而不明因取易中諸大節目博考詳究先列諸儒之說於前而以己見辨難其下擬易大傳天數二十有五立目二十五篇曰太極以明道體曰動靜以明用本於體曰辨方言一歲運行必胎坎位曰玄渾言萬物終始總攝天行曰分二言動靜初分曰衍五言陰陽再分曰觀象言四象生兩儀之故曰太陽曰太陰曰少陽曰少陰以日月星辰分配用邵子之說與大傳旨異曰天樞言北辰曰歲會言十二次曰司氣言七十二候曰卦氣言焦京學爲太玄所出曰盈縮言置閏曰象數言圖書曰先後言先後天曰左右言左旋右旋曰二中言五六爲天地中曰陽復言復爲天心曰數原言萬變不出一理曰鬼神言後世所謂鬼神多非其正曰變化言天有天之變化人有人之變化而以朱子主敬之

說終之深有見於天人合一之理雖其中或泛濫象數多取揚雄舊說不免稍近於雜而要其貫串通達條縷分明精蠱内外無不該貫實說易家之綱領固未可以小疵掩其大醇也元元貞間鄭昭祖刋行其書方回戴表元皆有序至於明初其族人鮑寧本趙汸之說附入辨正百餘條剖析異同多所推闡又作篇目名義及採雲龍與方回問答之語爲節要一卷冠之於首蓋亦能發明雲龍之學者然於原文頗有所删改非復元貞刋本之舊矣乾隆四十七年四月恭校上

大衍索隱

臣等謹案大衍索隱三卷宋丁易東撰易東武陵人宋末登進士第官至朝奉大夫太府寺簿兼樞密院編修官入元不仕築精舍教授生徒嘗授沅陽書院山長是書專明大衍之數臚採先儒緒論而以己意斷之王宏撰山志曰丁氏萃五十七家之說爲稽衍又自爲原衍翼衍據易東自序云既成原衍翼衍二

書復爲稽衍則王氏未見原本也其書篇第蓋自大衍之數五十其用四十九以下三十六圖爲原衍自河圖五十以下二十九圖爲翼衍自乾鑿度以下列諸家之說而系以論斷者爲稽衍凡三卷卷各有序永樂大典既脱去目録及原衍之序又訛翼衍爲翼行而錯稽衍篇題于翼衍内前後至爲紊雜朱彝尊經義考則誤以原衍序爲全書自序而世所傳别本又全佚去稽衍一篇蓋流傳既稀益滋譌謬幸别本所載原目尚有全文謹據永樂大典補足稽衍一卷其次序之淩亂者則據原目釐正仍爲完帙焉乾隆四十六年四月恭校上

易象圖説

臣等謹案易象圖説内篇三卷外篇三卷元張理撰理有大易象數鉤深圖已著録是書内篇凡三曰本圖書曰原卦畫曰明蓍策外篇亦三曰象數曰卦爻曰度數其于元會運世之升降歲時寒暑之進退日月行度之盈縮以及治亂之所以倚伏理欲之所以消長先王制禮作樂畫井封疆一切推本于圖書蓋

與張行成易通變相類皆皇極經世之支流也圖書之學王湜以爲自陳摶以前莫知所自來而說者則謂爲祕于道家至摶乃顯此書引參同契巽辛見平明十五乾體就云云以明圓圖引朔旦爲復陽氣始通姤始紀緒履霜最先云云以明方圖其說頗相脗合意所謂遭秦焚書此圖流于方外者即影附此類歟黃虞稷謂鄧錡大易圖說與理此書俱爲道藏所錄今以白雲霽道藏目錄考之實在洞眞部靈圖類靈字號中則其說出道家可知矣乾隆四十七年十一月恭校上

三易洞璣

臣等謹案三易洞璣十六卷明黃道周撰道周有易象正已著錄是編蓋約天文歷數歸之於易其曰三易者謂伏羲之易文王之易孔子之易也曰洞璣者璣衡測天之器謂以易測天毫忽不爽也其自述曰夫子有言書不盡言言不盡意凡易之言語文字僅修辭尚玩之一端即焦京管郭幽發微中取驗不過

一時揲扐不過數策聖人之不爲此鑽仰亦已明矣舍此二條夫子所謂三極並立窮變極賾範圍曲成與天地相似者果爲何物蓋天地人之象數皆具於物布而爲歷次而爲律統而爲易去其圖著別其虛實以爲春秋詩又以孟子所言千歲之日至九百興王爲七十二相承之歷故是書之作意欲網羅古今囊括三才盡入其中雖其失者時時流於禨祥入於駁雜然易道廣大不泥於數而亦不離於數不滯於一端而亦不遺於一端縱横推之各有其理唐李鼎祚云鄭多參天象王全釋人事天道難明人事易習易之爲道豈偏滯於天人哉故道周此書乍觀似屬創獲推其源流各有端緒史稱其歿後家人得其小册自推終於丙戌年六十二則其於藏往知來之道蓋非徒託空言者然旁見側出究自爲一家之學以爲經之正義則不可退而列諸術數從其類也乾隆四十七年十一月恭校上

臣等謹案靈臺祕苑十五卷北周太史中大夫新野庾季才原撰而宋人所重修也季才之書見於隋志者一百十五卷周書本傳又作一百十卷此爲北宋時奉敕刪訂之本祇存十五卷錢曾讀書敏求記載有是書之目稱其考核精確非聊爾成書者朱彝尊跋則謂季才完書必多奥義諸人芟削僅摘十一若作酒醴去其漿而糟醨在矣今觀所輯首以步天歌及圖次釋星驗次分野土圭次風雷雲氣之占次取日月五星三垣列宿逐次詳註大抵頗涉占驗之說不盡可憑又篤信分野次舍以州郡强爲分析亦失之穿鑿附會然其所條列首尾詳貫亦尚能成一家之言宋時司天臺所修各書如乾象新書大宋天文書天經星史等類見于文獻通考者今俱佚弗傳惟蘇頌儀象法要與此本僅存一則詳渾儀測驗之製一則誌日官占候之方雖禨祥小術不足言觀文察變之道顧隋志所載天象諸書今無一存此書既據季才所撰爲藍本則周以前之古帙尚藉以略見大凡存爲考證之資亦無不可也乾隆四十七年十一

月恭校上

唐開元占經

臣等謹案唐開元占經一百二十卷唐瞿曇悉達撰唐藝文志載一百十卷玉海引唐志亦同又注云國史志四卷崇文目三卷此本一百二十卷與諸書所載不符當屬後人分卷之異自一卷天占至一百十卷星圖均占天象自一百十一卷八穀占至一百二十卷龍魚蟲蛇占均占物異或一百十卷以前爲悉達原書故與唐志及玉海卷數相符其後十卷後人以雜占增益之歟卷首標銜悉達曾官太史監事考玉海開元六年詔瞿曇悉達譯九執歷則悉達之爲太史當在開元初卷首又標奉勅撰而奉勅與成書年月皆無可考惟其中載歷代歷法止于唐麟德歷且云李淳風見行麟德歷考唐一行以開元九年奉詔創大衍歷以開元十七年頒下其時麟德歷遂不行此書仍云見行麟德歷知其成于開元十七年以前矣所言占驗之法大抵術家之異學本不足存惟

其中徵引古籍極爲浩博如隋志所稱緯書八十一篇此書尚存其七八尤爲罕覯然則其術可廢其書固有可採也卷首有萬歷丁巳張一熙識語謂是書歷唐訖明約數百年始得之挹元道人鉤沈起滯非偶然已乾隆四十七年九月恭校上

欽定四庫全書提要卷六十

子部十三

術數類二

宅經

臣等謹案宅經二卷舊本題曰黄帝撰案漢志形法家有宫宅地形二十卷則相宅之書較相墓爲古然隋志有宅吉凶論三卷相宅圖八卷舊唐志有五姓宅經二卷皆不云出黄帝是書蓋依託也考書中稱黄帝二宅經及淮南子李淳風吕才等宅經二十有九種則作書之時本不僞稱黄帝特方技之流欲神其説詭題黄帝作耳其法分二十四路考尋休咎以八卦之位向乾坎艮震及辰爲陽巽離坤兑及戌爲陰陽以亥爲首巳爲尾陰以巳爲首亥爲尾而主于陰陽相得頗有義理文辭亦皆雅馴宋史藝文志五行類有相宅經一卷疑即此書在術數之中猶最爲近古者矣乾隆四十七年十一月恭校上

葬書

臣等謹案葬書一卷舊本題晉郭璞撰璞有爾雅注已著錄葬地之說莫知其所自來後漢書袁安傳載安父沒訪求葬地道逢三書生指一處當世爲上公安從之故累世貴盛是其術盛傳于東漢以後其特以是擅名者則璞爲最著考璞本傳載璞從河東郭公受青囊中書九卷遂洞天文五行卜筮之術璞門人趙載嘗竊青囊書爲火所焚不言其嘗著葬書唐志有葬書地脈經一卷葬書五陰一卷又不言爲璞所作惟宋志載有璞葬書一卷是其書自宋始出其後方技之家競相粉飾遂有二十篇之多蔡元定病其蕪雜爲删去十二篇存其八篇吳澄又病蔡氏未盡蘊奥擇至純者爲內篇精麤純駁相半者爲外篇麤駁當去而姑存者爲雜篇新喻劉則章親受之吳氏爲之注釋今此本所分內篇外篇雜篇蓋猶吳氏之舊本至注之出於劉氏與否則不可考矣據宋志本名葬書後來術家尊其說者改名葬經毛晉汲古閣刻本亦承其譌殊爲失

考今仍題舊名以從其朔焉乾隆四十七年十月恭校上

撼龍經

臣等謹案撼龍經一卷疑龍經一卷葬法倒杖一卷舊本題唐楊筠松撰筠松不見于史傳惟陳振孫書錄解題載其名氏宋史藝文志則但稱爲楊救貧亦不詳其始末惟術家相傳以爲筠松名益竇州人掌靈臺地理官至金紫光祿大夫廣明中遇黃巢犯闕竊禁中玉函祕術以逃後往來于處州無稽之談蓋不足盡信也然其書乃爲世所盛傳撼龍經專言山龍落脈形勢分貪狼巨門祿存文曲廉貞武曲破軍左輔右弼九星各爲之說疑龍經上篇言幹中尋枝以關局水口爲主中篇論尋龍到頭看面背朝迎之法下篇論結穴形勢附以疑龍十問以闡明其義葬法則專論點穴有倚蓋撞黏諸說倒杖分十二條即上說而引伸之附二十四砂葬法亦臨穴時分寸毫釐之辨案書錄解題有疑龍經一卷辨龍經一卷云吳炎錄以見遺皆無名氏是此書在宋並不題筠松

所作今本不知何據而云然其撼龍之卽辨龍與否亦無可考證然相傳已久
所論山川之性情形勢頗能得其要領流傳不廢亦有以也舊本有李國木註
併所附各圖庸陋淺俗了無可取今並加刊削不使與本文相溷焉乾隆四十
七年十月恭校上

青囊序　青囊奥語

臣等謹案青囊序一卷青囊奥語一卷青囊奥語舊本題唐楊筠松撰其序則
題筠松弟子曾文辿所作相傳文辿贛水人其父求已先奔江南節制李司空
辟行南康軍事文辿因得筠松之術後傳于陳摶是書卽其所授師說也案趙
希弁讀書後志有青囊本旨一卷云不記撰人演郭璞相墓經陳氏書錄解題
有楊公遺訣曜金歌并三十六圖象一卷注云楊卽筠松也今是書以陰陽順
逆九星化曜辨山水之貴賤吉凶未審與曜金歌爲一爲二惟鄭樵通志藝文
略別載有曾氏青囊子歌一卷又曾楊二家青囊經一卷或卽是書之原名歟

其中多引而不發之語如坤壬乙巨門從頭出一節歷來注家罕能詳其起例至序內二十四山分順逆一條則大旨以木火金水分屬甲丙庚壬乙丁辛癸互起長生如甲木生于亥庫于未乙木生于午庫于戌之類因以亥卯未寅午戌巳酉丑申子辰爲四局反覆衍之得四十八局陽用左旋陰從右轉蓋本之說卦陽順陰逆之例爲地學理氣家之權輿明人僞造之吳公教子書劉秉忠玉尺經蓋即竊其緒餘衍爲圖局逮僧徹瑩作直指元眞專以三元水口隨地可以定向于是談地學者舍形法而言理氣剽竊傅會俱以是編爲口實然不以流派多岐併咎其剏法之始也舊本有注託名劉基李國木復加潤色蕪蔓殊甚又妄據僞玉尺經竄改原文尤爲誕妄今據舊本更正併削去其注以無滋淆惑焉

天玉經

臣等謹案天玉經四卷舊本題唐楊筠松撰考鄭樵通志藝文略陳振孫書錄

解題載楊曾二家書無天玉經之名相傳楊氏師弟祕之不行于世至宋吳見誠遇異人始授以此經其子景鸞乃發明其義然則是書亦至宋始出其爲筠松所撰與否更在影響之閒矣特其流傳稍遠詞旨亦頗有義意故言理氣者至今宗之其眞僞可置勿論也內傳首言江東一卦江西一卦南北八神一卦術者罕通其說近時潘思榘作天玉經箋許淸奇作天玉經注始推繹下文有父母三般卦又有天卦江東掌上尋之語疑所謂江東者即天卦所謂江西者即地卦所謂南北者即父母卦大抵以甲丙庚壬四陽干左旋起長生者爲東卦陽數奇故曰天卦曰八神四一以乙丁辛癸四陰干右旋起長生者爲西卦陰數耦故曰地卦曰八神四二又以山家之坐向爲南北一卦由天地而及人故曰父母卦蓋自神其說故爲隱奥之詞使人惝怳迷離驟不得其指要方技家之譎智往往如斯不獨此書爲然也外篇專言四經五行其以子寅辰乾丙乙爲金午申戌坤壬辛爲木卯巳丑庚艮丁爲水酉亥未巽甲癸爲火又謂之

天空卦亦莫能名其所以然舊有天谷散人注未詳其名詞意尙屬明顯今併錄之以備考證焉乾隆四十七年九月恭校上

靈城精義

臣等謹案靈城精義二卷舊本題南唐何溥撰溥字令通履貫未詳是編上卷論形氣主于山川形勢辨龍辨穴下卷論理氣主於天星卦例生剋吉凶自宋以來諸家書目皆不著錄觀其言宇宙有大關合氣運爲主又言地運有推移而天氣從之天運有轉旋而地氣應之蓋主元運之説者考元運之説以甲子六十年爲一元配以洛書九宫凡歷上中下三元爲一周更歷三周五百四十年爲一運凡爲甲子者九每元六十年爲大運一元之中二十年爲小運以下地氣之旺相休囚如上元甲子一白司運則坎得旺氣震巽得生氣乾兌得退氣離得死氣坤得鬼氣大抵因皇極經世而推演之其法出自明初寧波幕講僧五代時安有是説其非明以前書確矣其注題曰劉基撰前列引用書目凡

二十二種如八式歌之類亦明中葉以後之僞書則出于贋作亦無疑義但就其書而論則所云大地無形看氣槩小地無勢看精神水成形山上止山成形水中止龍爲地氣水爲天氣諸語于彼法之中頗爲近理註文亦發揮條暢勝他書之鄙猶解文義者之所爲術數之書無非依託所言可採卽錄存以備一家眞僞固無庸辨亦不足與辨也乾隆四十七年九月恭校上

催官篇

臣等謹案催官篇二卷宋賴文俊撰文俊字太素處州人嘗官於建陽好相地之術棄職浪遊自號布衣子故世稱曰賴布衣所著有紹興大地八鈐及三十六鈐今俱未見是書分龍穴砂水四篇各爲之歌龍以二十四山分陰陽以震庚亥爲三吉巽辛艮丙兌丁爲六秀而著其變換受穴吉凶之應穴仍以龍爲主而受氣有挨左挨右之異砂水二篇亦以方位爲斷其說頗具懸解如謂寅甲二龍出瘋跛者木盛生風又星應尾箕而好風震爲足風淫末疾故主瘋跛

丙方上應星馬故有蠶絲之祥丁方上應壽星故多壽考之兆兌龍辰水辰有金殺兌爲口舌爲毁折故主缺脣露齒又辰酉逢合土塞金聲故主重舌含糊其言雖頗涉於神怪而於五行生剋制化實能言之成理視悠謬無根之談侈言休咎而不能明其所以然者勝之多矣書中舊有註解不知何人所作闡發頗爲詳盡其傳已久併録之以資考訂焉乾隆四十七年九月恭校上

發微論

臣等謹案發微論一卷宋蔡元定撰元定字季通建陽人遊于朱子之門慶元中僞學禁起坐黨籍竄道州卒于謫所後韓侂冑敗追贈迪功郎賜諡文節事蹟具宋史儒林傳元定之學旁涉術數而尤究心于地理是篇卽其相地之書大概主于地道一剛一柔以明動靜觀聚散審向背觀雌雄辨强弱分順逆識生死察微著究分合别浮沈定淺深正饒减詳趨避知裁成凡十有四例遞爲推闡而以原感應一篇明福善禍淫之理終焉蓋術家惟論其數元定則推究

以儒理故其說能不悖于道如云水本動欲其靜山本靜欲其動聚散言乎其

大勢向背言乎其性情知山川之大勢默定于數理之外而後能推順逆于咫

尺微芒之間善觀者以有形察無形不善觀者以無形蔽有形皆能抉擿精奧

非方技之士支離誕漫之比也地理大全亦載此書題曰蔡牧堂撰考元定父

發自號牧堂老人則其書當出自發手或後人誤屬之元定亦未可知然勘核

諸本題元定撰者爲多今故以元定之名著于録焉乾隆四十七年九月恭校

上

靈棋經

臣等謹案靈棋經二卷舊本題漢東方朔撰或又以爲出自張良本黄石公所

授後朔傳其術漢書所載朔射覆無不奇中悉用此書或又謂淮南王劉安所

撰其說紛紜不一大抵皆術士依託之詞惟考隋書經籍志有十二靈棊卜經

一卷而南史所載客從南來遺我良材寶貨珠璣金盌玉盤之繇實爲今經中

第三十七卦象詞則是書本出自六朝以前其由來亦已古矣卦凡一百二十有四合以純陰鏝卦十二棋皆覆者爲混沌未明尚不在此數晁公武讀書志僅載一百二十繇殆不及檢而偶遺之也舊傳晉顏幼明宋何承天皆爲之注李遠爲之序元廬山陳師凱又爲作解而宋志別有李進注靈棊經一卷則今已失傳明初劉基復仿周易傳體作注以申明其義見于明史藝文志其序稱靈棋象易而作以三爲經四爲緯三以上爲君中爲臣下爲民四以一爲少陽二爲少陰三爲太陽四爲老陰少與少爲耦老陰與太陽爲敵得耦而悅得敵而爭或失其道而耦反爲仇或得其行而敵反爲用陽多者道同而助陰盛者志異而乖數語足盡兹經之要大抵與易筮相爲表裏雖所存諸家疏解或詞旨淺俚不無後人之緣飾而青田一註獨爲馴雅實基所自作觀其詞簡義精誠異乎世之生剋制化以爲術者矣故錄而存之以備古占法之一種焉乾隆四十七年九月恭校上

焦氏易林

臣等謹案焦氏易林四卷漢焦贛撰黄伯思東觀餘論據後漢小黄門譙君碑稱贛之裔疑贛爲譙姓然史傳無作譙贛者漢碑多假借通用如歐陽之作歐羊者不一而足未可執爲確證也贛字延壽梁人官小黄令京房師也漢書附見於房傳贛嘗從孟喜問易京房以爲贛即孟氏學劉向校書以爲諸易學説惟京氏爲異黨贛得隱士之説託之孟氏薛季宣曰漢儒傳易明于占候者如焦贛費直許峻崔篆管輅數家俱有林惟焦氏今傳于世或疑漢藝文志所載易十三家著龜十五家不及焦氏隋經籍志始著録唐王俞始序而稱之似乎後人所附會然薛季宣引東觀漢記曰孝明帝永平五年少雨上御雲臺自卦遇蹇以京氏易林占之繇曰蟻封穴戶天將大雨沛獻王輔用體説卦謂蟻穴居知雨京房延壽弟子今書蹇繇實在震林則是書之出焦氏可以不疑黄伯思記王俅占程迥記宣和紹興二占皆有奇驗亦足見專門之學具有源流非

入所依託矣惟東觀餘論謂易林非直日法而薛季宣浪語集第三十卷有易林序則以爲易林正用直日法辨伯思之説爲謬並爲圖例以明之其説甚辨此書隋唐宋志俱作十六卷今本四卷不知何時所併季宣序稱每卷四林每林六十四卦今仍據以分卷存其舊焉乾隆四十七年十月恭校上

京氏易傳

臣等謹案京氏易傳三卷漢京房撰吳陸績註房本姓李吹律自定爲京氏字君明東郡頓邱人受易于焦延壽元帝時以言災異得幸爲石顯等所嫉出爲魏郡太守卒以譖誅事迹具漢書本傳績有易解已著録房所著有易傳三卷周易章句十卷周易錯卦七卷周易妖占十二卷周易占事十二卷周易守林三卷周易飛候九卷又六卷周易飛候六日七分八卷周易四時候四卷周易混沌四卷周易委化四卷周易逆刺占災異十二卷易傳積算法雜占條例一卷今惟易傳存考漢志作十一篇文獻通考作四卷均與此本不同然漢志所

載古書卷帙多與今互異不但此編通考所謂四卷者以晁陳二家書目考之
蓋以雜占條例一卷合于易傳三卷共爲四卷亦不足疑惟晁氏以易傳爲即
錯卦雜占條例爲即逆刺占灾異則未免臆斷無據耳其書雖以易傳爲名而
絶不詮釋經文亦絶不附合易義上卷中卷以八卦分八宫每宫一純卦統七
變卦而註其世應飛伏游魂歸魂諸例下卷首論聖人作易揲蓍布卦次論納
甲法次論二十四氣候配卦與夫天地人鬼四易父母兄弟妻子官鬼等爻龍
德虎刑天官地官與五行生死所寓之類蓋後來錢卜之法實出於此故項安
世謂以京易考之世所傳火珠林即其遺法以三錢擲之兩背一面爲坼兩面
一背爲單俱面爲交俱背爲重此後人務趨捷徑以爲卜肆之便而本意尚可
考其所異者不以交重爲占自以世爲占故其占止於六十四爻而不能盡三
百八十四爻之變張行成亦謂衞元嵩元包其法合於火珠林火珠林之用祖
於京房陸德明經典釋文乃於周易六十四卦之下悉註某宫一世二世三世

四世游魂歸魂諸名引而附合於經義謬之甚矣乾隆四十七年五月恭校上

六壬大全

臣等謹案六壬大全十二卷不著撰人名氏卷首題懷慶府推官郭載騋校蓋明代所刊也六壬與遁甲太乙世謂之三式而六壬其傳尤古或謂出于黄帝元女固屬無稽要其爲術固非後世方技家所能造大抵數根于五行而五行始于水舉陰以起陽故稱壬焉舉成以該生故用六焉其有天地盤與神將加臨雖漸近奇遁九宫之式而由干支而有四課則亦兩儀四象也由發用而有三傳則亦一生二二生三三生萬物也以至六十四課莫不原本義爻蓋亦易象之支流推而衍之者矣考國語伶州鳩對七律以所稱夷則上宫大吕上宫推之皆有合于六壬之義然特以五音十二律定數未可即指爲六壬之源吴越春秋載伍員及范蠡雞鳴日出日昳禺中四術則時將加乘與龍蛇刑德之用一如今世所傳而越絶書載公孫聖亦有今日壬午時加南方之語其事雖

不見經傳似出依託然趙曄袁康皆後漢人知其法著于漢代也案明史藝文
志有袁祥六壬大全三十三卷名目相同而卷帙不符未必即祥所輯要其博
綜簡括固六壬家之總匯也惟是六壬所重莫過于天乙貴神陰陽順逆爲吉
凶所自出如匠者之準繩榘矱而先天之德起于子後天之德起于未以五干
德合神取貴承學之士多未究其源我　聖祖仁皇帝御定星歷考原一書貫
串璣衡權輿圭臬以訂曹震圭晝丑夜未之訛實足立千古之標準我　皇上
御纂協紀辨方書復申暢斯旨　聖謨垂示先後同符是書所取天乙尙沿俗
例卷中僅載先天貴人一圖而不用未免失之舛漏又所載十二宮分野亦多
拘牽舊說未能訂正今以原本所有姑仍其舊錄之而附訂其失如右乾隆四
十七年十月恭校上

卜法詳考

臣等謹案卜法詳考八卷　國朝胡煦撰煦有周易函書約註已著錄考古者

大事多用卜故尙書言龜者居多漢書藝文志載龜書五十二卷夏龜二十六卷商龜書二十八卷巨龜三十六卷雜龜十六卷則漢時其書猶多漢文帝大橫之兆即其繇詞褚少孫補龜策傳所述即其占法也隋書經籍志僅載龜經一卷註晉掌卜大夫史蘇撰又龜卜五兆動搖訣一卷不註姓名則漢志所錄已亡矣舊唐書經籍志絕不載及龜卜新唐書藝文志乃載孫思邈龜經一卷又五兆算經一卷龜卜五兆動搖經訣一卷已多于前宋史藝文志又頓增史蘇以下十九部其爲輾轉依託可以槪見今其書亦率不傳傳于世者惟元陸森玉靈聚義最著然其書蕪雜殊乏雅馴煦輯此編首列周禮尙書之文本經訓也次列史記龜策傳以其猶近古也次列古龜經（案此經不著名氏蓋亦出自後人非史蘇孫思邈書也）次列全氏三圖次列楊時喬龜卜辨次列龜繇詞皆參考以求古義也次列玉靈祕本次列古法彙選皆近代術士之所傳旁稽以盡其變也蓋古占法之傳于今與今占法之不悖于理者大略已具于此雖非周官太卜之舊然較之

卜肆鄙俚之本則具有條理其駁唐李華明季本楊時喬卜用生龜之説亦極爲明析存此一家亦可以見古人鑽灼之梗概也乾隆四十七年十一月恭校上

李虚中命書

臣等謹案李虚中命書三卷舊本題鬼谷子撰唐李虚中註虚中字常容魏侍中李沖八世孫進士及第元和中官至殿中侍御史韓愈爲作墓誌銘見於昌黎文集後世傳星命之學者皆以虚中爲祖愈墓誌中所云最深五行書以人之始生年月日所直日辰支干相生勝衰死王相斟酌推人壽夭貴賤利不利輒先處其年時百不失一二者是也然愈但極稱其説之汪洋奥美萬端千緒而不言有所著書唐書藝文志亦無是書之名至宋志始有李虚中命書格局二卷鄭樵藝文略則作李虚中命術一卷命書補遺一卷晁公武讀書志又作李虚中命書三卷焦氏經籍志又於命書三卷外别出命書補遺一卷名目卷

數皆參錯不合世間傳本久絶無以考正其異同惟永樂大典所收其文尚多完具卷帙前後亦頗有次第並載有虛中自序一篇稱司馬季主於壺山之陽遇鬼谷子出遺文九篇論幽微之理虛中爲掇拾諸家注釋成集云云詳勘書中義例首論六十甲子不及生人時刻干支其法頗與韓愈墓誌所言始生年月日者相合而後半乃多稱四柱其說起於宋時與前文殊相繆戾且其他職官稱謂多涉宋代之事其不盡出虛中手尤爲明甚中間文筆有古奥難解者似屬唐人所爲又有鄙淺可嗤者似出後來附益眞僞雜出莫可究詰疑唐代本有此書宋時談星學者以己說闌入其間託名於虛中之注鬼谷以自神其術耳今以其議論精切近理多得星命正旨與後來之幻渺恍惚者不同故依晁氏原目釐爲三卷著之於錄以存其法而於其依託之顯然者則各加案語隨文糾正俾讀者毋爲所惑焉乾隆四十六年四月恭校上

玉照定眞經

臣等謹案玉照定眞經一卷舊題晉郭璞撰張顒註考晉書璞傳不言璞有此書隋志唐志宋志以及諸家書目皆不著錄惟葉盛菉竹堂書目載有此書一册亦不著撰人蓋晚出依託之本張顒亦不知何許人勘驗書中多涉江南方言疑書與注文均出自張顒一人之手而假名于璞以行術家影附往往如此不足辨也其書世無傳本僅元明人星命書偶一引之今檢永樂大典所載首尾備具猶爲完帙雖文句不甚雅馴而大旨頗簡潔明晰猶有珞琭子及李虛中命書遺意所言吉凶應驗切近中理亦多有可採如論年儀月儀六害三奇三交四象之類尤多所闡發惟推及外親女壻以曲說穿鑿不免牽强附會耳蓋舊本相傳要有所受究非後來杜撰者所能及故錄而存之備星命家之一種焉乾隆四十六年二月恭校上

星命溯源

臣等謹案星命溯源五卷不著編輯者名氏第一卷爲通元遺書雜錄唐張果

之說凡三篇第二卷爲果問答稱明李憕遇張果所口授凡四篇第三卷爲元妙經解稱張果撰元鄭希誠注第四卷爲觀星要訣第五卷爲觀星心傳口訣補遺均不云誰作詳其題詞似要訣爲鄭希誠編補遺又術士掇拾增希誠所未備也考明皇雜錄載果多神怪之迹不言其知祿命獨是編以五星推命之學依託於果術者遂以果老五星自名一家考韓愈作李虛中墓誌稱推命尚止用年月日不用時則開元天寶之間且無八字似不應有五星然王充論衡稱天施氣而衆星布精天所施氣而衆星之氣在其中矣人稟氣而生含氣而長得貴則貴得賤則賤貴或秩有高下富或貲有多少皆星位尊卑大小之所授也是漢末已以星位言祿命又韓愈三星行云我生之辰月宿南斗牛奮其角箕張其口杜牧自作墓誌銘曰余生於角星昴畢於角爲第八宮曰病厄宮亦曰八殺宮土星在焉火星繼木星宮楊晞曰木在張於角爲第十一福德宮木爲福德大君子救其旁無虞也余曰自湖守不遇歲遷舍人木還福於角

是矣土火還死於角宜哉是唐時實以五星宫度推休咎其託名於果亦有所因爾希誠自署其官曰主簿其籍曰瑞安其號曰滄洲始末未詳惟自稱中都人其遇果在嘉靖二年九月尤怪妄不足辨總之術家務神其說而已然世所傳五星之書以此爲鼻祖别有所謂果老星宗者蓋因此本而廣之其後又有天官五星術與此頗異據理而論化氣當從天官正氣當從果老二家之術亦可互參其論星度乘除生剋及兼取值年神煞亦未可盡廢也乾隆四十七年九月恭校上

珞琭子三命消息賦註

臣等謹案錢曾讀書敏求記稱珞琭子三命消息賦二卷王廷光李仝釋曇瑩徐子平四家注解今考永樂大典所載凡有二本一本則徐子平注一即此本獨題曇瑩之名而廷光與仝之說悉在焉或錢氏之本乃後人輯四家之說合爲一書故標題與撰人名互異抑此本爲曇瑩撮王李之注附以己說故其文

兼涉二家歟廷光之書進於宣和癸卯曇瑩之書成於建炎丁未在廷光後五年知非與廷光等同注而卷首董巽楚頤二序亦惟稱曇瑩一人則當以永樂大典獨題其名爲是也其説往往以命理附合易理似不及徐子平注爲明白切實然如所列王廷光推演命限一條頗爲精確曇瑩自論孤虚一條亦有可採擇與徐氏之書並行亦可謂驂之靳矣上卷之中三家之注並載下卷之中則曇瑩之注多而廷光與仝之注少又曇瑩自序以李仝鄭潾並稱而卷中無潾一語疑傳寫脱佚或永樂大典有所删節亦未可定也廷光與仝爵里事迹均無可考李仝之名讀書敏求記作同晁公武讀書志作仝亦莫詳孰是曇瑩號蘿月嘉興人以談易名一時洪邁容齋隨筆載之稱曰易僧其以易理言命蓋由於是云乾隆四十五年十月恭校上

珞琭子賦註

臣等謹案珞琭子賦註二卷宋徐子平撰珞琭子書爲言祿命者所自出其法

專以人生年月日時八字推衍吉凶禍福李淑邯鄲書目謂其取珞琭如玉珞珞如石之意而不知撰者爲何人朱弁曲洧舊聞云世傳珞琭子三命賦不知何人所作序而釋之者以爲周世子晉所爲然考其賦所引有秦河上公又如懸壺化杖之事皆後漢末壺公費長房之徒則非周世子晉明矣是書前有楚頤序又謂珞琭子者陶宏景所自稱然祿命之説至唐李虚中尚僅以年月日起算未有所謂八字者宏景之時又安有是説乎考其書始見於宋藝文志而晁公武讀書志亦云宣和建炎之間是書始行則當爲北宋人所作舊稱某某皆依託也自宋以來註此賦者有王廷光李仝釋曇瑩及子平四家子平事蹟無可考獨命學爲世所宗今稱推八字爲子平蓋因其名劉玉已瘧編曰江湖談命者有子平有五星相傳宋有徐子平者精於星學後世術士宗之故稱子平又云子平名居易五季人與麻衣道者陳圖南呂洞賓俱隱華山蓋異人也今之推子平者宋末徐彦昇非子平也云云其説不知何所本然術家之言百

無一眞亦無從而究詰也其註久無傳本惟見於永樂大典中者尙爲完帙謹採掇裒輯釐爲上下二卷以符宋志之舊其中論運氣之向背金木剛柔之得失靑赤父子之相應言皆近理間有古法不合於今者是則在後人之善於別擇耳又考三命通會亦載有珞琭子寥寥數語與此本絕不相合蓋由原書散佚談命者又依託爲之僞中之僞益不足據要當以此本爲正也乾隆四十六年四月恭校上

三命指迷賦補註

臣等謹案三命指迷賦一卷舊本題宋岳珂補註珂所著有九經三傳沿革例媿郯錄桯史金陀粹編寶眞齋法書贊玉楮集諸書而不聞其有是書宋史藝文志亦不著錄惟桯史中有珂與瞽者楊艮論韓侂胄祿命及論幕官袁韶祿命一條其說頗詳則珂亦頗講是事或術家因而依託歟自元明以來諸家命書多引其文以此本檢勘並相符合知猶宋人所爲也文淵閣書目載是書一

部一册葉盛菉竹堂書目亦有是書一册明初其書尙存今則久無單帙行世惟永樂大典所錄尙首尾完具謹掇拾釐訂編爲一卷附之術數類中以備參考而岳珂之名則削除不載焉書中所論大抵專主子平於夾馬夾祿拱庫拱貴辨論詳盡往往爲他家所未發而拱庫一條尤稱精晰其他文義通達亦多有可取惟專以月建及胎元爲推測之本則不爲定論蓋月建是行運所主要必當以日時參之人生十月而產固爲常期然氣稟不齊亦有逾期不及期者若悉以十月爲限則刻舟求劍未免轉失之支離是又在學者之決擇矣乾隆四十六年九月恭校上

星命總括

臣等謹案星命總括三卷舊本題遼耶律純撰有純原序一篇末署統和二年八月十三日自稱爲翰林學士奉使高麗議地界因得彼國國師傳授星躔之學云云案統和爲遼聖宗年號遼史本紀其年無遣使高麗事其二國外紀但

稱統和三年詔東征高麗以遼澤沮洳罷師亦無遣使議地界之文遼代貴仕不出耶律氏蕭氏二族而偏檢列傳獨無純名殆亦出於依託也文淵閣書目載有是書一部不著册數菉竹堂書目作五册又不著卷數外間别無傳本惟永樂大典所載始末完具然計其篇頁不足五册之數或葉盛所記有譌歟中間議論精到剖析義理往往造微爲術家所宜參考惟所稱宫有偏正則立説甚新而驗之殊多乖迕蓋天道甚遠非人所能盡測故言命者但當得其大要而止苟多出奇思曲意揣度以冀無所不合反至於窒塞而不可通矣術家流弊往往坐此讀者取其所長而略其繁瑣可也乾隆四十五年十月恭校上

演禽通纂

臣等謹案演禽通纂二卷不著撰人姓名乃以演禽法推人禄命造化之書也相傳謂出于黄帝七元之説唐時有都利聿斯經本梵書五卷貞元中李彌乾將至京師推十二星行歴知人貴賤至宋而又有秤星經者演十二宫宿度以

推休咎亦以爲出于梵學晁公武讀書志復有鮮鶚經十卷以星禽推知人吉凶言其性情嗜好說者謂本神仙之說故載于道藏其書均已失傳而詳溯源流要皆爲談演禽者所自祖今世亦頗有通其術者則以爲本于明之劉基然其中如甲子寶瓶之類與回回歷所載名目相近似其源亦出于西域蓋即秤星鮮鶚之支流傳者忘其自來遂舉而歸之于基非其實也其書上卷載三十六禽喜好吞啗干支取化及旬頭胎命流星十二宫行限入手之法下卷鑒形賦具論窮達壽夭吉凶變幻之理其詞爲俗師所綴集大抵鄙俚不文而其法則相承已久可與三命之學相爲表裏故存之以備一家至鑒形賦世或别爲一書名之曰星禽直指其實上卷提其綱下卷竟其用爲說相輔今仍合爲一集云乾隆四十七年十一月恭校上

星學大成

臣等謹案星學大成三十二卷明萬民英撰民英字育吾大寧都司人嘉靖庚

戌進士歷官河南道監察御史出爲福建布政司右參議是編取舊時星學家言以次編排間加註釋論斷其於星家古法纖鉅不遺可稱大備自來言術數者惟章世純所云其法有驗有不驗驗者人之智計所及不驗者天之微妙斯存其言最爲允當而術家必欲事事皆驗故多出其途以測之途愈多而愈不能中民英沿襲舊聞未能駁正其謬且今之五星躔度歲差既異於古亦難必其盡合然其鳩集衆説多術家不傳之本實爲五星之大全與子平之三命會通並行不悖後來言果老術者參互考證要必於是取資焉明史藝文志及黄虞稷千頃堂書目皆以此書爲陸位撰而别出萬民英三命會通十二卷今檢此本卷首自序及凡例確爲民英所撰藝文志蓋沿黄氏之誤故仍以民英之名著録焉乾隆四十七年十一月恭校上

三命通會

臣等謹案三命通會十二卷原本不著撰人姓名卷首但題育吾山人著明史

藝文志有萬民育三命會通十二卷與此本卷數相合惟以通會作會通爲稍異考世所傳星學大成專論五星者爲萬民英所撰已著於錄此本專論子平亦出民英之手藝文志蓋因育吾山人之號誤以民英爲民育又通會二字傳寫互倒遂有不同其實即此書也自明以來二百餘年談星命者皆以此本爲總彙幾於家有其書中間所載仕宦八字往往及明季之人蓋後來坊刻所攙入亦已非原本之舊特以其闡發子平之遺法於官印財祿食傷之名義用神之輕重諸神煞所係之吉凶皆能採撮羣言得其精要故爲術家所恆用要有未可遽廢者至立論多取正官正印正財而不知偏官偏印偏財亦能得力知食神之能吐秀而不知傷官之亦可出奇是則其偏執之見未能圓徹且胎元等論施之今日亦多有不驗言命學者但當得其大意而變通之可矣若所引珞琭子與今永樂大典中所輯完本其文迥殊則其時祕册僅存外間未由窺見遂誤信依託之本固未足以爲病也乾隆四十七年二月恭校上

月波洞中記

臣等謹案月波洞中記二卷見於宋鄭樵通志藝文略者一卷稱老君記於太白山月波洞凡九篇晁公武讀書志亦載此書一卷序稱唐任逍遙得之於太白山月波洞石壁上凡九篇相形術也與藝文略所記並合宋史藝文志載月波洞中龜鑑一卷又月波洞中記一卷皆無撰人姓氏其爲一書異名抑或兩本别行已無可考自來術家亦有徵引惟永樂大典所載尚存核其體例蓋猶據宋時刊本録入並有原序一篇稱老君題在太白山鴻靈溪月波洞中七星南龕石壁間其説與藝文略相符而序中不及任逍遥之名則亦非晁氏所見之舊矣序末又題赤烏二十年七月二十三日案相術自左傳已載而序中乃獨稱鍾吕二眞人鍾離權生於漢代其事已屬渺茫吕則唐之洞賓傳記鑿然何由三國時人得以預知名姓且赤烏紀號盡十三年又安得有二十年明爲不學之徒依託附會其妄殆不足與辨特以其所論相法視後來俗本較爲精

晰當必有所傳授篇目自仙濟至玉枕九章其詞亦頗古奧蓋即鄭樵晁公武所言之九篇疑原本止此故諸家著錄皆稱九篇以下或爲後人所附益亦未可知也然相傳已久今亦不復删汰以篇頁稍多析爲二卷以便循覽且徵示原本與續入之别焉乾隆四十六年十月恭校上

玉管照神局

臣等謹案玉管照神局三卷舊本題南唐宋齊邱撰齊邱字超回改字子嵩廬陵人初以布衣事李昪授殿直軍判官擢右司員外郎累遷同平章事兼知尚書省事李璟嗣立以太傅領劍南東川節度使封楚國公尋得罪被廢自經死齊邱生五季僞擾之世以權譎自喜尤好術數凡挾象緯靑烏姑布壬遁之術居門下者常數十輩皆厚以貲之是書專論相術疑即出其門下客所撰集而假齊邱名以行世者也宋史藝文志焦竑經籍志皆稱玉管照神局二卷其名與此本同陳振孫書錄解題則稱玉管照神而無局字且僅有一卷疑所見本

非完帙吳任臣十國春秋則載齊邱有玉管照神經十卷名目稍異而卷數亦與宋志不符錢曾讀書敏求記所載與十國春秋相合且稱上局所論皆人之體貌有形可見故謂之陽局下局所論皆出形之外無象可觀故謂之陰局其言體例甚悉此本爲永樂大典所載大指皆以形狀立論與錢氏所云有陰陽二局者不符疑此本即宋志所稱之二卷故與十卷之本多所同異歟術家之書爲後人緣飾增損彼此牴牾往往如此不足深詰特以其議論頗爲精析而所取各書尤多世所未覩猶屬相傳舊文故稍加訂正釐爲三卷錄備一家焉

乾隆四十六年十二月恭校上

太清神鑑

臣等謹案太清神鑑六卷舊本題後周王朴撰乃專論相法之書也考朴事周世宗爲樞密使世宗用兵所向克捷朴之籌畫爲多歐陽修新五代史稱朴爲人明敏多材智非獨當世之務至於陰陽律法莫不通焉薛居正舊五代史亦

謂朴多所該綜星緯聲律莫不畢殫然皆不言其善于相法且此書前有自序稱離林屋洞下山三載徧搜古今集成此書考朴家世東平入仕中朝遊迹未嘗一至江左安得有隱居林屋山事其爲依託無疑蓋朴以精通術數知名故世所傳奇異詭怪之事往往皆歸之于朴如王銍默記所載朴與周世宗微行中夜至五丈河旁見火輪小兒知宋將代周其事絶誕妄不可信而小説家顧樂道之宜作此書者亦假朴名以行矣然其間所引各書篇目大都皆宋以前本其綜核數理剖晰義藴亦多微中其説疑亦出宋人非後來術士之妄談也其書宋史藝文志不載諸家書目亦罕著録惟永樂大典頗散見其文雖間有缺脱而掇拾排比猶可得十之七八謹裒輯成編釐爲六卷朴之名則削而不題以祛其僞焉乾隆四十六年二月恭校上

人倫大統賦

臣等謹案人倫大統賦二卷金張行簡撰行簡字敬甫莒州日照人禮部侍郎

暐之子大定十九年進士累官禮部尚書翰林學士承旨太子太傅贈銀青榮祿大夫謚文正事蹟具金史本傳行簡世爲禮官於天文術數之學皆所究心史稱其文章十五卷禮例纂一百二十卷會同朝獻禘祫喪葬皆有記錄及清臺皇華戒嚴爲善自公等記藏於家而獨不載是書之目黃虞稷千頃堂書目有人倫大統賦一册亦不著撰人姓名惟永樂大典所載皆題行簡所撰且有薛延年字壽之者爲之注序末稱皇慶二年皇慶乃元仁宗年號與金年代相接所言當必不誤蓋本傳偶然脫漏也其事專言相法詞義頗爲明簡延年序謂提綱挈領不下三二千言囊括相術殆盡條目疏暢而有節良非虛譽惟意欲自神其術中間不無語涉虛夸此亦五行家附會之常不足爲病至延年之注雖推闡詳盡而於不待注而明者亦復緐行贅入冗蔓過甚轉不免失之淺陋耳原本卷帙無多而檢勘首尾完具當爲足本金源著述傳世者稀今特加釐訂著之於錄庶考術數者尚得以窺見崖略云乾隆四十六年四月恭校上

太乙金鏡式經

臣等謹案太乙金鏡式經十卷唐王希明撰希明不詳其里貫開元時以方技爲內供奉待詔翰林是書乃其奉勅所編見於新唐書藝文志故書中多自稱臣而其閒推太乙積年有至宋景祐元年者則後人已有所增入非盡希明之舊也史記日者傳術數七家太乙家居其一史記天官書中宫天極星其一明者爲太乙常居而封禪書亳人繆忌奏祠太乙方名天神貴者太乙鄭康成以爲北辰神名又或以爲木神而屈原九歌亦稱東皇太乙則自戰國有此名漢志五行家有太乙陰陽二十三卷當即太乙家之書然已佚不傳惟周易乾鑿度有太乙行九宫法而今所傳次序乃特右旋以乾巽爲一九希明謂太乙知未來故聖人爲之蹉一位以示先知之義郭璞則謂地缺東南故蹉九以塡之樂產又謂太乙之理后皇得之以統天下故蹉一以就乾其說頗參差而皆近於附會故黃宗羲至詆爲經緯混淆行度無稽蓋術家又有所汨亂矣是書所

列乃秦漢間緯書之遺禨祥小數之曲說不衷於正宜爲聖人所必斥特以其術爲三式之一所傳尚古其書亦出自唐人故附著於錄而詳加辨正以祛千古之惑焉乾隆四十七年九月恭校上

遁甲演義

臣等謹案遁甲演義四卷明程道生撰道生字可生海寧人言遁甲者皆祖洛書然河圖以圖名當有奇偶之象洛書以書名當有文字之形故班固以爲六十五字（見漢書五行志）劉向以爲三十八字劉歆以爲二十字（並見尚書正義洪範篇）是皆先漢以來洛書無圖之明證考大戴禮載明堂古制有二九四七五三六一八之文此九宮之法所自昉而易緯乾鑿度載太乙行九宮尤詳遁甲之法實從此起方技家不知求其源故妄託也其法以九宮爲本緯以三奇六儀八門九星視其加臨之吉凶以爲趨避以日生於乙月明於丙丁爲南極爲星精故乙丙丁皆謂之奇而甲本諸陽首戊己下六儀分麗焉以配九宮而起符使故號遁甲

其離坎分宮正授超神閏奇接氣與歷律通開休生之取北方三向與太乙通龍虎蛇雀刑囚旺墓之義不外於乘承生剋與六壬星命通至風雲緯候無不賅備故神其説者以爲出自黄帝風后及九天玄女其依託固不待辨而要於方技之中最有理致存之以備三式之一殆亦五行家所不廢歟乾隆四十七年十一月恭校上

禽星易見

臣等謹案禽星易見一卷明池本理撰本理贛州人明史藝文志載所著有禽遁大全四卷禽星易見四卷此本僅作一卷蓋傳鈔者所合併也禽星之用不一此專取七元甲子局用翻禽倒將之法推時日吉凶以利於用或以爲其法始於張良本風后神樞鬼藏之旨爲兵家祕傳蓋好事者附會之説其實於一切人事得失趨避無所不占凡修營立寨吉時特間一及之而已所論禽宫性情喜好吞啗進退取化之理較他書爲簡明而以時日禽爲彼我公用之禽專

取翻飛爲我倒將爲彼乃其獨得之解尤爲可採惟不載治曜較異於他書至以斗木爲蟹故其性最弱靜而安閒非獬豸之獬亦足訂星家之訛異存之與壬遁諸書參覽猶不失爲古之遺法焉乾隆四十七年十一月恭校上

御定星歷考原

臣等謹案星歷考原六卷聖祖仁皇帝御定康熙五十二年簡命王大臣中明於法象律算者就大内蒙養齋開局編纂算法律吕諸書因取曹振圭所著歷事明原一書詔大學士李光地等重加考訂以成是編賜欽天監臣遵用以爲時憲選擇之範圍自來選擇家所論陰陽宜忌惟守通書大全舊說拘牽附會難以理詰康熙二十二年雖嘗命廷臣會議修輯選擇通書與萬年書一體頒行而二書未盡畫一於舊說亦尚間有相沿逮是編成而後考論吉凶宜忌立說之原如五行九宫本於圖書納音本於干支五行之數而舊說海中金爐中火之屬於義無取者則删之凡如此類皆擇其理之所可推者

以盡變化之道而示趨避之宜於以利用前民萬古莫越矣乾隆四十七年十

一月恭校上

欽定協紀辨方書

臣等謹案　欽定協紀辨方書三十六卷乾隆四年　皇上特允監臣進愛之

請　命和碩莊親王等修訂越三年成編凡本原二卷義例六卷立成宜忌用

事各一卷公規二卷年表六卷月表十二卷日表一卷利用二卷附錄辨訛各

一卷盡破世俗術家選擇附會不經拘忌鮮當之説而正之以干支生剋衰旺

之理蓋欽天監舊有選擇通書立説猥繁動多矛盾我　聖祖仁皇帝嘗纂星

歷考原一書以正之而於通書監本未之改正是書之成若通書所載子月巳

月天德之誤五月十二月月恩之誤甲日丑日爲喜神之誤正月庚日七月甲

日爲復日之誤九空大敗等日之誤並條列改駁而荒誕無稽如男女合婚嫁

娶大小利月及諸依託許眞君玉匣記之説者悉皆删削使覽者咸得曉然於

趨吉避凶之道而不爲習俗謬悠之論所惑洵利用前民之要術矣伏讀御製序文特標敬天之紀敬地之方二義而以吉凶禍福決於敬不敬之間尤足以仰見聖人牖民覺世因習俗而啟導之者無微不至云乾隆四十七年十一月恭校上

欽定四庫全書提要卷六十一

欽定四庫全書提要卷六十二

子部十四

藝術類一

古畫品錄　續畫品附　貞觀公私畫史附

臣等謹案古畫品錄一卷南齊謝赫撰其書乃等差畫家之優劣分爲六品𣈆氏讀書志謂分四品者誤也大抵謂畫有六法兼善者難自陸探微以下以次品第各爲序引其意頗矜慎僅得二十七人陳姚最嘗譏其未允謂如長康之美擅高往策矯然獨步終始無雙列於下品尤所未安李嗣眞亦譏其黜衞進曹有涉貴耳之論然所言六法畫家宗之至今實千載不能易也

臣等謹案續畫品一卷舊本題陳吳興姚最撰今考書中稱梁元帝爲湘東殿下則作是書時猶在江陵即位之前蓋梁人而入陳者猶玉臺新詠作於梁簡文在東宮時而今本皆題陳徐陵耳其書繼謝赫古畫品而作而以赫所品高

下多失其實故但敘時代不分品目所錄始於梁元帝終於解蒨凡二十人各爲論斷中嵇寶鈞聶松合一論釋僧珍僧覺合一論釋迦佛陀吉底俱摩羅菩提合一論凡爲論十六則名下間有附註如湘東殿下條註曰梁元帝初封湘東王嘗畫芙蓉圖醮鼎圖毛棱條下註曰惠秀姪尚似是最之本文至張僧繇條下註曰五代梁時吳興人則決不出最手蓋皆後人所益也凡所論斷多不過五六行少或止於三四句而出以儷詞氣體雅雋確爲唐以前語非後人所能依託也

臣等謹案貞觀公私畫史一卷唐裴孝源撰孝源里貫未詳卷首有貞觀十三年八月自序結銜題中書舍人案唐書藝文志有裴孝源畫品錄一卷註曰中書舍人與此序合然註又曰記貞觀顯慶年事而此書序中則稱大唐漢王元昌每燕時暇日多與其流商搉精奧以予耿尚嘗賜討論遂命魏晉以來前賢遺蹟所存及品格高下列爲先後起於高貴鄉公終於大唐貞觀十三年祕府

及佛寺幷私家所蓄共二百九十八卷屋壁四十七所爲貞觀公私畫錄云云
與註所言絕不相符考張彥遠名畫錄引孝源畫錄最多皆此書所無盖孝源
別有一書記貞觀顯慶間畫家品第如謝赫古畫品錄之例非此書也又序稱
高貴鄉公以下而此本所列乃以宋陸探微爲首反居其前疑傳寫之誤又序
稱止於貞觀十三年而此本所列皆隋代收藏官本其畫壁亦終於楊契丹均
不可解考其序末稱又集新錄官庫畫總二百九十八卷三百三十卷是隋官
本十三卷是左僕射蕭瑀進二十卷是楊素家得三十卷許善心進十卷高平
縣行書佐張氏所獻四卷許安福進近十八卷先在祕府亦無所得人名並有
天和年月其間有二十三卷恐非晉宋人眞蹟云云其文重沓不明疑傳寫有
誤推其大意似尚有新錄今佚之耳書中皆前列畫名後列作者之名而以梁
太淸目所有梁太淸目所無分註於下太淸目既不可見則考隋以前古畫名
目者莫古於是是亦賞鑒家之祖本矣乾隆四十七年四月恭校上

臣等謹案書品一卷梁庾肩吾撰肩吾字子愼新野人起家晉安王國常侍元帝時官至度支尚書事蹟具梁書文學傳是書載漢至齊梁能眞草者一百二十八人分爲九品每品各繫以論而以總序冠於前考竇臮述書賦稱肩吾通塞並乏天性工歸文華拙見草正徒聞師阮何至遼敻使鉛刀之均鋒稱並利而則佞云云其於肩吾書學不甚推許又其論述作一條稱庾中庶品格拘於文華則於是書亦頗致不滿然其論列多有理致究不失先民典型如序稱尋隸體發源秦時隸人下邳程邈所作始皇見而重之以奏事繁多篆字難製遂作此法故曰隸書今時正書是也此足證歐陽修以八分爲隸之誤惟唐之魏徵與肩吾時代邈不相及而並列其間殊爲顚舛故王士禎居易錄詆毛晉刊板之訛又序稱一百二十八人而書中所列實止一百二十三人數亦不符殆後人已有所增削然張彥遠法書要錄全載此書已同此本併魏徵之謬亦同

則其來久矣

臣等謹案書譜一卷唐孫過庭撰竇臮述書賦注曰孫過庭字虔禮富陽人右衞胄曹參軍張懷瓘書斷則云孫虔禮字過庭陳留人官至率府錄事參軍二人俱相距不遠而所記名字爵里不同殆與舊唐書稱房喬字玄齡新唐書稱房玄齡字喬者同一訛異疑唐人多以字行故各據所聞不能畫一也是書篇末自題垂拱三年蓋武后時作書斷謂之筆意論然世傳石刻乃其手迹篇中自稱名曰書譜則作書譜爲是矣過庭之書頗爲竇臮述書賦所詆然自宋以來皆推能品不以臮言爲然張懷瓘推奬是書亦稱其深得旨趣故操翰者率爲指南然過庭自稱撰爲六篇分成兩卷此本乃止一篇疑全書已佚流傳眞蹟僅存其總序之文以前賢緒論姑存以見一斑而仍題其全書之名耳然微言奥義已足見其大凡矣乾隆四十七年九月恭校上

書斷

臣等謹案書斷三卷唐張懷瓘撰是書唐書藝文志著錄稱懷瓘爲開元中翰林院供奉竇蒙述書賦注則云懷瓘海陵人鄂州司馬與志不同然述書賦張懷瓌條下又注云懷瓌懷瓘弟盛王府司馬兄弟並翰林待詔則與志相合蓋嘗爲鄂州司馬終於翰林供奉二書各舉其一官爾所錄皆古今書體及能書人名上卷列古文大篆籀文小篆八分隸書章草行書飛白草書十體各述其源流系之以贊末爲總論一篇中卷下卷分神妙能三品每品各以體分凡神品二十五人除各體重複得十二人妙品九十八人除各體重複得三十九人能品一百七人除各體重複得三十五人前列姓名後爲小傳傳中附錄又三十八人其紀述頗詳評論亦允張彥遠法書要錄全載其文蓋當代以爲精鑒矣乾隆四十七年十月恭校上

述書賦

臣等謹案述書賦二卷唐竇臮撰竇蒙注臮字靈長扶風人官至檢校戶部員

外郎宋汴節度參謀蒙字子全㬤之兄官至試國子司業兼太原縣令並見徐浩古蹟記案張彥遠法書要錄稱㬤作述書賦精窮旨要詳辨祕義今觀其賦上篇所述自上古至南北朝下篇所述自唐代高祖太宗武后睿宗明皇以下而終于其兄蒙及劉秦之妹蓋其文成於天寶中也首尾凡一十三代一百九十八人篇末系以徐僧權等署證八人太平公主等印記十一家徵求寶翫韋述等二十六人利通貨易穆韋等八人文與上篇相屬蓋以卷帙稍重故分而爲二且其品題敘述皆極精核注文尤典要不支舊以爲出其兄蒙考賦中蒙條下注曰家兄蒙字子全司議郎安南都護又似乎㬤所自注且所敘仕履與卷首結銜亦不同均爲疑竇然張彥遠法書要錄所題亦同今本單文孤證未敢遽易舊文姑仍原本錄之焉乾隆四十七年九月恭校上

法書要錄

臣等謹案法書要錄十卷唐張彥遠撰書首有彥遠自序但題郡望而不著官

爵郭若虚圖畫見聞志晁公武讀書志亦止稱其字曰愛賓而未詳其家世故明毛晉跋第以河東張氏目之今以新唐書世系表列傳與彦遠自序參考知彦遠乃明皇時宰相嘉貞之玄孫序稱高祖河東公者即嘉貞其稱曾祖魏國公者爲同平章事延賞稱大父高平公者爲同平章事弘靖稱先君尚書者爲桂管觀察使文規唐書皆有傳而延賞封魏國公本傳不載惟見於彦遠之序本傳又稱彦遠博學有文辭乾符中至大理卿而世系表作吏部員外郎則當以傳爲得實此書末載畫譜本傳乃謂彦遠大父名稔不知何據蓋未考唐書而附會之者也史又載弘靖家聚書畫侔祕府彦遠承其餘澤故聞見尤富是編集古人論書之語起於東漢迄於元和皆具錄原文而如王愔文字志之未見其書者則特存其目編次極爲詳贍其中不加論斷而李嗣真書品後之類間亦有注語者疑即彦遠所自附考藝文略所紀法書一類自漢至唐凡六十餘家今多佚不傳而庾肩吾張懷瓘竇臮等著述獨賴此書以得顯於世則蒐

羅裒輯之功爲不可沒矣乾隆四十七年四月恭校上

歷代名畫記

臣等謹案歷代名畫記十卷唐張彦遠撰自序謂家世藏法書名畫收藏鑒識自謂有一日之長案唐書稱彦遠祖弘靖家聚書畫侔祕府李綽尚書故實亦多記張氏書畫名蹟足證自序之不誣故是書述所見聞極爲賅備前三卷皆畫論一敍畫之源流二敍畫之興廢三敍自古畫人姓名四論畫六法五論畫山水樹石六論傳授南北時代七論顧陸張吳用筆八論畫體工用搨寫九論名價品第十論鑒識收藏閲玩十一序自古跋尾押署十二敍自古公私印記十三論裝褙褾軸十四記兩京外州寺觀畫壁十五論古之祕畫珍圖自第四卷以下皆畫家小傳然即第一卷内所録之三百七十人既具列其傳于後則第一卷内所出姓名一篇殊爲繁複疑其書初爲三卷但録畫人姓名後裒輯其事迹評論續之于後而未删其前之姓名一篇故重出也書中徵引繁富佚

文舊事往往而存如顧愷之論畫一篇魏晉勝流名畫讚一篇畫雲臺山記一篇皆他書之所不載又古書畫中褚氏書印乃别一褚氏非遂良之迹可以釋石刻靈飛經前有褚氏一印之疑亦他書之所未詳即其論杜甫詩幹爲畫肉不畫骨句亦從來注杜詩者所未引則非但鑒别之精其資考證者亦不少矣晁公武讀書志别載彦遠名畫獵精六卷記歷代畫工名姓自始皇以降至唐朝及論畫法并裝褙褾軸之式鑒别閱玩之方毛晉刻是書跋謂彦遠自序止云歷代名畫記不及此書意其大略相似考郭若虚圖畫見聞志叙諸家文字列有是書注曰無名氏撰其次序在張懷瓘畫斷之後李嗣眞後畫品録之前則必非彦遠之作晁氏誤也乾隆四十七年十一月恭校上

唐朝名畫録

臣等謹案唐朝名畫録一卷唐朱景元撰景元吴郡人官至翰林學士是書唐藝文志題曰唐畫斷故文獻通考謂書斷一名唐朝名畫録今考景元自序實

稱畫錄則畫斷之名非也通志及通考均稱三卷此本不分卷數蓋後人所合併通考又稱前有天聖三年商宗儒序此本亦傳寫佚之所分凡神妙能逸四品神妙能又各别上中下三等而逸品則無等次蓋尊之也自庾肩吾謝赫以來品書畫者多從班固古今人表分九等張懷瓘作書斷始立神妙能三品之目猶之上中下也别立逸品實始於景元至今遂因之而不能易四品所載共一用二十四人卷首列唐親王三人皆不入品第猶之懷瓘書斷帝后不入品第蓋亦貴貴之義云乾隆四十七年八月恭校上

墨藪

臣等謹案墨藪二卷舊本題唐韋續撰續不知何許人是書唐志亦不著錄惟文獻通考載墨藪十卷引晁公武讀書志曰高陽許歸與編未詳何代人李氏書目祇五卷又引陳振孫書錄解題曰不知何代所集凡十八篇又一本二十一篇此本為明程榮所校刊其門目與振孫所言又一本合蓋即所見書中所

記止于唐文宗柳公權事當出于開成後人然題爲韋續則不知其何所據也
末載宋參知政事陳與義法帖釋文刋誤一卷蓋棨之所附後有淳熙七年周
必大跋其書僅七紙然糾劉次莊釋文之誤頗爲精核必大跋稱與義爲侍從
時奉勅所撰篇頁太少難以單行今仍綴之末簡焉乾隆四十七年九月恭校
上

畫山水賦

臣等謹案畫山水賦一卷附筆法記一卷舊本題唐荊浩撰案劉道醇五代名
畫補遺曰荊浩字浩然河南沁水人五季多故隱於太行之洪谷自號洪谷子
著山水訣一卷湯垕畫鑒亦曰荊浩山水爲唐末之冠作山水訣爲范寬輩之
祖則此書本名山水訣此本載詹景鳳王氏畫苑補益中獨題曰畫山水賦考
荀卿以後賦體數更而自漢及唐未有無韻之格此篇雖用駢詞而中間或數
句有韻數句無韻仍如散體强題曰賦未見其然又以浩爲豫章人題曰豫章

先生益誕妄無稽矣別有筆法記一卷載王氏畫苑中標題之下註曰一名畫山水錄案唐書藝文志載荆浩筆法記一卷陳振孫書錄解題則作山水受筆法一卷沁水荆浩浩然撰今檢記中稱石鼓巖前遇一叟講授筆法則陳氏所記乃其本名唐志所載乃省文呼之王氏畫苑所註又後人改名也二書文皆拙澀中間忽作雅詞忽參鄙語似藝術家麤知字義而不知文格者依託爲之非其本書以相傳既久其論亦頗有可采者姑錄存之備畫家一說云爾乾隆四十七年十月恭校上

思陵翰墨志

臣等謹案思陵翰墨志一卷宋高宗皇帝御撰宋史藝文志載高宗評書一卷亦名翰墨志高似孫硯箋引作高宗翰墨志岳珂法書贊引作思陵翰墨志蓋後人所追題也高宗當臥薪嘗膽之時不能以修練戎韜爲自强之計尙耽心筆札效太平治世之風可謂舍本而營末然以書法而論則所得頗深陸游渭

南集稱其妙悟八法留神古雅訪求法書名畫不遺餘力清暇之燕展玩摹搨不少怠王應麟玉海稱其初喜黄庭堅體格後又采米芾已而皆置不用專意羲獻父子手追心摹嘗曰學書當以鍾王爲法然後出入變化自成一家今觀是編自謂吾十年間未嘗舍筆墨又謂宋代無字法可稱於北宋但舉蔡襄李時雍及蘇黄米薛於同時但舉吴説徐兢而皆有不滿之詞惟於米芾行草較爲許可其大旨所宗惟在羲獻與玉海所記皆合蓋晚年所作也岳珂寶真齋法書贊引此書評米芾詩一條此本無之殆經明人删節已非完書歟乾隆四十七年十月恭校上

五代名畫補遺

臣等謹案五代名畫補遺一卷宋劉道醇撰考晁公武讀書志曰五代名畫補遺一卷皇朝劉道醇纂符嘉應撰序云胡嶠嘗作梁朝名畫錄因廣之故曰補遺又别載宋朝名畫評三卷亦註劉道成纂符嘉應序則劉道醇嘗作道成又

陳振孫書錄解題曰五代名畫記一卷大梁劉道醇撰嘉祐四年陳洵直序則補遺字又當作記然此本爲毛晉汲古閣影摹宋刻楮墨精好纖毫無缺不應卷首題名乃作訛字蓋本一書振孫誤題書名公武誤題人名馬端臨作文獻通考又偶未見其書但據兩家之目遂重載之觀卷首陳洵直序與振孫所言合而公武所載符嘉應序又即洵直序中語知公武併以宋朝名畫評序誤註此條不但成字之訛也胡嶠名見五代史契丹傳中郭若虛圖畫見聞志稱其爲廣梁朝畫目註曰皇朝胡嶠撰則已入宋其書今不傳道醇不知其仕履此書所錄凡二十四人蓋已具於胡嶠錄者不載故五十年寥寥僅此云乾隆四十七年十月恭校上

宋朝名畫評

臣等謹案宋朝名畫評三卷宋劉道醇撰書分六門一曰人物二曰山水林木三曰畜獸四曰花草翎毛五曰鬼神六曰屋木每門之中分神妙能三品每品

又各分上中下所錄凡九十餘人首有敍文不著名氏其詞亦不類序體疑爲書前發凡後人以原書無序析出別爲一篇也案朱景元名畫錄分神妙能逸四品而此仍從張懷瓘例僅分三品殆謂神品足以該逸品故不再加分析抑或無其人以當之姑虛其等也又黄休復益州名畫錄列黄筌及其子居寀於妙格下而此書於人物門則筌居寀並列入妙品花木翎毛門則筌居寀又列入神品蓋即一人亦必隨其技之高下而品騭之其評論較爲平允其所敍諸人事實詞雖簡略亦多有足資考核者焉乾隆四十七年十月恭校上

益州名畫録

臣等謹案益州名畫録三卷宋黄休復撰前有景德三年李畋序稱江夏黄氏休復字歸本通春秋學校左氏公穀書鬻丹養親游心顧陸之藝深得厥趣然休復别有茅亭客話陳振孫書録解題亦不詳其里貫但以所言多蜀事又嘗著成都名畫記疑爲蜀人則此書一名成都名畫記而舊本與茅亭客話皆未

題里貫故振孫云然今本皆題江夏人疑後人以畋序補書歟所記凡五十八人起唐乾元迄宋乾德品以四格曰逸曰神曰妙曰能其四格之目雖因唐朱景元之舊而景元置逸品於三品外示三品不能伍休復此書又躋逸品於三品上明三品不能先其次序又復小殊逸格凡一人神格凡二人妙格上品凡七人中品凡十人下品凡十一人而寫眞二十二處無姓名者附焉能格上品凡十五人中品凡五人下品凡七人而有畫無名有名無畫者附焉其大慈寺六祖院羅漢閣圖畫休復評妙格中品而列能品之末不與寫眞二十二處一例非妙字誤刊則編次時偶疎也乾隆四十七年十月恭校上

圖畫見聞志

臣等謹案圖畫見聞志六卷宋郭若虛撰若虛不知何許人書中有熙寧辛亥冬被命接勞北使爲輔行語則嘗爲朝官故得預接伴陳振孫書錄解題云自序在元豐中稱大父司徒公未知何人郭氏在國初無顯人但有郭承祐耳然

今考史傳幷郭承祐亦不載莫之詳也是書馬端臨文獻通考作名畫見聞志而宋史藝文志鄭樵通志略則所載與今本並同蓋通考乃傳寫之誤若虛以張彦遠歷代名畫記絶筆唐末因續爲裒輯自五代至熙寧七年而止分敘事記藝故事拾遺近事四門鄧椿畫繼嘗議其評孫位景朴優劣倒置由未嘗親至蜀中目覩其畫又謂江南王凝之花鳥潤州僧修範之湖石道士劉貞白之石梅雀蜀童祥許中正之人物仙佛邱仁慶之花王延嗣之鬼神皆熙寧以前名筆而遺略不載然一人之耳目豈能徧觀海内之丹青若虛以見聞立名則遺略原所不諱況就其所載論之一百五六十年之中名人藝士流派本末頗稱賅備實視劉道醇畫評爲詳未可以偶漏數人遽見嗤點其論製作之理亦能深得畫旨故馬端臨以爲看畫之綱領亦未可以一語失當爲玷也乾隆四十七年十月恭校上

臣等謹案林泉高致集一卷舊題宋郭思撰思父熙字淳夫溫縣人官翰林待詔直長以善畫名於時思字得之登元豐五年進士官至徽猷閣待制秦鳳路經略安撫使書首有思所作序謂丱角侍先子每聞一說旋即筆記收拾纂集用貽同好故陳振孫書錄解題以此書爲思追述其父遺迹事實而作今案書凡六篇曰山水訓曰畫意曰畫訣曰畫題曰畫格拾遺曰畫記其篇首實題贈正議大夫郭熙撰又有政和七年翰林學士河南許光凝序亦謂公平日講論小筆範式粲然盈編題曰郭氏林泉高致而書中多有思所作釋語低行附載并稱間以所聞注而出之據此則自山水訓至畫題四篇皆熙之詞而思爲之注惟畫格拾遺一篇紀熙平生眞蹟畫記一篇述熙在神宗時寵遇之事則當爲思所論撰而併爲一編者也許光凝序尚有元豐以來詩歌贊記陳振孫即稱已缺而此本前後又載入王維李成山水訣荊浩山水賦董羽畫龍緝議各一篇亦非郭氏原本之舊書末有至正八年豫章歐陽必學重刻一行或即元

時刊書者所附入歟乾隆四十七年九月恭校上

墨池編

臣等謹案墨池編六卷宋朱長文撰長文有吳郡圖經續記諸書已別著錄是編專論書學源流分爲八門每門又各析次第凡字學一筆法二雜議二品藻五贊述三寶藏三刻碑二器用二皆引古人成書而編類之蒐輯甚博前代遺文往往藉以得傳於後間附己説亦極典雅後來書苑菁華等繼作雖略有增益終不能出其範圍其於贊述門竇臮述書賦下自稱編此書十卷又器用門下稱因讀蘇大參文房四譜取其事有裨于書者勒成兩卷贅墨池編之末是長文原本當爲十二卷今止六卷蓋後人所合併也又此本碑刻門末原載宋碑九十二通元碑四十四通明碑一百十九通皆明萬歷重刊時所妄增今並從删削以還其舊焉乾隆四十七年三月恭校上

德隅齋畫品

臣等謹案德隅齋畫品一卷宋李廌撰廌字方叔陽翟人事蹟具宋史文苑傳廌少以文字見知於蘇軾後軾知舉廌乃不得第竟偃蹇而卒軾所謂平生浪說古戰場到眼空迷日五色至今傳爲故實者即爲廌作也是編所記名畫凡二十有二人各爲序述品題陳振孫書錄解題稱元符元年趙令畤官襄陽行橐中諸畫方叔皆爲之詳品蓋即此書惟德隅齋作德隅堂考鄧椿畫記稱李方叔載德隅齋畫云云則陳氏所記誤矣廌本善屬文故其詞致皆雅令波瀾意趣一一妙中理解葉夢得石林詩話論寇國寶詩所謂蘇黃門庭中來者惟寒龜出曝圖條中有頌在丞相尤公家見黃監一龜云云考元祐紹聖之間丞相未有尤姓者豈傳寫之訛耶乾隆四十七年十月恭校上

畫史　書史

臣等謹案畫史一卷宋米芾撰芾字元章史浩兩鈔摘腴曰芾自號鹿門居士黃溍筆記曰元章自署姓名米或爲芈芾或爲黻又稱海岳外史又稱襄陽漫

士周必大平園集有章友直畫蟲跋曰後題無礙居士即米元章蓋芾性好奇故屢變其稱如是宋史本傳作吳人都穆寓意編曰米氏父子本襄陽人而寓居京口嘗觀海岳翁表吾郡朱樂圃先生墓曰余昔居郡與先生游則海岳又嘗寓蘇修宋史者直云吳人而後之論撰者遂以爲吳縣人失之遠矣據其所考則史稱吳人誤也芾初以其母侍宣仁后藩邸舊恩補浛洭尉官至禮部員外郎知淮南軍史稱其妙于翰墨繪畫自名一家尤精鑒裁此書皆舉其生平所見名畫品題眞僞或間及裝褙收藏及考訂其訛謬歷代賞鑒之家奉爲圭臬中亦有未見其畫而載者如王球所藏兩漢至隋帝王像及李公麟所說王獻之畫之類蓋芾作書史別以目睹的聞分類編次爲寶章待訪錄此則已見未見相雜而書也他如渾天圖及五聲六律十二宮旋相爲君圖自爲圖譜之學不在丹青之列芾亦附載殆張彦遠歷代名畫記兼收日月交會九道諸圖之例歟芾不以天文名而其論天以古今百家星歷盡爲妄說而欲以所作畫

夜六十圖上之御府藏之名山已爲誇誕又不以小學名而其論韻詆沈約只知四聲求其宮聲而不得乃分平聲爲上下以欺後世考約集載答陸厥書雖稱宮商之音有五而梁書約本傳及南史陸厥本傳並云四聲隋志亦作沈約四聲一卷芾所謂求其宮聲不得者不知何據殆故爲大言也至卷首題詞謂唐代五王之功業不如薛稷之二鶴尤爲誕肆是亦以顛得名之一端存而不論可矣

臣等謹案書史一卷宋米芾撰芾字元章吳人以母侍宣仁后藩邸舊恩補浛洭尉歷太常博士知無爲軍召爲書畫博士擢禮部員外郎出知淮陽軍卒事蹟具宋史文苑傳芾書學冠絕一時此乃所評論前人眞蹟皆以目歷者爲斷故始自西晉迄於五代凡印章跋尾紙絹裝褙俱詳載之中如言敘帖辨爲右軍書而斥柳公權之誤作子敬智永千文驗爲鍾紹京歐陽詢書魏泰收虞世南草書則又定爲智永作類皆鑑別精微不爽錙黍所錄詩文亦多有出見聞

之外者如許渾湘潭雲盡暮山出句此載渾手寫烏絲欄墨蹟内暮山實作暮煙知今世所行丁卯集本爲誤楊慎作丹鉛録嘗攘其説而諱所自出是尤足資考證也惟卷末論私印一條謂印關吉凶歷引當時三省印御史臺印宣撫使印皆以篆文字畫卜官之休咎其説頗失之謬妄云乾隆四十七年十月恭校上

寶章待訪録

海岳名言

臣等謹案寶章待訪録一卷宋米芾撰皆記同時士大夫所藏晉唐墨蹟成於元祐元年丙寅書録解題作寶墨待訪録二卷與此互異疑陳振孫誤也自序謂太宗混一僞邦圖書皆聚而士民之間尚或藏者懼久廢忘故作此以俟訪分目睹的聞二類目睹者王羲之雪晴帖以下凡五十四條内張芝王翼二帖註云非眞蓋與張直清所藏他帖連類全載之的聞者唐僧懷素自序以下凡

二十九條大槩與所撰書史相出入然書史詳而此較略中如王右軍來戲帖此書謂丁氏以一萬質於鄆州梁子志處而書史則謂質於其鄰大姓賈氏得二十千今十五年猶在賈氏又懷素三帖此書謂見於安師文而書史則謂元祐戊辰安公攜至留吾家月餘今歸章公惇云云驗其歲月皆當在此書既成之後知書史晚出故視此更爲詳備也然其間如晉謝奕謝安桓溫三帖書史祇載竇蒙審定印而此書又載有鍾紹京書印陳僧智永歸田賦跋書史作開成某年而此書實作開成五年亦有可以互相考正者今故並著於錄以備參訂焉

臣等謹案海岳名言一卷宋米芾撰皆其平日論書之語於古人多所譏貶如謂歐柳爲醜怪惡札之祖徐浩肥俗更無氣骨薛稷大字用筆如蒸餅顏魯公眞字便入俗品皆深致不滿其所紀對徽宗之語於蔡襄沈遼黃庭堅蘇軾蔡京蔡卞尤極意詆訶史稱芾翰墨得獻之筆意而書中於子敬書顧不置議論

但云吾書取諸長處總而成之人見之不知以何爲祖殆亦不免放誕矜炫之習然其心得既深所言運筆布格之法實能脱落蹊徑獨湊單微爲諸家之圭臬信臨池者所宜探索也其書原載入左圭百川學海中篇頁太少今以類相從附諸書史寶章待訪録之末都爲一帙焉乾隆四十七年十月恭校上

宣和畫譜

臣等謹案宣和畫譜二十卷不著撰人名氏記宋徽宗朝内府所藏諸畫前有宣和庚子御製序然序中稱今天子云云乃類臣子之頌詞疑標題誤也所載共二百三十一人計六千三百九十六軸分爲十門一道釋二人物三宫室四蕃族五龍魚六山水七鳥獸八花木九墨竹十蔬果考趙彦衞雲麓漫鈔載宣和畫學分六科一曰佛道二曰人物三曰山川四曰鳥獸五曰竹花六曰屋木與此大同小異蓋後又更定其條目也蔡絛鐵圍山叢談曰崇寧初命宋喬年値御前書畫所喬年後罷去繼以米芾輩迨至末年上方所藏率至千計吾以

宣和癸卯歲常得見其目云云癸卯在庚子後三年當時書畫二譜蓋即就其目排比成書歟徽宗繪事本工米芾又稱精鑒故其所錄收藏家據以爲徵非王黼等所輯博古圖動輒舛謬者比條又稱御府所祕古來丹青其最高遠者以曹不興玄女授黃帝兵符圖爲第一曹髦卞莊子刺虎圖第二謝稚烈女貞節圖第三自餘始數顧陸僧繇而下與今本次第不同蓋作譜之時乃分類排纂其收藏之目則以時代先後爲差也又卞莊子刺虎圖今本作衛協不作曹髦則併標題名氏亦有所考正更易矣王肯堂筆麈曰畫譜采薈諸家記錄或臣下撰述不出一手故有自相矛盾者如山水部稱王士元兼有諸家之妙而宮室部以皁隸目之之類許道寧條稱張文懿公深加歎賞亦非徽宗御撰蓋亦未詳繹序文然所指牴牾之處則固切中其失也乾隆四十七年十一月恭校上

宣和書譜

臣等謹案宣和書譜二十卷不著撰人名氏記宋徽宗時內府所藏諸帖蓋與畫譜同時所作也首列帝王諸書爲一卷次列篆隸爲一卷次列正書四卷次列行書六卷次列草書七卷末列分書一卷而制誥附焉宋人之書終于蔡京蔡卞米芾殆即三人所定歟芾京卞書法皆工芾尤善于辨别均爲用其所長故宣和之政無一可觀而鑑賞則爲獨絶也蔡絛鐵圍山叢談稱所見內府書目唐人硬黃臨二王至三千八百餘幅顏魯公墨迹至八百餘幅大凡歐虞褚薛及唐名臣李太白白樂天等書字不可勝記獨兩晉人則有數矣至二王破羌洛神諸帖眞蹟殆絶蓋亦僞多焉云云今書所載王羲之帖僅二百四十有三王獻之帖僅八十有九顏眞卿帖僅二十有八蓋其著于錄者亦精爲汰簡魚目之混罕矣乾隆四十八年九月恭校上

山水純全集

臣等謹案山水純全集一卷宋韓拙撰拙字純全號琴堂南陽人畫史會要稱

其善畫山水窠石著山水純全集即指此書別本或作山水純全論傳寫訛也

拙始末不甚可考惟集末有宣和辛丑夷門張懷後序稱自紹聖間擔簦至都

下進藝爲都尉王晉卿所帳薦于今聖藩邸繼而上登寶位授翰林書藝局祗

候累遷爲直長祕書待詔今已授忠訓郎云云蓋徽宗時畫院中人也是編首

論山次論水次論林木次論石次論雲霧煙靄嵐光風雨雪霜次論人物橋彴

關城市觀山居舟車四時之景次論用墨格法氣韻之病次論觀畫別識次論

古今學者凡九篇而序中自稱曰十篇豈佚其一歟其持論多主規矩所謂逸

情遠致超然于筆墨之外者殊未之及蓋院畫之體如是然未始非畫家之格

律也考鄧椿畫繼載有洛人韓若拙工畫翎毛又善寫眞宣和末應募使高麗

寫國王眞會用兵不果行二人同時同鄉里同善畫而姓名祇差一字殆一人

而訛傳歟不可考矣乾隆四十七年九月恭校上

廣川書跋

臣等謹案廣川書跋十卷宋董逌撰逌字彦遠東平人題曰廣川從郡望也逌政和中官徽猷閣待制王明清玉照新志載宋齊愈獄牘稱司業董逌在坐則靖康末尙官司業矣丁特起孤臣泣血錄並記其受張邦昌僞命爲之撫慰太學諸生事其人蓋不足道者然其書畫賞鑒則至今推之是編皆古器款識及漢唐以來碑帖末亦附宋人數帖論斷考證皆極精審其據左傳成有岐陽之蒐定石鼓文爲成王作雖未必確而說亦甚辨然能知孫叔敖碑不可信而滕公石槨銘乃信博物志西京雜記之語又如以紀爲裂繻之國不知其是卿非侯以窗中列遠岫爲謝靈運詩不知其爲謝朓亦多疎舛要不害其鑒别之精也乾隆四十七年四月恭校上

廣川畫跋

臣等謹案廣川畫跋六卷宋董逌撰逌在宣和中與黄伯思均以考據賞鑒擅名毛晉嘗刋其書跋十卷而畫跋則世罕傳本此本爲元至正乙巳華亭孫道

明所鈔云從宋末書生寫本録出則爾時已無録本矣紙墨歲久剝蝕然僅第六卷末有缺字餘尚完整也古圖畫多作故事及物象故逌所跋皆考證之説其論山水者惟王維一條范寬二條李成三條燕肅二條時記室所收一條而已其中如辨正武皇望仙圖東丹王千角鹿圖七夕圖兵車圖九主圖陸羽點茶圖送窮圖乞巧圖勘書圖擊壤圖沒骨花圖舞馬圖戴嵩牛圖秦王進餅圖留瓜圖王波利獻馬圖引據皆極精核其封禪圖一條立義未確煅魚圖一條附會太甚分鏡圖一條拘滯無理地獄變相圖誤以盧棱伽爲在吴道元前皆偶然小疵不足以爲是書累也乾隆四十七年十月恭校上

畫繼

臣等謹案畫繼十卷宋鄧椿撰椿雙流人祖洵武政和中知樞密院其時最重畫學椿以家世聞見綴成此書其曰畫繼者唐張彦遠作歷代名畫記起軒轅止唐會昌元年宋郭若虛作圖畫見聞志起會昌元年止宋熙寧七年椿作此

書起熙寧七年止乾道三年用續二家之書故曰繼也所錄上而帝王下而工
技九十四年之中凡得二百一十九人一卷至五卷以人分曰聖藝曰侯王貴
戚曰軒冕材賢曰縉紳韋布曰道人衲子曰世冑婦女及宦者各爲區分類別
以總括一代之技能六卷七卷以畫分曰仙佛鬼神曰人物傳寫曰山水樹石
曰花竹翎毛曰鳥獸蟲魚曰屋木舟車曰蔬果藥草曰小景雜畫各爲標舉短
長以分闡諸家之工巧蓋互相經緯欲俾一善不遺八卷曰銘心絶品記所見
奇蹟愛不能忘者爲書中之特筆九卷十卷曰雜説分二子目一曰論遠皆品
評繪事一曰論近皆錄宋時畫家雜事其論遠之末忽綴宋時雜事一條疑傳
寫亂其次也椿以當代之人記當代之藝所收自未免稍寬故其迹多不傳于
世迄今有不知其姓名者然觀其所品不取徽宗時畫院之格拘守法度亦不
取石恪等之縱佚規矩頗爲平允又網羅賅備俾後來得以考核固賞鑒之家
所據爲左驗者矣乾隆四十七年九月恭校上

續書譜

臣等謹案續書譜一卷宋姜夔撰夔有絳帖平已著錄是編乃其論書之語曰續書譜者唐孫過庭先有書譜故也前有嘉定戊辰天台謝采伯序稱略識夔於友人處不知其能書也近閲其手墨數紙筆力遒勁波瀾老成又得其所著續書譜一卷議論精到三讀三歎因爲鋟木蓋夔撰是書至采伯始刊行也此本爲王氏書苑補益所載凡二十則其燥潤勁媚二則均有錄無書燥潤下注曰見用筆條勁媚下注曰見性情條然燥潤之説實在用墨條中疑有舛誤又眞書草書之後各有用筆一則而草書後之論用筆乃是八法並非論草疑亦有訛敬考欽定佩文齋書畫譜第七卷中全收是編臨摹以前八則次序相同臨摹以下先後小殊而燥潤勁媚二則則並無其目蓋所據之本稍有不同而其文則無所增損也乾隆四十七年十月恭校上

寶眞齋法書贊

臣等謹案寶眞齋法書贊宋岳珂撰珂字肅之號亦齋又號倦翁鄂國忠武王飛之孫敷文閣待制霖之子歷官戶部侍郎淮東總領是書以其家所藏前人墨蹟自晉唐迄于南宋各繫以跋而爲之贊其祖父手蹟則別爲鄂國傳家帖附之于末珂處南渡積弱之餘又當家難流離之後故其間關涉時事者多發憤激烈情見乎詞至于諸家古帖尤徵人論世考核精審其文亦能兼備衆體新穎百變層出不窮可謂以賞鑒而兼文章者矣珂所著九經三傳例程史金陀粹編媿郯錄諸書世多傳本獨是編諸家皆未論及惟米芾外紀所引英光堂帖載其一條即珂所刻米芾外紀其文視此稍略蓋彼爲帖後跋尾此則編輯以成書猶歐陽修集古錄有眞蹟集本之異也原本爲永樂大典割裂分繫其卷目已不可考今就其僅存者排比推求大抵以類分編首以歷代帝王次晉及梁陳眞蹟次唐五代至宋眞蹟而唐摹又自分二王及雜蹟五代則先以吳越三王宋則終以鄂國傳家每類之首有總標如吳越三王判牘鄂國傳家

帖可以考也總標之下先繫以總贊如唐摹二王之貞觀焆興云云無名氏帖之非紀録不概云云可以考也其總贊無可專屬永樂大典皆棄不録惟此二首連前後帖尾幸而得存猶可尋當日體例耳所類諸帖晉唐以前簡幅省少帖各爲贊南北宋人篇翰繁多則連類爲贊而每帖之或眞或草幾幅幾行題記乙塗又附注于分標之下約略編次尚可二十八卷其間遺聞佚事可訂史傳之是非短什長篇可補文集之訛缺如朱子儲議一帖辨論幾及萬言許渾烏闌百篇文異殆逾千字考證頗爲有功且所載諸帖石刻流傳者十僅二三墨蹟僅有者百尠一二皆因珂之彙集以傳其書泯没零落逾數百年遭逢聖代右文得邀裒輯復見於世可謂珂之大幸亦可謂歷代書家之大幸矣至於前賢法帖釋者聚訟珂所載亦間有異詞其已經　欽定重刻閣帖釐訂者並敬遵駁正間有參差歧出數說皆通者亦並用參存不没其實焉乾隆四十六年五月恭校上

臣等謹案書小史十卷宋陳思撰思即臨安書賈嘗輯寶刻叢編以行世者其所作書苑菁華專取漢魏以來論書之語集成一編採掇頗見雅贍魏了翁爲序之此則以歷代書家小傳纂次成帙前有咸淳丁卯天台謝愈修序蓋與書苑菁華相輔而行者也書中所載自庖犧迄五季凡紀一卷載帝王五十一人傳九卷首后妃十人附以諸女十三人次諸王二十七人次蒼頡至郭忠恕共四百三十人中間義例亦多未善如閨秀一門自宜依史例退置書末乃以廁于后妃諸王之間殊爲乖舛又如北齊彭城王浟本無能書之名惟史載其八歲時書迹未工爲博士韓毅所戲思因此一節遂一槩採入書家中尤爲氾濫迥不及書苑菁華之詳密特其排比薈稡猶有可觀頗可爲考古者檢閱之助其用心固有足尙者焉乾隆四十七年九月恭校上

臣等謹案書苑菁華二十卷宋陳思撰是編集古人論書之語與書小史相輔而行卷一卷二曰法卷三曰勢曰狀曰體曰旨卷四曰品卷五曰評曰議曰估卷六曰斷卷七曰錄卷八曰譜曰名卷九卷十曰賦卷十一卷十二曰論卷十三曰記卷十四曰表曰啟卷十五曰牋曰判卷十六曰書曰序卷十七曰歌曰詩卷十八曰銘曰贊曰敍曰傳卷十九曰訣曰意曰志卷二十曰雜著所收凡一百六十餘篇以意主閎博故編次叢雜不免疎舛如序古無作敍者因蘇軾避其家諱而改本非二體昌黎集內所作皆序而非敍思乃列序敍爲二目且以韓愈送高閑上人一篇載入敍中殊無根據又晉書王羲之傳唐太宗稱制論斷即屬傳贊之流而思別題作書王羲之傳後列之雜著中尤爲不知體製然自唐以來惟韋續墨藪兼採羣言而篇帙無多未爲賅備其裒錄諸家緒言薈稡編排以資考訂實始於是編　御定佩文齋書畫譜中論書一門多採用之雖思書規模草創萬不及後來之精密而大輅肇自椎輪層冰成於積水其

造始之功固亦未可泯焉乾隆四十七年十月恭校上

書錄

臣等謹案書錄三卷宋董更撰更字良史不詳其里貫自稱閒中老叟蓋未登仕版者也其書皆紀宋代書家姓氏分上中下三篇上篇載藝祖至高宗中篇載北宋書家一百十人下篇載南宋書家四十五人有見輒鈔於帙故不復以人品高下爲詮次凡諸家所有評論書法者悉加採摭彙次每人之後更爲外篇附於卷末所載女子六人蓋倣華陽國志𥼶儒貧女有可紀者莫不咸具例也錄中所紀雖未爲賅備而徵引典核考據精審亦殊有體裁非泛濫撦撏者可比其書成於理宗淳祐壬寅後景定元年庚申燬於火度宗咸淳元年乙丑從章氏得其舊本乃重加修校復成此編原本書末有至正丁未三月錄辨云云一行蓋元時華亭孫氏所鈔存者後輾轉傳錄訛脱益甚自序亦已殘缺不可讀檢勘諸本並同無可校補今姑仍其舊焉乾隆四十七年九月恭校上

竹譜

臣等謹案竹譜十卷元李衎撰衎字仲賓號息齋薊邱人皇慶元年爲吏部尚書集賢殿大學士謚文簡蘇天爵滋溪集有衎墓志稱其翰墨餘暇善圖古木竹石有王維文同之高致續宏簡錄曰李衎少時見人畫竹從旁窺其筆法始若可喜旋覺不類輒歎息舍去後從黃華子澹游學觀黃華所畫墨蹟又迥然不同乃復棄去至元初來錢塘得文同一幅欣然願慰自後一意師之兼善畫竹法加青綠設色後使交趾深入竹鄉於竹之形色情狀辨析精到作畫竹墨竹二譜凡黏幀礬絹之法悉備又鄧文原履素齋集有哭衎詩二首詩末註曰仲賓近刊竹譜廿卷其書世罕傳本浙江鮑氏所傳鈔者僅有一卷疎略殊甚惟永樂大典載其完書實分四門曰畫竹譜墨竹譜與宏簡錄所言合又有竹態譜竹品譜其竹品譜中又分全德品異形品異色品神異品似是而非竹品有名而非竹品六子目共爲十卷卷各有圖蓋每二卷併一卷矣其書廣引繁

徵題稱淹雅録而存之非惟游藝之一端抑亦博物之一助矣中有有說而無圖者自序謂與常竹同者則不復圖非闕帙也乾隆四十六年十二月恭校上

畫鑒

臣等謹案畫鑒一卷舊本題宋東楚湯垕君載撰案卷首有題詞曰采眞子妙於考古在京師時與今畫鑒博士柯君敬仲論畫遂著此書用意精到悉有依據云云則垕與柯九思同時九思爲鑒畫博士在元文宗天歴元年則作此書時上距宋亡已五十三年下距元亡僅三十九年垕安得復稱宋人且書中稱元曰本朝稱宋曰宋朝内元外宋尤不得以遺民藉口舊本蓋相沿誤題也又題詞稱惜乎尚多疎略乃爲删補編次成帙名曰畫鑒後有高識知賞其言采眞子東楚湯垕君載之自號也云云則此書乃因垕舊稿重爲潤色不但非垕之原本併畫鑒之名亦非垕所自命矣惟題詞不著名氏遂不能詳考其人耳所論歴代之畫始於吳曹弗興次晉衛協顧愷之次六朝陸探微諸家案吳晉皆在六

朝不應別採微以下爲六朝原本標目如是姑仍其舊而附訂其誤于此次唐及五代諸家次宋金元諸家然元惟龔開陳琳二人蓋趙孟頫諸人並出同時故不錄也次爲外國畫次爲雜論大致似米芾畫史以鑒別眞僞爲主凡所辨論皆在筆墨氣韻間不似董逌諸家以考證見長也乾隆四十七年九月恭校上

衍極

臣等謹案衍極二卷元鄭杓撰案何喬遠閩書曰杓字子經羅源人泰定中官南安縣教諭與陳旅爲文字友著衍極五篇衍極記載三篇其書自蒼頡迄元代凡古人篆籒以及書法之變皆在所論宣撫使齊伯亨採而上之作衍極堂以藏其書陶宗儀書史會要又稱其能大字兼工八分蓋究心斯藝故能析其源流如是也其書載永樂大典中而缺其記載三篇別本又載有學書次第書法源流二圖永樂大典亦缺然別本字句訛脫文注混淆不及永樂大典之精善謹合兩本參校補遺正誤復還舊觀其注爲劉有定所作有定字聖靜號原

範莆田人其名載林承霖莆陽詩編亦見書史會要蓋亦文雅之士云乾隆四
十五年九月恭校上

法書考

臣等謹案法書考八卷元盛熙明撰案陶九成書史會要曰盛熙明其先曲鮮
人後居豫章清修謹飭篤學多材工翰墨亦能通六國書則色目人也是書前
有虞集揭傒斯歐陽原功三序集序稱其備宿衛原功序稱爲夏官屬其始末
則不可考矣傒斯序又稱熙明作是書屬稿未竟已有言之文皇帝者有旨趣
上進以備皇朝經世大典事嚴未及錄上四年四月五日今上在延春閣遂以
書進上方留神書法覽之終卷親問八法旨要命藏之禁中以備親覽書史會
要亦稱至正甲申嘗以法書考八卷進上與序相合則是書實當時奏御本也
其書首爲書譜分子目四次爲筆法次爲圖訣次爲形勢各分子目二次爲風
神次爲工用各分子目三次爲附錄印章押署跋尾雖雜取諸家之說而採擇

特精其字源一門所列梵書十六聲三十四母蒙古書四十二母亦與陶九成

通六國書之說合皆頗足以資考證也乾隆四十七年九月恭校上

圖繪寶鑑

臣等謹案圖繪寶鑑五卷元夏文彥撰文彥字士良其先吳興人居於松江嗜

古精繪事爲楊維楨所稱其家多藏名蹟又於見聞所及廣搜博訪采輯古今

能畫者錄其姓氏各爲品藻以作是編自軒轅以迄元代旁及外國得一千五

百餘人中間如封膜之類尙沿舊訛未能糾正又每代所列不以先後爲次往

往倒置體例亦未爲善然鬼羅廣博在畫史之中最爲詳贍郎瑛七修類稿嘗

謂圖繪寶鑑但記歷代善畫人名及所師某人而已當添言所以方盡其意如

董源則曰山是麻皮皴之類馬遠則曰山是大斧劈兼丁頭鼠尾之類如是則

二人之規矩已寓目前而後之觀其畫者亦易云云然文彥所紀主於徵考家

數源流中間傳其名者多見其迹者少安能一一舉其形似瑛所云云蓋未知

著書之難不足據也續編一卷明欽天監副韓昂所纂起明初迄正德一百五
十年間采輯得一百七人而冠以宣宗憲宗孝宗三朝御筆成於正德十四年
然核其書中如文彭陸治錢穀等已下該嘉靖時人殆後來有所增補非昂之
舊歟乾隆四十七年九月恭校上

欽定四庫全書提要卷六十三

子部十五

藝術類二

書史會要

臣等謹案書史會要九卷補遺一卷明陶宗儀撰續編一卷明朱謀垔撰宗儀有草莽私乘已著錄謀垔字隱之號厭原山人寧藩支裔也是編載古來能書人上起三皇下至元代凡八卷末爲書法一卷又補遺一卷據孫作滄螺集所載宗儀小傳稱書史會要凡九卷此本目錄亦以書法補遺共爲一卷而列本乃以補遺別爲卷又以朱謀垔所作續編一卷題爲卷十移其次于補遺前殆謀垔之子統鉷重刋是書分析移易遂使宗儀原書中斷爲二今仍退謀垔所補自爲一卷題曰續編以別于宗儀之書其書法補遺如仍合爲一卷則篇頁稍繁姑仍統鉷所編別爲一卷以便省覽焉乾隆四十七年十月恭校上

寓意編

臣等謹案寓意編一卷明都穆撰穆有壬午功臣爵賞録已著録此書記所見書畫名蹟載陳繼儒祕笈中僅有一卷而世所刻本别有穆鐵網珊瑚二十卷其第五第六兩卷題曰寓意上寓意下乃多一卷考其上卷所載書畫每條各系以收藏之家而下卷則否上卷之末云余家高祖以來好蓄名畫皆往往爲好事者所得亦不留意也云云詳其語意已爲終篇之詞不應更有下卷況下卷之末併載何良俊書畫銘心録中有嘉靖丁巳正月人日記所觀書畫事考王寵所作穆墓志穆卒于嘉靖四年乙酉而何良俊之撰銘心録則在嘉靖三十六年穆何從而載其事又其下卷以下每卷皆標太僕寺少卿都穆之名而中間載文徵明山水二軸一作于嘉靖乙未一作于嘉靖戊午乙未爲嘉靖十四年戊午爲嘉靖三十七年皆在穆卒以後是即鐵網珊瑚一書出于僞託之明證然則其下一卷爲妄人附益審矣今仍以陳繼儒所刻一卷著録以存其

舊所載如顏眞卿爭坐位帖薛尚功鐘鼎款識帖亦足資考核惟成化戊申一段成化實無戊申殊爲牴牾當由誤記抑或刻本偶譌歟乾隆四十七年九月恭校上

珊瑚木難

臣等謹案珊瑚木難八卷明朱存理撰存理有旌孝錄已著錄朱彝尊靜志居詩話曰存理自少至老未嘗一日忘學問人有異書必從訪求以必得爲志所纂集凡數百卷既老不厭坐貧無以自資其書旋亦散去江南通志亦曰元季明初中吳南園何氏笠澤虞氏廬山陳氏書籍金石之富甲於海內繼其後者存理其尤也兹編悉載所見字畫題跋其卷中前人詩文世所罕覯者亦附錄焉其書從無刊本轉相傳寫訛脫頗多今詳加釐正而闕其所不可知者著之於錄云乾隆四十七年十月恭校上

趙氏鐵網珊瑚

臣等謹案趙氏鐵網珊瑚十六卷舊本題明朱存理撰末有萬歷中常熟趙琦美跋稱原從秦四麟家得書品畫品各四卷後從焦竑得一本卷帙較多因兩本互校增爲書品十卷畫品六卷其先後次序則琦美所隱定而又以所見眞蹟續於後稱秦氏原本無撰人姓名別有跋記作者姓名後佚去不復記然非朱存理也據此則是書乃趙琦美得無名氏殘稿所編其稿既不出於一家且琦美又有所增補題朱存理撰爲誤矣雍正戊申年希堯嘗刻此書其跋稱別有一本十四卷者傳爲存理原本今亦未見又世傳存理所作珊瑚木難八卷所載名蹟未皆有自跋語與此本體例迥異則此書非出存理手愈可知也然所載書畫諸跋頗足以辨析異同考究眞僞至今賞鑒家多引據之其書既爲可採則亦不必問其定出誰氏矣乾隆四十七年七月恭校上

墨池瑣錄

臣等謹案墨池瑣錄三卷明楊愼撰愼有檀弓叢訓已著錄王世貞名賢遺墨

跋曰愼以博學名世書亦自負吳興堂廡世傳其謫戍雲南時嘗醉傅胡粉作雙髻插花諸伎擁之遊行城市或以精白綾作裓遣諸伎服之酒間乞書醉墨淋漓人每購歸裝潢成卷蓋愼亦究心書學者此書頗抑顔眞卿而謂米芾行不逮言至趙孟頫出乃一洗顔柳之病直以晉人爲師右軍之後一人而已與王世貞吳興堂廡之說合知其確出愼手中間或採舊文或抒己意往往皆心得之言其述張天錫草書韻會源流及小王破體書亦兼有考證至漢司隸楊厥碑𨘷字之類偶爾疎謬者已駁正於洪适隸釋條下茲不具論云乾隆四十七年十月恭校上

書訣

臣等謹案書訣一卷不著撰人姓氏明史藝文志亦未著錄案書中稱其十世祖名稷曾祖名慶祖名耘考名熙則當爲嘉靖間鄞人豐坊所作也坊有古易世學已著錄其生平好作僞書妄謬萬端至今爲世詬厲然于書法則有所心

得故詹氏小辨曰坊爲人逸出法紀外而書學極博五體並能諸家自魏晉以及國朝靡不兼通規矩盡從手出蓋工于執筆者也以故其書大有腕力特神韻稍不足朱謀垔書史會要亦曰坊草書自晉唐而來無今人一筆態度惟喜用枯筆乏風韻耳是編皆論學書之法而尤注意于篆籀又排比古今能書之家評其次第其論顔眞卿獨推其擘窠題署第一而詆東方朔贊多寶塔頌爲俗筆又貶蘇軾以肉襯紙甚有俗氣于楷法僅取其上清儲祥宮碑等三種務爲高論蓋猶其狂易之餘態要亦各抒所見固與無實大言者異矣乾隆四十七年十一月恭校上

書畫跋跋

臣等謹案書畫跋跋三卷續三卷明孫鑛撰鑛有月峯評經已著録是書名書畫跋跋者王世貞先有書畫跋鑛又跋其所跋故重文見義猶非非國語反反離騷例也明以來未有刊本僅有鈔本在仁和毛先舒家後歸其邑人趙信信

爲孫氏之壻故鑛六世孫宗溥宗濂又從趙氏得之乾隆庚申始刊板印行任蘭枝爲之序初宗溥等以鑛書本因世貞而作如不載世貞原跋則鑛之所云有不知爲何語乃取世貞諸跋散附於各題之下其明人書札可與鑛語相證及爲鑛語所緣起亦附載焉凡墨蹟一卷碑刻一卷畫一卷續亦如之惟續跋碑刻作墨刻蓋偶爾駁文非宏旨所在也詹氏小辨曰王元美雖不以字名顧吳中諸家惟元美一人知法古人又書史會要曰王世貞書學非當家而議論翩翩筆法古雅蓋拙於揮毫而工於別古者也鑛以制義名一時亦不以書畫傳然所論則時有精理與世貞長短正同亦賞鑑家所取證者矣乾隆四十七年十月恭校上

繪事微言

臣等謹案繪事微言二卷明唐志契撰志契字敷五又字元生江都人與弟志尹並能畫而志契尤以山水擅名是編乃其所著畫譜姜紹書無聲詩史以爲

頗得六法之藴者也所録畫家名論自南齊謝赫古畫品録而下至於明李日華諸人皆删除蕪冗汰取精華其中如梁元帝畫松石格不知爲贋本王維山水論一篇見於王氏畫苑此則以爲洪谷子荆浩作而又誤題爲畫山水賦林泉高致本河陽郭思追述其父熙遺迹今遂以爲熙作畫麈乃吴中沈顥著見陶宗儀説郛而因顥字朗倩輾轉傳訛遂誤作朗耀蓋技藝之流多喜依託古人以神其授受地師動稱郭璞術家每署劉基之類皆踵謬沿訛猝難究詰但所言中理即可不必深求至其自著論斷則多中肯綮如謂佛道人物牛馬則今不如古山水林木花石則古不如今又云作畫以氣韻爲本讀書爲先皆確論也讀其書可以知其非庸史矣故　欽定佩文書畫譜採志契之説頗多云

乾隆四十七年十月恭校上

書法雅言

臣等謹案書法雅言一卷明項穆撰王穉登所作穆小傳稱其初名德枝郡大

夫徐公易爲純後乃更名穆字德純號曰貞元亦號曰無邪子秀水項元汴之子也元汴鑒藏書畫甲于一時至今論眞蹟者尙以墨林印記別眞僞穆承其家學耳濡目染故于書法特工因抒其心得作爲是書凡十七篇曰書統曰古今曰辨體曰形質曰品格曰資學曰規矩曰常變曰正奇曰中和曰老少曰神化曰心相曰取舍曰功序曰器用曰知識大旨以晉人爲宗而排蘇軾米芾書爲稜角怒張倪瓚書爲寒儉軾芾加以工力可至古人瓚則終不可到雖持論稍爲過高而終身一藝研究至深煙楮之外實多獨契衡以取法乎上之義未始非書家之圭臬也乾隆四十七年二月恭校上

寒山帚談

臣等謹案寒山帚談二卷拾遺一卷附錄一卷明趙宧光撰宧光有說文長箋已著錄是編本在所撰說文長箋中亦析出別行長箋穿鑿附會且引據疎舛頗爲小學家所識而篆文筆法則差有偏長故此編猶爲後人所重上卷四目

曰權輿論一十五種書也曰格調論筆法結構也曰力學論字功書法也曰臨倣則力學之餘緒析而爲篇者也下卷四目曰用材論筆墨硯紙及運用法也曰評鑒論辨識之淺深也曰法書論古帖也曰了義論書家祕諦也其拾遺一卷闡發未盡之意各註某條補某篇某字其附錄則金石林甲乙表及諸論也曰帚談者取家有敝帚享之千金意耳乾隆四十七年十月恭校上

書法離鉤

臣等謹案書法離鉤十卷明潘之淙撰之淙字無聲號達齋錢塘人與兄之淇字爾瞻者皆工書是編薈萃舊說各以類從大指謂書家筆筆有法必深於法而後可與離法又必超於法而後可與進法俗學株守規繩高明盡滅紀律俱非作者書中知道從性諸篇皆言不法而法法而不法之意其名離鉤者取釋子垂絲千尺意在深潭離鉤三寸語也然仍訛襲謬不一而足如籀文與古文大篆皆小異故說文序云新莽謂之奇字徐浩云史籀造籀文李斯作篆江式

唐元度則謂史籀著大篆十五篇又如隸書在八分之前行書在草書之後故蔡琰云吾父割隸字八分而取二分蕭子良云靈帝時王次仲飾隸爲八分說文漢興有草書張懷瓘則謂八分小篆之捷隸亦八分之捷郭忠恕則謂小篆散而八分生八分破而隸書出隸書悖而行書作行書狂而草書聖之淙皆不能辨其妄至楊慎改嶽麓禹碑中南暴昌言四字爲南瀆衍亨僞云得之夢中之淙亦信之尤爲寡識特其摭錄繁富瑕不掩瑜亦可以備考證之一助焉乾隆四十七年四月恭校上

畫史會要

臣等謹案畫史會要五卷明朱謀垔撰是書成于崇禎辛未因陶宗儀有書史會要未及畫家乃採上古迄明能畫人姓名事迹以成此編亦附以畫法一卷蓋全用宗儀體例故此書名亦相因也然宗儀之書止于元代故謀垔所續明人別爲一卷列之外域之後可也此書謀垔所自編旣以金列元前稍移其次

而所列明人雖太祖宣宗亦次于外域之後則拘泥舊目顛倒乖刺之甚矣至目錄以宋爲第二金元及外域爲第三卷而其書乃以北宋爲第二卷南宋金元及外域爲第三卷又削去南宋之號但以都錢塘三字爲卷端標目舛迕尤甚蓋明之末年士大夫多喜著書而競尚狂誕以潦草脫略爲高尚不復以精審爲事故顧炎武日知錄謂萬歷後所著之書皆以流賊劉七爲賊七之類所刻之書皆以壯月朔爲牧丹朔之類雖詆之稍過亦未可謂全無因也今爲改正其文而附註原目之謬如右其書雖採摭未富疏漏頗多而宋金元明諸畫家頗賴以考見始末故御定佩文齋書畫譜畫家傳中多引以爲據亦談丹青者所不可遽廢也乾隆四十七年十月恭校上

書畫題跋記　續書畫題跋記

臣等謹案書畫題跋記十二卷續題跋記十二卷明郁逢慶撰逢慶字叔遇別號水西道人嘉興人是書分前後二集前集末有自識云所見法書名畫錄其

題詠積成卷帙時崇禎七年冬也後集無跋則不知其成于何歲矣其書皆即所見書畫錄其題跋初不以辨别眞贗爲事故如趙孟堅所藏定武蘭亭本天聖丙寅一條范仲淹王堯臣米黻劉涇四跋年月位置皆與海寧陳氏渤海藏眞帖所刻褚模本同蓋以趙孟堅落水本原亦有范仲淹題而褚模本原亦有孟堅印傳寫舛互遂致混二本題跋爲一又如五字損本文徵明跋既載于前集第十卷作嘉靖九年八月二日下注云詳見續集而續集第二卷載此跋則作嘉靖十一年六月二十又七日同一帖同一跋一字不易而年月迥乎不同又前集高克恭仿米芾青綠雲山云詳見續集而前集所載克恭名款及至正戊子吳鎭題一段續集乃反無之沈周有竹居卷亦云詳續集而徐有貞文林吳寬錢仁夫秦嚩數詩與前集所載乃前後倒互諸如此類皆漫無考訂至于前集所載宋高宗畫册梁楷畫右軍書扇圖皆有水西道人題記當即逢慶所藏又第一至第四卷每卷之尾皆有崇禎甲戌冬日收藏題記核其歲月亦即

逢慶所自識而皆未註某爲所藏某爲所見體例尤不分明特採摭繁富多可互資參考者故併録存之備檢閲焉乾隆四十七年十一月恭校上

清河書畫舫

臣等謹案清河書畫舫十二卷明張丑撰丑崑山人原名謙德字叔益後改今名字青父號米庵蓋丑於萬歷乙卯得米芾寶章待訪録墨蹟名其書室曰寶米軒故以自號越歲丙辰是書乃成其以書畫舫爲名亦即取黄庭堅詩米家書畫船句也明代賞鑒之家考證多疎是編獨多所訂正如宋史米芾傳誤謂芾卒時年四十八而眞蹟流傳在四十八歲以後者不一而足深滋疑竇丑則云芾以皇祐三年辛卯生以大觀元年丁亥卒年五十七正與米芾印記辛卯米芾四字相合足糾托克托等之謬其他諸條亦多可依據惟是所取書畫題跋不盡出於手迹多從諸家文集録入且亦有未見其物但據傳聞編入者如文嘉嚴氏書畫記内稱枝山翁卷一又稱文徵明詞翰二是亦非盡出原蹟之

一驗其中第三卷之顧野王第五卷之杜牧之李陽冰蘇靈芝諸人皆無標目輾轉傳寫亦多失於校讐然丑家四世收藏於前代卷軸所見特廣其書用朱氏鐵網珊瑚之例於題識印記所載亦詳故百餘年來收藏之家多資以辨驗眞僞末一卷曰鑒古百一詩則丑所自爲米庵詩二十首銘心小集八十一首以類相從附於集後第九卷末附刻米芾寶章待訪錄十二卷末附刻文天祥手札皆非原本所有蓋鮑氏刋本所增附也鮑氏所刋不分卷數但以鶯嘴啄花紅溜燕尾點波綠皺十二字標爲次第蓋用謝枋得文章軌範以王侯將相有種乎七字編爲七册之例然麻沙坊本不可據爲典要今刪去舊題以十二卷著錄焉乾隆四十七年二月恭校上

眞蹟日錄

臣等謹案眞蹟日錄二卷二集二卷三集一卷明張丑撰凡三集前有丑自題稱書畫舫成鑒家謂其麤可觀覽多以名品卷軸見示就正因信手筆其一二

命曰眞蹟日録隨見隨書不復差次時代其二集三集則皆無序跋蓋以漸續增各自爲卷實可通作一編也此本爲鮑士恭家知不足齋所刊凡原本所載與書畫舫重複者如初集之虞永興破邪論王右軍鵝不佳帖破羌帖此事帖謝司馬帖思想帖又別本思想帖大道帖又別本大道帖鍾太傅孔廟鼎銘曹不興兵符圖桃源圖李成寒林平野圖顔魯公書誥及與蔡明遠帖陸機平復帖李西臺千文卷趙幹江行初雪圖錢舜舉臨陸探微金粟如來像卷懷素夢游天姥吟眞蹟倪雲林溪山仙館小幅王齊翰挑耳圖展子虔春游圖鮮于伯機題董北苑山水題蔘本搨蘭亭後王朋梅金明池圖二集之劉原父墨蹟秋水篇黄子久山水郭熙溪山秋霽卷李泰和梅熟帖褚河南小楷西昇經王叔明惠麓小隱卷倪雲林跋黄子久畫卷顧淸臣書李成讀碑窠石圖右軍鵝等帖孫知微十一曜圖巨然賺蘭亭圖三集之吳道子八部天龍卷李龍眠郭子儀單騎見回紇圖唐子畏獨樂園江山行旅二卷凡四十一條皆删去而存其

原目其詞有詳略異同者則仍並載之以資參考焉乾隆四十七年九月恭校

上

南陽書畫表

臣等謹案南陽法書表一卷南陽名畫表一卷明張丑撰所列皆韓世能家收

藏眞蹟法書表凡作者二十七人計七十二件分五格上爲時代下以正書行

押草聖石刻四等各爲一格名畫表凡作者四十七人計九十五圖亦分五格

上爲時代而下以道釋人物爲一格山水界畫爲一格花果鳥獸爲一格蟲魚

墨戲爲一格例又小别二表前皆有丑自序蓋先表法書既而世能之子朝延

併屬兼表名畫也世能字存良長洲人隆慶時進士官至禮部尚書喜收名蹟

董其昌洛神賦跋所稱館師韓宗伯者是也其稱南陽者韓氏郡望南陽猶韓

維之稱南陽集耳乾隆四十七年十一月恭校上

清河書畫表　見聞表

臣等謹案清河書畫表一卷明張丑記其家累世所藏書畫也丑自序稱其始祖號眞關處士者即收藏書畫有黃庭堅劉松年諸蹟已散佚無存是表所列以書畫時代爲經以世系爲緯第一格爲其高祖元素所藏第二格爲其曾伯祖維慶曾祖子和所藏第三格爲其祖約之叔祖誠之所藏第四格爲其父茂實所藏第五格爲其兄以繩所藏第六格爲丑所自藏第七格爲其姪誕嘉所藏上迄晉下迄明計作者八十一人四十九帖一百一十五圖中多名蹟蓋自其高祖即出沈度沈粲之門其曾祖亦與沈周游其祖父皆與文徵明父子爲姻婭世好淵源有自故丑特以賞鑒聞然據其自序則作表之時家事中落已斥賣盡矣此特追錄其名耳

臣等謹案書畫見聞表一卷明張丑撰蓋仿米芾寶章待訪錄例變而爲表凡分四格第一格爲時代第二格爲目覩第三格爲的聞第四格則每一朝代總計其數題曰會計凡一百五十五人一百八十八帖三百五十六圖末附顧愷

之夏禹治水圖王羲之行穰帖皆注曰見虞世南臨張芝平復帖顔眞卿鹿脯帖皆注曰閒蓋表成以後所續載也丑別有南陽書畫表故表首附記已見彼者不錄又云凡影響附會者不書然所列目覩諸名與所作書畫舫眞蹟日錄多不相應意此數表成于二書之前耶乾隆四十七年十一月恭校上

珊瑚網

臣等謹案珊瑚網四十八卷明汪砢玉撰砢玉有古今鹺略已著錄是書成崇禎癸未凡法書題跋二十四卷名畫題跋二十四卷朱彝尊靜志居詩話稱砢玉留心著述所輯珊瑚網一編與張丑清河書畫舫眞蹟日錄並駕蓋丑自其高祖維慶曾祖子和祖約之父茂實四世鑒藏砢玉亦以其父愛荊與嘉興項元汴交好築凝霞閣以貯書畫收藏之富甲於一時其有所憑藉約略相等故皆能搜羅薈萃勒爲巨編然丑之二書前後編次歲月皆未明晰砢玉是書則前列題跋後附論說較丑書綱領節目秩然有條惟其載法書頗有目睹耳聞

據以著錄不盡其所自藏乃一例登載皆不註明未免稍無區別中間原蹟全文或載或否亦絕無義例又如謂唐刻定武蘭亭有二石焦山瘞鶴銘有三石則眞贋不別以李邕書雲麾將軍李秀碑誤爲李思訓碑以宋人所刻臨江帖誤爲唐搨則考據亦未盡精審其所載名畫則宋元諸家銘心絕品收錄極詳賾素之富誠爲罕有後來卞永譽式古堂書畫考厲鶚南宋院畫錄實皆藉是書以成較在書跋之上至於書跋之後附以書旨書品之類畫跋之後附以畫繼畫評之類皆雜錄舊文挂一漏萬枝指駢拇兩集相同以原本所有姑仍錄之云爾乾隆四十七年九月恭校上

御定書畫譜

臣等謹案佩文齋書畫譜一百卷康熙四十七年御定首論書畫體格法度之精次歷代名人姓氏次諸家題跋辨論而冠以御製次及歷代鑒藏之家終焉無美不收無奇不錄眞藝林之大備矣古來論書者始于衞恒書勢論

畫者始于謝赫古畫錄其合書畫而撰錄者宣和有譜米芾有史董逌有跋王世貞有苑朱謀垔有續會要以及寶章待訪錄雲煙過眼錄鐵網珊瑚寓意編珊瑚網銘心錄書畫舫眞蹟日錄正續題跋記等書指不勝屈然多囿于所見未稱詳洽我　聖祖仁皇帝幾餘游藝綜覽千古而是時編纂諸臣若孫岳頒宋駿業王原祁等亦頗能留意翰墨足以仰承　睿裁是編垂世不獨以資博古亦實可爲陶冶性天之助云乾隆四十七年五月恭校上

祕殿珠林

臣等謹案　祕殿珠林二十四卷乾隆九年　內直諸臣奉　勅編定書畫之涉於釋典道教者按次恭錄首載　三朝宸翰　皇上御筆次歷代名人書畫而印本繡線刻絲之屬附焉次臣工書畫又次爲石刻木刻經典語錄科儀及供奉經像並先釋後道先書後畫先册次卷次軸每種紙素絹素書或墨或金畫或墨或著色以及標題款識印記題跋高廣尺寸縷悉記載自來誌記翰墨

諸書自貞觀畫史宣和書畫譜而下指不勝屈其所記經偈圖像往往雜廁於諸品之間或别立一目而已若是編之詳核精備洵從古所未覯也乾隆四十七年十一月恭校上

石渠寶笈

臣等謹案　石渠寶笈四十四卷乾隆九年　内直諸臣奉　勑編纂各依貯藏之所按類排輯並以書册畫册書畫合册書卷畫卷書畫合卷書軸畫軸書畫合軸爲次箋素尺寸款識印記及諸收藏家題詠跋尾與奉有　御題　御璽者悉誌無遺自來以書畫著録者或祇載名目或略及題款甚且採述雜聞非徵目見往往眞贋雜廁訛舛相沿難以徵信是編所登既皆藝苑之菁華而確按方幅稽核詳明尤非尋聲懸揣者可比其中　列朝宸翰　皇上御筆雲縵星輝珍逾球璧即前人遺墨書類如孝忠二經出師陳情二表座右銘女史箴稼説通書之屬畫類如詩經諸圖道統圖聖帝明王圖大禹泣辜圖列女圖

鑽諫圖耕織圖之屬並足以彰垂法戒合于無逸書屏豳風作繪之旨則是編者固不獨以標美藝林而已也乾隆四十七年十一月恭校上

庚子銷夏記

臣等謹案庚子銷夏記八卷　國朝孫承澤撰承澤所著春明夢餘錄天府廣記諸書俱已著錄承澤晚年思以講學自見論者多未之許獨其於鑒賞書畫則別有專長是編乃順治十七年承澤退居後所作始自四月迄於六月故以銷夏爲名自一卷至三卷皆所藏晉唐至明書畫眞蹟四卷至七卷皆古石刻每條先標其名而各加評隲於其下八卷爲寓目記則皆他人所藏而曾爲承澤所見者故別爲一卷附之大抵議論之中閒有考據如宋之錢時嘗爲祕閣校勘史館檢閱終於江東帥屬本傳所載甚明而承澤以爲隱居不仕此類亦頗失於檢點然其鑒裁精審敍次雅潔猶有米芾黃長睿之遺風視董逌之文筆晦澀者實爲勝之固考古者所宜取資也乾隆四十七年八月恭校上

繪事備考

臣等謹案繪事備考八卷　國朝王毓賢撰毓賢字星聚瀋陽人官湖廣按察使是書乃其在楚時所作成於康熙辛未取古來畫家姓名事蹟臚次成編第一卷爲總論皆撮諸家所言畫法大旨二卷至八卷則以時代分序自軒轅至隋及遼金元三朝俱合爲一卷唐五代南宋明各爲一卷惟北宋家數繁多獨析爲三子卷故總目雖分八卷其實乃十卷也其列每人各立小傳而以諸書所載傳世名蹟各附於其人之後大抵以張彥遠歷代名畫記夏文彥圖繪寶鑑爲藍本而增廣其所未備蒐輯頗爲詳贍雖其於前人紕謬處俱不加辨證如穆天子傳封膜畫於河水之陽郭璞注明云膜畫人名張彥遠誤以晝字作畫字遂稱封膜爲畫家之祖并妄造璞註以實之毓賢乃沿襲其訛不能考正此類實爲失於訂覈又明之畫家僅據韓昂圖繪寶鑑續編所載迄正德而止嘉靖以後竟不爲採摭續添亦殊傷闕略然前代論畫者如李嗣眞釋彥悰劉

道醇之流往往分别品第時代混淆難於檢核是書仿張夏二家舊例因時類敍一覽可知又爲之紬簡删繁彌覺便於尋討是亦游藝家所當參考矣乾隆四十七年四月恭校上

書法正傳

臣等謹案書法正傳十卷　國朝馮武撰武號簡緣常熟人馮班之從子也班以書法名一時武受其學年八十一時館蘇州繆曰芑家爲述此書專論正書之法首陳繹曾翰林要訣一卷次周伯琦所傳書法三昧一卷次李溥光永字八法一卷以三家論書獨得微指故也其語意有未顯者則武爲補注以明之次明李淳所進大字結構八十四法一卷次纂言三卷則歷代書家之微論次書家小傳名蹟源流各一卷而以班所著鈍吟書要一卷終焉每卷之中武亦各爲附論時有精語蓋武於書學頗有淵源耳乾隆四十七年五月恭校上

江村銷夏錄

臣等謹案江村銷夏錄三卷　國朝高士奇撰士奇有春秋地名考略已著錄是編乃其于罷歸平湖之日以所見法書名畫考其源流記其絹素長短廣狹後人題跋圖記一一誌載爲一書其體例頗與鐵網珊瑚清河書畫舫相似惟間加評定之語又以己所作題跋一槩附入稍有不同然所錄皆以親見爲定則視二家更詳審矣錄中書畫卞永譽式古堂彙考已並載無遺蓋即從士奇此本錄入其鑑賞之精爲收藏家所取重亦槩可見也所記自晉王羲之及明人文沈諸家皆具惟董其昌舊蹟悉不登載其凡例云董文敏書畫另爲一卷此本無之殆當時未及刋行歟乾隆四十七年九月恭校上

書畫彙考

臣等謹案書畫彙考六十卷　國朝卞永譽撰永譽字令之鑲紅旗漢軍官至刑部左侍郎王士禎居易錄云卞中丞永譽貽書畫彙考六十卷凡詩文題跋悉載上溯魏晉下迄元明所收最爲詳博朱彝尊論畫詩亦有妙鑒誰能別毫

髮一時難得兩中丞之句蓋永譽及宋犖皆精於賞鑒犖時爲江南巡撫永譽時爲福建巡撫故云兩中丞也是書書畫各三十卷先綱後目先總後分先本文而後題跋先本卷題跋而後援據他書條理秩然且視後來著錄家徵引特詳惟所載書畫不盡屬所藏亦非盡得之目見大抵多從汪砢玉珊瑚網張丑清河書畫舫諸書採撫裒輯故不能如寶章待訪錄以目見的聞灼然分别又所載本文如褚遂良書陸機文賦吳通微書陰符經劉敞書南華秋水篇趙孟頫書過秦論等皆與今本無大異同而具載全篇殊爲疣贅至于陸機平復帖虞世南枕臥帖其文爲世所未睹者乃略而不書至如趙孟堅水仙圖卷珊瑚網載有二本不能無前後錯出之疑永譽於後一條下注明其一恐出臨摹並存以俟考其例是也而所載定武蘭亭洛水本與郁逢慶書畫題跋記所載前後題跋互有不同所載神龍蘭亭本與朱存理鐵網珊瑚所載定武本題跋反多重複又黄庭堅書陰長生詩卷與朱存理張丑所載參錯歧出竟有三本王

誂煙江疊嶂圖蘇軾所爲賦詩者竟有四本皆未能辨析眞僞又王士禎居易錄所記於永譽齋中觀其所藏書畫有司馬光資治通鑑手稿永譽云曾見一册極端楷爲好事者分去永譽得其二三紙耳今是書載此蹟但云史草亦不著所存頁數反不若士禎所載之可據士禎又見所藏趙孟頫寫杜詩天育驃騎歌上有孟頫小篆延佑四年九月既望字是書亦併不載均爲漏略至於雁門乃郡名茂苑即長洲地名而以爲文彭文嘉之別號居節字士貞貞字印章古篆與鼎字相類而以爲居節一字士鼎又以秋巖爲吾衍之別號蓋因衍書古文篆韻後有至元丙戌秋巖記一條而云也不知前至元丙戌吾衍年甫二十不應云老且其跋內之丁卯若是宋末咸淳丁卯則正吾衍始生之時不當有自征建昌之語今以陶九成跋核之則知元乃正字之訛是爲至正七年丙戌距吾衍之沒已三十七年其秋巖乃題跋之人非吾衍別號也凡若此類疎舛尤多然登載既繁引述又富足資談藝家檢閱者無過是編固不以一二小

詆累其全體之宏博焉乾隆四十七年十月恭校上

南宋院畫録

臣等謹案南宋院畫録八卷　國朝厲鶚撰鶚有遼史拾遺已著録南宋自和議既成以後湖山歌舞務在粉飾太平於是仍仿宣和故事置御前畫院有待詔祗候諸官品其所作即名爲院畫當時如李唐劉松年馬遠夏珪有四大家之稱說者或謂其工巧太過視北宋門徑有殊然其初尚多宣和舊人流派相傳各臻工妙專門之藝實非後人所及故雖斷素殘縑收藏者尚以爲寶鶚嘗撰宋詩紀事南宋雜事詩於宋事最爲博洽因臚考院畫本末作爲此書首總述一卷次自李唐以下凡九十六人每人詳其事迹而以諸書所載真蹟題詠之類附於其下敘次頗爲賅贍其間如楊妹子題趙清獻琴鶴圖絶句一以爲馬和之畫一以爲劉松年畫諸書參錯不同此類亦未悉加考證然其徵引淵博於遺聞佚事殆已採摭無遺矣乾隆四十七年十月恭校上

六藝之一錄

臣等謹案六藝之一錄四百六卷續編十四卷　國朝倪濤撰濤有周易蛾術已著錄其平生篤志嗜學年幾百歲猶著書不輟貧不能得人繕寫皆手自鈔錄及其家婦女助成之是編猶出其親稾凡分六集一曰金器款識二曰刻石文字三曰法帖論述四曰古今書體五曰歷朝書論六曰歷朝書譜凡六書之異同八法之變化以及刋刻墨蹟之源流得失載籍所具者無不裒輯其間秪錄前人成說不以己意論斷或有彼此異論舛互難合者亦兩存其說以待後人之決擇蓋自古論書者唐以前遺文緒論惟張彥遠法書要錄爲詳若唐以後論書之語則未有賅備于是者矣雖採摭既多所錄不必盡雅條目太廣爲例亦未能悉純然排比貫串上下二千餘年洪纖悉具實爲書家之總彙梗柟杞梓萃于鄧林不以榛楛勿翦爲病也所著別有文德翼傭吹錄註及刋削酈道元水經注今皆未見其本不知存佚然傳此一編其餘亦不必計矣乾隆四

十七年十一月恭校上

小山畫譜

臣等謹案小山畫譜二卷　國朝鄒一桂撰一桂字小山號讓鄉無錫人雍正丁未進士官至內閣學士兼禮部侍郎是編皆論畫花卉法上卷首列八法四知八法者一曰章法二曰筆法三曰墨法四曰設色法五曰點染法六曰烘暈法七曰樹石法八曰苔襯法皆酌取前人微論四知者一曰知天二曰知地三曰知人四曰知物則前人所未及也次爲各花分別凡一百十五種各詳花葉形色次取用顏色凡十一條各詳其製煉之法下卷首摘錄古人畫說參以己意凡四十三條附以膠礬紙絹畫碟畫筆用水諸法而終之以洋菊譜蓋一桂於乾隆丙子閏九月承　詔畫洋菊三十六種蒙　皇上賜題因恭記花之名品形狀撰爲茲譜以誌榮遇時畫譜已刊成因附於末一桂爲惲氏之壻所畫花卉得惲壽平之傳是編篇帙雖簡然多其心得之語也乾隆四十七年二月

恭校上

傳神祕要

臣等謹案傳神祕要一卷　國朝蔣驥撰驥字赤霄號勉齋金壇人其父衡字湘帆後改名振生以書法名一時嘗寫十三經進　内府　世宗憲皇帝特賜國子監學正銜驥書雖不逮父而特以寫眞名是編凡二十七目於一切布局取勢運筆設色皆抒所心得言之最詳考古人畫法多重寫貌人物故顧愷之妙絶當代特以是名然相傳畫論則人物花鳥山水爲多其以寫眞之法勒爲一書者自陶宗儀輟耕錄所載王繹寫像祕訣外不少概見丹青之家多以口訣相傳幾以爲非士大夫之藝驥是編研析精微標舉格例實可補古人所未備正未可貴遠賤近視爲工匠之技也乾隆四十七年十月恭校上

琴史

臣等謹案琴史六卷宋朱長文撰長文有吳郡圖經續記已著錄是書專述琴

典前五卷紀自古通琴理者一百四十六人附見者九人各臚舉其事迹後一卷分十一篇一曰瑩律二曰釋弦三曰明度四曰擬象五曰論音六曰審調七曰聲歌八曰廣制九曰盡美十曰志言十一曰敘史凡操弄沿起制度損益無不咸具採摭詳博文詞雅贍視所作墨池編史爲勝之錢曾讀書敏求記但稱其載宋太宗九弦琴諸條以爲異聞其實可資博識者不止是也紹定癸巳其從孫正大始刊板併爲後序又其五世孫夢炎所作長文事略一首舊本併附于後今仍錄之以見是書之緣起與長文之始末焉乾隆四十七年十月恭校上

松絃館琴譜

臣等謹案松絃館琴譜二卷明嚴澂撰澂字道澈常熟人大學士訥之次子以蔭仕至邵武府知府是書所錄之曲二十有八皆無文者也其自序云古樂湮而琴不傳所傳者聲而已近世一二俗工取古文詞用一字當一聲而謂能聲

又取古曲隨一聲當一字屬成里語而謂能文古然乎哉蓋一字也曼聲而歌之則五音殆幾乎徧故古樂聲一字而鼓不知其幾而欲聲字相當有是理乎考古詩被諸管絃者大抵倚聲而歌非以歌取聲今世所傳古琴操皆其詞非其聲也觀濮上之音師涓能聽而得之此有調無文之明證孔子鼓琴得其人師襄始言爲文王操使有詞可讀孔子不待問師襄亦不待言矣云云考葉夢得避暑錄話稱廬州崔閑善琴所彈凡三十餘曲欲請夢得各爲之詞是亦宋代琴譜有聲無詞之明證瀫之所論最爲近理故琴派各家不一而清微淡遠惟虞山爲最是譜之後繼之者有徐谼大還閣譜天池青山兩家遂爲虞山派之大宗云乾隆四十七年五月恭校上

松風閣琴譜

臣等謹案松風閣琴譜二卷抒懷操一卷　國朝程雄撰雄字雲松休寧人是編輯諸家遺譜而參以己法前附松風閣指法二篇乃三山莊臻鳳原本雄爲

之改訂琴譜二卷自清宮忘機至清商春山聽杜鵑凡十一曲譜中所增半字田字諸法多出雄之新意指法亦較他譜增倍醉漁諸曲更欲曼衍聲調以博趣於絃軫之外可謂心知其意者其抒懷操一卷則即以士大夫贈答之詞譜作琴曲共四十餘調協以五音鏗鏘激壯亦頗近自然其於操縵之術大抵得力於句法居多然譜調純熟而不涉於俗亦學琴者所不可廢矣乾隆四十七年九月恭校上

琴譜合璧

臣等謹案琴譜合璧十八卷　國朝和素取楊掄所撰太古遺音重爲繙譯掄本金陵琴工輯舊譜爲是書其意蓋以古之雅樂不過如是而不知其仍不離乎俗也如普庵咒之類已近煩手以云乎太音希聲一字一音之旨又奚知焉惟是指法五十三勢頗得師授爲時譜之佳者又歸去來詞聽穎師琴詩秋聲賦前赤壁賦不增減一字而聲韻自合亦足取也其餘附會古人詞多鄙俚祇

取其音無取其詞可耳和素滿洲鑲黃旗人官至內閣侍讀學士此書乃其取楊掄舊譜以清文譯之於五音指法則用對音蓋滿洲音韻精微廣大無所不包用之於琴尤見中聲之諧天籟之合焉乾隆五十四年四月恭校上

學古編

臣等謹案學古編一卷元吾邱衍撰衍字子行號竹房衢州人徙家錢塘意氣簡傲嘗自比郭忠恕工於篆隸其手蹟世以爲寶是書專爲篆刻印章而作首列三十五舉詳論書體正變及篆寫摹刻之法次合用文籍品目一小篆品二鐘鼎品三古文品四碑刻品五器品六辨謬品七隸書品八字源九辨源凡四十三條末又附載洗印印油取字摹印諸法於後摹刻私印雖稱小技而非精於六書之法者必不能工宋代若晁克一王球顏叔夏姜夔王厚之各有譜錄衍因復踵而爲之其間辨論訛謬徐官印史謂多采他家之法而附以己意剖晰頗精所列小學諸書各爲評斷亦殊有考核其論漢隸條下稱寫法載前卷

十七舉下此不再數是原本當爲上下二卷今合爲一卷蓋後人所併也乾隆四十七年五月恭校上

印典

臣等謹案印典八卷國朝朱象賢撰象賢號清溪吳縣人是編採錄印璽故實及諸家論說分原始制度賚予流傳故事綜紀集說雜錄評論鐫製器用詩文十二類後有康熙壬寅白長庚跋稱所引宋王基梅菴雜記蝸廬筆記葉氏游藝雜述元宋无考古紀略四書皆得之檇李曹氏鈔本爲諸家所未見然他所援據率乏祕籍所分諸類亦頗淆雜如故事與綜紀二門所載多相出入往往字句偶涉即爲闌入如周顗傳稱取金印如斗大繫肘後辛替否傳稱金銀不共其印皆因他事口談王融傳稱穰侯印詎便可解世說新語稱石勒使人讀漢書聞立六國後刻印將授亦偶然追述舊典俱非印璽故事未免濫收且雜採舊文漫無考辨吾邱衍學古編云三代無印又辨淮南子載子貢印事之

妄而賚予門内乃以此事爲首尤自相矛盾然採摭既富亦足以資參考之助
且古人未有集印事爲書者姑仿文房四譜之例存之以備一家象賢自稱朱
長文裔故是書初刻附墨池編後以行今以時代既殊所載各異仍分著於錄
使各從其類焉乾隆四十七年二月恭校上

羯鼓錄　樂府雜錄附

臣等謹案羯鼓錄一卷唐南卓撰唐書藝文志樂類載南卓羯鼓錄一卷然不
云卓何許人雜史類又載南卓唐朝綱領圖一卷注曰字昭嗣大中黔南觀察
使計有功唐詩紀事亦稱卓初爲拾遺以諫諍忤滋令大中時爲黔南觀察使
與唐書合當即其人惟書中自稱會昌元年爲洛陽令又稱大中四年春陽罷
免還自海南書錄解題又以爲婺州刺史均不相符然段安節樂府雜錄稱黔
帥南卓作羯鼓錄亦與唐志合安節唐人必無謬誤疑書中所敘乃未爲黔帥
以前事陳振孫所云則但據書中有至東陽之語以意斷爲刺婺州也其書分

前後二錄前錄成于大中二年後錄成于四年前錄首敘羯鼓源流形狀次敘玄宗以後諸故事後錄載崔鉉所說宋璟知音事而附錄羯鼓諸宫曲名凡太蔟宫二十三調太蔟商五十調太蔟角四十調徵羽闕焉惟用太蔟者以羯鼓惟主太蔟一均故也又有諸佛曲十調食曲三十二調調名亦多用梵語以本龜茲高昌疎勒天竺四部所用故也其李琬一條記耶婆色雞一曲聲盡意不盡以他曲解之即漢魏樂府曲末有豔之遺法如飛來雙白鵠塘上行諸曲篇末文不相屬皆即此例蓋樂工專門授受猶得其傳文士不諳歌法循文生解轉至於穿鑿而不可通也

臣等謹案樂府雜錄一卷唐段安節撰安節臨淄人宰相文昌之孫太常卿成式之子官至朝議大夫唐書附見成式傳末稱其善音律能自度曲故是書述樂府之法甚悉書首原題守國子司業中稱僖宗幸蜀又序稱洎從離亂禮寺隳頹簨虡既移警鼓莫辨是成於唐末矣唐書藝文志作一卷與今本合宋史

藝文志則作二卷然崇文總目實作一卷不應宋志頓增知二字爲傳寫誤也首列樂部九條次列歌舞俳優三條次列樂器十三條次列樂曲十二條終以別樂識五音輪二十八調圖然有說無圖其舊本佚之歟崇文總目譏其蕪駁不倫今考其中樂部諸條與開元禮杜佑通典唐書禮樂志相出入知非傳聞無稽之談敘述亦頗有倫理未知所謂蕪駁何在惟樂曲諸名不及郭茂倩樂府詩集之備與王灼碧雞漫志亦互有同異蓋茂倩書備載古題之目灼書上溯本詞之源而此書所列則當時被之管絃者詳略不同職是故也乾隆四十七年八月恭校上

棋經

臣等謹案棋經一卷宋晏天章撰張靖序曰圍棋之戲或言是兵法之類今取生敗之要分十三篇棋局第一得算第二權輿第三合戰第四虛實第五自知第六審局第七度情第八斜正第九洞微第十名數第十一品格第十二雜說

第十三後有跋云自宋以善弈顯名天下者昔待詔老劉宗今日劉仲甫楊中隱王琬孫侁郭範李百祥輩皆能誦此十三篇體其常而生其變也其跋不著名氏觀稱仲甫爲今日則爲南宋初人蓋此書在當時已爲弈家之模範矣考通志圖譜略云太宗棋圖一卷邯鄲藝術志御棋圖一卷上爲製局名之凡十四局有逍遥自在千變萬化凝神靜心玄之又玄諸名此書本名玄玄棋經或本諸此歟乾隆四十六年十二月恭校上

棋訣

臣等謹案棋訣一卷宋劉仲甫撰仲甫錢塘人南渡時國手也書凡四章一曰布置二曰侵淩三曰用戰四曰取捨仲甫自序曰棋者意同於用兵故敘此四篇粗合孫吳之法後附論棋雜說即晏天章棋經之末篇而仲甫爲之註者也案仲甫以弈名一世而何薳春渚紀聞載有祝不疑者勝之蔡條鐵圍山叢談又載有王憨子晉士明者皆勝之則其技亦非出萬全然算數心計之事大抵

皆後勝於前蓋因所已至從而更推所未至有所藉者易爲力也且擅名既久自謂無敵後來者或乘其暮氣之已衰或乘其驕氣之太盛抵隙而入往往出所不防利鈍互形蓋由於此明季國手推盛大有而諸家弈圖所載對角之局勝大有者十之七八亦此故也夫孫武能帥師入郢而不能禁楚人之不復郢則百戰亦不必百勝然十三篇之說兵家終奉爲圭臬也仲甫此書亦可如是觀矣乾隆四十六年十二月恭校上

欽定四庫全書提要卷六十四

子部十六

譜錄類

古今刀劒錄

臣等謹案古今刀劒錄一卷梁陶弘景撰弘景字通明丹陽秣陵人齊初爲奉朝請永明十年上表辭祿止於句曲山梁大同二年卒贈中散大夫謚貞白先生事蹟具梁書處士傳是書所記帝王刀劒自夏啟至梁武帝凡四十事諸國刀劒自劉淵至赫連勃勃凡十八事吳將刀周瑜以下凡十事魏將刀鍾會以下凡六事然關張諸葛亮黃忠皆蜀將不應附入吳將中疑傳寫誤佚蜀將刀標題三字又董卓袁紹不應附魏亦不應在鄧艾郭淮之間均爲顛舛至弘景生於宋代齊高帝作相時已引爲諸王侍讀而書中乃稱順帝準爲楊玉所弒不應以身歷之事謬誤至此且弘景於武帝時卒而帝王刀劒一條乃預著武

帝謚號並直斥其名尤乖事理疑其書已爲後人所竄亂非盡弘景之本文然考唐李綽尚書故實引古今刀劍録云自古好刀劍多投伊水中以禳膝人之妖與此本所紀漢章帝鑄劒一條雖文字小有同異而大略相合則其來已久不盡出後人之贋造或亦張華博物志之流眞僞參半也乾隆四十七年九月恭校上

考古圖

臣等謹案考古圖十卷續考古圖五卷釋文一卷宋呂大臨撰大臨字與叔藍田人元祐中官祕書省正字事蹟附載宋史呂大防傳案陳振孫書録解題載大臨考古圖十卷錢曾讀書敏求記則稱十卷之外尚有續考五卷釋文一卷乃北宋鏤板得於無錫顧宸家後歸泰興季振宜又歸崑山徐乾學曾復從乾學借鈔其圖亦令良工繪畫不失毫髮紙墨更精於槧本云云此本勘驗印記即曾所手録以校世所行本卷一多孔文父飲鼎圖一銘十四字説五十一字

卷三郝敦圖多一蓋圖卷四開封劉氏小方壺圖乃祕閣方文方壺圖祕閣方文方壺圖乃開封劉氏小方壺圖今本互相顚倒卷六目錄多標題盤匜盂弩戈削一行卷八多玉鹿盧劒具圖三說一百五十五字又多白玉雲鉤玉環玉玦圖各一卷九多京兆田氏鹿盧鐙圖一說四十七字又犀鐙第二圖與今本迥別又內藏環耳甗多一蓋圖卷十新平張氏連環鼎壺無右所從得及度量銘識皆闕失無可考惟樣存於此二十字又多廬江李氏鐎斗圖一又獸鑪第二圖後有說三十五字又卷末多邛州天寧寺僧捧勅佩圖二說四十六字卷首大臨自序本題曰後記附載卷末其餘字句行款之異同不可縷舉而參驗文義皆以此本爲長信爲善本也乾隆四十七年十一月恭校上

嘯堂集古錄

臣等謹案嘯堂集古錄二卷宋王俅撰俅字子弁一作球字夔玉米芾畫史又作夔石未詳孰是陳振孫書錄解題謂李邴序祇稱故人長孺之子未詳其爲

何王氏考邴序稱與長孺同鄉關邴籍濟州任城則俅爲齊人可知是編録古
尊彝敦卣之屬自商迄漢凡數百種摹其款識各以今文釋之中有古印章數
十其一曰夏禹元吾邱衍學古編謂係漢巫厭水災法印世俗傳有渡水佩禹
字法此印乃漢篆故知之衍精於鑒古當得其實衍又謂滕公墓銘鬱鬱作兩
字書與古法疊字止作二小畫者不同灼知其僞則是書固眞贋雜糅然所採
摭尚足資考鑒不能以一二疵累廢之蓋居千百年下而辨别千百年上之遺
器其物或眞或不眞其説亦或確或不確自考古圖以下大勢類然亦不但此
書也乾隆四十七年十一月恭校上

重修宣和博古圖

臣等謹案重修宣和博古圖三十卷晁公武讀書志稱爲王楚撰而錢曾讀書
敏求記稱元至大中重刻博古圖凡臣王黼撰云云都爲削去殆以人廢書則
是書實王黼撰楚字爲傳寫之譌矣曾又稱博古圖成於宣和年間而謂之重

修者蓋以採取黄長睿博古圖説在前也考陳振孫書録解題曰博古圖説十一卷祕書郎昭武黄伯思長睿撰長睿没於政和八年其後修博古圖頗采用之而亦有删改云云錢曾所説良信然考蔡絛鐵圍山叢談曰李公麟字伯時最善畫性喜古取生平所得及其聞睹者作爲圖狀而名之曰考古圖及大觀初乃倣公麟之考古作宣和殿博古圖則此書踵李公麟而作非踵黄伯思而作且作于大觀初不作于宣和中絛蔡京之子所記皆其目睹當必不誤陳氏蓋考之未審其時未有宣和年號而曰宣和博古圖者蓋徽宗禁中有宣和殿以藏古器書畫後政和八年改元重和左丞范致虚言犯遼國年號案遼先以重熙建元後因天祚諱禧遂追稱重和徽宗不樂遂以常所處殿名其年且自號曰宣和人亦見鐵圍山叢談則是書實以殿名不以年號名自洪邁容齋隨筆始誤稱政和宣和間朝廷置書局以數十計其荒陋而可笑莫若博古圖云云錢曾遂沿以立説亦失考也乾隆四十七年十月恭校上

宣德鼎彝譜

臣等謹案宣德鼎彝譜八卷明宣德中禮部尚書吕震等奉勅編次前有華蓋殿大學士楊榮序亦係奉勅所撰後有嘉靖甲午文彭跋稱出自于謙家宣德中有太監吳誠司鑄冶之事與吕震等彙著圖譜進呈尚方世無傳本謙於正統中爲禮部祠曹從誠得其副本彭復從謙諸孫假歸鈔之蓋當時作此書祇以進御未嘗頒行故至嘉靖中始流傳於世也始宣宗以郊廟彝鼎不合古式命工部尚書吳中採博古圖錄諸書及内府所藏柴汝官哥均定各窯之式更鑄震等纂集前後本末以成此書一卷二卷載所奉勅諭及禮部進圖式工部議物料諸疏三卷載工部請給物料疏及禮工二部議南北郊至武學武成殿鼎彝名目四卷載太廟至内府宫殿鼎彝名目五卷載勅賜兩京衙門至天下名山勝蹟鼎彝名目工部鑄冶告成及補鑄二疏並褒奬勅一道六七八卷通爲詳釋鼎彝名義凡某所某器倣古某式皆疏其事實尺寸制度一一具載之

宣爐在明世已多僞製此本辨析極精可據以鑒別頗足資博雅之助末附項元汴宣爐博論數條亦見考證惟文彭原跋有命工繪圖敷采裝潢之語而此本無之則已爲傳鈔者佚去矣乾隆四十七年九月恭校上

西淸古鑑

臣等謹案西淸古鑑四十卷乾隆十四年　命內廷諸臣編輯取　內府庋藏古鼎彝尊罍之屬按器爲圖因圖係說詳其方圓圍徑之制高廣輕重之等摹篆銘詞各爲釋文其體例依仿博古考古二圖而參以歐陽修董逌黄伯思張掄薛尙功諸家之論說其中援據經史析疑辨譌如周文王鼎銘之魯公斷爲伯禽而非周公周晉姜鼎銘之文侯據虎賁云云與書文侯之命合斷爲文侯虎而非文公重耳漢定陶鼎據漢書地理志濟陰郡注宣帝甘露二年更名定陶斷此鼎爲宣帝中定陶共王康作而非趙共王恢此皆博古圖舛誤之甚而糾正之者又如博古圖載商祖癸鼎謂我之字從戈者敵物之我也云云則斥

其雜用王安石字說之非又博古圖載王氏銅虹燭錠謂是薦熟食器云虹燭者其言如虹之意蓋其器不全從而傅會茲于周素錠引說文以錠爲鐙正之

其他如周召夫鼎周魚鼎之屬駁正者不勝枚舉而于舊說之可從者一長必採如周單卣銘文㪤字景字從博古圖豐字則從鐘鼎款識未嘗偏廢獨銘首凶字則證爲𠙵不當作冏于兩家皆訂其失商瞿卣引竹書紀年商武乙名瞿亦足以補博古所未及至周靁紋舟以周官春官用兩象尊皆用罍例用雞彝皆有舟定舟爲彝之副以訂鄭氏謂舟如今承槃之非周象尊據器而訂周官司尊彝注謂飾以象骨之非周犧尊據器而知鄭氏飾以翡翠之說爲誤會詩傳犧尊有莎飾之文而譌周虎錞引周官鼓人以金錞和鼓鄭注證南史灌之以水及以器盛水于下以芒莖當心跪注之說爲非則尤有裨于經史之學者又周邢侯方彝銘十八月乙亥證以管子十三月令人之魯二十四月魯梁之民歸齊二十八月萊莒之君請復之數語以破歐陽修蔡襄劉敞輩不解洛鼎

銘十有四月之疑其精博詳核洵非從來考古家所能窺及也乾隆四十七年十一月恭校上

奇器圖說

臣等謹案奇器圖說三卷明西洋人鄧玉函撰諸器圖說一卷明王徵撰徵涇陽人天啟壬戌進士官揚州府推官嘗詢西洋奇器之法于玉函玉函因以其國所傳文字口授徵譯爲是書其術能以小力運大故名曰重又謂之力藝大旨謂天地生物有數有度有重數爲算法度爲測量重則即此力藝之學皆相資而成故先論重之本體以明立法之所以然凡六十一條次論各色器具之法凡九十二條次起重十一圖引重四圖轉重二圖取水九圖轉磨十五圖解木四圖解石轉碓書架水日晷代耕各一圖水銃四圖圖皆有說而于農器水法尤爲詳備其第一卷之首有表性言解來德言解二篇俱極誇其法之神妙大都荒誕恣肆不足究詰然其製器之巧實爲甲於古今寸有所長自宜節取

且書中所載皆裨益民生之具其法至便而其用至溥錄而存之固未嘗不可備一家之學也諸器圖說凡圖十一各爲之説而附以銘贊乃徵所自作亦具有思致云乾隆四十七年十一月恭校上

文房四譜

臣等謹案文房四譜五卷宋蘇易簡撰易簡字太簡梓州銅山人太平興國五年進士累官參知政事以禮部侍郎出知鄧州移陳州卒事蹟具宋史本傳易簡所作續翰林志洪遵收入翰苑羣書中已别著錄是編集古今筆硯紙墨原委本末及其故實繼以辭賦詩文合爲一書前載徐鉉序末有雍熙三年九月自序謂因閲書祕府集成此譜蓋亦類書之體也其搜採頗爲詳博如梁元帝忠臣傳顧野王輿地志等書今皆久亡惟藉此以獲見其略其他徵引亦多宋以前舊籍足以廣典據而資博聞凡筆譜二卷硯紙墨譜各一卷而以筆格水滴附焉當時甚重其書至藏於祕閣尤袤遂初堂書目作文房四寶譜又有續

文房四寶譜此止題文房四譜與宋史本傳相同蓋後人嫌其不雅删去一字
也乾隆四十七年九月恭校上

硯史　歙州硯譜附　歙硯說辨歙石說附　端溪硯譜附　硯譜附

臣等謹案硯史宋米芾撰首冠以用品一條論石之當以發墨爲上後附性品
一條論石質之堅軟樣品一條則備列晉硯唐硯以迄宋代形製之不同中紀
諸硯自玉硯至蔡州白硯凡二十六種而於端歙二石辨之尤詳自謂皆曾目
擊經用者非此則不錄其用意殊爲矜愼末紀所收青翠疊石一正紫石一皆
指爲歷代之瓌寶而獨不及所謂南唐硯山者或當時尚未歸寶晉齋中或已
爲薛紹彭所易均未可知也芾本工書法凡石之良楛皆出親試故所論具得
硯理視他家之耳食者不同其論歷代制作之變考據尤極精確有足爲文房
鑒古之助者焉

臣等謹案歙州硯譜原本不著撰人名氏惟卷末題有大宋治平丙午歲重九

日十字考之陳振孫書錄解題載有歙硯圖譜一卷稱太子中舍知婺源縣唐積撰治平丙午歲云云其年月與此相合然則此即積書矣中分採發石坑攻取品目修斲名狀石病道路匠手攻器十門所誌開鑿成造之法甚爲詳晰蓋歙石顯於南唐宋人以其發墨頗好用之土人藉是爲生往往多作形製以希售米芾嘗譏其好爲端樣以平直斗樣爲貴滯墨甚可惜而此書名狀門內實首列端樣亦可以考見一時風尚也書錄解題作圖譜米芾亦稱今之製見歙州硯圖而此本有譜無圖蓋左圭刋入百川學海時已有所删削今亦姑仍之云

臣等謹案歙硯說辨歙石說原本不著撰人名氏陳振孫書錄解題載之亦云皆不著姓名左圭百川學海刻之唐積譜後卷末有跋稱紹興三十年十二月弟左承議郎尚書禮部員外郎兼國史院編修官邁跋跋中稱景伯兄治歙既揭蘇氏文房譜於四寶堂又別刻硯說三種云云案景伯爲洪邁兄洪适之字

則此二書似出於适然與邁跋三種之説不合考适盤洲集有蘇易簡文房四譜跋稱説歙硯者凡三家品諸李者有墨苑以踵此編然則此二種蓋與唐積之譜共爲三種皆适所刻以附於文房譜之後者實非适所自撰也硯説兼紀採石之地琢石之法及其品質之高下歙石説則專論其紋理星暈凡二十七種辨别頗爲詳細如唐詢北海公硯錄見於郡齋讀書志者今其本久已失傳惟此書引有兩條及無名氏硯譜引有一條猶可以考見什一云

臣等謹案端溪硯譜原本不著撰人名氏卷末有淳熙十年東平榮芑跋曰右縉雲葉樾交叔傳此譜稍異於衆人之説不知何人所撰稱徽祖爲太上皇必紹興初人云云是當時已不詳其説出誰手矣其書前論石之所出與石質石眼次論價次論形製而終以石病唐柳公權論硯首青絳二州不言端石蘇易簡文房四譜亦尚以青州紅絲硯爲首自是以後端硯始獨重於世而鑒别之法遂愈以精密此譜所載於地産之優劣石品之高下皆剖晰徽至可以依據

至如當時以子石爲貴而此獨辨其妄故縈芑以爲稍異於衆人之說蓋指此類而言然自米芾硯史已云徧詢石工未嘗有子石芾爲湁洸縣尉嘗親至端州得其詳而其言正與此合亦足以知其說之眞確也

臣等謹案硯譜原本不著撰人姓名晁陳二家亦俱未著錄惟左圭刻入百川學海中皆雜錄硯之出產與其故實中間載有歐陽修蘇軾唐詢鄭樵諸人之說蓋南宋初人也其書僅三十二條不爲贍博採摭間有疎舛如以端溪子石爲在大石中生尚沿舊說未加考正又如許漢陽以碧玉爲硯其事出谷神子博異記乃龍女之硯非漢陽硯亦爲徵引之誤以其流傳既久尚有一二條足資多識者故附著於諸家硯譜之次以備檢核焉乾隆四十七年九月恭校上

硯箋

臣等謹案硯箋四卷宋高似孫撰似孫有剡錄諸書已别著錄是書第一卷爲端硯分子目十九中硯圖一類列四十二式注曰歙石亦如之然圖已不具意

傳寫佚之也第二卷爲歙硯分子目二十第三卷爲諸品硯凡六十五種第四卷則前人詩文其詩文明題曰端硯歙硯者已附入前二卷内是卷所載皆不標名品故別附之諸品後耳宋志所錄硯譜今存者尚有四五家大抵詳於材產性質而罕及其典故似孫此書獨晚出得備採諸家之說又其學本淹博能旁徵羣籍以爲之佐證故敘述有法特爲可觀中間稍有滲漏者如李後主青石硯爲陶穀所碎一條乃出無名氏硯譜中爲曾慥類說所引今其原書收入左圭百川學海尚可檢校乃竟以爲出自類說未免失於根據然其大致馴雅終與龐雜者不同如端州線石爲諸品所不載據王安石詩增入此類亦殊見賅洽固足以備考稽而資鑒賞也乾隆四十七年九月恭校上

欽定西清硯譜

臣等謹案欽定西清硯譜二十五卷乾隆四十三年春正月内直諸臣奉

勅編定硯各圖其正面背面間及側面凡奉有御題御銘御璽及前

人款識銘跋印記悉皆按體摹臨而系譜於後詳其尺度材質形製收藏名人姓氏出處悉爲考核其收藏家銘跋詩文附錄於　御題之後下逮臣工奉勅所題亦得備書先以陶之屬上自漢瓦下逮明製凡六卷次爲石之屬則自晉王廞璧水硯以至　國朝朱彝尊井田硯凡十五卷共爲硯二百爲圖四百六十有四其後三卷曰附錄爲硯四十有一爲圖百有八則今松花紫金駞基紅絲諸品及仿製澄泥各種備列焉　詩銘各體徵名按狀如化工之肖物而尤殷殷於斂時錫福銘物警心之義伏讀　御製序有云惜淪棄悟用人慎好惡戒玩物無不三致意焉大哉　聖言固非徒以　寵文房彰翰墨已也　內廷所貯本總二十四册今按册爲卷而以原目爲首卷凡二十五卷云乾隆四十七年十一月恭校上

墨譜法式　墨經

臣等謹案墨譜法式三卷宋李孝美撰孝美字伯揚自署趙郡人仕履未詳前

有紹聖乙亥馬涓序及李元膺序與通考所載合然二序皆稱墨譜而通考則題曰墨苑與序互異案書中出灰磨試二條注曰出墨苑則墨苑别爲一書通考誤也此本題曰墨譜法式與通考又别書分三卷上卷凡采松造窰發火取煤和製入灰出灰磨試八圖圖各有説今惟采松造窰有圖説餘皆有説而佚其圖中卷凡祖氏奚庭珪李超李廷珪李承晏李文用李惟慶陳贇張遇盛氏柴珣宣道猛州貢墨順州貢墨及無名氏十五家之式亦各繪面圖漫圖惟以奚庭珪李廷珪分爲二人且謂奚不如李遠甚與南唐書奚庭珪賜姓爲李之説大異未詳何據其目列盛氏在柴珣前而圖則盛在柴後則傳寫誤也下卷凡牛皮膠鹿角膠魚膠減膠冀公墨仲將墨庭珪墨古墨油煙墨敘藥品膠十一法而牛皮膠有二法庭珪墨有二法古墨有三法油煙墨有六法實二十法其持論皆剖析毫芒具有精理自明以來油煙盛行松煙之製久絶孝美所論雖今人不能用然古法古式藉以得傳亦博物者所當知也

臣等謹案墨經一卷舊載毛晉津逮祕書中題曰晁氏撰不著時代名字諸書引之亦但曰晁氏墨經考何薳春渚紀聞云晁季一生平無他嗜獨見墨喜動眉宇其所製銘曰晁季一寄寂軒造者不減潘陳又稱其與賀方回張秉道康爲章皆能精究和膠之法其製皆如犀璧此書中論膠云有上等煤而膠不如法墨亦不佳如得膠法雖次煤而成善墨與所言精究和膠亦合疑爲晁季一作也然晁公武讀書後志但有董秉墨譜一卷而不及此書不應其從父之作公武不見是爲可疑考讀書志子部之敘稱九曰小說十曰天文歷算十一曰兵家十二曰類家十三曰雜藝十四曰醫書十五曰神仙十六曰釋書而今本所刊小說之後綴以王氏神仙傳葛洪神仙傳二種併不列神仙之標題以下即別標釋書類是今本佚其子部五類類書一類適在所佚之中（案後志載墨譜于類書）其不載亦不足疑矣季一名貫之晁說之之兄弟行朱弁風月堂詩話稱其官一曰檢討一曰察院不知實終于何職其事迹亦無考云乾隆四十七年九月

恭校上

墨史

臣等謹案墨史三卷元陸友撰友字友仁吳縣人其書集古來精于製墨者考其事蹟勒爲一書于魏得韋誕一人于晉得張金一人于劉宋得張永一人于唐得李陽冰以下十九人于宋得柴珣以下一百三十餘人于金得劉法楊文秀二人又詳載高麗契丹西域之墨附錄雜記二十五則皆墨之典故也其間蒐羅隱僻博贍可觀大率采自宋人說部者居多雖其出處不能盡詳而薈稡成編實可爲文房故事之助其論奚廷珪非李廷珪一條據墨經載易水奚鼐之子超鼎之子起又別敘歙州李超超子廷珪以下世家是族有奚李之異居有易歙之分惟其名偶同足破世所傳江南賜姓李氏之說爲妄亦頗有資于考據案稗傳載友仁生市廛闤闠間父以市布爲業獨能異其所好攻苦于學善爲歌詩工分分隸楷博極羣物奎章閣鑒書博士柯九思侍書學士虞集服

其精識相與言于文宗未及任用而二人去職友亦南歸自號硯北生著硯史墨史印史所爲詩文有杞菊軒稾今皆亡佚惟研北雜志及是書尚存云乾隆四十七年五月恭校上

墨法集要

臣等謹案墨法集要一卷明沈繼孫撰繼孫洪武時人但自署其籍爲姑蘇餘不可考惟倪瓚雲林集有贈沈生賣墨詩序曰沈學翁隱居吳市燒墨以自給所謂不汲汲於富貴不戚戚於貧賤者也煙細而膠清黑若點漆近世不易得矣因賦贈焉時代姓氏里貫一一相符則學翁殆繼孫之字歟繼孫自言初受教于三衢墨師後又從一僧得墨訣遂併錄成書凡爲圖二十有一圖各有說實近代造墨家之所祖也古墨皆松煙南唐李廷珪始兼用桐油後楊振陳道眞諸家皆述其法元明以來松煙所製漸亡惟是法獨傳繼孫所製今不傳其工拙雖莫可考而此書由浸油以至試墨敘次詳核各有條理班班然古法具

存亦可謂深于兹事矣世傳晁氏墨經其説太畧而明以來方氏程氏諸譜又斤斤惟花紋模式之是矜不若是書之縷析造法切於實用録而傳之是亦利用之一端非他雜家技術徒爲戲玩者比也乾隆四十六年十一月恭校上

錢録

臣等謹案錢録十六卷乾隆十五年　詔内廷諸臣編纂越明年告竣卷第一至第十三詳列各代泉布自伏羲氏迄于前明崇禎一用編年之法其第十四卷列外域諸品而以吉語異錢厭勝諸品爲第十五十六卷殿焉體例畧仿洪遵泉志然于遵所列正品僞品不知年代品奇品神品諸名目淆雜不典者悉革之且按狀成圖因文考事與洪志之間多臆度者迥别所徵引各書自列朝史志之外稗乘雜説與志譜録下逮道笈靡不採録而取其傳信去其傅會非徒以博洽勝也即前人纂述如顧烜封演姚元澤張台陶岳金光襲李孝美諸家之説一言可據者必録之一事可疑者必正之于泉貨興廢因革之故一覽

可得實有裨于利用前民之模其于考古訂疑之精析又餘事矣乾隆四十七年十一月恭校上

香譜

臣等謹案香譜二卷舊本不著撰人名氏左圭百川學海題爲宋洪芻撰芻字駒父南昌人紹聖元年進士靖康中官至諫議大夫謫沙門島以卒所作香譜宋史藝文志著錄周紫芝太倉稊米集有題洪駒父香譜後曰歷陽沈諫議家昔號藏書最多者今世所傳香譜蓋諫議公所自集也以爲盡得諸家所載香事矣以今洪駒父所集觀之十分未得其一二也余在富川作妙香寮永興郭元壽賦長篇其後貴池丞劉君穎與余凡五賡其韻往返十篇所用香事頗多猶有一二事駒父譜中不錄者云云則當時推重芻譜在沈立譜之上然晁公武讀書志稱芻譜集古今香法有鄭康成漢宮香南史小宗香眞誥嬰香戚夫人迫駕香唐員半千香所記甚該博然通典載歷代祀天用水沈香獨遺之云

云此本有水沈香一條而所稱鄭康成諸條乃俱不載卷數比通考所載芻譜亦多一卷似非芻作沈立譜久無傳本書錄解題有侯氏萱堂香譜二卷不知何代人或即此書耶其書凡分四類曰香之品曰香之異曰香之事曰香之法亦頗賅備足以資考證也乾隆四十七年五月恭校上

陳氏香譜

臣等謹案陳氏香譜四卷宋陳敬撰敬字子中河南人其仕履未詳首有至治壬戌熊朋來序亦不載敬之本末是書凡集沈立洪芻以下十一家之香譜彙爲一書徵引既繁不免以浩博爲長稍踰限制若香名香品歷代凝和製造之方載之宜也至於經傳中字句偶涉而實非龍涎迷迭之比如卷首引左傳黍稷馨香等語寥寥數則以爲溯源經傳殊爲無謂此蓋仿齊民要術首援經典之例而失之者也至於本出經典之事乃往往挂漏如鬱金香載說文之說而周禮鬱人條下鄭康成之註顧獨遺之則又舉遠而略近矣然十一家之譜今

不盡傳敬能薈粹羣言爲之總匯佚文遺事多賴以傳要於考證不爲無益也

乾隆四十七年九月恭校上

香乘

臣等謹案香乘二十八卷明周嘉胄撰嘉胄字江左揚州人此書初纂於萬歷戊午止十三卷李維楨爲作序後自病其疎略續輯爲二十八卷以崇禎辛巳刊成嘉胄自爲前後二序其書凡香品五卷佛藏諸香一卷宮掖諸香一卷香異一卷香事分類二卷香事別錄二卷香緒餘一卷法和衆妙香四卷凝合花香一卷薰佩之香塗傳之香共一卷香屬一卷印香方一卷印香圖一卷晦齋香譜一卷墨娥小錄香譜一卷獵香新譜一卷香爐一卷香詩香文各一卷採摭極爲繁富考南宋以來有洪芻葉廷珪諸家之譜今或傳或不傳其傳者亦篇帙寥寥故周紫芝太倉稊米集稱所徵香事多在洪譜之外嘉胄此編殫二十餘年之力凡香名品故實以及修合賞鑒諸法無不旁徵博引一一具有始

末自有香譜以來惟陳振孫書錄解題載有香嚴三昧十卷篇帙最富嘉胄此集乃幾於三倍之談香事者固莫詳備於斯矣乾隆四十七年十月恭校上

雲林石譜

臣等謹案雲林石譜三卷宋杜綰撰綰字季揚號雲林居士山陰人宰相衍之孫也是書彙載石品凡一百一十六各具出產之地採取之法詳其形狀色澤而第其高下然如端溪之類兼及硯材浮光之類兼及器用之材不但譜假山清玩也前有紹興癸丑闕里孔傳序傳即續白居易六帖者序中稱綰爲杜甫之裔因引甫詩水落魚龍夜句謂長沙湘鄉之山魚龍化而爲石甫因形容于詩綰作是譜爲能紹其家風考甫此句見于秦州雜詩乃由陝赴蜀之時何由得至楚地且其詩意本非詠石殊附會無理末附宣和石譜皆記艮岳諸石有名無說不知誰作又附漁陽公石譜皆古人嗜石故事亦不知漁陽公爲誰其中列周密元好問諸名則必非綰書疑明周履靖刻是書時所竄入也今惟錄

緡書以資考證而所附二譜悉削而不載焉乾隆四十七年九月恭校上

茶經　茶錄　品茶要錄

臣等謹案茶經三卷唐陸羽撰唐書羽本傳稱羽著茶經三篇不言卷數藝文志載之小說家作三卷與今本同傳蓋以一卷爲一篇也陳師道後山集有茶經序曰陸羽茶經家書一卷畢氏王氏書三卷張氏書四卷内外書十有一卷其文繁簡不同王畢氏書繁雜意其舊本張氏書簡明與家書合而多脱誤家書近古可考正曰七之事以下其文乃合三書以成之錄爲二篇藏於家此本三卷其王氏畢氏之書歟抑後山集傳寫多訛誤三篇爲二篇也其書分十類曰一之源二之具三之造四之器五之煑六之飲七之事八之出九之略十之圖其曰具者皆采製之用其曰器者皆煎飲之用故二者異部其曰圖者乃謂統上九類寫以絹素張之非别有圖其類十其文實九也言茶者莫精於羽其文亦樸雅有古意七之事所引多古書如司馬相如凡將篇一條三十八字爲

他書所無亦旁資考辨之一端矣

臣等謹案茶録二卷宋蔡襄撰襄字君謨莆田人官至端明殿學士謚忠惠事迹具宋史本傳是書乃其皇祐中爲右正言修起居注時所進前後皆有襄自序前序稱陸羽茶經不第建安之品丁謂茶圖獨論采造之本至於烹試曾未有聞輒條數事簡而易明後序則治平元年勒石時所作也分上下二篇上篇論茶下篇論茶器皆所謂烹試之法通考載之作試茶録然考襄二序俱自稱茶録石本亦作茶録則試字爲誤增明矣費袞梁谿漫志載有陳東此書跋曰余聞之先生長者君謨初爲閩漕出意造密雲小團爲貢物富鄭公聞之歎曰此僕妾愛其主之事耳不意君謨亦復爲此余時爲兒聞此語亦知感慕及見茶録石本惜君謨不移此筆書旅獒一篇以進云云案北苑貢茶録稱太平興國中特置龍鳳模造團茶則團茶乃正供之土貢苕溪漁隱叢話稱北苑官焙漕司歲貢爲上則造茶乃轉運使之職掌襄特精其製是亦修舉官政之一端

東所述富弼之言未免操之已蹙羣芳譜亦載是語而以爲出歐陽修觀修所作龍茶錄後序即述襄造小團茶事無一貶詞知其語出於依託安知富弼之言不出依託耶此殆皆因蘇軾詩中有前丁後蔡致養口體之語而附會其說非事實也況造茶自慶歷中事進錄自皇祐中事襄本閩人不過文人好事夸飾土產之結習必欲加以深文則錢惟演之貢姚黄花亦爲軾詩所譏歐陽修作牡丹譜將併責以惜不移此筆註大學中庸乎東所云云所謂言之有故執之成理而實非通方之論者也

臣等謹案品茶要錄一卷宋黄儒撰儒字道輔陳振孫書錄解題作道父者誤也建安人熙寧六年進士此書不載於宋史藝文志明新安程百二始刊行之有蘇軾書後一篇稱儒博學能文不幸早亡云云其文見於閣本東坡外集然東坡外集實僞作說見集部本條下則此文亦在疑信間也書中皆論建茶分爲十篇一采造過時二白合盜葉三入雜四蒸不熟五過熟六焦釜七壓葉八清膏九

傷焙十辨壑源沙溪前後各爲總論一篇大旨以茶之采製烹試各有其法低昂得失所辨甚微園民射利售欺易以淆混故特詳著其病以示人與他家茶錄惟論地產品目及烹試器具者用意稍別惟東溪試茶錄內有茶病一條所稱烏帶白合蒸芽必熟諸語亦僅略陳端緒不及此書之詳明錄存其說可以互資考證也乾隆四十七年九月恭校上

宣和北苑貢茶錄　東溪試茶錄　附

臣等謹案宣和北苑貢茶錄一卷附北苑別錄一卷宋熊蕃撰所述皆建安茶園採焙入貢法式淳熙中其子校書郎克始鋟諸木凡爲圖三十有八附以採茶詩十章陳振孫書錄解題謂蕃子克益寫其形製而傳之則圖蓋克所增入也時福建轉運使主管帳司趙汝礪復作別錄一卷以補其未備所言水數贏縮火候淹亟綱次先後品味多寡尤極該晰考茗飲盛於唐至南唐始立茶官北苑所由名也至宋而建茶遂名天下壑源沙溪以外北苑獨稱官焙爲漕司

歲貢所自出文士每紀述其事然書不盡傳傳者亦多疎略惟此二書於當時任土作貢之制言之最詳所載模製器具頗多新意亦有可以資故實而供詞翰者存之亦博物之一端不可廢也蕃字叔茂建陽人宗王安石之學工於吟詠見書錄解題克有中興小紀已著錄汝礪行事無所見惟宋史宗室世系表漢王房下有漢東侯宗楷曾孫汝礪意者即其人歟

臣等謹案東溪試茶錄一卷原本題宋宋子安撰載左圭百川學海中而晁公武郡齋讀書志又作朱子安未詳孰是然百川學海爲舊刻且宋史藝文志亦作宋子安疑讀書志朱字乃傳寫之訛也其書蓋補丁謂蔡襄兩家茶錄之所遺東溪亦建安地名凡八分目曰總敍焙名曰北苑曰壑源曰佛嶺曰沙溪曰茶名曰採茶曰茶病大要以品茶宜辨所產之地或相去咫尺而優劣頓殊故錄中于諸焙道里遠近最爲詳盡宋史藝文志有呂惠卿建安茶用記二卷章炳文壑源茶錄一卷劉異北苑拾遺一卷今俱失傳所可考見建茶崖略者惟

此與熊蕃二錄爾乾隆四十七年十一月恭校上

續茶經

臣等謹案續茶經三卷附錄一卷　國朝陸廷燦撰廷燦字秩昭嘉定人官崇安縣知縣候補主事自唐以來茶品推武夷武夷山即在崇安境故廷燦官是縣時習知其説𢭏爲此稿歸田後訂緝成編冠以陸羽茶經原本而從其原目採摭諸書以續之上卷續其一之源二之具三之造中卷續其四之器下卷自分三子卷下之上續其五之煑六之飲下之中續其七之事八之出下之下續其九之略十之圖而以歷代茶法附爲末卷則原目所無廷燦補之也自唐以來閱數百載凡產茶之地製茶之法業已歷代不同即烹煑器具亦古今多異故陸羽所述其書雖古而其法多不可行於今廷燦一一訂定補葺頗切實用其徵引亦頗繁富觀所作南村筆記引李日華紫桃軒又綴五臺山凍泉一條自稱此書失載補錄於彼則其搜葺亦可謂勤矣錄而存之亦足以資考訂至

於陸羽舊本廷燦雖用以弁首而其書久已別行未可以續補之書掩其原目故今削去不載惟錄廷燦之書焉乾隆四十七年十一月恭校上

煎茶水記

臣等謹案煎茶水記一卷唐張又新撰又新字孔昭深州陸澤人司門員外郎鷟之曾孫工部侍郎薦之子也元和九年進士第一歷官右補闕黨附李逢吉爲八關十六子之一逢吉出爲山南東道節度使以又新爲行軍司馬坐田伾事貶江州刺史又後夤緣李訓遷刑部郎中爲申州刺史訓死復坐貶終于左司郎中事迹具新唐書本傳其書前列刑部侍郎劉伯芻所品七水次列陸羽所品二十水云元和九年初成名時在薦福寺得於楚僧本題曰煑茶記乃代宗時湖州刺史李季卿得於陸羽口授後有葉清臣述煑茶泉品一篇歐陽修大明水記一篇浮槎山水記一篇考書錄解題載此書已稱大明水記載卷末則宋人所附入也清臣所記稱又新此書爲水經疑偶然誤記修所記極詆又

新之妄謂與陸羽所説皆不合今以茶經校之信然殆以羽號善茶當代所重故又新託名歟乾隆四十七年十月恭校上

北山酒經

臣等謹案北山酒經三卷宋朱翼中撰陳振孫書錄解題但稱爲大隱翁撰而不詳其姓氏考宋李保有續北山酒經與此書並載陶宗儀説郛保自序云大隱先生朱翼中著書釀酒僑居湖上朝廷大興醫學起爲博士坐書東坡詩貶達州則大隱固翼中之自號也是編首卷爲總論二三卷載製麴造酒之法頗詳宋史藝文志作一卷蓋傳刻之誤説郛所采僅總論一篇餘皆有錄無書則此固爲完本矣明焦竑原序稱於田氏留青日札中考得作者姓名似未見李保序者而程百二又取保序冠於此書之前標曰題北山酒經後亦爲乖誤卷末有袁宏道觴政十六則王績醉鄉記一篇蓋胡之衍所附入然古來著述言酒事者多矣附錄一明人一唐人何所取義今併刊除焉乾隆四十七年十月

恭校上

酒譜

臣等謹案酒譜一卷宋竇苹撰苹字子野汶上人晁公武讀書志載苹有新唐書音訓四卷在吳縝孫甫之前當爲仁宗時人公武稱其學問精博蓋亦好古之士别本有刻作竇莘者然詳其名字乃有取於鹿鳴之詩作苹字者是也其書雜叙酒之故事寥寥數條似有脱佚然宋志著録實作一卷觀其始於酒名終於酒令首尾已具知原本僅止於此太抵摘取新穎字句以供採掇與譜録之體亦稍有不同其引杜甫少年行醉倒終同卧竹根句謂以竹根爲飲器考庾信詩有山杯捧竹根句苹所説不爲杜撰然核甫詩意究以醉卧於竹下爲是苹之説姑存以備異聞可也乾隆四十七年十月恭校上

糖霜譜

臣等謹案糖霜譜一卷宋王灼撰灼字晦叔號頤堂遂寧人紹興中嘗爲幕官

是編凡分七篇惟首篇題原委第一敘唐大歷中鄒和尚始創糖霜之事自第二篇以下則皆無標題今以其文考之第二篇言以蔗爲糖始末言蔗漿始見楚辭而蔗餳始見三國志第三篇言種蔗第四篇言造糖之器第五篇言結霜之法第六篇言糖霜或結或不結似有運命因及於宣和中供御諸事第七篇則糖霜之性味及製食諸法也蓋宋時產糖霜者凡福唐四明番禺廣漢遂寧五地而遂寧爲最灼生於遂寧故爲此譜所考古人題詠始於蘇黃案古人謂糟爲糖晉書何曾傳所云蟹之將糖躁擾彌甚是也說文有飴字無糖字徐鉉新附字中乃有之然亦訓爲飴不言蔗造鉉五代宋初人也尚不知蔗糖事則灼所徵故實始於元祐非疎漏矣惟灼稱糖霜以紫色爲上白色爲下而今日所尚乃貴白而賤紫灼稱糖霜須一年有半乃結其結也以自然今則製之甚易其法亦不相同是亦今古異宜未可執後來追議前人也乾隆四十七年九月恭校上

牡丹記芍藥譜二種

洛陽牡丹記

臣等謹案洛陽牡丹記一卷宋歐陽修撰修有詩本義等書已别著録是書凡三篇一曰花品敘所列凡二十四種二曰花釋名述花名之所自來三曰風俗記首略敘遊宴及貢花餘皆接植栽灌之事文格絶古雅有法蔡襄嘗書而刻之於家以拓本遺修修自爲跋其後已編入文忠全集中此其單行之本也周必大作歐集考異稱當時士大夫家有修牡丹譜印本始列花品敘及名品與此卷前兩篇頗同其後則曰敘事宫禁貴家寺觀府署元白詩譏鄙吴蜀詩集記異雜記本朝雙頭花進花丁晉公續花譜凡十六門萬餘言後有梅堯臣跋其妄尤甚蓋出假託云云據此是宋時尚别有一本故宋史藝文志亦以牡丹譜著録而不稱牡丹記自必大考正後其書始廢不行可見坊刻贋本由來固已久矣

揚州芍藥譜

臣等謹案揚州芍藥譜一卷宋王觀撰觀字達叟如皋人熙寧中嘗以將仕郎守大理寺丞知揚州江都縣在任爲揚州賦上之大蒙褒賞賜緋衣銀章事蹟見嘉靖維揚志中汪士賢刻入山居雜志題爲江都人者誤也揚州芍藥自宋初名於天下與洛陽牡丹俱貴於時宋史藝文志載爲之譜者三家其一孔武仲其一劉攽其一即觀此譜而觀譜最後出至今獨存孔劉二家則世已無傳僅陳景沂全芳備祖載有其略今與此譜相校其所謂三十一品前人所定者實即本之於劉譜惟劉譜有妒裙紅一品此譜改作妒鵞黃又略爲移易其次序其劉譜所無者新增八種而已又觀後論所稱或者謂唐張祐杜牧盧仝之徒居揚日久無一言及芍藥意古未有如今之盛云云亦即孔譜序中語觀蓋取其意而翻駁之至孔譜謂可紀者三十有三種具列其名比劉譜較多二種今嘉靖維揚志尙存原目亦頗有所異同焉乾隆四十七年八月恭校上

菊譜梅譜四種

劉氏菊譜

臣等謹案劉氏菊譜一卷宋劉蒙撰蒙彭城人不詳其仕履其敘中載崇寧甲申爲龍門之游訪劉元孫所居相與訂論爲此譜蓋徽宗時人故王得臣麈史中已引其說焦竑國史經籍志列於范成大之後者誤也其書首譜敘次說疑次定品次列菊名三十五條各敘其種類形色而評次之以龍腦爲第一而以雜記三篇終焉書中所論諸菊名品各詳所出之地自汴梁以及西京陳州鄧州雍州相州滑州鄜州陽翟諸處大抵皆中州物產而萃聚於洛陽園圃中者與後來史正志范成大之專志吳中蒔植者不同然如金鈴金錢酴醾諸名史范二志亦具載焉意者本出自河北而傳其種於江左者歟

史氏菊譜

臣等謹案史氏菊譜一卷宋史正志撰正志字志道江都人紹興二十一年進

士累除司農丞孝宗朝歷守盧陽建康官至吏部侍郎歸老姑蘇自號吳門老圃所著有清暉閣詩建康志菊譜集諸書今俱失傳此本載入左圭百川學海中宋史藝文志亦著於錄所列凡二十七種前有自序稱自昔好事者爲牡丹芍藥海棠竹筍作譜記者多矣獨菊花未有爲之譜者余姑以所見爲之云云然劉蒙菊譜已在前正志殆未之見而爲是言耳末有後序一首辨王安石歐陽修所爭楚辭落英事謂菊有落有不落者譏二人於草木之名未能盡識其說甚詳乃向來所未發世俗所傳蘇軾以嘲點安石詩誤謫黃州其地菊皆落瓣軾始媿服其言甚怪誕不根明人作說部者或多信之得此亦可以證其妄也

范村梅譜

臣等謹案范村梅譜一卷宋范成大撰成大有桂海虞衡志諸書已別著錄此乃記所居范村之梅凡十二種前後皆有自序梅之爲物其名雖見於尚書禮

經然皆取其實而不以花著自唐人題詠競作始以香色重於時成大剏爲此編稍辨次其品目然如綠萼梅一種今在吳下以爲常植而成大乃矜爲人間不多見之物則土宜之異或者隨時遷改歟又楊无咎畫梅有名後世皆珍爲絕作而成大後序乃謂其畫大略皆如吳下之氣條雖筆法奇峭去梅實遠與宋孝宗詆无咎爲村梅者所論相近蓋其時猶未甚重无咎之畫至嘉熙淳祐間趙希鵠作洞天清錄始稱江西人得无咎一幅梅價不下百千疋是亦可以覘世變也通考以此書與所作菊譜合爲一題曰范村梅菊譜二卷然觀其自序實別爲書今故仍各加標目焉

范村菊譜

臣等謹案范村菊譜一卷宋范成大撰記所居范村之菊成於淳熙丙午歲蓋其以資政殿學士領宮祠家居時所作自序稱所得三十六種而此本所載凡黃者十六種白者十五種雜色四種實止三十五種尚闕其一疑傳寫所脫佚

也菊之種類至繁其形色變幻不一場師老圃因隨時各爲之題品名目遂日出而不窮以此譜與史正志譜相核其異同已十之五六而成大但記家園所植採擷亦未盡賅備然敍次頗有理致視他家爲尤工至種植之法黄省曾謂花之朶視種之大小而存之大者四五蘂次者七八蘂又次者十餘蘂今吳下之藝菊者猶用此法其力既厚故花皆碩大豐縟成大乃謂一榦所出數千百朶婆娑團植幾於俗所謂千頭菊者此則今古好尚之不同矣乾隆四十七年九月恭校上

百菊集譜

臣等謹案百菊集譜六卷菊史補遺一卷宋史鑄撰鑄字顔甫號愚齋山陰人即嘉定丁丑註王十朋會稽三賦者也是書於淳祐壬寅成五卷越四年丙午續得赤城胡融譜乃移原書第五卷爲第六卷而摭融譜爲第五卷又四年庚戌更爲補遺一卷觀其自題作補遺之時已改名爲菊史矣而此仍題百菊集

譜豈當時刊板已成不能更易耶首列諸菊名品一百三十一種附註者三十二種又一花五名一花四名者二種冠於簡端不入卷帙第一卷爲周師厚劉蒙史正志范成大四家所譜第二卷爲沈競譜及鑄所撰新譜三卷爲種藝故事雜說方術辨疑及古今詩話四卷爲文章詩賦五卷即所增胡融譜及栽植事實附以張栻賦及杜甫詩話一條六卷爲鑄詠菊及集句詩補遺一卷則雜采所續得詩文類也書不成於一時故編次頗無體例然其蒐羅可謂博矣乾隆四十七年十月恭校上

金漳蘭譜

臣等謹案金漳蘭譜三卷宋趙時庚撰時庚爲宋宗室子不知其官爵以輩行推之蓋魏王廷美之第九世孫也是書亦載于說郛中而佚其下卷此本三卷皆備獨爲完善其敘述蘭事首尾亦頗詳贍大抵與王貴學蘭譜相爲出入若大張青蒲統領之類此書但列其名及華葉根莖而已王氏蘭譜則詳其得名

之由曰大張青者張其姓讀書巖谷得之蒲統領者乃淳熙間蒲統領引兵逐寇至一所得之蓋記載互有詳略彼此相參均可以資考證焉首有紹定癸巳時庚自序末又有嬾眞子跋語亦稱本三卷云乾隆四十七年九月恭校上

海棠譜

臣等謹案海棠譜三卷宋陳思撰思有寶刻叢編已著錄此書不見於宋史藝文志惟焦竑國史經籍志載有三卷與此本合前有開慶元年思自序文頗淺陋蓋思本書賈終與文士異也上卷皆錄海棠故實中下二卷則錄唐宋諸家題詠而栽種之法品類之別僅於上卷中散見四五條蓋數典之書惟以隸事爲主者然搜羅不甚賅廣今以錦繡萬花谷全芳備祖諸書所類海棠事相較其故實似稍加詳而題詠則多闕略如唐之劉禹錫賈島宋之王珪楊繪朱子張孝祥王十朋諸家爲陳景沂所收者此書並未錄及然如張泊程琳宋祁李定之類亦有此書所有而陳氏脫漏者蓋當時坊本各就所見裒集成書故互

有詳略以宋人舊帙姑並存之以資參核云爾乾隆四十七年十月恭校上

荔枝譜　橘錄

臣等謹案荔枝譜一卷宋蔡襄撰襄字君謨興化仙遊人天聖八年進士官至端明殿學士卒諡忠惠事蹟具宋史本傳是編爲閩中荔枝而作凡七篇其一原本始其二標尤異其三誌賈鬻其四明服食其五慎護養其六時法製其七別種類嘗手寫刻之今尚有墨板傳于世亦載所著端明集中末有嘉祐四年歲次己亥秋八月二十日莆陽蔡某述十九字而此本無之案其年月蓋自福州移知泉州時也荔枝之有譜自襄始其敍述特詳潔有筆力而王世貞四部稿乃謂白樂天蘇子瞻爲荔枝傳神君謨不及殊非篤論又案襄詩篇中屢詠及荔枝多可與譜相參考者如四月池上一首荔枝纔似小青梅句劉克莊謂即譜中之火山又七月二十四日食荔枝一首絳衣仙子過中元句即譜中之中元紅又謝宋評事一首兵鋒卻後知神物句即譜中之宋公荔枝又有與昭

文相公手帖所謂陳家紫號第一輒獻左右者則集中不載別見于洪邁容齋隨筆亦可以備此譜故實云

臣等謹案橘錄三卷宋韓彦直撰彦直字子溫延安人蘄忠武王世忠之長子登紹興十八年進士官至龍圖閣學士提舉萬壽觀以光祿大夫致仕封蘄春郡公事蹟附見宋史世忠傳此譜乃淳熙中知溫州時所作宋史藝文志焦竑國史經籍志俱作永嘉橘錄卷數與此本相合文獻通考作一卷葢字之誤也彦直有才略而文學亦優嘗輯宋朝故事名水心鏡凡一百六十餘卷爲尤袤所稱今不傳是錄亦頗見條理上卷載柑品八橙品一中卷載橘品十八以泥山乳柑爲第一下卷則言種植之法皆詳贍可觀陳景沂作全芳備祖引彦直此錄謂其但知乳柑出於泥山而不知出於天台之黃巖出於泥山者固奇出於黃巖者尤天下之奇云云葢景沂家本天台故自夸飾土產不知彦直是錄專記永嘉不當借材於異地也其亦昧於著作之體矣乾隆四十七年十月恭

校上

竹譜

臣等謹案竹譜一卷舊本題晉戴凱之撰晁公武郡齋讀書志云凱之字慶預武昌人又引李淑邯鄲圖書志謂不知何代人案隋書經籍志譜系類中有竹譜一卷不著名氏舊唐書經籍志載入農家始題戴凱之之名然不著時代左圭百川學海題曰晉人而其字則曰慶豫預豫字近未詳孰是其曰晉人亦不知其何所本其書以四言韻語記竹之種類而自爲之注文皆古雅所引黃圖一條今本無之與徐廣注史記所引黃圖均爲今本不載者其事相類亦足證作是書時黃圖舊本猶未改修矣舊本傳刻頗多訛脱如蓋竹所生大抵江東上密防露下疎來風連畝接町竦散岡潭六句潭字於韻不協雖風字據詩衞風有孚金切一讀於古音可以協潭而東字則萬無協理似乎潭岡散竦四字誤倒其文以竦韻東風猶劉琨詩以叟韻璆潘岳詩以荷韻歌也然諸本並同

難以臆改凡斯之類皆姑仍其舊焉乾隆四十七年十月恭校上

筍譜

臣等謹案筍譜一卷不著撰人名氏晁公武讀書志作僧惠崇撰陳振孫書錄解題作僧贊寧撰案惠崇爲宋初九僧之一工於吟詠有句圖一卷又工於畫黄庭堅集有題其所作蘆雁圖詩然不聞曾作是書考宋史藝文志亦作贊寧則振孫說是也書分五類曰一之名二之出三之食四之事五之說其標題蓋仿陸羽茶經書中援據奥博所引古書多今世所不傳深有資於考證三之食以前皆有注似所自作然筍汁煑羹一條注乃駁正其說以爲羹不如蒸又似後人之所附益不可考矣贊寧德清高氏子出家杭州龍興寺吳越王錢鏐署爲兩浙僧統宋太宗嘗召對於滋福殿詔修高僧傳咸平中加右街僧錄至道二年卒諡曰圓明太師所著物類相感志歲久散佚世所傳者皆贋本惟此書猶其原帙云乾隆四十七年九月恭校上

菌譜

臣等謹案菌譜一卷宋陳仁玉撰仁玉字碧棲台州仙居人擢進士第開慶中官禮部郎中浙東提刑入直敷文閣嘉定中重刋趙清獻集其序即仁玉所作其事迹則無考矣是編成於淳祐乙巳前有自序案葉夢得避暑錄話曰四明溫台山谷之間多產菌又周密癸辛雜識曰天台所出桐蕈味極珍然致遠必漬以麻油色味未免頓減諸謝皆台人尤嗜此品乃併舁桐木以致之旋摘以供饌是南宋時台州之菌爲食單所重故仁玉此譜備述其土產之名品曰合蕈曰稠膏蕈曰栗殼蕈曰松蕈曰竹蕈曰麥蕈曰玉蕈曰黃蕈曰紫蕈曰四季蕈曰鵞膏蕈凡十一種各詳所生之地所採之時與其形狀色味然不及桐蕈則未喻其故也案爾雅釋草曰中馗菌郭璞注曰地蕈也呂氏春秋稱和之美者越駱之菌是菌自古入食品然爲物頗微類事者多不之及陳景沂全芳備祖僅載二條存此一編亦博物之一端也末附解毒之法以苦茗白礬勻新水

咽之與張華博物志陶弘景本草注以地漿治之者法又不同可以互相參證亦有裨於醫療焉乾隆四十七年十月恭校上

御定廣羣芳譜

臣等謹案廣羣芳譜一百卷聖祖仁皇帝詔編修臣汪灝等編纂御史臣劉灝校刊其書取明臣王象晉所著羣芳譜補其闕略改蔵譜爲天時譜而原書天譜一門汎紀日月風雲之類無關植物則删之鶴魚一譜與羣芳名實不副亦從芟削每一物首釋名狀次引據經史百家故實曰彙考次載古今詩文而冠以御製賦詠曰集藻次及種藝之述與入用方法曰別錄而凡名山所產遠徼所貢奇花瑞草前代所未見聞者莫不具列洵粲然詳備矣昔氾勝之書後農家者流代有著錄蠶書則孫光憲秦觀農書則陳旉禾譜則曾安止他若戴凱之竹譜陸羽茶經蔡襄茶錄荔枝譜歐陽修牡丹譜范成大梅菊譜等書或偶舉一端或僅以流連景物未堪比擬即象晉原書稍稱兼綜而取裁疎略

亦僅足當千慮之一得耳乾隆四十七年四月恭校上

禽經

臣等謹案禽經一卷舊本題師曠撰晉張華註漢隋唐諸志及宋崇文總目皆不著録其引用自陸佃埤雅始其稱師曠亦自佃始其稱張華註則見於左圭百川學海所刻考書中鷓鴣一條稱晉安曰懷南江右曰逐隱春秋時安有是地名其僞不待辨張華晉人而註引顧野王瑞應圖任昉述異記乃及見梁代之書則註之僞亦不待辨然其中又有僞中之僞考王楙野客叢書載埤雅諸書所引而楙時之本無之者如鶴以怨望鴟以貪顧雞以睨視鴨以怒視雀以猜懼燕以狂眄鶯以喜囀烏以悲啼鳶以飢鳴鶴以潔唳梟以凶叫鴟以愁嘯鵝飛則蜮沈鵙鳴則蚓結鸛俯鳴則陰仰鳴則晴陸生之鳥味多鋭而善啄水生之鳥味多圓而善唼短腳者多伏長腳者多立凡數十條是楙所見者非北宋之本又楙書中辨鶯遷一條引禽經鶯鳴嚶嚶辨杜詩白鷗没浩蕩一條引

禽經鳧善沒鷗善浮又辨葉夢得詞睡起啼鶯語一條引禽經啼鶯解語流鶯不解語今本又無之馬驌繹史全錄此書而別取埤雅爾雅翼所引今本不載者附錄於末謂之古禽經今考所載楙已稱禽經無其文者凡三條其餘尚有數十條如雕以周之鷲以就之諸語全類字說疑即傳王氏學者所僞作故陸佃取之此本爲左圭百川學海所載則其僞當在南宋之末流傳已數百年文士往往引用姑存備考固亦無不可也乾隆四十七年九月恭校上

蟹譜

臣等謹案蟹譜二卷宋傅肱撰肱字自翼其自署曰怪山陳振孫謂怪山乃越州之飛來山則會稽人也其書分上下兩篇前有嘉祐四年自序而下篇貪花一條又引神宗時大臣趙姓者出鎮近輔事而諱其名考宋史惟神宗熙寧初樞密使參知政事趙槩嘗出知徐州似即其事則嘉祐當爲元祐之訛然書錄解題亦載是序爲嘉祐四年而趙槩爲北宋名臣亦不容著貪墨聲或刊本神

宗字誤也書中所錄皆蟹之故事上篇多採舊文下篇則其所自記詮次頗見雅馴所引唐韻十七條尤足備考證蓋其時孫愐原本尚存故肱猶及見之云

乾隆四十七年十月恭校上

異魚圖贊

臣等謹案異魚圖贊一卷明楊慎撰慎所著古音略例諸書已别著錄是書卷前有嘉靖甲辰自序稱西州畫史錄南朝異物圖將補繪之閱其名多踳錯文不雅馴乃取萬震沈懷遠異物志效郭璞張駿之贊體或述其成製或演以新文句中足徵言表即見不必張之粉繪憕之艷彩凡魚圖一卷共八十七種爲贊八十六首附以螺貝等物共三十五種爲贊三十首詞頗古雋雖詮釋名義不過形容厓略而遽云可以代圖未免自詡之過然大旨雅贍固博物者之所宜參考也乾隆四十七年十一月恭校上

異魚圖贊箋

臣等謹案異魚圖贊箋四卷　國朝胡世安撰初楊慎作異魚圖贊間有自注僅標所據書名未暇備引其說世安既爲之補又於崇禎庚午博採傳記以爲之箋徵引頗極繁富其名實舛互者於目錄之中各爲駁正亦殊有辨證惟貪多嗜博挂漏轉多或贊中所引而失注如赤鯉條下務光憤世之類或自注明云據某書者而亦失注如魴鯉條下河雒記引諺之類而前代故實皆無關於名義者乃支離曼衍累牘不休是徵事之書非復訓詁之體然其搜採典籍實爲博贍故殊形詭狀一一皆有以考辨其源流雖不免糅雜之譏亦未始非識小之一助也乾隆四十七年九月恭校上

異魚圖贊補

臣等謹案異魚圖贊補三卷閏集一卷　國朝胡世安撰世安有大易則通已著錄是書嘗自稱爲未第時所作以楊慎異魚圖贊尚多所闕漏因撫其遺脫作爲此編凡魚類補一百五十四種爲贊五十七首海錯類補三十八種爲贊

二十八首又閏集一卷魚三十餘種冠以磨竭海多非常之魚亦各爲之贊而其子璞及其門人雷瑨等共加箋釋閏集所載與目錄多不相應前後舛互贊文亦往往闕佚疑當日修改未竟之本也愼之作贊雖屬文人游戲之筆而源出郭璞要自古雋可觀世安續加仿傚其徵據典博亦不失爲雅馴與愼書相輔以行於水族品目亦略備矣乾隆四十七年十月恭校上

欽定四庫全書提要卷六十五

子部十七

雜家類一

鬻子

臣等謹案鬻子一卷舊本題周鬻熊撰崇文總目作十四篇高似孫子略作十二篇陳振孫書錄稱題稱陸佃所校十五篇此本題唐逢行珪註凡十四篇蓋即崇文總目所著錄也考漢書藝文志道家鬻子二十二篇又小說家鬻子說十九篇是當時本有二書列子引鬻子凡三條皆黃老清靜之說與今本不類疑即道家二十二篇之文今本所載與賈誼新書所引六條文格略同疑即小說家之鬻子說也杜預左傳註稱鬻熊爲祝融十二世孫孔穎達疏謂不知出何書史記載鬻熊子事文王早卒其子曰熊麗熊麗生熊狂熊狂生熊繹成王時舉文武勤勞之後嗣受封於楚漢書載魏相奏記霍光稱文王見鬻子年九

十餘雖所說小異然大約文武時人令其書乃有昔者魯周公語又有昔者魯周公使康叔往守於殷語而賈誼新書亦引其成王問答凡五條時代殊不相及劉勰文心雕龍云鬻熊知道文王諮詢遺文餘事錄爲鬻子則裒輯成編不出熊手流傳附益或構虛詞故漢志別入小說家歟每篇寥寥數言詞旨膚淺決非三代舊文姑以流傳既久存備一家耳乾隆四十七年十月恭校上

墨子

臣等謹案墨子十五卷舊本題宋墨翟撰考漢書藝文志墨子七十一篇注曰名翟宋大夫在孔子後隋書經籍志亦曰宋大夫墨翟撰然其書中多稱子墨子則門人之言非所自著也宋館閣書目稱十五卷六十一篇此本所列篇數終於第七十一與漢志合而按其目次缺者十篇正得六十一篇與館閣書目亦合惟六十一篇之中其八篇有錄無書則陳振孫書錄解題所稱又有一本止存五十三篇者殆即此本歟墨家者流史罕著錄蓋以孟子所闢無人肯居

其名然佛氏之教其清淨取諸老其慈悲則取諸墨韓愈送浮屠文暢序稱儒名墨行墨名儒行以佛爲墨蓋得其眞而讀墨子一篇乃稱墨必用孔孔必用墨開後人三教歸一之說則未爲篤論特在彼法之中能自嗇其身而時時利濟於物亦有足以自立者故其教得列於九流而其書亦至今不泯耳第五十二篇以下皆兵家言其文古奧或不可句讀與全書爲不類疑因五十一篇言公輸般九攻墨子九距之事其徒因採摭其術附記於末觀其稱弟子禽滑釐等三百人已持守圉之器在宋城上是能傳其術之證矣乾隆四十七年四月恭校上

子華子

臣等謹案子華子二卷舊本題晉人程本撰案程本之名見於家語子華子之名見於列子本非一人呂氏春秋引子華子者凡三見高誘以爲古體道人是秦以前原有子華子書然漢志已不著錄則劉向時其書亡矣此本出自宋南

渡後始刊板于會稽晁公武以其多用字說指爲元豐後舉子所作朱子以其
出於越中指爲王銍姚寬輩所託而又疑非二人所及周氏涉筆則據其神氣
一篇指爲黨禁未開之時不得志者所爲今觀其書多采掇黄老之言而參以
術數之說呂氏春秋貴生篇一條今在陽城渠胥問篇中知度篇一條今在虎
會問篇中審爲篇一條則故佚不載以掩剽剟之蹟頗巧于作僞然商榷治道
大旨皆不詭于聖賢其論黄帝鑄鼎一條以爲古人之寓言足正方士之謬其
論唐堯土階一條謂聖人不徒貴儉而貴有禮尤足砭墨家之偏其文雖稍涉
漫衍而縱横博辨往往可喜殆能文之士發憤著書託名于古人者觀篇末自
敘世系以程出于趙睠睠不忘其宗屬其子勿有二心以事主則明寓宋姓其
殆熙寧紹聖之間宗子之忤時不仕者乎諸子之書僞本不一然此最有理致
文彩辨其爲贋則可以其贋而廢之則不可陳振孫謂其文不古而亦有可觀
當出近世能言之流實爲公論晁公武以謬誤淺陋譏之過矣乾隆四十七年

三月恭校上

尹文子　愼子

臣等謹案尹文子一卷周尹文撰前有魏黄初末山陽仲長氏序稱條次撰定爲上下篇文獻通考著録作二卷此本亦題大道上篇大道下篇與序文相符而通爲一卷蓋後人所合併也莊子天下篇以尹文田駢並稱顔師古註漢書謂齊宣王時人考劉向說苑載文與宣王問答顔蓋據此然呂氏春秋又載其與湣王問答事殆宣王時稷下舊人至湣王時猶在歟其書本名家者流大旨指陳治道欲自處於虛靜而萬事萬物則一一綜核其實故其言出入於黄老申韓之間周氏涉筆謂其自道以至名自名以至法蓋得其眞晁公武讀書志以爲誦法仲尼其言誠過宜爲高似孫緯略所譏然似孫以儒理繩之謂其淆雜亦爲未允百氏爭鳴九流並列各尊所聞各行所知自老莊以下均自爲一家之言讀其文者取其博辨閎肆足矣安能限以一格哉序中所稱熙伯蓋繆

襲之字其山陽仲長氏不知爲誰李獻臣以爲仲長統然統卒於建安之末與所云黄初末者不合晁公武因此而疑史誤未免附會矣

臣等謹案愼子一卷周愼到撰到趙人中興書目作瀏陽人陳振孫書錄解題曰愼到趙人見於史記瀏陽在今潭州吳時始置縣與周南北了不相涉蓋據書坊所稱不知何謂也則稱瀏陽者非矣明人刻本云到一名廣案陸德明莊子釋文田駢下註曰愼子云名廣然則駢一名廣非到一名廣尤舛誤也莊子天下篇曰愼到棄知去已而緣不得已泠汰於物以爲道理曰知不知將薄知而後鄰傷之者也謑髁無任而笑天下之尙賢也縱脫無行而非天下之大聖椎拍輐斷與物宛轉舍是與非苟可以免不師智慮不知前後魏然而已矣推而後行曳而後往若飄風之還若羽之旋若磨石之隧全而無非動靜無過未嘗有罪是何故夫無知之物無建已之患無用知之累動靜不離於理是以終身無譽故曰至於若無知之物而已無用聖賢夫塊不失道豪傑相與笑之曰

愼到之道非生人之行而至死人之理適得怪焉云云是愼子之學近乎釋氏然漢志列之於法家今考其書大旨欲因物理之當然各定一法而守之不求於法之外亦不寬於法之中則上下相安可以清淨而治然法所不行勢必刑以齊之道德之爲刑名此其轉關所以申韓多稱之也（語見漢書藝文志）其書漢志作四十二篇唐志作十卷崇文總目作三十七篇書錄解題則稱麻沙刻本凡五篇已非全書此本雖亦分五篇而文多删削又非陳振孫之所見蓋明人捃拾殘賸重爲編次觀孝子不生慈父之家忠臣不生聖君之下二句前後兩見知爲雜錄而成失除重複矣乾隆四十七年十月恭校上

鶡冠子

臣等謹案鶡冠子書漢書藝文志列於道家註曰楚人居深山以鶡爲冠劉勰文心雕龍稱鶡冠緜緜亟發深言韓愈集有讀鶡冠子一首稱其博選篇四稽五至之說學問篇一壺千金之語且謂其施於國家功德豈少柳宗元集有鶡

冠子辨一首乃詆其言爲鄙淺謂其世兵篇多同鵩賦據司馬遷所引賈生二
語以決其僞然古人著書往往偶用舊文古人引證亦往往偶隨所見如谷神
不死四語今見老子中而列子乃稱爲黃帝書克己復禮一語今在論語中左
傳乃謂仲尼稱志有之元者善之長也八句今在文言傳中左傳乃記爲穆姜
語司馬遷惟稱賈生蓋亦此類未可以單文孤證遽斷其僞惟其書漢志稱一
篇隋志始爲三卷或漢以來有所附益則未可知耳至其說雖雜刑名而大旨
本原於道德其文亦博辯宏肆自六朝至唐劉勰最號知文而韓愈最號知道
二子稱之宗元乃以爲鄙淺過矣此本爲宋陸佃註凡十九篇其序謂愈但稱
十六篇未睹其全佃北宋人其時古本韓文初出當得其眞今本韓文乃亦作
十九篇殆後來反據此書以改韓集猶劉禹錫河東集序稱編爲三十二通而
今本柳集亦反據穆修本改爲四十五通也佃註惟陳振孫稍及之通考不著
錄晁公武讀書志亦但稱有八卷一本前三卷全同墨子後兩卷多引漢以後

事公武削去前後五卷得十九篇則似亦未見佃註者殆宋時已罕傳矣乾隆四十七年十月恭校上

公孫龍子　鬼谷子

臣等謹案公孫龍子一卷周公孫龍撰案史記趙有公孫龍爲堅白異同之辨漢書藝文志龍與毛公等並游平原君之門列子釋文龍字子秉莊子謂惠子曰儒墨楊秉四與夫子爲五秉即龍也據此則龍當爲戰國時人司馬貞索隱謂龍即仲尼弟子者非也其書漢志著錄者十四篇至宋時八篇已亡今僅存跡府白馬指物通變堅白名實凡六篇其首章所載與孔穿辯論事孔叢子亦有之謂龍爲穿所絀而此書又謂穿願爲弟子彼此互異蓋戰國時門戶角立各欲自尊其說故其不同如此其書大指疾名器乖實乃假指物以混是非借白馬而齊物我冀時君有悟而正名實故諸史皆列於名家淮南鴻烈解稱公孫龍粲於辭而貿名揚子法言稱公孫龍詭辭數萬蓋其持論雄贍惝恍恣肆

實足以聳動天下故當時莊列荀卿並著其言爲學術之一特品目稱謂之間紛然不可數計龍必欲一一核其眞而理究不足以相勝故言愈辯而名實愈不可正然其書出自先秦義雖恢誕而文頗離奇可喜陳振孫槩以淺陋迂僻譏之則又過矣明鍾惺刻此書改其名爲辯言妄誕不經今仍從漢志題曰公孫龍子又鄭樵通志略載此書有陳嗣古注賈士隱注各一卷今俱失傳此本之注乃宋謝希深所撰文義頗淺近今亦姑仍之焉

臣等謹案鬼谷子漢志不著錄隋志縱橫家有鬼谷三卷註曰周世隱於鬼谷玉海引中興書目曰周時高士無鄉里族姓名字以其所隱自號鬼谷先生蘇秦張儀事之授以捭闔至符言等十有二篇及轉丸本經持樞中經等篇因隋志之說也唐志卷數相同而註曰蘇秦撰張守節史記正義曰鬼谷在雒州陽城縣北五里七錄有蘇秦書樂壹註云秦欲神祕其道故假名鬼谷此又唐志之所本胡應麟筆叢則謂隋志有蘇秦三十一篇張儀十篇必東漢人本二書

之言薈稡爲此而託於鬼谷若子虛亡是之屬其言頗爲近理然亦終無確證隋志稱皇甫謐註則爲魏晉以來書固無疑耳說苑引鬼谷子有人之不善而能矯之者難矣一語今本不載又惠洪冷齋夜話引鬼谷子曰崖蜜櫻桃也今本亦不載疑非其舊然今本已佚其轉丸胠篋二篇惟存捭闔至符言十二篇劉向所引者或在佚篇之內至惠洪所引據王直方詩話乃金樓子之文惠洪誤以爲鬼谷子耳案王直方詩話今無全本此條見朱翌猗覺寮雜記所引均不足以致疑也高似孫子略稱其一闔一闢爲易之神一翕一張爲老氏之術出於戰國諸人之表誠爲過當宋濂潛溪集詆爲蛇鼠之智又謂其文淺近不類戰國時人又抑之太甚柳宗元辨鬼谷子以爲言益奇而道益陿差得其真蓋其術雖不足道其文之奇變詭偉要非後世所能爲也乾隆四十七年九月恭校上

呂氏春秋

臣等謹案呂氏春秋二十六卷舊本題秦呂不韋撰考史記文信侯列傳實其

賓客之所集也太史公自序又稱不韋遷蜀世傳呂覽然序意篇首稱維秦八年涒灘之歲是時不韋未遷蜀司馬所記爲誤故自高誘以下皆不用後說蓋史駁文耳不韋固小人而是書較諸子之言獨爲醇正大抵以儒爲主而參以道家墨家故多引六籍之文與孔子曾子之言其他如論音則引樂記論鑄劒則引考工記雖不著篇名而其文可按所引莊列之言皆不取其放誕恣肆者墨翟之言不取其非儒明鬼者而縱橫之術刑名之說一無及焉其持擇頗爲不苟論者鄙其爲人因不甚重其書非公論也自漢以來註者惟高誘一家訓詁簡質於引證顯舛之處多所糾正皆不蹈註家附會之失然如稱魏文侯廚齊侯獻之天子傳無其事不知誘何以不糾其謂梅伯說鬼侯之女好妲己以爲不好因而見醢謂白乙丙孟明皆蹇叔子謂甯戚扣角所歌乃碩鼠詩謂公孫龍爲魏人並不著其所出古書多佚莫之考矣又共伯得乎共首及張毅單豹事均出莊子乃於共伯事則曰不知其出何書於張毅單豹事則引班固幽

通賦竟未見漆園之書亦爲可異若其註五世之廟曰逸書則梅賾本尚未出引詩庶姜孽孽作钀钀鼉鼓逢逢作韸韸則經師異本均不足爲失也乾隆四十七年九月恭校上

淮南鴻烈解

臣等謹案淮南鴻烈解二十一卷漢淮南王劉安撰安事蹟具漢書本傳漢書藝文志雜家淮南内二十一篇外三十三篇顔師古注曰内篇論道外篇雜說今所存者二十一篇蓋内篇也晁公武讀書志稱崇文總目亡三篇李淑邯鄲圖書志亡二篇其家本惟存原道俶眞天文墜形時則覽冥精神本經主術繆稱齊俗道應氾論詮言兵略說林說山十七篇亡其四篇高似孫子略稱讀淮南二十篇是在宋已鮮完本惟洪邁容齋隨筆稱今所存者二十一卷與今本同然白居易六帖引烏鵲塡河事云出淮南子而今本無之則尚有脫文也其注或題許愼或題高誘晁公武謂許愼注稱記上則重許愼之說陳振孫謂今

本題許慎注而詳序文即是高誘殆不可曉則以題許慎爲非盧泉劉績則謂

記上猶言標題進呈並非慎爲之注又調停于二説之間考隋志唐志宋志皆

許氏高氏二注並列陸德明莊子釋文引淮南子注稱許慎李善文選注殷敬

順列子釋文引淮南子注或稱高誘或稱許慎是原有二注之明證後慎注散

佚傳刻者誤以誘注題慎名致矛盾耳觀書中稱景古影字而慎説文無影字

其不出於慎審矣誘涿郡人盧植之弟子建安中辟司空掾歷官東郡濮陽令

遷河東監並見於自序中慎則和帝永元中人遠在其前何由記上誘注劉績

之説蓋徒附會其文而未詳考時代也乾隆四十七年十月恭校上

人物志

臣等謹案人物志三卷魏劉邵撰邵字孔才邯鄲人黄初中官散騎常侍至正

始中賜爵關内侯事迹具三國志本傳别本或作劉劭此書末有宋庠跋云據

今官書魏志作勉劭之劭從力他本或從邑者晉邑之名案字書此二訓外别

無他釋然俱不協孔才之義說文則爲卲音同上但從卩耳訓高也李舟切韻訓美也高美又與孔才義符揚子法言曰周公之才之卲事也所辨精核今從之其註爲劉昞所作昞字延明燉煌人舊本名上結銜題涼儒林祭酒蓋李暠時嘗授是官然十六國春秋稱沮渠蒙遜平酒泉授昞祕書郎專管註記魏太武時又授樂平從事中郞則昞歷事三主惟署涼官者誤矣卲書凡十二篇首尾完具晁公武讀書志作十六篇疑傳寫之誤其書主於論辨人才以外見之符驗內藏之器分別流品研析疑似故隋志以下皆著錄於名家然所言究悉物情而精覈近理視尹文之說兼陳黃老申韓公孫龍之說惟析堅白同異者迥乎不同蓋其學雖近乎名家其理則弗乖於儒者也昞註不涉訓詁惟疏通大意而文詞簡古猶有魏晉之遺漢魏叢書所載惟每篇之首存其解題十六字且以卷首阮逸之序訛題晉人殊爲疎舛此本爲萬歷甲申河間劉用霖所刊蓋用隆慶壬申鄭旻舊板而修之猶古本云乾隆四十七年十月恭校上

金樓子

臣等謹案金樓子六卷梁孝元皇帝撰梁書本紀稱帝博綜羣書著述詞章多行於世其在藩時嘗自號金樓子因以名書隋書經籍志唐書宋史藝文志俱載其目爲二十卷晁公武讀書志謂其書十五篇是宋代尚無闕佚至宋濂諸子辨胡應麟九流緒論所列子部皆不及是書知明初漸已湮沒明季遂竟散亡故馬驌撰繹史徵採最博亦自謂未見傳本僅從他書摭錄數條也今檢永樂大典各韻尚頗載其遺文核其所據乃元至正間刊本勘驗序目均爲完備惟所列僅十四篇與晁公武十五篇之數不合其二南五霸一篇與說蕃篇文多複見或傳刻者亂其目而反佚其本篇歟又永樂大典詮次無法割裂破碎有非一篇而誤合者有割綴別卷而本篇反遺之者其篇端序述亦惟戒子后妃捷對志怪四篇尚存餘皆脫逸然中間興王戒子聚書說蕃立言著書捷對志怪八篇皆首尾完整其他文雖攙亂而幸其標目分明尚可排比成帙謹詳

加裒綴參考互訂釐爲六卷其書於古今見聞事迹治忽貞邪咸爲苞載附以議論勸戒兼資蓋亦雜家之流而當時周秦異書未盡亡佚其所徵引如許由之父名耳兄弟七人十九而隱成湯凡有七號之類皆史外軼聞他書未見又立言聚書著書諸篇自表其撰述之勤所紀典籍源流亦可補諸書所未備惟永明以後豔語盛行此書亦文格綺靡不出末時風氣其故爲古奥如紀始安王遙光一節句讀難施又成變體至於自稱五百年運余何敢讓儼然上比孔子尤爲不經是則瑕瑜不掩固不必曲爲諱爾乾隆四十六年十月恭校上

新論

臣等謹案新論十卷隋志不著錄唐志作梁劉勰撰陳振孫書錄解題晁公武讀書志俱據唐播州錄事參軍袁孝政序作北齊劉晝撰自明以來刊本不載孝政註亦不載其序惟陳氏載其序略曰晝傷己不遇天下陵遲播遷江表故作此書時人莫知謂爲劉勰或曰劉歆劉孝標作云云不知所據何書故陳氏

以爲終不知晝爲何代人案梁通事舍人劉勰史惟稱其撰文心雕龍五十篇不云更有别書且文心雕龍樂府篇稱塗山歌於候人始爲南音有娀謠乎飛燕始爲北聲夏甲歎於東陽東音以發殷整思於西河西音以興此書辨樂篇稱夏甲作破斧之歌始爲東音與勰說合其稱殷辛作靡靡之樂始爲北音則與勰說迥異必不出於一人又史稱勰長於佛理出家改名慧地此書末篇乃歸心道教與勰志趣亦殊近本仍刻劉勰殊爲失考劉孝標之說南史梁書俱無明文未足爲據劉歆之說則激通篇稱班超憤而習武卒建西域之績事在歆後其說可不攻而破矣惟北齊劉晝字孔昭渤海阜城人名見北史儒林傳然未嘗播遷江表與孝政之序不符傳稱晝孤貧愛學恣意披覽晝夜不息舉秀才不第乃恨不學屬文方復綴緝詞藻言甚古拙與此書之縟麗輕倩亦不合又稱求秀才十年不得乃發憤撰高才不遇傳孝昭時步詣晉陽上書言亦切直而多非世要終不見收乃編録所上之書爲帝道河清中又著金箱璧言

以指機政之不良亦不云有此書豈孝政所指又別一劉晝歟觀其書末九流一篇所指得失皆與隋書經籍志子部所論相同使隋志襲其說不應反不錄其書使其剽襲隋志則貞觀以後人作矣或孝政採掇諸子之言自爲此書而自註之又恍惚其著書之人使後世莫可究詰亦未可知也然劉勰之名今既確知其非自當刊正劉晝之名則介在疑似之閒難以確斷姑仍晁氏陳氏二家之目題晝之名而附著其牴牾如右乾隆四十七年五月恭校上

顏氏家訓

臣等謹案顏氏家訓二卷舊本題北齊黃門侍郎顏之推撰考陸法言切韻序作于隋仁壽中所列同定八人之推亦與焉則實終于隋代舊本所題蓋據作書之時也陳振孫書錄解題云古今家訓以此爲祖然李翺所稱太公家訓雖屬僞書至杜預家誡之類則在前久矣特之推所撰卷帙較多耳晁公武讀書志云之推本梁人所著凡二十篇述立身治家之法辨正時俗之謬以訓子孫

今觀其書大抵於世故人情深明利害而能文之以經訓故唐志宋志俱列之儒家然其中歸心等篇深明因果不出當時好佛之習又兼論字畫音訓並考正典故品第文藝曼衍旁涉不專爲一家之言今特退之雜家從其類焉又是書隋志不著錄唐志宋志俱作七卷今本乃止二卷錢曾讀書敏求記載有宋鈔淳熙七年嘉興沈揆本七卷以閣本蜀本及天台謝氏所校五代和凝本參定末附考證二十三條别爲一卷且力斥流俗併爲二卷之非今沈本不可復見無由知其分卷之舊姑從明人刋木錄之然其文旣無異同則卷帙分合亦爲細故惟考證一卷佚之爲可惜耳乾隆四十七年十月恭校上

長短經

臣等謹案長短經九卷唐趙蕤撰孫光憲北夢瑣言載蕤梓州鹽亭人博學韜鈐長於經世夫婦俱有隱操不應辟召唐書藝文志亦載蕤字太賓梓州人開元中召之不赴與光憲所記略同惟書名作長短要術爲少異蓋一書二名也

是書皆談王伯經權之要成於開元四年自序稱凡六十三篇合爲十卷唐志與晁公武讀書志卷數並同今久無刊本王士禎居易錄記徐乾學嘗得宋槧於臨淸此本前有傳是樓一印又有健庵收藏圖書一印後有乾學名印每卷之末皆題杭州淨戒院新印七字猶南宋舊刻蓋即士禎所言之本然僅存九卷末有洪武丁巳沈新民跋稱其第十卷載陰謀家本缺今存者六十四篇云云案此跋全勦用晁公武之言疑書賈所僞託是佚其一卷而反多一篇與甤序六十三篇之數不合然勘驗所存實爲篇六十有四疑甤序或傳寫之訛也第一卷八篇題曰文上第三卷四篇題曰文下第二卷四篇則有子目而無總題以例推之當脫文中二字第四卷一篇題曰霸紀中第六卷一篇論三國之事亦無總題以例推之當脫霸紀下三字第七卷二篇題曰權議第八卷十九篇題曰雜說第九卷二十四篇題曰兵權其第十卷所謂陰謀者則今不可考篇中註文頗詳多引古書蓋即甤所自作註首或標以議曰二字或亦不標體例不一亦未詳其故

也唐人著述世遠漸稀雖佚十分之一固當全璧視之矣乾隆四十七年四月

恭校上

兩同書　化書

臣等謹案兩同書二卷唐羅隱撰隱字昭諫新城人本名横以十舉不中第乃更名朱溫篡唐以諫議大夫召不應仕錢鏐爲錢塘令尋爲鎮海軍掌書記節度判官鹽鐵發運副使授著作佐郎司勳郎中歷遷諫議大夫給事中吳越備史載隱所著有淮海寓言讒書不言有此書然淮海寓言及讒書陳振孫已訪之未獲惟此書猶傳于今凡十篇上卷五篇皆終之以老氏之言下卷五篇皆終之以孔子之言崇文總目謂以老子修身之説爲内孔子治世之道爲外會其旨而同元然則兩同之名蓋取晉人將無同之義晁公武以爲取兩者同出而異名非其旨矣書錄解題引中興書目以爲唐吳筠撰考宋史藝文志别有吳筠兩同書二卷與此書同載雜家類中非一書也

臣等謹案化書六卷舊本作齊邱子題南唐宋齊邱撰宋張耒跋其書遂謂齊邱犬鼠之雄蓋不足道晁公武亦以齊邱所撰著于錄然考宋碧虛子陳景元跋稱舊傳陳摶言譚峭景昇在終南著化書因遊三茅歷建康見齊邱有道骨因以授之曰是書之化其化無窮願子序之流于後世于是杖靸而去齊邱遂奪爲已有而序之則此書爲峭所撰稱齊邱子者非也書凡六篇曰道化術化德化仁化食化儉化其說多本黃老道德之旨文筆亦簡勁奧質元陸友仁硯北雜志稱譚景昇書世未嘗見他書言其論書道鍾王而下一人而已今考書道一條見在仁化篇中而友仁顧未之見則元世流傳蓋已罕矣峭爲唐國子司業洙之子師嵩山道士得辟穀養氣之術見沈汾續仙傳中其說神怪不足深詰今道家稱峭爲紫霄眞人而五代史閩世家稱王昶好巫稱道士譚紫霄爲正一先生其事與峭同時未知即爲一人否方外之士行蹤靡定亦無從而考核矣乾隆四十七年九月恭校上

昭德新編

臣等謹案昭德新編二卷宋晁迥撰迥字明遠澶州清豐人自其父始徙家彭門太平興國五年進士至道末擢右正言直史館知制誥旋爲翰林學士加承旨天禧中判西京留司御史臺以太子太保致仕卒謚文元是編爲其晚年所作因居昭德坊故以名書宋初承唐餘俗士大夫多究心于內典故迥著書大旨雖主于勉人爲善而不免兼入于釋氏自序謂東魯之書文而雅西域之書質而備故此五說酌中而作蓋指下卷指迷五說也李淑言其服膺墳典耆年不倦少遇異人指導心要王古稱其名理之妙雖白樂天不逮其所學可知矣迥五世孫遡搜羅家集得此書于丹稜李壽慶元中嘗有刊本明嘉靖間又有重刊本此本首題裔孫伏武重錄迥自序及李遵勗後序皆與晁遡所記相符蓋猶舊本其後附迥及明晁瑮晁東吴三人之詩數十首蓋其後人採輯家集而未成者文不相屬實爲駢拇枝指今悉删之不著于錄焉乾隆四十七年九

月恭校上

芻言　樂庵語錄

臣等謹案芻言三卷宋崔敦禮撰敦禮家本河北南渡後與弟敦詩同登紹興進士官至諸王宮大小學教授愛溧陽山水買田築室居焉是編凡分三卷上卷言政中卷言行下卷言學其造文皆規橅揚雄王通頗追步古之儒家無語錄鄙俚之習卷首以道德仁義分晰差等中又以諸經傳註爲蠹道之書其旨頗雜於黃老未爲粹然儒者之言至其間指切事理於人情物態抉摘隱微多中窾要雜家者流七略著錄固不妨並存其說備採擇焉則亦有不可盡廢者爾

臣等謹案樂庵語錄五卷宋龔昱撰昱字立道崑山人從學於李衡錄衡平日講學之語爲此書樂庵者衡所居也衡爲學以論語爲本嘗有得於洛人趙孝孫之說孝孫之父受業伊川故衡亦淵源程氏所著周易義海撮要已別著錄

是編闡明理學問論詩文亦有涉及二氏者如因緣地獄諸說未能粹然無疵而超悟處自非淺人所及卷末載衡本傳及遺事數則又有吳仁傑後序王藺孫僑游洛周必大范成大王遂劉煒諸人跋語甚詳觀其抗章論事不避權貴臨歿從容篤於任卹眞能脫然於富貴生死之際以之印證所言庶幾躬行實踐非空談性命者可比仁傑後序云吾友龔君立道篤意於學從先生游者六年聞微言要指必書於策亦可謂不忘其師者矣明方鵬崑山人物志稱昱蔚有文學安貧樂道鄉人謂之龔山長所居曰棲閒堂陸游劉過皆有詩賦云乾隆四十七年十一月恭校上

習學記言

臣等謹案習學記言五十卷宋葉適撰適字正則自號水心居士永嘉人淳熙五年進士官至寶文閣學士諡忠定事蹟具宋史儒林傳其書乃輯錄經史百氏各爲論述條列成編凡經十四卷諸子七卷史二十五卷文鑑四卷所論喜

爲新奇不屑摭拾陳語故陳振孫謂其文刻峭精工而義理未得爲純明正大劉克莊爲趙虛齋作注莊子序亦稱其講學析理多異先儒蓋當時評論如此其間如謂太極生兩儀等語爲文淺義陋謂檀弓膚率於義理而謇縮於文詞謂孟子子産不知爲政仲尼不爲已甚語皆未當此類誠不免於駭俗然如論讀詩者專溺舊文不得詩意盡去本序其失愈多言國語非左氏所作考子思生卒年月斥漢人言洪範五行災異之非皆能確有所見足與其雄辨之才相副至於論唐史諸條往往爲宋事而發於治亂通變之源言之最悉其識尤未易及特當宋之末世方恪守洛閩之言而適獨不免於同異故振孫等多不滿之要其偏執固所不免而考核之精博議論之英偉實一時罕有其匹也乾隆四十七年三月恭校上

本語

臣等謹案本語六卷明高拱撰拱有春秋正旨已著錄是書成於萬歷丙子距

拱罷歸之日已十三年故開卷即以否泰兩卦君子小人消長爲言其中論裴度論劉晏皆陰以自比論李林甫論哈麻皆以陰比徐階論盧懷慎則陰比殷士儋輩亦發憤而著書者也其間如隆慶六年宿良鄉夢見孔子之類頗爲夸誕如謂無意之妙非意所能爲故聖人貴忘之類亦頗涉虛無至駁伊川說春秋災異一條欲破董仲舒劉向劉歆之說遂謂天道不關於人事尤爲紕繆其他辨詰先儒之失抉摘傳注之誤詞氣縱横亦其剛很之餘習然頗有剖析精當之處亦不可磨五卷以下皆論時事率切中明季之弊故明史稱其練習政體有經濟才一書之中蓋瑕瑜互見如其爲人云乾隆四十七年十月恭校上

欽定四庫全書提要卷六十六

子部十八

雜家類二

白虎通義

臣等謹案白虎通義二卷漢班固撰隋書經籍志載白虎通六卷不著撰人唐書藝文志載白虎通義六卷始題班固之名崇文總目載白虎通德論十卷凡十四篇陳振孫書錄解題亦作十卷凡四十四門今本爲元大德中劉世常所藏凡四十四篇與陳氏所言相符知崇文總目所云十四篇者乃傳寫脫一四字耳然僅分二卷視諸志所載又不同朱翌猗覺寮雜記稱荀子注引白虎通天子之馬六句今本無之然則輾轉傳寫或亦有所脫佚翌因是而指其僞撰則非篤論也據後漢書固本傳稱天子會諸儒講論五經作白虎通德論令固撰集其事而楊終傳稱終言宣帝博徵羣儒論定五經於石渠閣方今天下少

事學者得成其業而章句之徒破壞大體宜如石渠故事永爲世則於是詔諸
儒於白虎觀論考同異焉會終坐事繫獄博士趙博校書郎班固賈逵等以終
深曉春秋學多異聞表請之即日貰出丁鴻傳稱肅宗詔鴻與廣平王羨及諸
儒樓望成封桓郁賈逵等論定五經同異於北宮白虎觀使五官中郎將魏應
主承制問難侍中淳于恭奏上帝親稱制臨決時張酺召馴李育皆得與於白
虎觀蓋諸儒可考者十有餘人其議奏統名白虎通德論猶不名通義後漢書
儒林傳序言建初中大會諸儒於白虎觀考詳同異連月乃罷肅宗親臨稱制
如石渠故事顧命史臣著爲通義唐章懷太子賢注云即白虎通義是足證固
撰集後乃名其書曰通義唐志所載蓋其本名崇文總目稱白虎通德論失其
實矣隋志删去義字蓋流俗省略有此一名故唐劉知幾史通序引白虎通風
俗通爲說實則遞相祖襲忘其本始者也書中徵引六經傳記而外涉及讖緯
乃東漢習尙使然又有王度記三正記别名記親屬記則禮之逸篇方漢時崇

尙經學咸兢兢守其師承古義舊聞多存乎是洵治經者所宜從事也　國朝任啟運嘗舉正其闕作白虎通擿謬見所自爲制藝序中今其書不傳所糾之當否不可考矣乾隆四十七年四月恭校上

獨斷

臣等謹案獨斷二卷漢蔡邕撰王應麟玉海謂是書間有顚錯嘉祐中余擇中更爲次序釋以己説故別本題新定獨斷擇中之本今不傳然今書中序歷代帝系末云從高祖乙未至今壬子歲三百一十年壬子爲靈帝建寧五年而靈帝世系末行小註乃有二十二年之事又有獻帝之謚則決非邕之本文蓋後人亦有所竄亂也是書於禮制多信禮記不從周官若五等封爵全與大司徒異而各條解義與康成禮註合者甚多其釋大祝一條與康成大祝註字句全符則其所根據當同出一書又續漢書輿服志樊噲冠廣九寸高七寸前後出各四寸是書則謂高七寸前出四寸其詞小異劉昭輿服志註引獨斷曰三公

諸侯九旒卿七旒今本則作三公九諸侯卿七建華冠註引獨斷曰其狀若婦

人縷鹿今本並無此文又初學記引獨斷曰乘輿之車皆副轄者施轄於外乃

復設轄者也與今本亦全異此或諸家援引偶訛或今本傳寫脫誤均未可知

然全書條理統貫雖小有參錯固不害其宏旨究考證家之淵藪也乾隆四十

七年九月恭校上

古今注

臣等謹案古今注三卷舊本題晉崔豹撰中華古今注三卷舊本題唐太學博

士馬縞撰豹書無序跋縞嘗稱崔豹古今注博識雖廣殆有闕文洎乎黃初莫

之聞見今添其注以釋其義然今互勘二書自齊宋以後事二十九條外其魏

晉以前之事豹書惟草木一類及鳥獸類吐綬鳥一名功曹七字爲縞書所無

縞書惟服飾一類及開卷宮室一條封部兵陳二條馬𩥇犬二條爲豹書所缺

其餘所載並皆相同不過次序稍有後先字句偶有加減縞所謂增注釋義絕

無其事又縞書中卷云棒崔正熊注車輻也使全襲豹語不應此條獨著豹名考太平御覽所引書名有豹書而無縞書文獻通考雜家類又祇有縞書而無豹書知豹書久亡縞書晚出後人摭其中魏以前事贋爲豹作又檢校永樂大典所載蘇鶚演義與二書相同者十之五六則不特豹書出於依託即縞書亦不免於勦襲特以相傳既久姑存以備一家耳考劉孝標世說注載豹字正能晉惠帝時官至太傅馬縞稱爲正熊能熊二字相近蓋有一誤也乾隆四十七年四月恭校上

資暇集

臣等謹案資暇集三卷唐隴西李匡乂撰舊本或題李濟翁蓋宋刻避諱故書其字如唐修晉書稱石虎爲石季龍或作李乂亦避諱刋除一字如唐修隋書稱韓擒虎爲韓擒實一人也文獻通考一入雜家引書錄解題作李匡乂一入小說家引讀書志作李匡義而字濟翁則同蓋傳寫訛耳匡乂仕履未詳書中

稱再從叔翁洴公知爲李勉從孫又稱嘗爲南漳守知曾作郡紀年有大中壬申而謂李德裕爲崖州知爲宣宗後人其始末則不可考讀書志載是書有匡乂自序曰世俗之談類多訛誤雖有見聞嘿不敢證故著此書上篇正誤中篇談原下篇本物此本前有虞山錢遵王氏藏書印蓋也是園舊物然無此序疑裝緝者佚之書中亦不標三篇之目其所說之事則皆與目應疑自序乃檃括之詞原未標目也其書考證舛訛頗爲詳悉在唐人說部之中可與顏師古封演李涪三家並立其中酇侯音鹺一條明焦竑作筆乘摭爲異聞不知屬沛國者音鹺屬南陽者音贊匡乂已引鄒氏史記注駁讀鹺之非知竑未見此書矣

乾隆四十七年九月恭校上

刊誤

臣等謹案刊誤二卷唐李涪撰舊本前有結銜稱國子祭酒而陸游渭南集有是書跋曰王行瑜作亂宗正卿李涪盛陳其忠必悔過及行瑜傳首京師涪亦

放死嶺南疑即此人未詳孰是也前有自序稱撰成五十篇此本惟四十九篇蓋佚其一其書皆考究典故引舊制以正唐末之失又引古制以糾唐制之誤皆可以訂正禮文下卷問及雜事如論僅蚄旁繆廄薦六字之訛辨陸法言切韻之誤解論語不問馬之不非否音校左傳繕完葺牆之完爲宇字以及駁李商隱孔子師老耼老耼師竺乾之妄正賈耽七曜歷之繆亦頗資博識唐末文人日趨佻巧而涪獨考證舊聞亦可謂學有根柢者矣乾隆四十七年九月恭校上

蘇氏演義

臣等謹案蘇氏演義二卷唐蘇鶚撰鶚字德祥武功人光啟中登進士第仕履無考嘗撰杜陽雜編及此書雜編世有傳本此書久佚今始據永樂大典所引裒輯成編雜編特小說家言此書則於典制名物具有考證書中所言與世傳晉崔豹古今注馬縞中華古今注多相出入已考正於古今注條下然非永樂

大典幸而僅存則豹書之僞猶可考見縞書之勦襲竟無由而證明此固宜亟爲表章以明眞贋況今所存諸條爲二書所未剌取者尙居强半訓詁典核皆資博識陳振孫書錄解題稱其考究書傳訂正名物辨正訛謬可與李涪刊誤李濟翁資暇集邱光庭兼明書並驅良非溢美尤不可不特錄存之以備參稽也原書十卷今掇拾放佚所得僅此古書亡失愈遠愈稀片羽吉光彌足珍貴是固不以多寡論矣乾隆四十六年九月恭校上

兼明書

臣等謹案兼明書五卷五代邱光庭撰光庭烏程人官太學博士陳振孫書錄解題稱光庭爲唐人續百川學海及彙祕笈則題曰宋人考書中世字作代當爲唐人然羅隱集有贈光庭詩則當已入五代其爲唐諱猶孟昶石經世民等字猶沿舊制闕筆耳是書皆考證之文宋史藝文志作十二卷書錄解題作二卷此本五卷疑後人所更定非其舊本其中如諸書門據山海經鳳皇之文管

子韓詩外傳封禪之記謂作字不始於蒼頡不知百氏雜說不足爲證春秋門譏劉知幾論春秋諸侯用夏正之非不知左傳記晉事經傳皆差兩月卽用夏正之明徵雜說門七夕一條尤爲杜撰春秋門謂衞桓公當名皃更臆斷無所依據然如論史記誤以放勳重華文命爲堯舜禹名毛萇誤以垤爲螘冢孔安國誤以菁茅爲二物顏師古誤以鳲鳩爲白鷺孔穎達誤以鵙鴞爲巧婦又誤以占書爲與龜策同釁公羊穀梁誤以荆人爲貶詞杜預誤以文馬爲畫馬趙匡誤以諸侯無兩觀郭璞誤以竊脂爲盜肉應劭誤以丘氏爲出左丘明皆引據辨駁具有條理所說社稷諸條多得禮意駁五臣文選注亦皆精核謂春秋之例有褒而書者有貶而書者有譏而書者有非褒非貶非譏國之大事法合書者尤爲卓識在唐人考證書中與顏師古之匡謬正俗李涪之刊誤李匡乂之資暇集可以並立而四矣乾隆四十七年五月恭校上

近事會元

臣等謹案近事會元五卷宋李上交撰上交贊皇人始末未詳是書成于嘉祐元年前有上交自序陳振孫書錄解題曰近事會元五卷李上交撰自唐武德至周顯德雜事細務皆紀之錢曾讀書敏求記曰上交退寓鍾陵尋近史及小說雜記之類凡五百事釐爲五卷目曰近事會元唐史所失記者此多載焉此本末題萬歷壬午元素齋錄副本猶明人舊鈔卷數與二家所記合其紀事起訖年月與振孫所言合條數及自序之文亦與會所言合蓋即原本惟振孫以爲皆記雜事細務今觀其書自一卷至三卷首載宮殿之制次載輿服之制次載官制軍制其次亦皆六曹之掌故四卷爲樂曲爲州郡沿革惟五卷頗載瑣聞然如婦人檐子兜籠綫韝綫鞵親迎舉樂障車公主事姑舅公主賜謚山川岳瀆封號國忌行香上元點燈散從親事官處士謚先生律格赦書投匭刑統律令死罪覆奏斷獄禁樂逐旬問罪人表狀書奏制勅及始流沙門島始配衙前安置始貶厓州諸條亦皆有關于典制大抵體例在崔豹古今注高承事物

紀原之間其中如霓裳羽衣曲考證亦極精核不可徒以雜事細務目之振孫殆未詳核其書但見其標題列說如雲仙雜記淸異錄之式遂漫以爲小說歟

乾隆四十七年五月恭校上

東觀餘論

臣等謹案東觀餘論二卷宋黃伯思撰伯思字長睿號霄賓又自號雲林子邵武人政和中官至祕書郎伯思歿時年僅四十而學問淹通李綱誌其墓稱經史百家之書天官地理律歷卜筮之說無不精詣又好古文奇字鍾鼎彝器款式體製悉能了達辨正劉敓董逌亦極推之所著有法帖刊誤二卷古器說四百二十六篇紹興丁卯其子訒與其所著論辨題跋合而刊之總名曰東觀餘論然訒跋稱共十卷今只二卷所載古器亦不足四百二十六條疑有散佚未之詳也其書頗譏歐陽修不精考核而樓鑰跋中乃摘其史籀書一條異苑一條王獻之璇題一條勿勿一條甘蔗帖一條蓋考證之學本無盡藏遞行掎摭

不能免也要其精博勝集古錄多矣乾隆四十七年九月恭校上

靖康緗素雜記

臣等謹案靖康緗素雜記十卷宋黄朝英撰晁公武讀書志曰朝英建州人紹聖後舉子又曰所記凡二百事今本卷數與公武所記同而祇有九十事程大昌演繁露辨其誤引麥秋一條此本無之考王楙野客叢書亦具載麥秋之説稱緗素雜記知非大昌誤引又野客叢書載其辨李賀金銅仙人辭漢歌序誤以折露盤爲靑龍九年一條厖胡僅得二事一條袁文甕牖閒評載其辨穀陽一條辨蘆菔一條此本亦無之蓋明人妄有删削已非完書矣袁文王楙於此書頗有駁正然考證之學大抵後密於前不足爲病晁公武譏其爲王安石之學又譏其解詩芍藥握椒爲鄙褻劉敞七經小傳亦摭此條爲諧笑雖不出姓字殆亦指朝英觀其書頗引新經義及字説而尊王安石爲舒王解詩緑竹一條於安石之説尤委曲回護誠爲王氏之學者然所説自芍藥握椒一條外大

抵多引據詳明皆有資考證固非漫無根柢徒爲臆斷之談僘本與安石異趣公武又以元祐黨家世與新學相攻擊故特摭其最謬一條以相排抑耳乾隆四十七年九月恭校上

猗覺寮雜記

臣等謹案猗覺寮雜記二卷宋朱翌撰翌字新仲號灊山居士舒州人黃州教授載上之子政和中登第南渡後直館閣爲中書舍人有灊山集三卷久無傳本今於永樂大典内採掇重編已别著録此編上卷皆詩話止於考證典據而不評文字之工拙下卷雜論文章兼及史事近時鮑氏知不足齋刻本割其下卷六十八條移入上卷以均篇頁殊失古人著書之意矣前載與丞相洪适求序書一篇鮑氏移之卷末亦非其舊也适未及作序而卒其弟邁始爲序之稱其窮經考古上擣風雅旁弋史傳劉克莊後村集中亦極稱其考證之功今觀其書如杜甫已上人茅齋詩天棘蔓青絲句據本草改爲顛棘未免穿鑿蘇軾

詩宜鬻使爾鬷如甕句事出列仙傳而引僞託之述異記韓愈謝自然詩實屬唐人乃云出風俗通杜甫李潮八分小篆歌諸本皆作苦縣光和尙骨立乃誤作骨力引南史張融事爲證鵠墳河事見顔氏家訓及庾肩吾詩又見白居易六帖韓鄂歲華紀麗乃與親家等字一槩謂之俗說案馬縞中華古今注亦以鵠墳河爲俗說然其文既見古書即不得謂之爲俗蘇轍傳仍存小序首一句乃屢謂之廢序唐虞自是國號乃云堯姓唐舜姓虞皆不免於疎舛至於雷琴一條引元稹詩注證爲蜀匠又賀若一條引唐書王涯傳證爲賀若夷不知段安節樂府雜錄稱貞元中成都雷氏善製琴其業精妙天下無比彈者亦衆焉太和中有賀若夷尤能後爲待詔對文宗彈一調上嘉之賜朱衣至今爲賜緋調云云固俱有明文不須旁證亦未爲能究根柢然其引據精鑿者不可殫數在宋人說部中不失爲容齋隨筆之亞宜邁序之相推重也乾隆四十七年四月恭校上

臣等謹案能改齋漫錄十八卷宋吳曾撰曾字虎臣崇仁人秦檜當國時曾上所業得官紹興癸酉自敕局改右承奉郎主奉常簿爲玉牒檢討官遷工部郎中出知嚴州致仕卒此書乃所著說部自元以來刊本久絕此本乃明人從祕閣鈔出原缺首尾兩卷焦竑家傳寫之本遂以第二卷第十七卷各分爲二以足其數實非完帙是書考證頗詳而當時殊爲衆論所不滿劉昌詩蘆浦筆記常摘其舛誤十一條趙彥衞雲麓漫鈔亦摘其中論佛法與天地並原一條爲所學之誣妄周煇清波雜志則謂其記荊王元儼戲劇批判及宗室子好尚之僻諸事有論其不應言者旋被旨毀板今觀其書以荀彧爲漢之忠臣以馮道爲大人其是非甚爲乖剌又如孫仲鼇賀秦檜詩曾惇上秦檜書事十絕句皆臚載無遺是其黨附權奸昭然可見然曾記誦淵博故援據極爲賅洽辨析亦多精核當時雖惡其人而諸家考證之文則不能不徵引其說幾與洪邁容齋隨筆相埒置其人品而論其學問則亦未可竟廢矣乾隆四十七年八月恭校

上

雲谷雜記

臣等謹案雲谷雜記四卷宋張淏撰淏字淸源婺之武義人其里貫見於金華志而陳振孫書錄解題又稱爲梁國張淏蓋本開封人而僑於婺者也舉紹興二十七年進士初補將仕郎主管吏部架閣文字舉備顧問紹定元年以奉議郎致仕當時稱其學術淹通記問該洽著述甚富今所續施宿會稽志鈔帙尙存而此書宋藝文志文獻通考皆不著錄惟文淵閣書目載有一册其本亦久佚世已無傳今從永樂大典中採撮得一百數十條別有徐邦憲書帖一首及淏識語一則乃當時冠於卷首者又有楊楫章穎葉適後序三篇及淏自跋一篇尙皆完善無缺謹依類排次釐爲四卷而取書帖序跋分載首末以略還原本之舊宋人說部著錄紛繁大都摭異矜新無關典據惟洪邁容齋隨筆辨證名義極稱精核爲稽古者所資淏此書實踵邁書而作蓋能專爲考據之學者

其大旨見於自跋中故其折衷精審考訂詳明於諸名家著述流傳皆能析其疑而糾其謬如論蕙之非零陵香而駁邵博聞見錄之外論王羲之换鵞實有黄庭道德二經而斥蔡條西淸詩話之非引董德元言證蘇軾詩虎頭城之爲虔州引曾慥百家詞證虎兒爲米友仁字而摘施宿任淵二家所注之誤其釐訂是正確有據依實足爲學者殫見洽聞之助宜當時極重其書而葉適後跋以淏所論泊宅編花書名一條義有未安别存商榷之語淏併存諸卷中其一時朋友質疑問難切磋相長之意足以想見是皆有可取也乾隆三十九年十月恭校上

西溪叢語

臣等謹案西溪叢語二卷宋姚寬撰寬字令威嵊縣人父舜明紹聖四年進士南渡歷官戶部侍郎徽猷閣待制寬以父任補官仕至權尚書戶部員外郎樞密院編修官其書多考證典籍之異同如辨文選神女賦玉字爲王字之誤辨

劉攽論蕭何不爲功曹之誤辨黄庭堅論徐浩詩瓌能字之誤辨歐陽修論張繼半夜鐘之誤辨王安石詩經新義彤管爲箫笙之誤皆極精審至考感甄賦之始末不辨其非謂杜甫黄衫少年句爲霍小玉作俊逸鮑參軍句爲譏李白皆失之穿鑿註劉禹錫詩翁仲字不知其不作于洛陽注李白詩唾井字不知其出玉臺新詠王宋詩引秦嘉贈婦詩誤以第一首爲徐淑作引詩品誤改寶釵字皆爲踈舛然大致瑜多而瑕少猶考證家之有根柢者也乾隆四十七年五月恭校上

學林

臣等謹案學林十卷宋王觀國撰觀國長沙人其事蹟不見於宋史湖廣通志亦未之載惟賈昌朝羣經音辨載有觀國所作後序一篇結銜稱左承務郎知汀州寧化縣主管勸農公事兼兵馬監押末題紹興壬戌秋九月中澣則南渡以後人也考晁公武陳振孫兩家書目及宋史藝文志是書俱未著錄吳曾能

改齋漫錄趙與旹賓退錄引之均稱曰學林新編而今所傳本但題學林無新編二字考袁文甕牖閒評王楙野客叢書亦稱王觀國學林則當時已二名兼用矣書中專以辨別字體字義字音爲主自六經史漢旁及諸書凡註疏箋釋之家莫不臚列異同考求得失多前人之所未發賓退錄嘗摘其誤以不羹爲羹頡甕牖閒評亦摘其義資暇集以行李爲行孛孛字無所根據不知玉篇山部有此字註釋甚詳能改齋漫錄又謂左傳季氏介其雞當從高誘注以鎧著雞頭不當作蒙雞之臆弗氏精舍江表傳載于吉事是魏初已有之觀國謂自晉始有者爲誤又孟子以言餂之觀國不取郭璞音義而取玉篇音甜之說京索之索觀國以爲當音山客反不知陸氏釋文及五臣之註韓退之之詩皆音悉落反固未嘗誤亦頗爲他家所駁正然考證之文遞相掎摭此疏彼密利鈍互形原不能毫無疵累論其大致則引據詳洽辨析精核者十之八九以視孫奕示兒編殆爲過之南宋諸儒講考證者不過數家若觀國者亦可謂卓然特

出矣乾隆四十七年十月恭校上

容齋隨筆

臣等謹案容齋隨筆十六卷續筆十六卷三筆十六卷四筆十六卷五筆十卷宋洪邁撰邁字景盧鄱陽人皓之子紹興十五年進士歷官端明殿學士宋史有傳其書先成隨筆十六卷刻於婺州淳熙間傳入禁中孝宗稱其有好議論邁因重編爲續筆三筆四筆五筆續筆有隆興三年自序三筆有慶元二年自序四筆有慶元三年自序亦各十六卷而五筆止十卷則未成之書也其中自經史諸子百家以及醫卜星算之屬凡意有所得即隨筆劄記辨證考據甚爲精確如論易說卦寡髮之爲宣髮論豳風七月在野八月在宇之文爲農民出入之時非指蟋蟀皆於經義有裨尤熟於宋代掌故如以宋自翰林學士入相者非止向敏中一人而駁沈括筆談之誤又引國史梁灝傳而證陳正敏遯齋閒覽所紀灝八十二歲及第之說爲不實皆極其審核嘗自稱作一筆首尾十

八年二筆十三年三筆五年四筆不費一歲蓋其晚年撰東堅志於此書不甚關意草創促速未免少有牴牾如謂劉昭注後漢書五十八卷補志當在其中而不知所注乃續漢書志又駁宣和博古圖釋雲雷磬所引臧文仲以玉磬告糴之文謂左傳並無其說而不知出自國語頗爲失檢又如史家本末及小學字體皆無所發明而綴爲一條徒取速成不復别擇然其大致自爲精博南宋說部終當以此爲首焉前有嘉定壬申何異序明李瀚謝三賓先後刋行之考永樂大典所載應俊合輯琴堂諭俗編中有容齋隨筆所論服制一條而今無之豈尚有所脫佚歟乾隆四十七年四月恭校上

考古編

臣等謹案考古編十卷宋程大昌撰大昌有易原已著錄是編乃雜論經義異同及記傳謬誤多所訂證其詩論十七篇反覆推闡大抵謂詩有南雅頌之名無國風之名說極辨博而究無解於禮記之所引故終爲後人駁詰至正朔論

謂周人雖首子以命月而占星命算修詞舉事仍用夏時象刑論謂是刑官取其法懸之象魏而不取畫衣冠異章服之說其持論雖頗新異而旁引曲證亦能有所據依他若以白居易樂府正韋述所記唐六典不曾行用之誤以在張掖者乃鮮水非令鮮水駁章懷太子所注後漢段熲傳之非以漢書比景縣當從劉昫舊唐書作北景以荀子所稱子弓即仲弓非馯臂子弓以瑯琊臺碑文證秦以前已嘗刻石皆典確明晰非泛爲徵摭雖亞于容齋隨筆要勝於鄭樵輩之横議焉乾隆四十七年九月恭校上

程氏演繁露

臣等謹案程氏演繁露十六卷續演繁露六卷宋程大昌撰紹興中春秋繁露初出其本不完大昌證以通典所引劍之在左諸條太平御覽所引禾實於野諸條辨其爲僞因謂董仲舒原書必句用一物以發己意乃自爲一編擬之而名之以演繁露後樓鑰參校諸家復得繁露原本凡諸書所引者具在譏大昌

所見不廣誤以仲舒書爲小説家其論良是然大昌所演雖非仲舒本意而名物典故考證詳明實有資于小學所引諸書用李匡乂資暇集引通典例多注出某書某卷倘有訛舛易于尋檢亦可爲援據之法其書正編不分類續編分制度文類詩事談助四門中如衞士扈駕淸道等子當爲鼎子一條岳珂愧郯錄引吳仁傑鹽石新論甲編謂魏典韋傳有等人之稱洪翰林云等人猶候人蓋軍制如此大昌所疑未爲詳允然書中似此偶疎者不過一二條其他實多精深明確足爲典據周密齊東野語云程文簡演繁露初成高文虎嘗假觀之稱其博贍文虎子似孫時年尚少因竊窺之越日程索回原書似孫因出一帙曰繁露詰其間多文簡所未載而辨證尤詳今其書不傳諸家亦不著於錄考似孫所著緯略其精博未必勝于大昌或傳聞者過周密誤載之歟乾隆四十七年十月恭校上

緯略

臣等謹案緯略十二卷宋高似孫撰似孫字續古餘姚人淳熙十一年進士歷官校書郎守處州似孫嘗輯經略史略子略集略騷略及此書今惟子略騷略與此書存陳振孫書錄解題論其讀書以隱僻爲博其作文以怪澀爲奇然考證之學正不嫌其博而是編所引亦皆四庫所著錄非馮贄之流詭辭炫俗者比固不得以隱僻譏也明沈士龍又稱其愍騷招隱八風團棊氍毹禡牙之類全錄藝文初學北堂御覽諸書無所增輯知宋世篇集不復具存適用類書誇示宏肆是誠在所不免周嬰卮林譏其誤引金樓子以劉休元水仙賦爲唐劉子元踈舛亦不能無然其言篤實終出楊愼丹鉛諸錄之上亦考古者所必資矣乾隆四十七年九月恭校上

甕牖閒評

臣等謹案甕牖閒評宋史藝文志馬氏經籍考及晁公武陳振孫諸家俱未著錄惟李燾續通鑑長編考異內間引其書明代文淵閣書目亦有此書一部一

冊而均未詳作者時代永樂大典散載入各韻中者亦但標書名不題撰人姓氏今考袁燮絜齋集有所作其父墓表云先公諱文字質甫四明鄞人幼喜讀書不汲汲於科名而惟務勤學有雜著一編曰甕牖閒評又燮集載其曾祖知隨州曾祖妣石氏臂痛其祖延醫修佛及其父諸軼事皆與是編所紀相合則此書爲袁文所撰無疑也其書專以考訂爲主於經史皆有論辨條析同異多所發明而音韻之學尤爲精審凡偏旁點畫反切訓詁悉能剖別於毫釐疑似之間使學者確然得所依據洵足爲小學指南至其旁及近代典故事實亦首尾完具往往出他書所未備雖其間徵引既繁不無小有訛誤而大致該洽實與王觀國學林項安世家說並稱考據家最善之本惜其在宋世已罕流傳迄明遂佚藏書家至不能舉其名又文之子燮孫甫皆有傳在宋史而獨不及文其行事亦幾不可考今幸文之是書及燮之絜齋集尚俱在永樂大典中得以從沈埋剥蝕之餘復加釐訂排次成編使其姓名學問不致終沒於來世亦可

知顯晦之自有其時矣書中論說無所不備計所輯四百餘則條目頗爲紛雜今略依類詮次分爲八卷一卷論經二卷論史三卷論天文地理人事等類四卷專論小學五卷論詩詞書畫等類六卷論飲食衣服器用宮室等類七卷論釋道技術物產等類而以雜論因果怪異及自記之語終焉俾讀者循覽易明庶可爲考鏡之一助云爾乾隆四十七年十月恭校上

芥隱筆記

臣等謹案芥隱筆記一卷宋龔頤正撰頤正字養正處州遂昌人本名敦頤光宗受禪改今名爲國史院檢討官其書名芥隱筆記者考韓元吉有題芥隱一首蓋其書室之名也頤正考證博洽具有根柢而舛謬處亦時有之如韓愈馬上誰家白面郎詩誤以爲杜甫公羊傳孔父義形於色誤以爲左傳孔子語王昌齡夢中喚作梨花雲詩誤以爲王建信乎考證之難然統合全編則精核者居多要不在沈括筆談洪邁隨筆之下未可以卷帙多少爲甲乙也每條下多

有注語其中班固賓戲與正文不相應王安石草堂懷古一條明注異同其王建一條注乃明駁之似非頤正所自注然出自誰手則不可考矣乾隆四十七年九月恭校上

蘆浦筆記

臣等謹案蘆浦筆記十卷宋劉昌詩撰昌詩字興伯江西淸江人第七卷仙卜一條稱開禧乙丑竊太常第勅頭曾爲華亭蘆瀝場鹽官蘆瀝即蘆浦也其序稱服官海陬賣鹽外無職事惟繙書以自娛凡先儒之訓傳歷代之故實文字之訛舛地理之遷變皆得溯其源而尋其流中多糾正吳曾能改齋漫錄之失其論泥軾屏星金根車諸葛亮表脫句孫叔敖碑舛訛歐陽修誤題心經杜甫詩錯簡皆有特識又張栻慤齋銘本集不載黃庭堅詠藕詩實胡藏之作皆足以資考據惟塗山啟母一條不能辨淮南子之妄而轉引後來誕語以實之未免失之附會是則文士好奇之弊也乾隆四十七年三月恭校上

野客叢書

臣等謹案野客叢書三十卷宋王楙撰楙字勉夫長洲人少孤養母杜門著書嘗以文謁范成大一見爲之擊節當時稱爲講書君蓋亦好古博雅之士是書於經史疑義詩文典故悉爲隨事辨正櫛解肉畀援據該洽又以其父所記朝廷舊事別編一卷附錄於後自序稱自慶元以來凡經三筆繼觀他書間有暗合屢加竄易蓋其命意不肯苟同如此故所論俱極精確可與沈括洪邁相頡頏後有嘉泰壬戌高郵陳造跋明嘉靖中其十世孫穀祥嘗梓行之舊本尚有李性傳序范成大跋今皆不存云乾隆四十七年五月恭校上

坦齋通編

臣等謹案坦齋通編一卷不著撰人名氏說郛題曰宋邢凱撰亦不詳其爵里時代所紀有淳熙中見冷世光論姓氏事在孝宗時又有慶元間高秉文命題京鏜攻中官王德謙二事及近見楊誠齋易傳語則是書成於寧宗以後又紀

乾道辛卯王寧爲武寧宰其家充里正則武寧人也其書多考證經史略如程大昌演繁露洪邁容齋隨筆之體如引思齊之詩辨文母太任非太姒引說苑證春秋矢魚引世說證元龍百尺樓引漢書證伏波之號不可單稱引國語證列子西方聖人不指佛引明堂位鄭注證漢書禿翁字引朱買臣張湯傳謂漢書自相矛盾引李吉甫傳謂唐書前後舛異引前漢書證豺狼當道二語不始張綱埋輪引鄒陽書證鷙鳥累百二語不始孔融薦禰衡考訂皆爲精核他如論術家擇日及五音配姓之非論姚察置人事而委天數論救荒當知戢姦論羅浮山飛來峯之妄論漢高祖同罪異罰論求長生論毀淫祠論公儀休怒織帛不可訓持論皆爲正大至所謂子雖齊聖不先父食不應坐顏回曾參於殿上而列其父於廡下宜別立一堂之說後世建啟聖祠竟從其議尤可謂知禮意矣是書宋志及諸家書目皆不著錄其原本卷帙不可考今據散見永樂大典者逐韻掇拾編爲一卷雖所存僅數十條而可取者特多焉乾隆四十六年

九月恭校上

考古質疑

臣等謹案考古質疑宋葉大慶撰大慶宋史無傳是書亦不見于藝文志惟永樂大典散見各韻中又別載入寶慶丙戌葉武子淳祐甲辰其子釋之序各一篇據其文考之知大慶字榮甫當時以詞賦知名嘗官建州州學教授而其里貫則序文不具莫能詳也其書上自六經諸史下逮宋世著述諸家凡疑義所在悉爲抉摘而考證之援據詳明折衷至當類多前人未發之祕文筆亦極贍辯可觀其有徵引古書及疏通互證之處則各于本文之下用夾注以明之使讀者一覽了然于體例尤爲盡善在南宋說部中洵可無愧淹通之目者昔程大昌作考古編號稱精審大慶生于其後復以爲名似隱然有希蹤前哲之志今以兩書並較實亦未可低昂自宋以來齊諧志怪之編尚多流傳藝苑而此書獨沈晦不顯幾至終湮殆亦以大慶之名未著于時耳食者遂不知貴重耳

今爲採掇編綴訂正舛訛釐成六卷雖其原目不傳無由知其完闕而已佚僅存之本吉光片羽固未嘗不可爲稽古者所取資也乾隆四十七年十一月恭校上

經外雜鈔

臣等謹案經外雜鈔二卷宋魏了翁撰了翁有周易要義已著錄是編皆雜錄諸書而略以己意標識於下多有不載全文而但書云云字者又有如元子心規之類一條而兩卷互見者蓋隨手記載以備考證之用本無意於著書後人得其稿本傳寫成帙也其中如摘錄古詩十九首及摘錄素問數條之類頗無所取義龜字元緒桑字子明之類尤傷冗瑣然如鄒淮所記星象之數楊鼎臣方圓相生圖吳沆對問錄論明堂制度任直翁易心學先天圜中圖之類頗足以資考證又如論虞仲房所編說文五音譜失李燾本意論李燾疑說文籀體爲呂忱竄入之非論像設始於招魂論常元楷壅門爲劣論師不專在傳授友

不專爲講習精神氣貌之間自有相激發處論陸贄識權字在伊川之前論韓愈上李實書與順宗實錄相矛盾論保蜀碑徒知張大吳氏之功而不知傷中國之體論皆中理其引古詩凛凛歲云暮一首次句作螻蛄多鳴悲與宋本玉臺新詠合亦足證今文選刊本之誤也乾隆四十七年八月恭校上

古今考

臣等謹案古今考三十八卷宋魏了翁創稿元方回補輯了翁以古制多不可考兩漢諸儒惟據叔孫所定曰猶今之某物孔賈諸疏則又謂去漢久遠雖漢制亦不可考乃即漢書本紀所載隨文辨證作古今考前有自序一則然其書未成僅得二十條又有錄無書者四條咸淳丁卯回得手稿於了翁之子乃推衍其意續成是編首載了翁原書而回又附論於後以鶴山先生曰紫陽方氏曰別之其無書四條回亦補之其劉媼夢與神遇一條併發例於下曰鶴山原書有此題而文闕今回以意補之加紫陽方氏曰五字後此皆回所撰不再書

此五字或引古於前則復書之云云案回之所續亦以漢書本文標目而於歷代制度推類以盡其餘如拔劍斬蛇條下則附廣劍考范增舉玉玦條下則附玉佩考蓋特借漢制中一物之名以推求古制而與史家本文則絕不相涉也然了翁所考多在制度回則以在宋之日獻媚賈似道似道勢敗又先劾之既反覆陰狡爲世所譏及宋亡之時又自爲太守舉城降元得官總管益爲清議所不齒老而無聊乃倡講道學以謀晚蓋故於中多參以理語如高帝紀寬仁愛人四字牽引程朱以來諸大儒論仁之語至列目一十二篇一字之義幾盈一卷未免涉於支離然回人品心術雖不足道而見聞尚屬賅洽所考多有可取者併了翁書錄之亦不以人廢之義也乾隆四十七年四月恭校上

潁川語小

臣等謹案潁川語小宋史藝文志及諸家書目皆不著錄其散見永樂大典中者惟題爲陳叔方撰而不著時代書中稱呂祖謙爲呂成公考宋史列傳祖謙

卒未得諡至理宗時始追爵開封伯賜諡曰成則是書在理宗以後矣周密癸辛雜識載有叔方二事稱其字曰節齋宋無名氏詩家鼎臠載有節齋陳昉叔方宮詞一首在趙葵之後王邁之前宋詩紀事亦稱陳昉字叔方號節齋溫州平陽人以父蔭入官累除吏部尚書端明殿學士卒諡清惠此一陳叔方也又倪瓚清閟閣集有與陳叔方書二首鄭元祐僑吳集有元故愼獨處士陳君墓誌銘一首稱吳有隱君子曰陳君叔方其名曰植爲宋遺民寧極先生陳深之子此又一陳叔方也是書無一字及元事其宋之陳昉所撰歟其考究典籍異同朝廷掌故酷似洪邁容齋隨筆其論文多辨別經史句法又頗似陳騤文則其中疎舛之處如謂履端爲閏月之名則未考左傳疏及史記注謂叵羅不知何器則未考北史祖珽傳及李白岑參詩謂只字毛詩以外別無所出則未考楚辭大招謂鋋尾訛爲獺尾由黃幡綽則未考王建詩及王得臣麈史謂林逋詩郭索鉤輈用本草語則未考揚子法言及李羣玉詩較之王觀國學林王應

麟困學紀聞皆爲少遜然大致考據詳核如辨女媧補天非鍊石則取張湛之說辨同姓不必同氏則從許愼之論以及名稱字義沿訛襲謬而不知者皆一一訂正尤足以砭流俗之非較之誌俳諧述神怪者有益多矣裒而錄之亦考證家之所取裁也叔方舊本卷帙無徵今即永樂大典所存者略以類從編爲二卷乾隆四十五年九月恭校上

賓退錄

臣等謹案賓退錄十卷宋趙與旹撰與旹字行之案寶祐五年陳崇禮作是書序稱其字曰德行與墓銘不同或有兩字亦未可知謹附識于此以宋史宗室世系考之蓋太祖七世孫也是書前後皆有與旹題識前題不署年月稱平生聞見所及喜爲客誦之賓退或筆於牘故命以賓退錄後題稱閼逢涒灘蓋成於嘉定十七年甲申也陳崇禮序稱其從慈湖先生問學蓋楊簡之門人然書中惟論詩多涉迂謬於吟詠之事茫然未解至于考證經史辨析典故則精核者十之六七可爲夢溪筆談容齋隨筆之續觀

其于王建及花蕊夫人宮詞前後再見並自糾初考之未詳知其刻意參稽與年俱進前乎是者有鄭康成之註禮註詩後說不遷就前說後乎是者有閻若璩之尚書古文疏證後說能訂正前說得失並存愈見其所學之加密蓋惟不自是所以能歸于是也視宋人之好自回護違心而爭勝負者其識趣相去遠矣乾隆四十七年九月恭校上

學齋佔畢

臣等謹案學齋佔畢四卷宋史繩祖撰繩祖字慶長眉山人受業于魏了翁之門了翁鶴山集中有題史繩祖孝經一篇即其人也其仕履始末不甚可考惟陽枋字溪集末有其挽詩結銜稱朝請大夫直煥章閣主管成都府玉局觀齊郡史繩祖蓋奉祠時作所謂齊郡其郡望也是書皆考證經史疑義其中如君子懷刑訓刑爲型子罕言利與命與仁訓與爲許以凡事物之九數皆爲乾元之九以禹於周易直鼎卦以至解黄庭堅詩讖蘇軾之類皆失之穿鑿如譏杜

預注左傳誤稱逸書而不知古文之晚出謂市井字出後漢循吏傳而不知本出國語謂雙聲詩始姚合而不知先有齊王融之類皆疎於考據然其他援據辨論精確者爲多亦孫奕示兒編之亞也乾隆四十七年十月恭校上

鼠璞

臣等謹案鼠璞二卷宋戴植撰植字仲培桃源人仕履無考書中楮劵源流一條歷陳慶元開禧嘉定之弊知爲南宋末人故書錄解題著錄而讀書志不著錄也是書皆考證經史疑義名物典故之異同持論多精密其論麟趾爲衰世之語過泥序文論性惡曲解荀子以爲與孟子同功論崖蜜字承洪覺範之誤不知鬼谷子實無此文雖不免小疵然如論彭祖房中太公陰謀蘇軾非武王立說皆正大其他辨正如謂詩序毛公無注知即所作以絲衣引高子靈星之言知有講師附益之類率皆確實有據足裨後學其曰鼠璞者蓋取周人宋人同名異物之義通考列之小說家失其倫矣乾隆四十七年九月恭校上

朝野類要

臣等謹案朝野類要五卷宋趙昇撰昇字向辰自署曰文昌未詳何地其始末亦不可考是書作于理宗端平三年徵引朝廷故事以類相從一班朝二典禮三故事四稱謂五舉業六醫卜七入仕八職任九法令十政事十一帥幕十二降免十三憂難十四餘紀逐事又各標小目而一一詳證其說體例近蔡邕獨斷宋至今五六百年其時吏牘之文與縉紳沿習之語多與今殊如朝儀有把見科舉有混試之類驟讀其文殆不可曉是書逐條解釋開卷釐然誠爲有功于考證較之小說家流資嘲戲侈神怪者固迥殊矣乾隆四十七年九月恭校上

困學紀聞

臣等謹案困學紀聞二十卷宋王應麟撰應麟有周易鄭康成注諸書皆别著錄是編乃其劄記考證之文凡說經八卷天道地理諸子二卷考史六卷評詩

文三卷雜識一卷首有自題云幼承義方晚遇艱屯炳燭之明用志不紛云云蓋亦成於入元之後也應麟博洽多聞而理軌於正其學問淵源出於朱子然書中辨正朱子語誤數條如論語注不舍晝夜舍字之音孟子注曹交曹君之弟及謂大戴禮爲鄭康成注之類皆考證是非無所遷就不肯如元胡炳文諸人堅持門戶亦不至如明楊慎陳耀文　國朝毛奇齡諸人肆相攻擊蓋學問既深意氣自平故絕無黨同伐異之私其所考覈率切實可據良有由也此本乃　國朝閻若璩何焯所校各有評注多足與應麟之説相發明今仍從刊本附於各條之下以相參證焯頗以詞科之學輕詆應麟然應麟博極羣書著述至六百餘卷焯之所學恐難望其涯涘未免輕於立言以其補苴罅漏一知半解亦多可採故仍並存之不加芟薙焉乾隆四十七年八月恭校上

識遺

臣等謹案識遺十卷宋羅璧撰璧字子蒼自號嘿耕新安人宋史無傳不知其

時代據書中前定一條引陳摶寒在五更頭之讖稱第五庚申後又十五年而祚移則其成書在宋亡以後矣其人蓋宗仰程朱之學者如謂宋代文章多粹自伊洛發明孔孟便覺歐蘇氣象不長又謂夫子之道至晦翁而集大成諸家經解自晦翁斷定然後一出於正云云其本指可見然其所說則多引經述史考訂異同而不屑爲性命之空談故其議論往往精博可取中間如論養老之制直謂禮記袒而割牲執醬而饋執爵而酳數語爲委巷之談殊屬無稽又謂班史原於劉歆引葛洪西京雜記後序爲證不知洪敍謂劉子駿有漢書一百卷證之劉歆本傳並無其據璧輕信僞書亦失别擇而其他爬梳鉤索徵據繁富要皆能知所折衷固不獨錢曾讀書敏求記所舉孔子生卒年月一條爲足資考證在宋人雜説中猶可稱言有根柢者也乾隆四十七年三月恭校上

愛日齋叢鈔

臣等謹案愛日齋叢鈔散見永樂大典者共一百四十三條俱不題撰人姓氏

考諸家書目亦多未著錄惟陶宗儀說郛第十七卷內載有此書二十二條題爲宋葉某所撰而不著其名以永樂大典本參校相合者十二條其說郛有而永樂大典脫去者十條取以參補實得一百五十三條雖原書卷目已佚而裒輯排訂尚可考見大略觀其論先儒祟祀一條有咸淳年號知爲宋末人所作也書中大旨主於辨析名物稽考典故凡前人說部如趙德麟王直方蔡絛朱翌洪邁葉夢得陸游周必大龔頤正何薳趙彥衛諸家之書無不博引繁稱證核同異其體例與張淏雲谷雜記葉大慶考古質疑彷彿相近特其文筆拖沓頗傷冗蔓又援引多而斷制少往往惝怳無歸不能盡出於精粹然徵據既富中間訂訛正舛可採者亦多如辨印書之起於唐末準作准之不始於宋銅人之有四鑄罘罳之有二義婦人拜跪之變禮百官乘轎之初制以至兩黃裳三白石之類於考證經史頗有裨益其論詩諸條尤抉摘深微時能得古人之意與胡仔魏慶之諸說足以互相發明固有未可盡廢者謹掇拾編次釐爲五卷

間有節錄故事而不及論斷者蓋永樂大典原本脫佚今無可參考亦姑仍其舊錄之焉乾隆四十五年九月恭校上

欽定四庫全書提要卷六十七

子部十九

雜家類三

日損齋筆記

臣等謹案日損齋筆記一卷元黃溍撰溍字晉卿金華人延祐二年賜同進士出身歷官翰林侍講學士中奉大夫知制誥同修國史同知經筵事謚文獻是書續通考作一卷危素行狀亦稱一卷與今本合書中皆考證經史子集異同得失其辨史十六則尤精於辨經如引史記沛公左司馬得泗州守壯殺之之文證顏師古漢書註之誤又引宋實錄李繼遷賜姓名不在眞宗時證僧文瑩湘山野錄之誤引據尤極明確非東書不觀而實僅臆斷者也此本首有至正甲午宋濂序末有危素所作行狀及請謚移文博士傅亨謚議而末附以劉剛序蓋附錄三篇即剛所編入惟卷首卷末原本均標云大明庚辰天順四年十

三世孫叔善重刊今考行狀溍以至正十七年卒其時但有孫四人下距天順四年止一百三年不得遂有十三世孫然其子孫之譜世系又不應謬誤是則不可理解之事也乾隆四十七年十月恭校上

丹鉛餘録

臣等謹案丹鉛餘録十七卷續録十二卷摘録十三卷總録二十七卷明楊愼撰愼博覽羣書喜爲雜著流傳甚夥世行書目凡二百餘種其考證諸書異同者則皆以丹鉛爲名凡餘録十七卷續録十二卷閏録九卷愼又自爲删薙名曰摘録刻於嘉靖丁未後其門人梁佐裒合諸録爲一編删除重複定爲二十八類名曰總録刻之上杭是編出而諸録遂微然鋟板失於校讐其譌字如落葉又守土者多印以充餽遺紙墨裝潢皆取給於民民以爲困乃檄毁之今所行者皆未毁前所印也又萬歴中四川巡撫張士佩重刊愼集以諸録及談苑醍醐等書删併爲四十一卷附於集後今亦與總録並行此本惟有餘録續録

摘錄而闕閏錄然有梁佐之總錄則閏錄亦在其中四本相輔而行以總錄補三錄之遺以三錄正總錄之誤仍然愼之完書也乾隆四十七年五月恭校上

譚苑醍醐

臣等謹案譚苑醍醐九卷明楊愼撰其書亦皆考證之語與丹鉛錄大致相出入而亦頗有異同首有嘉靖壬寅自序其名醍醐者謂從乳出酪從酪出酥從生酥出熟酥從熟酥出醍醐猶之精義入神非一蹴之力也所稱周八士爲南宮氏引逸周書南宮忽遷鹿臺之財南宮百達遷九鼎語謂南宮忽即仲忽南宮百達即伯達尙書所云南宮适即伯适引據極爲確鑿又從毛傳解鄂不韡韡云鄂華苞也今文作萼不華蒂也今文作跗謂華下有萼萼下有跗華萼相覆而光明猶兄弟相順而榮顯所以辨集傳鄂然外見豈不韡韡之誤又引水經注載諸葛亮表云臣遣虎步監孟琰據武功水東司馬懿因渭水漲攻琰營臣作橋越水射之橋成遂馳去此諸葛遺事本傳不載者又辨李白爲蜀之彰

明人歷引其上裴長史書與悲淸秋賦及諸詩句以證唐書稱白爲隴西人及唐宗室之非如此之類皆爲典確其餘考訂辨論亦多獲新解雖腹笥所陳或有誤記不免爲後人所摭拾要大體終非儉腹空談者所能辦也乾隆四十七年十月恭校上

正楊

臣等謹案正楊四卷明陳耀文撰凡一百五十條皆糾楊愼之訛者書成於隆慶己巳前有李蓘序及耀文自序愼於正德嘉靖之間以博學稱而亦好矜名以求勝往往僞託古書以自伸其說又晚謫永昌無書可檢惟憑記憶未免多疏耀文考正其非不使傳疑滋誤於學者不爲無功然釁起爭名語多攻訐醜詞惡謔無所不加雖古人挾怨搆爭如吳縝之糾新唐書者亦不至是殊乖著作之體又書成之後王世貞頗有違言耀文復增益其書反脣辨難喧同詬詈憤若寇讐數十年後正正楊亦續出焉豈非露才揚己有以激之哉觀其書者

取其精博亦不可不戒其浮囂也乾隆四十七年五月恭校上

疑耀

臣等謹案疑耀七卷舊本題明李贄撰贄字宏甫號卓吾晉江人嘉靖壬子舉人官至姚安府知府是編舊有張萱序稱負笈數千里修謁其門迺裒一編見示屬以訂正戊申歲以地官郎分務吳會登梓以傳云云案贄恃才妄誕敢以邪說誣民所作藏書至謂毋以孔夫子之是非是非我其他著作無一非狂悖之詞而是編考證故實循循有法雖間倡儒佛歸一之說而其言謹而不肆至云儒不必援佛佛不必援儒又云經典出中國人潤色非其本眞且與贄論相反斷乎不出其手詳核其書石經一條云余承乏西省校閱祕閣藏書宋紙一條云余幸獲校祕閣書是張萱爲內閣典籍輯書目時語也奉朝請一條云余今將五十矣始爲尙書郎是萱官戶部時語也司馬文正一條云吾鄉海忠介蘭香一條云此法在宋已有之自吾廣始蘇東坡一條云東坡寓吾惠最久文

天祥一條云文璧蓋守余惠州而以城降元者與萱之鄉貫亦合贄本閩人何由得作此語知此書本萱所撰以萬歷中贄名最盛託贄以行而其中删除不盡者尚有此七條耳贄書多出依託如四書第一評第二評皆葉不夜所僞撰知當時常有是事也其書多由記憶而成如文彦博僞帖不知爲石蒼舒事翡翠屑金不知爲歐陽修歸田錄語謂沈約還家問鄉里詎堪持作夫二語爲白居易詩謂左傳巫尫爲巫者名尫皆失之疎舛謂本草稱螬可療目故陳仲子耳無聞目無見食螬李而卽愈又謂本草稱蕈鱸作羹下氣止嘔張翰在當時意氣鬱抑遇事嘔逆故思此味尤穿鑿無理然其他考證乃往往有依據亦焦竑筆乘之亞舊以惡贄之故併屏斥之過也今改題萱名從其實焉乾隆四十七年二月恭校上

藝彀

臣等謹案藝彀三卷藝彀補一卷明鄧伯羔撰伯羔字儒孝金壇人是書考據

經籍辨證事實剖判是非頗爲詳贍中間援引精確大半本諸舊聞其自出新意者如疑漢有兩牟融辨出師表原有兩本引西京賦證澹淡爲兩字引唐六典證畊耕爲兩字闢蘇氏檮杌之妄正邵子稱外臣之非皆前人所未發抉摘俱爲有見至若禽經唐志著錄而云不經見續博物志引宋代書而疑爲唐人據西溪叢話七修類稿以落霞爲鳥爲蟲謂通考馬妖當收舞馬則疎舛亦所不免然廣徵博引足備參稽讀者分別觀之亦未始非藝林考核之助也乾隆四十七年三月恭校上

名義考

臣等謹案名義考十二卷明周祈撰祈蘄州人是書凡天部二卷地部二卷人部四卷物部四卷各因其名義而訓釋之其有異同則雜引諸書參互辨證雖條目浩博不無譌誤如論月星則不知推步之術論河源則全據傳聞之譌論鮮卑則以柳城爲柳州論肉刑則以漢文爲魏文論箜篌爲即琵琶論杜甫詩

竹根爲酒杯牴牾往往而有然訂謬析疑徵引典核其可取之處亦多於論古者固不爲無助也乾隆四十七年四月恭校上

徐氏筆精

臣等謹案徐氏筆精八卷明徐𤊹撰𤊹字維起更字興公閩縣人是編分易通經臆詩談文字雜記五門其曰筆精則取江淹別賦語也𤊹以博洽名一時朱彝尊靜志居詩話謂見其遺書大半施鉛點墨題端跋尾然是書踳駁之處乃復不少如以乾象陽在下爲老子之猶龍以坤卦黄中艮卦行其庭爲皆指道家之黄庭以繫辭遊魂爲變爲釋氏之四生六道皆不免好爲異說援儒入墨從王柏之說謂野有死麕爲淫詩從焦竑之說謂洛書出佛經從陳元齡之說謂周實建寅皆失詳考他若以鐵裲襠爲馬鞍之飾不知裲襠爲袙腹廣雅本有明文以漢郊祀歌寗字當增入庚青韻不知齊梁以前本無四聲謂杜詩郫筒本李商隱不知商隱在杜甫後謂冬青引唐珏林景熙二集並載不知景熙

有集珏無集謂溶溶爲水貌晏殊詩不應借以詠月當改爲兩不知月穆穆以金波以水比月漢郊祀歌已然謂一東二冬爲沈約所分而不知約之詩賦二韻實皆同用據李涪刋誤分用者乃陸法言謂蒙齋筆談爲鄭景望作沿商濬之誤不知乃葉夢得書謂李清照爲趙抃子婦不知趙明誠乃挺之之子謂琵琶故事皆婦人而男子無聞不知賀懷智康崑崙羅黑黑許孩孩皆著名唐代亦多涉疎舛至謂杜牧語多猥澀羅隱詩極淺俗而稱高啓梅詩詩隨十里尋春路愁在三更掛月村句爲在林逋疎影暗香一聯之上尤爲鹵莽甚至謂孟子不深於易理周公之作金縢爲不能以命自安尤明人恣縱之習特其采摭既富可資考證者頗多亦有不可遽廢者衡其品題蓋焦竑筆乘之流亞也乾隆四十七年三月恭校上

通雅

臣等謹案通雅五十二卷明方以智撰以智字密之桐城人崇禎庚辰進士官

翰林院檢討是書皆考證名物象數訓詁音聲首三卷分五子目曰音義雜論曰讀書類畧曰小學大略曰詩說曰文章薪火皆不入卷數明之中葉以博洽著者稱楊愼而陳耀文起而與爭然愼好僞說以售欺耀文好蔓引以求勝次則焦竑亦喜考證而習與李贄游動輒牽綴佛書傷於蕪雜惟以智崛起崇禎中考據精核迥出其上風氣既開　國初顧炎武閻若璩朱彝尊等沿波而起始一掃懸揣之空談雖其中千慮一失或所不免而窮源遡委詞必有徵在明代考證家中可謂卓然獨立矣乾隆四十七年十一月恭校上

巵林

臣等謹案巵林十一卷明周嬰撰嬰字方叔莆田人官上猶縣知縣是書體近類書而考訂經史辨證頗爲該洽每條以兩字標目而各引原撰書之人姓以系之如質魚諮杜之類蓋用王充詰墨刺孟等篇目之例也其中如駁王僧虔之紀次仲及論杜詩之西川杜鵑等處亦未免過于執滯然所刋正處實多非

牽爾著書者可比王士禎池北偶談極稱其辨石尤風一條解古樂府賜字義一條君苗無姓一條高似孫誤引金樓子一條而謂其詮鍾一條不知名媛詩歸爲吳下人託名鍾譚其中文明太后靑雀臺歌杜蘭香降張碩詩數條皆不足辨然鍾惺譚元春之書盛行于天啟崇禎間至眞贋並出無由辨別令鄉曲陋儒奉其緒論謬種流傳知爲依託者蓋少既悉其謬即當顯爲糾正以免貽誤後人如士禎之言出于鍾惺則當辨不出于鍾惺即不必辨則惟攻其人非攻其書矣以是咎嬰仍不免于門戶之見也乾隆四十七年四月恭校上

拾遺録

臣等謹案拾遺録一卷明胡爌撰爌有家規輯要已著録是書雜考訓詁分爲六類援引採輯頗有根據如論語不舍晝夜朱子集註從經典釋文舍音捨及作楚辭辨證則取洪興祖所引顔師古説舍止息也論語不舍晝夜謂曉夕不息耳今人或音捨者非是爌謂當以辨證之説爲定范祖禹古文孝經説言之

不通也句爣謂誤以司馬光註爲經文孟子趙岐註以曾西爲曾子之孫以曹交爲曹君之弟集註並從之爣則據左傳鬭宜申公子申皆字子西證當從經典釋文以曾西即曾申據左傳哀公八年宋人滅曹證曹交乃以國爲氏非曹君之弟其經說司馬光語一條自漢儒至宋慶元一條尤深中末流之失僞考論文考古亦多可採上方楊慎則不足下較焦竑則勝之多矣原本刻於明季分爲十卷後板燬於火其書遂亡其裔孫得殘闕舊本復爲掇拾僅存論語八十一條孝經十六條孟子七十四條小學四十二條經說二十一條僞考六十三條特十之一二而已然亦足以見其厓略矣乾隆四十七年十月恭校上

日知錄

臣等謹案日知錄三十二卷　國朝顧炎武撰前有自記稱自少讀書有所得輒記之其有不合時復改定或古人先我而有者則遂削之積三十餘年乃成一編其書前七卷皆論經義八卷至十二卷皆論政事十三卷世風十四卷十

五卷論禮制十六卷十七卷皆論科舉十八卷至二十一卷皆論藝文二十二卷至二十四卷雜論名義二十五卷論古事眞妄二十六卷論史法二十七卷論注書二十八卷論雜事二十九卷論兵及外國事三十卷論天象術數三十一卷論地理三十二卷爲雜考證炎武學有本原博贍而能通貫每一事必詳其始末參以證佐而後筆之於書故引據浩繁而牴牾者少非如楊愼焦竑諸人偶然涉獵得一義之異同知其一而不知其二惟其生於明末喜談經世之務激於時事慨然以復古爲志故其說或迂而難行或愎而過銳所作音學五書後序至謂聖人復起必舉今日之音而還之淳古則其他可知矣其門人潘耒作是書序或稱其經濟而以考據精詳爲末務非篤論也乾隆四十七年三月恭校上

義府

臣等謹案義府二卷　國朝黃生撰生字扶孟歙縣諸生江南通志稱其棄舉

子業一意著述有詩文若干卷今其集未見此書皆考證劄記之文上卷論經下卷論諸史諸子諸集附以趙明誠金石錄洪适隸釋酈道元水經注所載古碑陶弘景周子良冥通記訓詁以別敎之書綴之卷末示外之之意焉生於古音古訓皆考究淹通引據精確不爲無稽臆度之談如據說文辨周禮毴毨止賈公彥丁度之誤引賈誼論陳琳檄證尙書漂杵爲漂櫓引爾雅證禮記鄭注烹魚去乙之誤引呂覽證朱㩭非朱領引檀弓彌牟爲木證勃鞮爲披引左傳及詩序證檀弓請庚之庚訓道路引唐書廉訪證周官六計之廉訓察引吳越春秋證鄂不即鄂跗引左傳證出於其類之出訓產引周禮載師閭師證夫布里布爲二事引詩王風證孟子施施引左傳劉子語證司中引繫辭證信信當讀申引禮記及兌命解行路兌矣當訓說引漢書證志微噍殺當爲纖微憔悴引周頌爾雅證鄭衆解牘應雅之譌引爾雅證終軍許愼解豹文鼠之所以異引後漢書李膺傳證師古解軒中之譌引孝經疏證後漢書辜較估較辜榷酤

權之義引史記貨殖傳證刀悍當爲雕悍引潛夫論證闒龍即豢龍引莊子證列子蕉鹿之蕉爲樵引世說注證茗艼即酩酊皆根柢訓典鑿鑿可憑至於引莊子斷在溝中解斷斷引王莽傳謂靑蠅蒼蠅當作掘引國策解氓爲流民引易奇偶證奇貨間有穿鑿附會又哉才通用引顏眞卿碑不引考古圖所許通用引顏師古漢書注不引世說九德引三國志注不引國語登時引集異記不引焦仲卿妻詩亦有失之眉睫之前者然小小疏舛不足爲累雖篇帙無多而可取者要不在方以智通雅下也乾隆四十七年二月恭校上

藝林彙考

臣等謹案藝林彙考四十卷　國朝沈自南撰自南字留侯吳江人順治壬辰進士官山東蓬萊縣知縣是書凡五篇曰棟宇曰服飾曰飲食曰稱號曰植物前有秀水陳鑑題記云此書凡二十四篇卷帙甚多當時所刻止此然切于人事者略備矣棟宇篇子目凡十曰宮殿府署亭臺門屏廟室寺觀宅舍廡序梁

欐溝塗服飾篇子目凡八曰冠幘簪髻裝飾袍衫佩帶裾袴履舄繒布飲食篇

子目凡六曰饔膳羹豉粉饎炰膾酒醴茶茗稱號篇子目凡十一曰宫掖宗黨

戚屬尊長朋從卒伍編戶僕妾巫優諱名道釋植物篇一卷無子目所載僅瓊

花一類棟宇服飾飲食三篇皆有自南題辭而稱號植物二篇獨無之蓋尚非

完帙也其所徵引率博贍有根柢故陳鑑題記又述汪份之言曰彙考所載諸

書皆取有辨證者閱之足以益智祛疑又所采必載書名令習其書者可一望

而知欲觀原文者亦可按籍以求其體例皆非近世類書所能及所論頗得其

實故特録之雜家類中不與他類書並列焉乾隆四十七年十月恭校上

潛邱劄記

臣等謹案潛邱劄記六卷　國朝閻若璩撰若璩本太原人寄居山陽爾雅曰

晉有潛邱元和郡縣志曰潛邱在太原縣南三里若璩以名是書不忘本也所

撰有尚書古文疏證四書釋地及箋解困學紀聞皆别著録此書傳本有二一

爲其孫學林所刻一爲山陽吳玉搢所删定考若璩尚書古文疏證卷六第八十一條下有云潛邱劄記恐世不傳仍載其說於此然所載兩條一推春秋莊公十八年日食一推晉光熙元年正月七月十二月頻食今兩本皆無之蓋其少年隨筆劄記本未成書後人掇拾於散佚之餘裒合成帙非其全也此本即吳玉搢所重定原刻首兩卷雜記讀書時考論多案而未斷此本删併爲一卷原刻卷三曰地理餘論以禹貢山川及四書中地名已詳疏證與釋地而此特其餘論耳此本次之卷二而取首兩卷内合於此一類者次爲卷三原刻卷四上錄雜文序跋卷四下曰喪服翼注曰補正日知錄此本取首卷内涉及喪服者次喪服翼注後合爲卷四移雜文序跋附補正日知錄後爲卷五原本以與人答論經史書錄之卷五以考博學宏詞賦一首併雜詩若干首錄之卷六詩賦非若璩所長且劄記不當及此此本删去而存其與人答論經史書爲卷六蓋學林徒綴輯其祖之殘稿欲一字不遺遂致漫無體例此本較學林所編尚

有端緒今姑從之乾隆四十七年九月恭校上

湛園札記

臣等謹案湛園札記四卷　國朝姜宸英撰宸英號西溟慈谿人康熙丁丑進士官翰林院編修是書皆其考證經史之語而訂正三禮者尤多其中如堅主天地合祭之說未免偏執引軒轅大角傳謂軒轅十七星如龍形有兩角角有大民小民以證角爲民之義亦未免穿鑿又如引西京雜記薄蹏事證造紙不始蔡倫不知乃吳均僞書引張平宅戰艦聲如野豬事證陰子春先鳴語不知先二子鳴乃出左傳引篠驂爲宋祁語不知乃唐徐堅文引李廣鑄虎頭爲溲器爲虎子之始不知漢制侍中所執乃在廣前引顔竣婦人詩集爲玉臺新詠之祖不知新詠非婦人詩亦皆不免小有疎舛然考論禮制精核者多猶說部之有根柢者前有自序稱閻若璩欲改札記爲劄記以爾雅註左傳註皆有簡札之文而劄則古人奏事之名故不從其說論亦典核其書據鄭羽逵所作宸

英小傳本爲三卷此本乃黄叔琳編入湛園集者豈有所删削與合併歟乾隆

四十七年九月恭校上

白田雜著

臣等謹案白田雜著八卷　國朝王懋竑撰懋竑有朱子年譜已著錄是編皆

其考證辨論之文而於朱子之書用力尤深如易本義九圖論家禮考皆反覆

研索參互比校定爲後人所依託爲宋元以來儒者之所未發孟子序說考謂

集註從史記綱目從通鑑年月互異書楚辭後謂集註誤從舊說而以九章所

述證史文之舛其讀史諸篇於通鑑綱目多所拾遺補缺而朱子答江元適書

薛士龍書考一篇語盈一卷皆根柢全集語錄鉤稽年月辨别異同於爲學次

第尤豁若發蒙蓋篤信朱子之書一字一句皆沈潛以求其始末幾微得失無

不周知故其言平允如是非浮慕高名借以劫伏衆論而實不得其涯涘者也

至吕祖謙大事記本非僻書而儒林傳考第七條下自註曰大事記今未見其

書倂再考絶不以偶闕是編而諱言未見與惠棟九經古義自稱未見易舉正者相同均猶有先儒篤實之遺知其他所援引皆實見本書與楊愼焦竑諸人動輒影撰者異矣此本後有乾隆丁卯河間紀容舒跋稱鈔自景州申詡家未知爲懋竑所自訂或詡所選錄近有白田草堂全集凡此本所載皆在其中而此所無者幾十之六大抵多酬應之文不及此本之精核蓋其後人珍藏手澤片語不遺故不免失於簡汰今以新刻全集別存目於集部此本篇篇標目雖似雜文而實皆考證之體故特入於雜家類亦東觀餘論編入子家之例也乾隆四十七年五月恭校上

義門讀書記

臣等謹案義門讀書記五十八卷　國朝蔣維鈞輯錄何焯校正諸書之文也焯字屺瞻長洲人康熙四十一年用直隸巡撫李光地薦以拔貢生入直　內廷尋　特賜進士出身改庶吉士授編修後坐事褫職仍校書　武英殿康熙

六十一年復原官　贈侍讀學士焯文章負盛名而無所著作傳於世沒後其從子堂始裒其點校諸書之語爲六卷維鈞益加蒐輯編爲此書凡四書六卷詩二卷左傳二卷公羊穀梁各一卷史記二卷漢書六卷後漢書五卷三國志二卷五代史一卷韓愈集五卷柳宗元集三卷歐陽修集二卷曾鞏集五卷蕭統文選五卷陶潛詩一卷杜甫集六卷李商隱集二卷考證皆極精審其兩漢書及三國志乾隆五年廷臣奉　詔校刊經史頗采用其說焉乾隆四十七年四月恭校上

樵香小記

臣等謹案樵香小記二卷　國朝何琇撰琇字君琢號勵菴宛平人雍正癸丑進士官至宗人府主事是編皆考證之文凡一百二十條論經義者居其大半亦頗及字學韻學其論六書頗與舊說異同如謂禿字當從禾會意說文謂人伏禾下固屬謬妄即六書正譌改爲從木諧聲亦非確論謂說文訓爲字爲母

猴本末倒置當是先有爲字乃借以名猴謂射字從身從寸爲籀文象手持弓形之訛其説皆未免於獨創至其解春秋西狩獲麟解周禮奔者不禁解詩野有死麕亦時能發先儒所未發其學問大旨蓋出入於閻若璩顧炎武朱彝尊毛奇齡諸家故多演其緒論云乾隆四十七年九月恭校上

管城碩記

臣等謹案管城碩記三十卷　國朝徐文靖撰文靖號位山當塗人雍正癸卯舉人乾隆元年薦舉博學宏詞十七年薦舉經學　特授翰林院檢討銜此其所作筆記自經史以至詩文各加辨析考證每條以所引原書爲綱而以己案爲目蓋欲小變説部之體其大致與箋疏相近其間疎漏之處如讀易據梁武以解文言而王應麟之輯鄭注反未之見至於讀史引證乃及於潘榮之總論劉定之之十科策略蔡方炳之廣治平略廖文英之正字通陰時夫之韻府羣玉皆未免斷斷俗學然其推原詩禮諸經之論旁及子史説部參互考證語必

求當亦頗能有所發明要可謂博而勤者矣乾隆四十七年三月恭校上

訂譌雜錄

臣等謹案訂譌雜錄十卷　國朝胡鳴玉撰鳴玉字廷佩號吟鷗青浦人歲貢生乾隆丙辰薦舉博學鴻詞是編皆考訂聲音文字之訛大抵採集諸家說部而參以己說其中有闇合前人如文選神女賦一條謂玉字王字顛倒互寫是矣然始辨其誤者爲姚寬西溪叢語申明其義者爲張鳳翼文選纂註而鳴玉仍反覆力辨之是未見二說也揚子法言鴻飛冥冥弋人何篡一條鳴玉歷引後漢書逸民傳註陳子昂碑韓愈詩證今本誤篡爲慕是矣然今本實作篡不作慕其誤爲慕則自張九齡感遇詩孤鴻海上來一首押入遇韻始以爲近人所誤則非也雙鯉魚一條駁漢書陳勝傳宋書符瑞志魚腹藏書之說是矣然此語始見蔡邕飲馬長城窟行而但引古詩尺素如霜雪疊成雙鯉魚是邕後語非其本也又引蘇武雁足帛書出于詭託爲證然烹魚得書雖屬寓言而射

鴈得書則有郝經之實事陵川集具載始末未可謂之虛詞也凡此偶然失檢時亦有之要其但引古書互相參證不欲多生新意自見所長所以言皆有據所得反較諸家爲多狐白之裘固非一腋其網羅薈稡之勤亦未可遽沒也乾隆四十七年五月恭校上

識小編

臣等謹案識小編二卷　國朝董豐垣撰豐垣字菊町烏程人乾隆辛未進士官東流縣知縣是書凡二十四篇議禮者十之九如謂禹貢五服職方九服二而實一謂周禮公五百里侯四百里猶云今魯爲方百里五非爲方百里者二十五謂祭法有虞氏祖顓頊而宗堯不及魯語郊堯而宗舜皆本前儒之緒論至駁萬斯大禘祫一事魯禘不追所自出及東周祖文宗武不祖稷之說又駁毛奇齡祧主別立廟不藏太祖廟之說議論最正援據亦詳爲有裨禮制在近人之中尙爲究心經義者雖論多出入固亦有可節取焉乾隆四十七年十月

恭校上

欽定四庫全書提要卷六十七

欽定四庫全書提要卷六十八

子部二十

雜家類四

論衡

臣等謹案論衡三十卷漢王充撰充字仲任上虞人自紀謂在縣爲掾功曹在都尉府位亦掾功曹在太守爲列掾五官功曹行事又稱永和三年徙家辟詣揚州部丹陽九江廬江復入爲治中章和二年罷州家居其書凡八十五篇而第四十四招致篇有録無書實八十四篇考其自紀曰書雖文重所論百種案古太公望近董仲舒作書篇百有餘吾書亦纔出百而云太多然則原書實百餘篇此本目録八十五篇已非其舊矣充書大旨詳于自紀一篇至其文反覆詰難頗傷詞費則充所謂宅舍多土地不得小戶口衆簿籍不得少失實之事多虛華之語衆指實定宜辨爭之言安得約徑者固已自言之矣充所作別有

讖俗書政務書晚年又作養性書今皆不傳惟此書盛行于世自蔡邕以來即重之云乾隆四十七年九月恭校上

風俗通義

臣等謹案風俗通義十卷漢應劭撰劭字仲遠汝南人嘗舉孝廉中平六年爲泰山太守事蹟具後漢書本傳馬總意林稱爲三國時人不知何據也考隋書經籍志風俗通義三十一卷注云錄一卷應劭撰梁三十卷唐書藝文志應劭風俗通義三十卷崇文總目讀書志書錄解題皆作十卷與今本同明吳琯刻古今逸史又删其半則更缺略矣各卷皆有總題題各有散目總題後略陳大意而散目先詳其事以謹案云云辨證得失其自序云謂之風俗通義言通于流俗之過謬而事該之于義理也後漢書本傳稱撰風俗通以辨物類名號識時俗嫌疑不知何以删去義字或流俗省文如白虎通義之稱白虎通史家因之歟其書因事立論文辭清辨可資博洽大致如王充論衡而敘述簡明則勝

充書之冗漫多矣舊本屢經傳刻失于校讐頗有訛誤如十反類中分范茂伯郅郎伯爲二事而佚其斷語窮通類中孫卿一事有書而無錄怪神類中城陽景王祠一條有錄而無書今並釐正又宋陳彭年等修廣韻王應麟作姓氏急就篇多引風俗通姓氏篇是此篇至宋末猶存今本無之不知何時散佚永樂大典通字韻中尚載有風俗通姓氏一篇首題馬總意林字所載與廣韻注多同而不及廣韻注之詳蓋馬總節本也然今本意林無此文當又屬佚脫今採附風俗通之末存梗概焉乾隆四十七年九月恭校上

封氏聞見記

臣等謹案封氏聞見記十卷唐封演撰演里貫未詳考封氏自西晉北魏以來世爲渤海蓨人然唐書宰相世系表中無演名疑其疏屬也書中石經一條稱天寶中爲太學生貢舉一條記其登第時張繟有千佛名經之戲然不云登第在何年佛圖澄碑一條記大歷中行縣至内邱則嘗刺邢州卷首結銜題朝散

大夫檢校尚書吏部郎中兼御史中丞而尊號一條記貞元間事則德宗時終於是官也是書唐宋藝文志通志通考皆作五卷書錄解題作二卷殆輾轉傳鈔互有分合此本十卷末有元至正辛丑夏庭芝跋又有明吳岫朱良育孫允伽陸貽典四跋良育跋云自六卷至十卷友人唐子畏見借所鈔近又於柳大中借鈔前五卷第七卷中全局俱欠祇存末後一紙耳今考目錄所列凡一百一條第一卷僅二條不盈兩紙亦似不完第二卷銓曹一條闕其末而風憲一條全佚不止闕第七卷其第七卷中視物遠近一條海潮一條北方白虹一條西風則雨一條松柏西向一條皆全佚蜀無兔鴿一條佚其前半月桂子一條僅完具其下石鼓一條弦歌驛一條又闕高唐驛一條亦完具其下温湯一條又闕其末而目錄此條之下注增字亦非僅存末一頁者中間又頗多闕字允伽跋稱借秦西巖本重校意其與朱本小異歟然稱朱跋從秦本錄出則又不可解疑久無刊本遞相繕寫又非復朱氏之舊矣唐人小說多涉荒怪此書獨

語必徵實前六卷多陳掌故七八兩卷多記古蹟及雜論均足以資考證末二卷則全載當時士大夫軼事嘉言善行居多惟末附諧語數條而已其中音韻一條記唐韻部分爲陸法言之舊其同用獨用則許敬宗所定爲諸書之所未言文字一條論隸書不始程邈援水經注爲證明楊慎矜爲獨見者乃演之所已言又顏眞卿韻海鏡源無傳本此書詳記其體例知元陰時夫韻府羣玉實源於此而周亮工書影稱眞卿取句首字不取句末字者其說爲杜撰欺人併知永樂大典列篆隸諸體於字下乃從此書竊取其式而諱所自來月中桂一條記桂子月中落一聯爲宋之問台州詩足證計敏夫唐詩紀事駱賓王爲僧之妄他所論金鷄露布鹵簿官銜石誌碑碣羊虎拔河諸條皆源委詳明足資考證唐人說部之中自顏師古匡謬正俗李匡乂資暇集李涪刋誤之外罕其比偶矣乾隆四十七年四月恭校上

尚書故實

臣等謹案尚書故實一卷唐李綽撰又名尚書談錄自序稱賓護尚書張公三相盛門博物多聞綽避難圃田每容侍話凡聆徵引必異尋常遂纂集尤異作此書蓋據張尚書所述唐代舊聞可資考證宋史藝文志凡兩載之一見史部傳記類一見子部小說類而注其下云綽一作緯實一作事今案曾慥類說所引亦明標李綽之名則作緯者非是至新唐書志沿崇文總目之訛以張尚書爲即延賞晁公武陳振孫已斥其誤然書中稱嘉貞爲四世祖又稱嘉祐爲高伯祖則所謂張尚書者當在彥遠天保彥修曼容諸兄弟中其文規次宗乃弘靖子於嘉貞爲曾孫不可稱高祖振孫乃皆以其不登八座爲疑亦非今觀其言賓護移知廣陵又言公除潞州旌節則必嘗爲揚州刺史昭義節度使者當以史於天保諸人下略其官位遂致無可考耳又綽自題趙郡蓋舉郡望其爵里則諸書皆未詳今考新唐書宰相世系表趙郡李氏南祖之後有名綽字肩孟者爲吏部侍郎紓之曾孫意者即其人歟乾隆四十七年八月恭校上

灌畦暇語

臣等謹案灌畦暇語一卷不著撰人名氏書中皆自稱曰老圃唐太宗一條獨稱臣稱皇祖知爲唐人蒲且子一條稱近吳道元亦師張顛筆法又引韓愈詩二章云後來豈復有如斯人則中唐以後人也前有自序稱早年血氣未定鋪方紙運寸管亟起以千一旦之名力盡志殫僅能如願又稱決意勇退脱謝纓弁則亦嘗登第從仕矣其書凡三十二條觀其答黄仲秉一條宗旨蓋出於黄老而大抵持論篤實亦不悖于聖賢唐志宋志皆不著録惟陳振孫書録解題始有其名所載魏繁欽生茨詩一篇馮氏詩紀未載蓋未見其書又北魏鹿悆贈眞定公子直詩二篇惟據北史引入不及此書蓋亦未見其本然朱子作韓文考異于岐山下一首注云世有灌畦暇語一書謂子齊初應舉韓公賞之爲作丹穴五色羽云云則其傳已久矣此本爲陸氏奇晉齋所刊末有李東陽跋云余頃僦居京城之西有賣雜物者過門見其篋有故書數種大抵首尾不全

灌畦暇語一編尤爲斷爛余以數十錢購得之因料理其可讀者才得三十餘條云云則此書乃東陽所理之殘本今彭寵奴一條佚其後半韓愈詩一條佚其前半凡闕二十八行有奇又非東陽所理之舊矣然核其詞旨確爲唐人著述雖殘闕終可貴也乾隆四十七年十月恭校上

春明退朝録

臣等謹案春明退朝録三卷宋宋敏求撰敏求字次道平棘人自署常山舉古郡名也以賜進士及第爲館閣校勘終龍圖閣直學士事蹟具宋史本傳是書見于馬端臨經籍考者故事及雜家二類並收今觀所記雖宋代典制十之九而雜說雜事亦參錯其間則入雜家類者是也前有敏求自序稱熙寧三年予以諫議大夫奉朝請考宋史敏求熙寧元年以知制誥貶知絳州即于是歲詔還爲諫議大夫王安石惡呂公著出知潁州敏求草制忤安石請解職未聽會李定自秀州判官除御史敏求封還詞頭遂以本官奉朝請又考宋史呂公著

之罷中丞正在熙寧三年蓋即是時王偁東都事略謂敏求自絳州遷右諫議大夫後知制誥在職六年者誤也其序末但稱十一月晦蓋蒙上熙寧三年之文然其下卷又有熙寧七年六月十三日之注豈先爲序而後成書如程伊川春秋說之類歟書中紀朝廷掌故大都典確可據蓋宋氏爲文獻舊家故所言足徵于考史者深有裨益焉乾隆四十七年九月恭校上

宋景文筆記

臣等謹案宋景文筆記三卷宋宋祁撰祁字子京安州安陸人後徙開封之雍邱與兄庠同舉天聖初進士官至工部尙書翰林學士承旨謚景文事蹟具宋史本傳其書上卷曰釋俗中卷曰考古皆正名物音訓裨於小學者爲多亦間及文章史事下卷曰雜說則欲自爲子書造語奇雋多似焦贛易林譚峭化書而終以庭戒治戒左志右銘末審爲平日預作爲其後人附入也末有寶慶二年上虞李衎跋稱其可疑者七事如以骨朶爲胍肒不知朶爲菍字之訛以鮑

照作昭爲誤而不知唐避武后之諱以牛耕始漢趙過而不知冉耕字伯牛古
犂字文亦從牛以栘爲開而反合而不知爲郁李以臣瓚爲於瓚而不知酈道
元水經注稱薛瓚以朴無樸音而祁所預修之集韻實有蒲候匹角二切以卯
本柳字而不知實古卿字所摭多中其失然大致考據精確非他說部游談者
比其中如論漢高祖呂后一條後蘇洵高祖論全本之又如蕭該漢書音義爲
顔師古所未見者亦賴此書存其略晁公武讀書志稱是書每章冠以公曰字
不知何人所編此本無之或傳刻者所削通考引中興藝文志以是書爲紹聖
中宋肇次其祖庠之語與公武説異馬端臨謂二筆錄卷數相同祁庠又兄弟
不能定爲一書二書今考書中稱引莒公不一莒公即庠則此錄爲祁明矣或
肇所編又別一書亦名筆錄耳乾隆四十七年十月恭校上

東原錄

臣等謹案東原錄一卷宋龔鼎臣撰鼎臣字輔之鄆州須城人景祐元年進士

歷官諫議大夫京東東路安撫使知青州改太中大夫提舉亳州太淸宮以正議大夫致仕事迹具宋史本傳是編多考論訓詁亦兼及雜事其說經多出新解如謂書本無百篇孔子存甘誓欲以見父子相傳之義存盤庚欲以爲遷都之戒併洪範錯簡之說亦自鼎臣發之皆頗不可訓其解杜甫今日起爲官句謂今日爲金日之訛以金日磾實之尤爲穿鑿然如解易之鼎金鉉即儀禮之鼎扃解禮記升中於天爲左傳民受天地之中以生之中解揚子如玉加瑩句據唐類書證李軌注爲誤引汲冢記定湯墓在河東證劉向說之非皆頗有考據所記雜事如太宗賜進士詩御注藝祖批答趙普論王仁瞻及幸綾錦院警戒梁周翰事鄭氏詩譜別有全本歐陽修所得乃殘帙文彥博家廟不作七間乃用唐杜岐公家舊式之類亦皆可資參考惟所稱邵亢學士家作三代木主不更畫影幨蓋非古禮云云其說最謬以上下文義推之當作蓋用古禮傳寫誤用爲非非其舊文未可以是病鼎臣也乾隆四十七年九月恭校上

王氏談錄

臣等謹案王氏談錄一卷不著撰人名氏説郛載之題曰王洙撰書錄解題則以爲翰林學士南京王洙之子錄其父所言今觀此書凡九十九則而稱先公及公者七十餘則則非洙所著明甚蓋編此書者見卷尾有編錄觀覽書目一則末題云王洙敬錄遂以爲全書皆出洙手不知此一則乃嘉祐以前人所爲洙特錄而跋之其子附載書末耳世無自著書而自標敬錄者也其解繪事後素一條朱子集註取之其論校書當兩存解經不可改字就義皆爲有識其稱校書之註二字以上謂之一云一字謂之一作亦深有理洙字原叔應天宋城人中甲科官終侍讀學士兼侍講學士卒謚曰文子欽臣字仲至賜進士及第官終待制知成德軍據本傳及東都事略洙子惟欽臣一人則此書即欽臣所錄也乾隆四十七年九月恭校上

文昌雜錄

臣等謹案文昌雜録六卷宋龐元英撰元英字懋賢單州人丞相籍之子官朝散大夫王士禎蠶尾集作文英者誤也元豐壬戌元英官主客郎中在省四年時官制初行所記一時聞見朝章典故爲多通典載尚書省爲文昌天府故以名書其中所載如以堯舜對天地爲李矩問李演事考范鎮東齋記事以爲此楊億校士時事岳珂桯史以爲歐陽修知貢舉時事珍席放談以爲南唐時湯悅妹壻問悅事與各書互異又以虎子爲出於李廣射虎事不知孔安國爲侍中以儒者不執虎子而執唾壺其事已見李廣之先未免稍有舛誤至朝廷典禮百官除拜其時日之先後異同多有可以證宋史之舛漏者原本六卷後有補遺六條故宋史藝文志作七卷又自爲跋記其入省及作書歲月首有宋衞傳序自明以來僅鈔本流傳近始有刻本王士禎稱此書爲說部之佳者宋史入故事類蓋以所記朝典爲多然中間頗涉雜事雜論今改隸雜家類焉乾隆四十七年三月恭校上

麈史

臣等謹案麈史三卷宋王得臣撰得臣字彥輔自號鳳亭子安陸人嘉祐四年進士官至司農少卿陳振孫書錄解題以爲王銍之伯父案書中神授門第七條稱王樂道幼子銍少而博學善持論又詩話門第十九條稱王銍性之嘗爲予言讒謗門第三條稱王莘樂道奉議潁人也則與銍父子非一族陳氏誤也是書前有政和乙未自序稱時年八十追爲之序書中稱予在大農忽得目疾乞宮觀已而掛冠年六十二以政和五年乙未逆推其至六十二時爲紹聖四年丁丑成書當在其後是時紹述之說方盛而書中他人書官書字書謚惟王安石獨書名蓋亦耿介特立之士考所自述初受學于鄭獬又受學于胡瑗其明義一條復與明道程子問答疑爲洛黨中人然評詩論文無一字及蘇黃亦無一字攻蘇黃其論詩小序兩申蘇轍程子之說而俱不出其名蘇軾以杜甫同谷歌中黃獨爲黃精爲後山詩話所駁者得臣申軾之說亦不出其名知其

無所偏附故元祐黨碑獨不登其姓氏亦可謂卓然不染者矣所紀凡二百八十四事分四十四門凡朝廷掌故耆舊遺聞耳目所及咸登編錄其間參稽經典辨別異同亦深資考證非他家說部惟載瑣事者比也乾隆四十七年十月恭校上

夢溪筆談

臣等謹案夢溪筆談二十六卷補筆談二卷續筆談一卷宋沈括撰括字存中錢塘人以吳縣籍登嘉祐八年進士授館閣校勘爲神宗所知以知制誥使遼還除翰林學士權三司使出知延州坐失援永樂城謫均州團練副使繼以光祿少卿分司潤州事蹟具宋史本傳其稱夢溪者以在京口時卜居其地因取以自號是書皆記其平日所與賓客言者凡分目十七曰故事曰辨證曰樂律曰象數曰人事曰官政曰權智曰藝文曰書畫曰技藝曰器用曰神奇曰異事曰謬誤曰譏謔曰雜志曰藥議史傳謂其多載朝廷故實耆舊出處爲有用之

書宋代考據家亦無不徵引其言以爲典實故盛傳至今爲藝林所寶重雖其

間如辨雞舌香及算杜詩古柏丈尺之類前人或議其非又載向敏中拜僕射

丁謂賜玉帶二事洪邁亦譏其失於考核然括於天文方志律數音樂醫藥卜

算無所不通又諳習掌故其所稱述實多精確可傳即偶有踳駁無傷大指宋

代說部至爲繁富語其贍博要必以是書爲稱首焉乾隆四十七年九月恭校

上

仇池筆記

臣等謹案仇池筆記二卷舊本題宋蘇軾撰今勘驗其文疑好事者集其雜帖

爲之未必出軾之手著如下卷杜甫詩一條云杜甫詩固無敵然自致遠已下

句甚村陋也絶不標其本題又不舉其全句其爲偶閱杜詩批於致遠終恐泥

句上之語顯然無疑他可以類推矣又如蒸豚詩一條記醉僧事及解杜鵑詩

一條解杜鵑有無義亦皆不類軾語疑併有所附會竄入然相傳引用已久亦

間可以備考證也此書陶宗儀說郛亦收之而删節不完明萬歷壬寅趙進美嘗刊其全本板已久佚此本前有進美序蓋即從趙本錄出書中與志林互見者皆但存標題而下注見志林字疑亦進美所改竄云乾隆四十七年十月恭校上

東坡志林

臣等謹案東坡志林十二卷宋蘇軾撰陳振孫書錄解題載東坡手澤三卷註曰今俗本大全集中所謂志林者也今觀所載諸條多自署年月者又有署讀某書書此者又有泛稱昨日今日不署何時者蓋軾隨手所記本非著作亦無書名其後人裒而錄之命曰手澤而刊軾集者不欲以父書目之故題曰志林耳中如張睢陽生猶駡賊嚼齒穿齦顏平原死不忘君握拳透掌四語據東坡外紀乃軾謫儋耳時醉至姜秀才家値姜外出就其母索紙所書今亦在卷中自爲一條不復別贅一語是亦蒐輯墨迹之一證矣此本十二卷較振孫所紀

多九卷蓋其卷帙亦皆後人所分故多寡各隨其意也乾隆四十七年十月恭

校上

珩璜新論

臣等謹案珩璜新論一卷宋孔平仲撰一曰孔氏雜説然吴曾能改齋漫録引作雜説而此本卷末有淳熙庚子吴興沈詵跋稱渝川丁氏刊板已名珩璜論則宋時原有二名今刊本皆題雜説而鈔本皆題珩璜新論蓋各據所見本也是書皆考證舊聞亦間託古事以發議其説多精核可取蓋淸江三孔在元祐熙寧之間皆卓然以文章名世非言無根柢者可比卷末附録雜説七條在詵跋之前皆此本所佚疑爲詵之所補鈔今併附入以成完書至珩璜之名詵已稱莫知所由又以或人碎玉之解爲未是考大戴禮載曾子曰君子之言可貫而佩珩璜皆貫而佩者豈平仲本名雜説後人推重其書取貫佩之義易以此名歟乾隆四十七年四月恭校上

晁氏客語

臣等謹案晁氏客語一卷宋晁說之撰說之有儒言已著錄是書乃其劄記雜論兼及朝野見聞蓋亦語錄之流條下間有夾注如云右五段張某又云第四段劉快活又有李及壽朋逃志諸名氏蓋用蘇鶚杜陽雜編之例每條各記其所語之人所謂客語也其中議論多有關於立身行己之大端所載熙豐間名流遺事大都得自目擊於史傳亦可互相參證其說或參雜儒禪則自晁迥以來家學相傳其習尚如是所與游之蘇軾黃庭堅等友朋所講其議論亦如是此蜀黨之學所以迥異於洛黨亦無庸執一格相繩惟解經好爲異議如以孟子所稱巨擘爲即蚓之大者以既入其苙之苙爲香白芷云豚之所甘皆有意穿鑿與王氏新經義何異未免爲通人之一蔽爾乾隆四十七年九月恭校上

師友談記

臣等謹案師友談記一卷宋李廌撰廌字方叔陽翟人少以文字見知於蘇軾

嘗與范祖禹謀薦於朝不果所著有濟南集已佚不傳僅散見宋人所編六君子文粹中是書晁公武謂廌記蘇子瞻范純夫及四學士談論故曰師友所載多名言格論非小説瑣錄之比其述秦觀論賦之語反覆數條曲盡工巧而終以爲場屋之賦不足重可謂不阿所好書中稱哲宗爲今上蓋作於元祐中末記蘇軾爲兵部尚書及帥定州事軾到定州不久即南遷則書成又當在元祐諸人貶斥之後知其推重諸人固非以勢相附者又以潦倒場屋之人於新經義盛行之時遵之可以立致科第而獨載排斥笑謔之語不肯少遜其言亦介然有守者矣乾隆四十七年九月恭校上

楊公筆錄

臣等謹案楊公筆錄一卷宋楊延齡撰延齡里居未詳書中自稱元豐中爲山陰尉又曰任隰州司戶又曰元豐八年秋爲滏陽令又曰爲虢倅又曰自江寧上元移宰常州武進而卷首題曰朝奉郎致仕其始末亦略可見書中雜論經

義問紀事實頗足以資博覽其論易取鄭夬之說蓋其時邵伯溫易學辨惑未
出故不知其誤亦頗稱引王安石陸佃之說而所辨字音字義惟引字說一條
餘皆引許愼說文亦稱於洛見程子則似非王氏學矣又以四詩風雅頌對三
光日月星句世皆傳爲蘇軾事而延齡自記乃其待試興國時夢中所得亦可
以證小說多附會也乾隆四十七年九月恭校上

呂氏雜記

臣等謹案呂氏雜記二卷宋呂希哲撰希哲字原明先世萊州人後家壽州東
簡其祖公著其父也初以父蔭入官公著爲相之日不肯求進取公著沒始爲
兵部員外郎進崇政殿說書紹聖初以祕閣校理出知懷州旋分司南京居和
州徽宗初召爲光祿少卿力請外補以直祕閣知曹州坐黨籍奪職後復歷知
相邢二州罷奉宮祠羈寓淮泗間以卒事迹具宋史本傳希哲少從焦千之孫
復石介學又從二程子張子及王安石父子遊故其學問亦出入於數家之中

醇疵互見朱子語錄稱其學於程氏意欲直造聖人盡其平生之力乃反見佛與聖人合今觀此書喜言禪理每混儒墨而一之誠不免如朱子所言又宋史載王安石欲薦希哲爲講官希哲辭曰辱與公相知久萬一從仕將不免異同則疇昔相與之意盡安石乃止故所記安石父子事亦無譏訶之辭然其記顧臨使北之對則謂爲世教者當重儒又謂祖孔宗孟學之正也苟異於此皆學之不正又記司馬光闢佛之語又斥老子剖斗折衡之説而深辨孔子非師老子又極論禮樂之不可廢則其所見特如蘇軾蘇轍之流時時出入二氏固未可盡以異學斥至於直載劉經太學頌以見過尊安石直載程公遜賀待制詩以見過諛王雱則於荆舒父子亦有微詞非竟相黨附者矣其他所記家世舊聞朝廷掌故多可與史傳相參考中如杞柳湍水一條喜怒哀樂一條耕莘釣渭一條今皆誤入程氏遺書中殆以詞旨相近故不及辨别耶是書宋志不著錄通考歲時類中有吕原明歲時雜記二卷考陸游渭南集有歲時雜記跋稱

太平無事之日故都節物及中州風俗人人知之若不必記自喪亂來七十餘年遺老凋落無在者然後知此書之不可闕則當如夢華錄之類又周必大平園集有歲時雜記序稱上元一門多至五十餘條則分門輯類之書與此不合惟文淵閣書目載呂原明雜記一册蓋即此本其中所載詩話如王逵贈蔡襄作元絳賀王安石作呂公弼遊東園作諸篇厲鶚宋詩紀事皆未采入知近代久無傳本今以永樂大典所載裒合成帙編爲二卷間有呂氏他書之文而永樂大典誤標此書者疑以傳疑亦併錄之而各附案語訂正焉乾隆四十五年九月恭校上

冷齋夜話

臣等謹案冷齋夜話十卷宋僧惠洪撰惠洪字覺範俗姓彭氏筠州人以醫識張商英大觀中入京乞得祠部牒爲僧時有郭天信曉方術嘗識徽宗於潛邸及即位遂獲幸商英頗與交結而洪往來於其間未幾張郭得罪洪決配朱崖

所著是書亦詩話之類間有及於典故者晁公武謂其多妄誕僞託陳善指山谷西江月詞日側金盤墜影一首謂是所贗作載於冷齋夜話又宋百家詩選云冷齋夜話中僞作山谷贈洪詩韻勝不減秦少覿氣爽絶類徐師川今本無此兩篇殆後人删削之也乾隆四十七年五月恭校上

欽定四庫全書提要卷六十九

子部二十一

雜家類五

曲洧舊聞

臣等謹案曲洧舊聞十卷宋朱弁撰弁字少章朱子之從父也事迹具宋史本傳文獻通考載弁曲洧舊聞一卷雜書一卷骫骳說一卷此本祇載曲洧舊聞已足十卷然其本從宋槧影鈔每卷末皆有臨安府太廟前尹家書籍鋪刋字又惇字避光宗諱皆缺筆原刻不應有誤必通考訛十卷爲一卷也案弁以建炎丁未使金被留越十七年乃歸而書中有臘月八日清涼山見佛光事云歲在甲寅又記祕魔巖事其地在燕京又記其友述定光佛語云俘囚十年則書當作于留金時然皆追敘北宋遺事無一語及金故曰舊聞通考列之小說家今觀其書雖有神怪諧謔數條然所記多當時祖宗盛德及諸名臣言行而于

王安石之變法蔡京之紹述分朋角立之故言之尤詳蓋意在申明北宋一代興衰治亂之由深于史事有補實非小說家流也惟其中間及詩話文評并諸考證不名一格不可目以雜史今改入雜家類焉乾隆四十七年五月恭校上

元城語錄解

臣等謹案元城語錄解三卷宋馬永卿編永卿字大年揚州人大觀中劉安世寄居永城永卿方爲主簿受學於安世因撰集其語爲此書安世之學出于司馬光故多有光之遺說惟光有疑孟而安世篤信之亦足見君子之交不爲苟同也其中藝祖製薰籠一事周必大謂其以元豐後之官制加之藝祖之時失于附會然安世非妄語者或永卿記錄未確有所竄亂致有此誤歟安世風裁嶽嶽氣節震動天下其詆諆程子與蘇軾同然程子之徒能修怨于蘇軾獨于安世不能出一語以撼之則亦知安世之人品有不可以浮詞動搖者矣近時有安邱劉源淥者作冷語三卷掇拾伊洛之糟粕乃以衛道爲名肆言排擊指

安世爲邪人謂其罪甚于章惇邪恕豈非但有門戶之見絶無是非之心者耶行錄一卷明崔銑所續編大名兵備副使于文熙又補綴之舊本附語錄之末今亦並存之庶讀者知安世之行益足證安世之言焉乾隆四十七年十月恭校上

嬾眞子

臣等謹案嬾眞子五卷宋馬永卿撰永卿字大年揚州人書中自稱爲夏縣令考廣信府志載永卿登大觀三年進士退居鉛山撰論語解易拾遺諸編而不著其歷官本末則地志之闕略也是書見宋史藝文志而晁公武郡齋讀書志馬端臨經籍考俱未之及陳振孫書錄解題惟載永卿嘗仕亳州永城主簿從劉安世學撰元城語錄三卷而亦不言其有是書永卿久從安世游於名賢議論聞見廣博故載宋世士大夫行履爲多往往足資檢核其他考證舊聞紀錄時事亦頗稱賅洽而於安世言行採摭尤詳足見其淵源之有所本矣乾隆四

十七年十一月恭校上

春渚紀聞

臣等謹案春渚紀聞十卷宋何薳撰薳浦城人自號韓靑老農其書分雜記五卷東坡事實一卷詩詞事略一卷雜書琴事附墨說一卷記研一卷記丹藥一卷明陳繼儒祕笈所刊僅前五卷乃姚士粦得於沈虎臣者後毛晉得舊本補其脫遺始爲完書即此本也薳父去非嘗以蘇軾薦得官故記軾事特詳其雜記多引仙鬼報應兼及瑣事如既稱劉仲甫奕棊無敵又記祝不疑奕勝仲甫前後兩條自相矛盾殊爲不檢又蔡條鐵圍山叢談稱前以奕勝仲甫者爲王憨子後以奕勝仲甫者爲晉士明與祝不疑之說亦不合殆傳聞異詞歟張有爲張先之孫所作復古編今尚有傳本而此書乃作章有則或傳寫之訛非薳之舊也乾隆四十七年五月恭校上

石林燕語

臣等謹案石林燕語十卷宋葉夢得撰夢得有春秋傳已著錄夢得爲紹聖舊人徽宗時嘗司綸誥於朝章國典夙所究心故是書纂述舊聞皆有關當時掌故於官制科目言之尤詳頗足以補史傳之闕與宋敏求春明退朝錄徐度卻掃編可相表裏陳振孫書錄解題謂其書成於宣和五年然其中論館伴遼使一條建炎三年又論宰相一條謂自元祐五年至今紹興六年則書成於南渡之後振孫之說未核矣惟夢得當南北宋間戈甲倥偬圖籍散佚或有記憶失眞考據未詳之處故汪應辰嘗作石林燕語辨而成都宇文紹奕案紹奕始末無考嘉定中有樞密使宇文紹節疑其昆弟亦作考異以糾之應辰之書陳振孫已稱未見蓋宋末傳本即稀僅儒學警悟案儒學警悟亦南宋之書不著撰人名氏閒引數條與紹奕考異同散見永樂大典中然寥寥無幾難以成編惟紹奕之書尚可裒集謹蒐採考校各附夢得書本條之下雖其間傳聞年月之訛繕寫字畫之誤一一毛舉或不免有意吹求頗類劉炫之規杜預吳縝之糾歐陽修而援引舊文辨駁詳確者十之八九是一

朝故事得夢得之書而梗槩具存得紹奕之書而考證益密二書相輔而行於
史學彌爲有裨矣又夢得之書宋槧罕覯前明有大字刋本摹印亦稀世行毛
晉津逮祕書所載脫誤頗多而商濬稗海所載踳駁尤甚今併參驗諸本以永
樂大典所載詳爲勘校訂訛補闕以歸完善凡所釐正各附案語於下方用正
俗刻之訛庶幾稍還舊觀不失其眞焉乾隆四十五年九月恭校上

避暑錄話

臣等謹案避暑錄話二卷宋葉夢得撰陳振孫云紹興五年所作晁公武讀書
志作十五卷與此本不同然文獻通考已作二卷毛晉津逮祕書跋云得宋刻
逈異坊本亦作二卷則必非近人所併矣夢得字少蘊吳縣人紹聖九年進士
官至崇信軍節度使事蹟具宋史本傳夢得藏書三萬學問淹通故所論多有
根柢惟耽於禪悅時爲援儒入墨之說又以門戶之故多陰抑元祐而曲解紹
聖如論詩賦一條爲王安石罷詩賦解葉源一條爲蔡京禁讀史解王姬一條

爲蔡京改帝姬解而深斥蘇洵辨奸論則尤其顯著者然固不害其宏旨也乾隆四十七年九月恭校上

巖下放言

臣等謹案巖下放言三卷宋葉夢得撰夢得有石林春秋傳石林燕語避暑錄話石林詩話皆別著錄是編乃其自崇慶節度使致仕退居卞山時作也陳振孫書錄解題作一卷此本乃三卷疑振孫書爲傳刻之譌又明商濬稗海中別有蒙齋筆談二卷題曰湘山鄭景望撰其文全與此同但刪去數十條耳厲鶚作宋詩紀事稱景望爲元豐元祐間人所錄景望潁州一詩考之亦載此書中商濬所刻往往誤採僞書不足爲異厲鶚書考證頗詳不應舛謬至此又此書舊無刻本或疑其即剽取景望書而作然考書中稱先祖魏公又稱余紹聖間春試不第又稱大觀初余適在翰林又稱在潁州時初自翰林免官又稱余守許昌時洛中方營西内又稱遭錢塘兵亂又稱余鎮福唐又稱出入兵間十餘

年所將數十萬又稱余頃龍鎮建康所述仕履皆與夢得本傳相合又稱嘗撰老子解論語釋言二書今考書錄解題論語類有葉夢得論語釋言十卷道家類中有葉夢得老子解二卷併所載老子解中生之徒十有三死之徒十有三本韓非子之說以爲四支九竅云云亦與此書相符然則爲蒙齋筆談剽此書而作非此書剽蒙齋筆談而作確有明證厲鶚蓋考之未審矣夢得老而歸田耽心二氏書中所述多提唱釋老之旨沈作喆王宗傳楊簡等之以禪說易實萌芽于此殊不可以立訓然夢得學問博洽又多知故事其所記錄亦頗有可采宋人舊帙姑存以備一家焉乾隆四十七年五月恭校上

卻掃編

臣等謹案卻掃編三卷宋徐度撰度字敦立穀熟人父處仁靖康時宰相書中稱先公者皆處仁也度南渡後官至吏部侍郎此編所紀皆國家典章前賢故事言頗詳核說部中之有裨史學者陸游渭南集有是書跋曰此書之作敦立

猶少年故大抵無紹興以後事蓋其書成于高宗初年也王明清揮麈後錄載明清訪度于霅川度與考定創置右府與撥路議政分合因革筆于是書又載其論哲宗實錄及論秦檜刊削建炎航海以後日曆起居注時政記諸書二事則度之究心史學可以概見至謂新唐書載其事倍于舊書皆取小說因欲史官博采異聞則未免失之泛濫此書上卷載葉夢得所記俚語一條中卷載王鼎嘲謔一條下卷載翟巽詼諧一條爲例不純自穢其書是亦嗜博之一證矣然大致纂述舊聞足資掌故與揮麈諸錄石林燕語可以鼎立而文簡于王事核于葉則似較二家爲勝焉乾隆四十七年三月恭校上

五總志

臣等謹案五總志一卷宋吳坰撰坰仕履未詳惟宋中興百官題名記載紹興十三年七月吳坰爲樞密院編修官八月除浙西提舉其始末則不可考見矣前有自序題建炎庚戌避地無諸城書于蕭寺之道山亭書中有與蘇叔黨自

太原至河外事又有靖康丙午於京兆祥符寓舍被掠事又第一條內載其大父事仁宗爲御史嘗言大臣未報復上章乞斬奸臣以謝天下上大書鐵御史三字賜之又一條稱嘉州歲貢荔枝紅桑等物大父爲犍爲令作三戒詩見意九重稱奬又載其父嘗居李邦直幕府及崇寧乙酉謫居荆南諸事蓋亦北宋舊族隨高宗南渡者也其書皆紀所聞見雜事間亦考證舊説取龜生五總靈而知事之語名之曰五總志其論詩推重黄庭堅以爲於詩人有開闢之功蓋亦江西流派其引述故事得失互見如謂千字文勅散騎員外郎周興嗣次韻勅字當作梁當時帝王命令尚未稱勅不知勅字漢時已有又謂漢高據廁見大將軍不冠不見丞相不知乃漢武帝事疎舛亦未能免然于北宋瑣事紀錄綦詳猶有足資參證者説郛所載僅摘錄數條此本與永樂大典所收者檢勘相合蓋猶原本也乾隆四十七年十月恭校上

臣等謹案紫微雜説一卷舊題宋呂祖謙撰又有別本則但題東萊呂紫微雜説而不著其名今考趙希弁讀書志載東萊呂紫微雜説一卷師友雜志一卷詩話一卷皆呂本中居仁之説鄭寅刻之廬陵云云據此則當爲呂本中所撰蓋呂氏祖孫當時皆稱爲東萊先生傳寫是書者遂誤以爲出祖謙之手不知本中嘗官中書舍人故稱曰紫微若祖謙僅終于著作郎不得有紫微之稱又書中有自嶺外歸之語而本中東萊集有避地過嶺詩于事蹟適相合其爲本中所撰無疑也其書分條臚列于六經疑義諸史事蹟皆有所辨論往往醇實可取如謂經書中致字有取之義又有納之義先儒但以至極立解爲未盡又謂檀弓齊穀王姬之喪句穀當爲告使必知其反也句知當爲如皆于經訓有合又謂論語四體不勤五穀不分句爲荷蓧丈人自謂亦頗有所見其他大抵平正通達切中理道之言蓋本中私淑程子又從楊時游酢尹焞諸人游濡染最深師承極正故粹然頗有儒者氣象非諸家説部所能方駕其書首論衡門

之詩一條所云哀時君之無立志者祖謙後作讀詩記實祖是說亦可知其淵源之有所本矣乾隆四十七年五月恭校上

辯言

臣等謹案辯言一卷宋員興宗撰興宗宋史無傳其名僅見於姓氏急就篇所著有九華先生集世亦不傳惟永樂大典間爲採入並錄集末所載當時祭文六首以諸文參考其出處興宗蓋蜀人字曰顯道始應召官太學再遷至著作郎乾道中以有所論劾奉祠而去終於潤州而趙汝愚所爲文至以歐陽永叔蘇明允爲比傾倒甚至蓋亦獨立自好之士也此書載永樂大典中然不題九華集字疑其爲集外別行之書歷摭經傳史子下及宋代諸儒之說凡於理未安者各爲之辯中間惟論公羊傳紀季入齊一條稱紀以千乘畏人爲非乃因紹興時事而發未爲切當若其辯尚書六宗舊解之誤禮記文王九齡之誕以及譏劉氏漢書刊誤爲不知史家行文之法皆具有特識其他亦多中理要至

以詩不待序而明而斷序之作爲非古則沿鄭樵之新說各存一解可矣乾隆四十五年七月恭校上

墨莊漫錄

臣等謹案墨莊漫錄十卷宋張邦基撰邦基字子賢高郵人仕履未詳自稱宣和癸卯在吳中見朱勔所采太湖黿山石又稱紹興十八年見趙不棄除侍郎則南北宋間人也前有自序稱性喜藏書隨所寓榜曰墨莊故以爲名其書多記雜事亦頗及考證如渭州潘源縣土怪周昕父變羊胡師文見吳仵姑明州士人遇裴休葉世寧嚴清關注諸夢事雖不免爲小說家言然如記韓愈詩風稜露液字之異同蘇軾儋耳詩石字者字之譌誤辨杜甫詩王母晝下雲旗翻句還如何遜在揚州句江湖多白鳥句星落黃姑渚句功曹非復漢蕭何句解王珪詩舞急錦腰迎十八酒酣玉醆照東西句解黃庭堅詩爭名朝市魚千里句影落華亭千尺月夢通岐下六州王句皆極典核他如辨碧雲騢爲魏泰作

辨龍城錄雲仙散錄爲王銍作皆足資考證以及鄭康成注漢宮香方玫瑰油粘葉書旋風葉書與穆護爲木瓠具理爲瓶罌之類亦頗資博識而所載宋時戸口轉運諸數尤足與史籍相參考宋人說部之可觀者也文獻通考乃不著于錄殆當時猶未盛傳歟乾隆四十七年九月恭校上

寓簡

臣等謹案寓簡十卷宋沈作喆撰作喆字明遠吳興人紹興五年進士嘗爲江右漕司屬官書中有自摘所作試宏詞表中語而王應麟辭科題名内無作喆名疑應試而未入選者也是編自序云屏居山中無與晤語有所記憶寓諸簡牘故以寓爲名其前四卷辨證經史後六卷則多及宋代前賢遺事而參以己說於程子有迂僻之目蓋其人亦依附蜀黨門牆者其它持論間有立異如謂和順積中何喜怒哀樂之有因以爲子思之言猶可疑則近於放言矣特其記載頗多可備考覈或當分別觀之耳序末題甲午歲蓋宋孝宗之淳熙元年也

乾隆四十七年四月恭校上

欒城遺言

臣等謹案欒城遺言一卷宋蘇籀撰籀字仲滋眉州人轍之孫遲之子也南渡後居婺州官至監丞籀年十餘歲時侍轍於潁昌首尾九載未嘗去側因錄其所聞可追記者若干語以示子孫故曰遺言中間辨論文章流別古今人是非得失最爲詳晰頗能見轍作文宗旨其精言奥義亦多足以啟發來學惟籀私於其祖每陰寓抑軾尊轍之意似非轍之本心又謂呂惠卿王安石之隙起於字說及三經義核之史傳亦非事實至謂轍母夢蛟龍伸臂而生轍引孔子生時二龍附徵在之房爲比又雜載轍崇寧丙戌夢見王介甫事尤爲失之誕妄特籀親承祖訓耳濡目染其可信者亦多究非影響比也乾隆四十七年九月恭校上

東園叢說

臣等謹案東園叢說三卷舊本題宋李如篪撰如篪始末未詳據卷首紹興壬子自序則括蒼人時爲桐鄉丞也又有紹興甲寅建安周庭筠刻是書跋稱爲東園先生則東園其號矣其書諸家不著錄莫考其所自來下卷雜說中載所作初夏詩及其父歡喜口號三首爲向來錄宋詩者所未及又是書序于壬子爲紹興元年刊于甲寅爲紹興三年而記時事一條記紹興六年楊幺李成事儉佞一條記紹興二十四年秦塤登第事以少敗衆一條記紹興三十一年兩淮失守事且有稱高宗廟號者則書當成于孝宗時年月殊不相應且語孟說一門語孟合稱不似南宋初語所辨北辰不動一條與明陳士元論語類考之說同似乎曾見集註故有此說亦不似朱子以前語或近時好事者捃摭舊文益以所見僞爲此帙託之宋人歟然但就其書而論則所言雖不盡精核亦時有可采如春秋行夏時一條謂以建子爲周正月乃左氏之失不知左氏周人記他事或失之誣至于本朝正朔則婦豎皆知左氏不容有誤詩亡春秋作一

條謂孔子所聞所見之世無詩不知株林夏南詩有姓名不能移之東遷前也于經義頗爲有裨故與岳珂棠湖詩稿雖皆出自近日顯有可疑而以其書可採亦姑竝存之以資參訂焉乾隆四十七年十月恭校上

常談

臣等謹案常談一卷宋吳箕撰箕字嗣之新安人乾道五年進士授仁和主簿分教臨川歷知當塗縣爲趙汝愚所重召主審察尋以疾卒宋史不爲立傳其事迹僅見於徽州志所著尚有聽詞類稿十二册已久佚不傳惟此書之目宋史藝文志載有一卷今散見永樂大典各韻中者鈔撮薈萃猶存一百餘條大抵皆評隲史事而間及于考證徽州志稱箕之在臨川也與陸九淵遊相與講明義理蓋深有得于金谿之學今以此書與九淵文集互勘如九淵經德堂記論漢高祖爲義帝討項羽一事謂新城三老深知天下大計而箕亦謂新城老人獨知而言之漢有天下遂定于此又九淵語錄論曹參相漢謂其能師蓋公

用黄老術漢家之治血脈在此而箕亦謂參得安靜之體蓋公清心之言有以先入之其旨趣往往相合似乎墨守不變者及觀其論汲黯一條九淵集中稱黯仗節守義雖曰未學必謂之學而箕乃以爲黯之直諫本于氣質非學而得故昧于大道其説又如枘鑿之不相入可知箕之學術雖本陸氏不爲苟同與輔廣詩童子問一字一句堅持門戶者其心術之公私相去遠矣觀尤袤與箕同時而所輯遂初堂書目已列有常談之名則當日即珍重其書也今以所存各條依次裒綴勒爲一帙用還宋志卷目之舊中閒所引外史檮杌國史補長編諸條或摘録原書無論斷疑永樂大典已有脱文今無可參校姑仍原本録之焉乾隆四十六年九月恭校上

雲麓漫鈔

臣等謹案雲麓漫鈔十五卷宋趙彦衛撰彦衛字景安紹熙閒宰烏程又通判徽州此書有開禧二年序自署新安郡守其所終則不可考矣據自序初名擁

鑪閒記本止十卷先刻于漢東學宮後官新安併刻後五卷始易今名案文獻通考載雲麓漫鈔二十卷又續二卷與自序不符豈其後此十五卷之外又有所增抑通考誤十卷爲二十卷誤續五卷爲續二卷也世傳朱彝尊曝書亭所鈔宋本乃止十卷是此書原非一本未能斷其孰是矣書中記宋時雜事十之三考證名物者十之七其記事於秦檜父子無貶詞而枉殺曲端一事遺張浚而獨歸王庶又稱勘端反狀殊爲曲筆其考證頗爲賅博至于呂大防長安圖原書已佚此存其槩唐制科之名目與送迎金使之經費皆史志之所未詳自序以爲可敵葉夢得避暑錄話殆不誣也乾隆四十七年十月恭校上

示兒編

臣等謹案示兒編二十三卷宋孫奕撰奕字季昭號履齋廬陵人其歷官無可考第十卷中稱紹熙丁巳三月侍謙春華樓聞大丞相周益公議論考之宋史紹熙元年爲庚寅至五年甲寅即內禪丁巳實慶元三年殆寧宗時嘗官侍從

傳寫誤爲紹熙歟是編凡總説一卷經説五卷文説詩説共四卷正誤三卷雜記四卷字説六卷中第九卷前爲文説後爲詩説前有開禧元年自序稱考評經傳漁獵訓詁非敢以汚當代英明之眼姑以示之子孫故名曰示兒編其書雜引衆説往往曼衍又徵據既繁時有筆誤如經説類中以杜甫襲用白居易詩雜記類中謂唐太宗納巢刺王妃爲妻嫂字説類中謂詩有陳佗皆失于考訂以至荆舒是懲句經説類中反覆論僖公無此事故孟子歸之周公正誤類中又謂爲僖公之事孟子誤以爲周公王安石字説霸字條下稱其學務穿鑿無定論藝苑雌黄條又稱熙豐間定有成書是正舛謬學者不能深考類以穿鑿嗤之亦間或自相矛盾而文説類中契丹空紙祭文一事尤委卷不根之談然其中字音字訓辨别異同可資考證者居多其冗雜者可削其精核者究不可廢也乾隆四十七年八月恭校上

游宦紀聞

臣等謹案游宦紀聞十卷宋張世南撰陳振孫書錄解題載其字曰光叔鄱陽人然其名則作士南未詳孰是其紀年稱嘉定甲戌又稱紹定癸巳蓋寧宗理宗間人自稱嘗官閩中多記永福縣事亦不知永福何官也世南與劉過高九萬趙蕃韓淲諸人遊而述程迥之說尤多蓋其兄爲董熠壻熠爲迥之壻故聞之親串間也其書多記雜事舊聞而無一語及時政如記秦觀元祐刺字記黃師尹解打字義記張嵩先借紫記諱名諱字記蘇黃用一鵐字記古書刀記何致初搨岣嶁碑始末皆足資考證其駁黃伯思八十一首之說及推闡王湜百六之義尤極精核其他如論犀角龍涎端研古器之類亦足以資博識宋末說部之佳本也乾隆四十七年十月恭校上

密齋筆記續記

臣等謹案密齋筆記五卷續記一卷宋謝采伯撰采伯字元若台州臨海人宰相深甫之子理宗后謝氏之伯叔行中嘉泰二年傅行簡榜進士歷知廣德軍

湖州監六部門大理寺丞大理寺正宋史無傳其事迹不甚可考官爵名字僅見於陳耆卿赤城志中是編乃其易班東歸時所撰録以示其子者雜論經史文藝凡五萬餘言自序以爲無牴牾於聖人其間援據史傳頗足以考鏡得失雜録前賢懿言識行亦多寓懲勸雖持論間有未醇其援引證據亦未見能如容齋隨筆夢溪筆談之博洽而語有本原瑜多瑕少要亦説部之善本也史稱謝后父渠伯早卒兄封郡王姪並節度使端平初頗干國政采伯以世家貴介歘歷中外洊更麾節正當謝后用事之時獨解組逍遥至使史官佚其姓氏則采伯蕭然於榮利之外一無所預可知王宗旦原序謂士大夫晚節嗜好鮮有不迷其初者密齋獨以書籍詒謀後人使知其老不忘學則采伯潛心著述殆以一生之精力爲之宜其言多中理矣原本久佚僅散見永樂大典中謹採録編綴分爲筆記五卷續記一卷仍所撰之舊目焉乾隆四十六年九月恭校上

臣等謹案梁谿漫志十卷宋費衮撰衮字補之無錫人卷端有開禧二年國史實錄院牒稱爲國子免解費進士禮部韻略條例中有開禧元年國子監發解進士費衮論韻略經紘二字箚子一篇經禮部看詳當即其人其始末則不可詳矣其書宋志作一卷今本實作十卷與牒文卷數相符末有嘉泰元年施濟跋亦作十卷則宋志由傳寫誤也牒文稱編修高宗孝宗光宗三朝正史取是書以備參考然是書惟首二卷及第三卷首入閣一條言朝廷典故自元祐黨人一條以下則多說雜事而卷末王鞏一條及第四卷則全述蘇軾事五卷以下多考證史傳品定詩文末卷乃頗涉神怪蓋雜家者流不盡爲史事作也惟其持論具有根柢舊典遺文往往而在如不試而授知制誥始梁周翰不始楊億則糾歐陽修歸田錄之訛薛映梁鼎與楊億同命不與梁周翰同命則糾葉夢得避暑錄話之失考據鑿鑿不同他小說之剽襲當時以一不第舉子之作至錄之以入史館其亦有由矣他如蘇舜欽與歐陽修辨謗書爲本集所不收

陳東茶錄跋爲今本所未載蘇軾乞校正陸贄奏議上進箚子獲鬼章告裕陵文具録其塗注增删之稾尤論蘇文者所未及皆足以廣異聞至於和凝范質衣鉢相傳本第十三名而訛爲第五漢太上皇名煓本見後漢書注而誤以爲後漢書小小疵累亦時有之然其可採者最多不以一二小節掩也乾隆四十七年十月恭校上

澗泉日記

臣等謹案澗泉日記宋韓淲撰淲字仲止號澗泉許昌人陶宗儀説郛載此書數條題曰宋虎撰蓋傳刻誤也宋詩紀事引黄昇之言稱其名家文獻政事文學爲一代冠冕然宋史無傳惟戴復古石屏集有挽韓仲止詩云雅志不同俗休官二十年隱居溪上宅清酌澗中泉慷慨商時事淒涼絶筆編三篇遺稿在當並史書傳自注云時事驚心得疾而卒作所以商山人所以桃源人所以鹿門人三詩蓋絶筆也知淲乃遭逢亂世坎坷退居齎志以殁之士是書宋史藝

文志不著錄無從知其卷帙之舊今以散見永樂大典中者裒合排次勒爲三卷約略以類相從其有關史事者居前品評人物者次之考證經史者又次之雖未必盡復其舊然亦粲然可觀矣考滮別有澗泉集與趙蕃同以詩名蕃號章泉故李龏端平詩雋序稱爲章澗二泉先生而方回瀛奎律髓亦言世稱韓澗泉名下無虛士其學問既有根柢又參政韓億之裔吏部尚書韓元吉之子其親串亦皆當代故家如東萊呂氏之類故多識舊聞不同勦說其記明道二年明肅太后親謁太廟事可證石林燕語之誤記大觀四年四月命禮部尚書鄭久中等修哲宗正史事皆可補史傳之缺其議論亦皆精審宋人諸說部中亦卓然傑出者矣乾隆四十七年五月恭校上

老學庵筆記

臣等謹案老學庵筆記十卷宋陸游撰游有入蜀記已著錄案宋史藝文志雜史類中載陸游老學庵筆記一卷陳振孫書錄解題作十卷與此本合宋史蓋

傳刻之誤也振孫稱其生識前輩年及耄期所記見聞殊有可觀文獻通考列之小説家中今檢所記軼聞舊典往往足備考證惟以其祖陸佃爲王安石客所作埤雅多引字説故於字説無貶詞於安石亦無譏語而安石龍睛事併述埤雅之謬談不免曲筆然大致可據者多不以微眚而掩宋史藝文志又載游山陰詩話一卷今其書不傳此編論詩諸條頗足見游之宗旨亦可以補詩話之缺矣乾隆四十七年十月恭校上

愧郯錄

臣等謹案愧郯錄十五卷宋岳珂撰珂字肅之號亦齋又號倦翁鄂忠武王飛之孫敷文閣待制霖子歷官知嘉興府兼管內勸農使晉戶部侍郎淮東總領是書多記宋代制度參證舊典如記魚袋頒賜及章飾之始宋公主之改稱帝姬辨論甚確同三品之起於五代金帶之有六種金塗帶之有九種皆史志所未備至敘尚書之名引戰國時已有尚冠尚衣之屬皆杜氏通典職官門所未

及者其徵引可謂博洽其間偶爾舛訛如論金太祖建元始于天輔而以收國爲遼帝年號及通考所摘誤以九品中正爲官品之類亦間有之然大致考據典贍于史家禮家均爲有裨焉乾隆四十七年九月恭校上

祛疑說

臣等謹案祛疑說一卷宋儲泳撰泳字文卿號華谷僑居華亭工於吟詠其詩集今已失傳惟詩家鼎臠至元嘉禾志中稍載其遺篇一二而已是書以平生篤好術數久而盡知其情僞因作此而辨之明商濬嘗刻入稗海中而多所删削僅存十之五六題曰祛疑說纂殊非儲氏之舊此爲左圭百川學海所載蓋猶當時完本也中間惟辨脈一條爲論醫理墨說一條爲論雜藝餘皆考陰陽五行家言及闢方士幻妄之術與黃白之說其論鬼神爲氣之聚散持煉爲心之誠正又謂神像之靈靈於人心又陰陽拘忌之說大而緊者避之小而緩者略之合於理者從之背於理者去之其言皆平易切實足以警醒世俗泳嘗作

易說見於丁易東所引又嘗爲老子注蓋雖汎濫道術而能折衷於經義者宜其立說之悉軌於正也乾隆四十七年十一月恭校上

琴堂諭俗編

臣等謹案琴堂諭俗編二卷考宋史藝文志載鄭至道諭俗編一卷彭仲剛諭俗續編一卷雖相因而作實各自爲書此本爲宜豐令應俊輯二家之書爲一編而又爲之補論其末擇交遊一篇又元人左祥所增入以拾原書之遺者其書大抵採摭經史故事關於倫常日用者旁證曲喻以示勸戒故曰諭俗文義涉於鄙俚然本爲鄉里而作以文章工拙論之失其本意矣宋志列之子部雜家而史部刑法類中又出鄭至道諭俗編一條不但前後重複且非獄牘之辭亦非禁令之事列於刑法殊踳駁不倫今仍列之雜家庶不失其實焉乾隆四十五年七月恭校上

臣等謹案鶴林玉露十六卷宋羅大經撰大經字景綸廬陵人事蹟無考惟所記竹谷老人畏説一條有同年歐陽景顔語知嘗登第又高登忤秦檜一條有爲容州法曹掾語知嘗官嶺南耳其書體例在詩話語録之間詳於議論而略於考證所引多朱子張栻眞德秀魏了翁楊萬里語而又兼推陸九淵極稱歐陽修蘇軾之文而又謂司馬光費治通鑑且爲虚費精力何況呂祖謙文鑑既引張栻之説謂詞科不可習又引眞德秀之説謂詞科當習大抵本文章之士而兼慕道學之名者故每持兩端不能歸一然要其大旨固不謬於聖賢也乾隆四十七年四月恭校上

貴耳集

臣等謹案貴耳集一卷二集一卷三集一卷宋張端義撰端義字正夫自號荃翁鄭州人居於蘇州端平中應詔三上書坐妄言韶州安置此書即在韶州所作凡三集每集各有自序初集成于淳祐元年序言生平接諸老緒餘著短長

錄一帙得罪後爲婦所火因追舊事記之名貴耳集以耳爲人至貴言由音入事由言聽古人有入耳著心之訓且有貴耳賤目之説也集末一條自序生平甚悉二集成于淳祐四年三集成于淳祐八年其書多記朝廷軼事兼及詩話亦有考證數條二集之末綴王排岸女孫一條始涉神怪三集則多記猥雜事故其序有稗官虞初之文也觀其三集大抵本江湖詩派中人而負氣好議論故引據非其所長往往顚舛如此然所載頗有軼聞足資考證其論詩論文論時事皆往往可取所長固亦不可沒焉乾隆四十七年九月恭校上

吹劍錄外集

臣等謹案吹劍錄外集一卷宋俞文豹撰文豹先有吹劍錄故此曰外集然卷首有淳祐庚戌序稱續三爲四以驗其學之進否則中間尚有二編今已佚矣吹劍錄持論偏駁多不中理此集卷末載二詩詩前題詞有絕筆斯錄之語蓋其晚年之所作故學問既深言多醇正其記道學黨禁始末甚詳所稱韓范歐

馬張呂諸公無道學之名有道學之實故人無間言伊川晦菴二先生言爲世法行爲世師道非不宏學非不粹而動輒得咎由於以道統自任以師嚴自居別白是非分毫不貸與安定角與東坡角與龍川象山辨必求勝而後已亦未始非平心之論也乾隆四十七年九月恭校上

腳氣集

臣等謹案腳氣集一卷宋車若水撰若水字清臣號玉峯山民黄巖人此書成於咸淳甲戌因病腳氣作書自娱隨所見錄之故名之曰腳氣集書中論孟子集義章條下有細字夾注云此二章是癸酉八月所書今錄於此蓋其家子弟所彙輯也若水少師事陳耆卿與從弟垓家居講學垓所注內外服制通釋已別著錄而書中若水自紀所作尚有世運錄道統錄諸名今並不存惟此本爲元代管而敏家所藏而華亭孫道明錄傳之者大抵考訂經義評隲詩文頗近語錄之體中間如論禮則謂冬官不亡止當證以周官之尚存三百五十而識

俞廷椿斷定撥置之非論春秋則以爲質實判斷不得而議胡安國張洽之立説太巧並確然能有所見不爲隨聲逐影之談至於朱子四書集注服膺尤甚而其論格物難以訓至當是比方思量之謂惟求則非邦也與以後皆聖賢之言此類頗有異同亦皆據尋繹所及姑存其説以俟參訂而非好爲異議者可比觀其所與商榷者多一時積學之士是其親師取友服習有年故言之具有心得不似他家之輾轉稗販也乾隆四十七年五月恭校上

藏一話腴

臣等謹案藏一話腴四卷宋陳郁撰郁字仲文號藏一臨川人理宗朝充緝熙殿應制又充東宮講堂掌書始末略見其子世崇隨隱漫録中世崇載度宗嘗贊郁像有文窺西漢詩到盛唐之語寵奬甚至岳珂序稱其閉戶終日窮討編籍足不蹈毁譽之域身不登權勢之門然劉壎隱居通議有度宗御札跋惜其下訪陳郁父子之卑陋語詳隱居通議條下又周密武林舊事載諸色伎藝人姓名所列

御前應制者八人姜特立爲首而郁居第四則郁亦特立之流惟特立名列宋史佞幸傳而郁不與焉似乎未可同日語耳是書分甲乙二集又各分上下卷多記南北宋雜事間及詩話亦或自抒議論珂序又稱其出入經史研究本末而風月夢怪嘲戲詆誕淫麗氣習淨洗無遺今觀所載如謂周子游廬山大林寺詩水色含雲白禽聲應谷清一聯前句是明後句是誠附會迂謬殆可笑噱惠洪解杜甫老妻畫紙爲碁局稚子敲鍼作釣鉤一聯以老妻比臣以稚子比君固爲妄誕郁必謂上句比君子之直道事君下句比小人之以直爲曲亦穿鑿無理所錄諸詩亦皆不工其持論如謂孔子不當世家豫讓不當入刺客傳史記不醇頗涉庸膚謂李虛中以年月日時推命而不知韓愈作虛中墓誌其推命實不用時尤失考證然所記遺聞多資勸戒亦未嘗無一節之可取焉乾隆四十七年十月恭校上

佩韋齋輯聞

臣等謹案佩韋齋輯聞四卷宋俞德鄰撰其書多考論經史間及於當代故實及典籍文字所記皆詳核可據不同於泛爲摭拾者第四卷則專説四書頗出新意如論九合諸侯謂自莊十五年再會於鄄齊桓始霸至葵丘而九故曰九合其北杏及鄄之始會霸業未成皆不與焉又謂子在齊聞韶三月不知肉味爲憂陳氏强而齊將亂又謂匏瓜繫而不食爲繫以濟涉引衛風及莊子爲證又謂子擊磬於衛爲磬以立辨欲其辨上下之分其説皆與諸儒不同雖不能盡免穿鑿然亦可見其用心之勤已乾隆四十七年十一月恭校上

書齋夜話

臣等謹案書齋夜話四卷元俞琰撰琰在宋即以詞賦稱入元後隱居不出潛心易理其説經精切可取者有大易集説學易舉要二書已别著録經部中又喜講道家之説嘗註參同契陰符經亦殊有條理惟説部諸書間及於修鍊吐納之術如席上腐談等類頗不免有乖於正此書則其平日雜論經義之語隨

所得而筆之於書者辨摘極詳較爲純實二卷三卷內多及於圖書及先天太極之旨蓋其爲學本有得於象數而力斥孔安國稱洛書錫禹之非與劉牧諸家好爲異論者自別至其剖析諸經字義正訛決疑尤爲該洽如謂論語富與貴章當就不以其道爲句孟子少艾爲慕愛少衰之意當讀少字爲上聲其說皆前人所未發亦頗足資參證云乾隆四十七年九月恭校上

齊東野語

臣等謹案齊東野語二十卷宋周密撰密有武林舊事已著錄密本濟南人其曾祖扈從南渡因家吳興之弁山自號弁陽老人然其志終不忘中原故自序中述其父之言謂身雖居吳心未嘗一飯不在齊而密亦自署歷山書中又自署華不注山人此書以齊東野語名本其父志也中頗考證古義皆極典核而所記南宋舊事爲多皆足以補史傳之闕自序稱其父嘗出其曾祖及祖手澤數十大帙又出其外祖日錄及諸老雜書示之曰世俗之言殊傳譌也國史之

論異私意也定哀多微詞有所避也牛李有異議有所黨也愛憎一衰議論乃公國史凡幾修是非凡幾易而吾家書不可删也云云今觀所記張浚趙汝愚胡寅唐仲友諸事與講學家之論頗殊其父所言殆指此數事歟明商濬嘗刻入稗海删去此書之半而與癸辛雜識混合爲一殊爲乖謬後毛晉得舊本重刻其書乃完故今所著録一以毛本爲據云乾隆四十七年五月恭校上

欽定四庫全書提要卷七十

子部二十二

雜家類六

困學齋雜錄

臣等謹案困學齋雜錄一卷元鮮于樞撰所紀當時詩話雜事爲多原本不著名氏故嘉靖中袁袠跋稱撰人未詳曹溶以鮮于樞有困學齋遂以此爲樞所撰考邵遠平續弘簡錄載樞字伯機號困學民漁陽郡人官太常典簿所著詩文名困學齋集則是編爲樞撰無疑矣厲鶚謂卷中金源人詩可補劉祁歸潛志之缺存之亦足以資采錄然開卷引李平許褚二事無所論斷未詳其意而趙復初二詩前後兩見亦有異同蓋亦偶然雜錄未經編定之本也乾隆四十七年五月恭校上

隱居通議

臣等謹案隱居通議三十一卷元劉壎撰壎字起潛南豐人書中自稱開慶元年年二十則宋亡之時已年三十六故于宋多內詞然書中又稱至大辛亥爲南劍州學官計其年已七十二矣日暮途窮復食元祿而是書乃以隱居爲名殊不可解考其水雲村稿中延祐己未重題梅氏海棠詩有花甲重周人八十之句則壎入元四十四年尚存最爲老壽是書當其晚歲退休時所著也分十一門其中評詩論文之二十卷則壎生于宋末舊集多存其所稱引之文今多未見其篇帙其所稱引之人今亦多莫識其姓名又多備錄全篇首尾完具足以補諸家總集之遺至于論詩論文尤多前輩緒餘皆出于諸家說部之外于徵文考獻皆爲有裨固談藝者所必錄也壎所著水雲村稿世有二本其一本別題曰泯稿卷帙頗少不知何人删取是書三分之一附諸稿末殊爲闕略此爲三十一卷之足本固罕覯之祕笈矣書中間有案語蓋其後人所附自署其名曰凝考　國初有南豐劉凝字二至嘗撰稽禮辨論韻原表石鼓文定本三

書或即其人歟乾隆四十七年五月恭校上

湛淵靜語

臣等謹案湛淵靜語二卷元白珽撰珽字廷玉錢塘人家于西湖有泉自竺山匯于其門珽名之曰湛淵因以爲號是書爲其友海陵周暕所編前有珽自序又有暕序題至大庚戌稱珽是年六十三歲則是生於宋理宗淳祐八年戊申元兵破臨安時年二十七矣故其書于宋多內詞然考珽入元以後以李衎之薦授太平路儒學正未幾攝教授事尋轉常州路教授陞江浙等處提舉遷淮東鹽倉大使再遷蘭溪州判官乃致仕則食元之祿久矣而猶作宋遺民之詞殆所謂進退無據者也是書乃其雜記之文據卷末有明人跋語稱嘉靖丙午鈔自崑山沈玉麟家而疑其不止此二卷殆殘本歟厲鶚作宋詩紀事蒐采極博而此書開卷載理宗賜林希逸詩一篇鶚不及收則亦罕覯之笈矣其中如謂皎然銅盌爲龍吟歌詠房琯事詩家未有引用者不知李賀昌谷集中實有

假龍吟歌謂匡謬正俗爲顔眞卿作不知實出顔師古不免稍有疎舛辨文中子李德林一條乃晁公武讀書志之語辨常儀占月一條亦史繩祖學齋佔畢之説均未免偶相剿襲然其他辨析考證可取者多其記汴京故宫尤爲詳備在元人説部之中固不失爲佳本矣乾隆四十七年十月恭校上

敬齋古今黈

臣等謹案敬齋古今黈元李冶撰冶字仁卿自號敬齋眞定欒城人金末登進士第辟知鈞州金亡後家於元氏世祖屢加禮聘最後以學士召就職朞月以老病辭去事蹟詳見元史本傳此書原目凡四十卷其以黈名者案漢書東方朔傳黈纊充耳所以塞聰師古注謂示不外聽冶蓋專精覃思穿穴今古以成是書故有取於不外聽之義元史本傳邵經邦宏簡錄黄虞稷千頃堂書目俱作古今難當因字形相近傳寫致訛文淵閣書目題作宋人則又其考核之不審也冶此書專爲考訂而作取載籍疑義一一詳辨其間偶疎者如以目擊道

存解孟子不下帶比擬頗爲失倫又論匈奴傳單于乘騾遁逃淳化帖漢章帝書尙沿舊説又論小雅每懷靡及一條禮記鄭注温藉一條皆參雜韻語成章亦不免涉文人狡獪之習然其記問淹通於千古沿訛習謬之故實能鉤深索隱而洞見其所以然故其説經自漢唐諸儒傳疏以逮程朱緒論皆折衷會通無所偏主其論史及子於司馬遷班固范蔚宗司馬彪令狐德棻歐陽修等紀録之非楊倞李軌宋咸成元英王砅等注釋之誤無不剖別是正其評詩文於訓詁之異同體製之正變抉摘亦極爲精審在宋元説部中典核可比孫奕王觀國博贍可比洪邁王應麟其他實未有能過之者也冶著述最富今惟測圓海鏡尙有傳本餘多亡佚此書散見於永樂大典中者雖不及什之四五然菁華具在猶可藉以考見崖略謹裒綴排次依經史子集以類分輯各爲二卷編訂成帙俾不致泯沒於讀書者旁參互證之功實不無裨助云乾隆四十年二月恭校上

臣等謹案日聞錄一卷元李翀撰翀不見史傳惟書中記至正甲辰丙午間事下距洪武元年僅一二載其人當已入明然書中皆稱元爲國朝則前代遺老抱節不仕者也是書多及歷代故事略如蔡邕獨斷崔豹古今注之體而辨論差詳多有可採亦間及元代軼事蓋雜家者流其中如謂典命以九爲節以七爲節以五爲節即掌節之節殊屬臆斷又謂唐以後有司給門旗二龍虎旗一之類乃變節爲旗不知周禮司常諸侯建旂孤卿建旜大夫士建物師都建旗州里建旟縣鄙建旐已各以旗常爲表識不得云自唐以後始變節爲旗考證未免稍疎又如眞德秀題三教圖之類亦未免傳聞附會然大致引據詳核足與史志相參考數典者固宜有取也舊本久佚今以永樂大典所載鈔合排比編爲一卷千頃堂書目載有是書而題作者爲凌翀永樂大典所題亦有一條作凌翀然其餘無作凌翀者今仍題李翀之名而附載姓氏異同備考核焉

臣等謹案勤有堂隨錄一卷元陳櫟撰櫟有書傳纂疏已著錄此其隨筆劄記之文也雖多談義理而頗兼考證于宋末元初諸人各舉其學問之源流文章之得失非泛泛託諸空言者其謂陳安卿爲朱門第一人黃直卿李方子多有差處論楊誠齋亦間氣所生何可輕議謂劉辰翁父喪七年不除爲好怪釣名尤平情之論不規規于門戶之見者矣櫟定宇集前載有年表一卷稱至治三年年七十二作勤有堂記則是書當成于晚年然其記集中不載而集末別有朱升記一篇述其曾孫鑿之言曰辛勤三十年始有此室廬韓公詩也詩書勤乃有亦韓公詩也觀吾家堂名者惑而弗辨請爲記以昭之云云詳其詞意主于櫟夫婦辛勤以有此堂蓋宋末建陽余氏書坊亦名曰勤有堂故有是辨歟

乾隆四十七年五月恭校上

玉堂嘉話

臣等謹案玉堂嘉話八卷元王惲撰惲有承華事略已著錄是編成於至元戊

子紀其中統二年初爲翰林修撰知制誥兼國史館編修官及調官晉府秩滿至元十四年復入爲翰林待制時一切掌故及詞館中考核討論諸事始於辛酉終於甲午凡三十四年之事所記當時制誥特詳足以見一朝之制如船落致祭文太常新樂祭文之類皆他書所未見他如記唐張九齡李林甫告身之式記平宋所得法書古畫名目宋聘后六禮金科舉之法以及論宣諭制誥之別據柳公權跋知唐時已有廣韻辨米芾之稱南宫以曾官太常記秦檜家廟之制摘顔眞卿書出師表之僞謂金史天文志出於太史張中順與張德輝述塞北之程劉郁述西域之事皆足以資考證而宋遼金三史之議尤侃侃中理其中如論日月五星則不知推步之法謂古婦人無謚則不知聲子文姜之例論六帖則勦襲演繁露論野合則附會博物志皆爲疵累唐六典女伯女叔一條二卷五卷再見亦失檢校然大致該洽不以瑕掩全書已收入秋澗集中此其别行之本也乾隆四十七年十月恭校上

庶齋老學叢談

臣等謹案庶齋老學叢談三卷元盛如梓撰如梓衢州人庶齋其自號也嘗官崇明縣判官其書多辨論經史評隲詩文之語而朝野逸事亦間及之分爲三卷而第二卷別析一子卷實四卷也大抵皆隨時綴拾而成如載陸游姚將軍趙宗印二詩惜不得姚名字而渭南集實有姚平仲傳王士禎居易錄摘其疎他若引左傳晉景公病如廁陷而卒謂國君何必如廁而以爲文勝其實不知國策趙襄子史記慎夫人皆載有此事古人朴質不以爲怪豈可執此以證左傳之誣又於賈似道有豪傑之譽載曹東畎媟俚之詞皆爲失當然如駁吹劍錄謂廣陵散不始於王陵毋邱儉以姑蔑墓證韋昭註國語之非此類亦頗見考據又各條之下間註出某人說蓋如梓猶及與元初故老游故所紀多前人緒論頗有可採云乾隆四十七年十月恭校上

研北雜志

臣等謹案研北雜志二卷元陸友撰友有墨史已著錄友嘗取漢上題襟集所載段成式語自號研北生因以名其雜著前有元統二年二月自序稱元統元年冬還自京師索居吳下追憶所欲言者命其子錄藏蓋虞集柯九思同薦友於朝會二人去職友亦罷歸時也所錄皆佚文瑣事友頗精賞鑒亦工篆隸故關於書畫古器者爲多中亦頗有考證如解李商隱之金蟾齧鎖句辨徐鍇說文繫傳之獮字禰字互相矛盾援北史證馬定國以石鼓出宇文周之非引鄭康成之說證傳註稱錯簡之誤皆有可采至謂仉姓出梁四公子傳不知孟母先氏仉以王明清字仲言謂本張華贈何劭詩其言明且清句不知禮記先有此文則偶然疎舛也徐顯稗傳載友撰研史墨史印史不載此書此本出自陳繼儒家更失校讐如皇象天發神讖碑事一條上下卷其文複見則顛倒錯亂可知矣錢曾讀書敏求記稱有柯栢湖校本項藥師刊本今皆未見也乾隆四十七年九月恭校上

北軒筆記

臣等謹案北軒筆記一卷元陳世隆撰世隆字彥高錢塘人宋末書賈陳思之從孫順帝至正中館嘉興陶氏沒於兵所著詩文皆不傳惟宋詩補遺八卷與此書存於陶氏家今宋詩補遺已無傳本惟此一卷存耳書中所論史事爲多如論西伯戡黎力辨委曲回護之說論魯兩生不知禮樂論胡寅譏劉晏之非論秦王廷美生於耿氏之誣論周以于謹爲三老禮違古制皆具有特見至所載僧靜如事則體雜小說未免爲例不純然不害其宏旨也乾隆四十七年九月恭校上

閑居錄

臣等謹案閑居錄一卷元吾衍撰衍有學古篇已著錄是書乃衍劄記手稿陸友云得于衍從父家錄而傳之猶未經編定之本故皆隨筆草創先後不分次序字句亦多未修飾其中如駁戴侗六書故妄造古篆一條辨徐鉉篆書筆法

一條皆與學古編互相出入蓋先記于此後採入彼書而初稿則未刪除也然零璣碎玉往往可採如辨顏氏誤解勿勿辨魏伯陽參同契誤以易字從日月辨杜甫非不詠海棠語皆有識惟論堯典中星以爲四時皆以戌刻爲昏未免武斷論借書一瓻謂以甕盛卷軸亦爲穿鑿以及論奥竈字與爾雅相違論五伯字不考後漢書禰衡傳以爲唐人行杖之數皆不免于疎漏其他雜談神怪亦多蕪雜以衍學本淹通藝尤精妙雖偶然涉筆終有典型故仍錄存之以備節取焉乾隆四十七年十月恭校上

雪履齋筆記

臣等謹案雪履齋筆記一卷元郭翼撰翼字羲仲崑山人號東郭生因以東郭先生故事名其齋曰雪履嘗獻策張士誠不用歸耕婁上老得訓導官偃蹇而終范陽盧熊題其墓曰遷善先生又爲撰墓志載翼卒於至正二十四年後人謂翼至洪武初嘗徵授學官者誤也是編乃江行舟中所紀隨手雜錄漫無詮

次然議論多有可采者如解商書兼弱攻昧二句取張九成說解論語犬馬有養句取何晏舊註說駁張九齡金鑑錄之僞辨蔡氏三仁之論皆爲有識其論謝師直語一條論詩一條亦具有義理惟解論語怪力亂神一條爲力不同科一條過信古註則未免好奇耳乾隆四十七年四月恭校上

霏雪錄

臣等謹案霏雪錄二卷明鎦績撰案說文有鎦字而無劉字徐鉉附注以爲鎦字即劉字此書作鎦蓋偶從古體遂相沿別爲一姓實非有二也績字孟熙先世洛陽人徙於山陰其父渙通毛詩元時嘗爲三茅書院山長績承其家學故此書辨核詩文疑義頗有根據又及與元末諸遺老遊故雜述舊聞亦多有淵源然每紀夢幻詼諧之事頗雜小說家言其以杜常詩爲杜牧詩王士禎香祖筆記嘗糾之亦不免小誤又如稱其遠祖馬牧君事金太祖有紀信之節元修三史時史臣責賕於其祖不肯遂不得書此事論史者俱未之及然當時元政

雖頗而秉筆諸臣如揭傒斯歐陽玄等皆一代勝流未必遽有索賄受金之事是亦一家之私言未可槩信以其可取者多錄備說部一家耳此書成化間嘗刊行有胡謐後序稱續所著尚有嵩陽稿詩律今俱未見殆已散佚矣乾隆四十七年十月恭校上

蠡海集

臣等謹案蠡海集一卷舊本題宋錢塘王逵撰案宋王逵濮陽人天禧三年進士官至刑部郎中詩話總龜嘗記其爲福唐太守時酒斾詩句一事非錢塘人也明黄姬水貧士傳載王逵錢塘人足一跛家極貧無以給朝夕因賣藥復不繼又市卜博究子史百家客至輒談今古不休人知其辨博每以疑難質之無不口應列其人於張介福之後王賓之前則逵殆亦明人舊本所題誤矣其書凡分天文地理人身庶物歷數氣候鬼神事義八門逐事辨證往往皆有精義世傳二十四番花信風楊慎引梁元帝之説別無出典蓋所僞託惟逵此集所

載較爲可據云乾隆四十七年四月恭校上

草木子

臣等謹案草木子四卷明葉子奇撰子奇字世傑號靜齋江西龍泉人元季隱于縣之槎溪明初用薦授巴陵主簿以事下獄免歸著書數萬言有範通玄理太玄本旨各二卷詩十六卷文二十卷本草醫書節要各十卷齊東野語三卷又餘錄若干卷紀元季明初事最詳此草木子四卷則獄中所作也黃衷序云二十二篇鄭善夫序又云二十八篇正德丙子其裔孫溥以南京御史出知福州重刻之約爲八篇曰管窺曰觀物曰原道曰鉤元曰克謹曰雜制曰談藪曰雜俎每二篇爲一卷而善夫序又云舊本今纂爲四野語今纂爲二并曰草木子則是此四卷已合野語爲一書非其舊矣子奇學有淵源故其書自天文地紀人事物理一一分析頗多微義其論元代故事亦多詳核可徵信惟賈魯勸托克托開河北水田造至正交鈔求禹河故道功過各不相掩子奇乃竟斥之

爲邪臣則不若宋濂元史之論爲平允也書前有子奇自序題戊午十一月乃洪武十一年即子奇罷官之歲云乾隆四十七年四月恭校上

胡文穆公雜著

臣等謹案胡文穆公雜著一卷明胡廣撰廣字光大吉水人建文庚辰進士第一惠帝以其名與漢胡廣同更名靖除翰林院修撰靖難兵至迎降永樂初復原名累官文淵閣大學士贈少師謚文穆事蹟具明史本傳所著有晃菴扈從諸集此書乃其隨手劄記已載入文穆集中此其別行之本也其中如謂資治通鑑論維州悉怛謀事司馬光非不知李是牛非特以意主和鄰不欲生釁故矯爲此言引其臨終與呂公著簡爲證可謂深明時務又謂灞陵尉禁人夜行乃其本職李廣憾之爲私意謂子産黄熊爲啟信妄喜怪之漸謂申屠嘉大節凛然班固稱其學術不及陳平其說非是持論亦正他如謂易卦吉凶皆戒占者當反求諸己與左傳穆姜南蒯之事合謂問名納吉納幣之卜其日非卜吉

凶程子所疑未可憑謂李白非無與杜甫詩容齋隨筆所考未確謂灌嬰實定豫章李白詩不誤而胡若思指爲陳嬰反誤亦頗有考據廣文集未足名家而此書在明初說部之中猶爲可取至論季布不死一條謂班固之言抑揚太過與其負王艮而迎成祖截然相反豈書作於建文壬午以前耶然論漢黃生宋蘇軾武王非聖之說又似曲爲靖難解者或自知大節有虧而故爲成仁取義之言以掩後世之耳目歟乾隆四十七年十月恭校上

讕言長語

臣等謹案讕言長語一卷明曹安撰安字以寧松江人正統甲子舉人官安邱縣教諭安素負才名著述甚富詩文集俱失傳此書集其生平所見聞而辨證其缺誤自以爲暇日手錄皆零碎之詞無益於事故以逸言贅語比之然詞有原本足備參考其論讀經一條尤切中明代俗學之弊末有任順跋稱安嘗爲憲宗實錄總裁官蓋當時著作多聘取儒士爲之故不拘資格然安之見重於

時亦可知矣乾隆四十七年五月恭校上

蟫精雋

臣等謹案蟫精雋十六卷明徐伯齡撰伯齡字延之自署曰古剡萫嵊縣人書中十二卷之末有𥸤冠生傳一篇即張錫爲伯齡作者又曰生杭人也豈嵊其祖籍歟傳稱其嘗集𥸤爲冠嘯歌自得若不與于人世者雖博學能文善書工琴熟律而不肯以技自試則亦山林放曠之士考張錫爲天順壬午舉人官山西山陰縣教諭則伯齡爲天順中人故所記有成化癸巳癸卯事明末杭州别有一徐伯齡崇禎庚午舉人官永壽縣教諭名姓偶同非一人也是書雜採舊文亦兼出己說凡二百六十一條大抵文評詩話居十之九論雜事者不及十之一其體例略似孟棨本事詩其多録全篇又略似劉壎隱居通議其中猥瑣之談或近于小說而遺文舊事他書所不載者亦頗賴以有傳其論周德清中原音韻一條尤爲明確千頃堂書目作二十卷此本僅十六卷前後無序跋亦

無目錄不能知其完缺其中多闕字闕句又所錄詩文往往但存其標題而其文皆作空行蓋繕錄者圖省工力因而漏落今于有可考者補之無可考者則亦姑闕焉乾隆四十七年十月恭校上

震澤長語

臣等謹案震澤長語二卷明王鏊撰鏊字濟之吳縣人成化乙未進士第三人官至戶部尚書武英殿大學士諡文恪事迹具明史本傳是編乃其退休歸里隨筆記錄之書分經傳國猷官制食貨象緯文章音律音韻字學姓氏雜論仙釋夢兆十三類鏊文詞醇正又生當明之盛時人心淳樸士大夫猶崇實學不似隆慶萬歷以後聚徒植黨務以心性相標榜故持論亦頗有根據惟欲於河北試行井田說殊迂濶又夢兆一條篤信占驗亦非儒者之言未免為白璧之瑕耳前有賀燦然序稱鏊元孫永熙梓鏊所著長語紀聞及永熙父遵考紀聞續卷郢事紀略總題曰震澤先生別集此書蓋別集中之一種然舊本單行今

亦各著于錄焉乾隆四十七年九月恭校上

井觀瑣言

臣等謹案井觀瑣言三卷舊本題宋閩南鄭瑗撰鍾人傑唐宋叢書亦作宋人而書中稱明爲國朝所評論者多明初人物決非宋人所爲考弘治八閩通志載有莆田人鄭瑗字仲璧成化辛丑進士官至南京禮部郎中朱彝尊明詩綜亦載有其人所著名省齋集則此書當即明莆田鄭瑗所作題宋人者妄也其書大抵皆考辨故實品隲古今頗能有所發明如論王柏改經之非斥綱目發明書法考異之曲說辨李匡乂資暇集解律令之誤駁史伯璿管窺外編言天地之自相牴牾及摘胡三省通鑑注所未備皆中竅要又引宋書柳元景傳證魏崔浩因有異圖被誅特假史事爲名所論亦有根據在明人說部中尙稱典核惟不喜宋濂謂其文多浮詞于性命之學不甚理會未免於過刻其論諸史紀年之例尤偏駁不足爲據云乾隆四十七年九月恭校上

南園漫錄

臣等謹案南園漫錄十卷明張志淳撰志淳字進之本江寧人隸雲南金齒軍籍因爲永昌人成化甲辰進士官至戸部侍郎是書前有正德十年自序稱因讀洪邁容齋隨筆羅大經鶴林玉露二書仿而爲之卷首數條皆舉容齋隨筆之語而辨其是非蓋其書之所緣起也其餘則述所見聞各爲考證大抵似洪書者十之一似羅書者十之九所論如江神一條譏洪邁舍人事而諂鬼神邱濬著書一條譏其大學衍義補不敢論及宦官立意皆極正大其避諱一條謂蜀本書多缺唐諱乃相沿舊刻桂辨一條謂桂花桂樹爲兩種張籍詩意一條謂瞿宗吉歸田詩話不知其作還珠吟時已先居人幕下駁正皆頗明晳其辨永昌非金齒地諸條考證致誤之由亦極詳核他如春草王孫一條王維詩語實本楚辭而昧其所出横生訓詁之類或失之陋元順帝一條誤據庚申外史符臺外集之説以順帝爲瀛國公子之類或失之無稽蓋瑕瑜不掩之書也中

頗紀載時事臧否人物故卷末又有嘉靖五年題後一篇辨何喬新撫夷録之失實而以書中所載自比于孫盛書枋頭事其所紀録亦可與明史相參考云

乾隆四十七年九月恭校上

雨航雜録

臣等謹案雨航雜録二卷明馮時可撰時可字敏卿華亭人隆慶辛未進士官至湖廣布政使司參政是書上卷多論學論文下卷多記物產而閒涉雜事隆萬之間士大夫好爲高論故筆記說部往往滉漾自恣不軌於正時可獨持論篤實言多中理如言漢人之於經臺史之測天也不能盡天而觀象者莫能廢宋人之於學規矩之畫地也不能盡地而經野者莫能違又曰子静之求心而其徒棄經典紫陽之窮理而其徒泥章句非教者之過學者之失也又曰宋儒之於文也嗜易而樂淺於論人也喜核而務深於奏事也貴直而少諷皆平心静氣之談其論王世貞悲歌碣石虹高下繫筑咸陽日動摇句以爲近於匠作

而遠自然正其一病又引徐叔明語論世貞爲人作傳誌極力稱譽如膠庠試最乃至微細事而津津數語此非特漢以前無是即唐宋人亦無此陋識亦皆有見惟其論十三經注疏立而西京諸儒之訓亡未免失之過高偶涉當時習尙耳乾隆四十七年五月恭校上

採芹錄

臣等謹案採芹錄四卷明徐三重撰三重有餘言已著錄是編備論教養政事利弊及明代人物臧否大抵皆考證典故究悉物情而持論率皆平允無激烈偏僻之見亦無恩怨毀譽之私勝明人所作諸說部動涉危言亦勝三重所作他語錄借周子之一言遂致太極陰陽連篇累牘講學於天地之外惟力主均田限田之議反覆引據持之最堅究而論之自阡陌旣開以後田業於民不授於官二千年於茲矣雖有聖帝明王斷不能一日舉天下之民奪其所有益其所無而均之亦斷不能舉天下之田淸釐其此在限外此在限內此可聽其買

賣此不可聽其買賣而限之使黠豪反得隱蔽爲姦猾胥反得挾持漁利而閭里愚懦紛紛然日受其擾故漢董仲舒北魏李安世唐陸贄牛僧孺宋留正謝方叔元陳天麟皆反覆言之而卒不能行此猶可曰權不屬時不可也宋太宗承五季凋殘之後宋高宗當南渡草剏之初以天子之尊決意行之亦終無成效則三重所言其迂而寡當可見矣然如論漕粟則駁邱濬海運之非論養兵則駁徐階塞外不可屯田之謬皆卓然名論其他亦多篤實近理切於事情猶可謂留心經世之學者也乾隆四十七年十月恭校上

畫禪室隨筆

臣等謹案畫禪室隨筆四卷明董其昌撰其昌有學科考略已著錄是編第一卷論書第二卷論畫中多微理由其昌于斯事積畢生之力爲之所解悟深也第三卷分紀遊記事評詩評文四子部中如記楊成以蔡經爲蔡京之類頗涉輕薄以陸龜蒙白蓮詩爲皮日休之類亦未免小誤其評文一門多談制藝蓋

其昌應舉之文與陶望齡齊名當時傳誦故不能忘其結習也四卷亦分子部四一曰雜言上一曰雜言下皆小品閒文然多可采一曰楚中隨筆其册封楚王時所作一曰禪悅大旨乃以李贄爲宗明季士大夫所見往往如是不足深詰視爲蜩螗之過耳可矣乾隆四十七年十月恭校上

六研齋筆記

臣等謹案六研齋筆記四卷二筆四卷三筆四卷明李日華撰日華字君實嘉興人萬歷己丑進士官至太僕寺少卿工於書畫故是編所記論書畫者十之八詞旨清雋其體皆類題跋蓋錦贉玉軸流覽既久意與之化故出筆輒肖之也其他所記雜事亦楚楚有致而每一眞蹟必備錄其題詠跋語年月姓名尤足以資考證王士禎嘗譏其以韓愈山石詩爲白居易陸游作以唐莊宗如夢令詞爲李白作以韋應物西澗詩爲杜牧作以林逋爲與文同李公麟同時以趙秉文爲元人皆譏爲舛謬其他如以蘇若蘭與渤海高氏並列於能書婦人

中不知何據又文徵明詩竹符調水沙泉活句乃用蘇軾詩語今見東坡集中而以爲吳中諸公遺力往寶雲取泉先以竹作籌子付山僧爲質其事未經人用亦殊疎漏大抵工於賞鑑而疎於考證人各有能有不能取其所長可矣是書分三集集各四卷明史藝文志作十二卷蓋總而言之其實卽此三集也乾隆四十七年四月恭校上

物理小識

臣等謹案物理小識十二卷明方以智撰其子中通中德中發中履編錄以智字密之自號浮山愚者桐城人崇禎庚辰進士官翰林院檢討以智淹通羣籍嘗撰通雅一書於名物訓詁考證最詳此書又通雅之緒餘掇拾以成編者也首爲總論中分天類歷類雲雷雨暘類地類占候類人身類鬼神方術類異事類醫藥類飲食類衣服類金石類器用類草木類鳥獸類凡十五門大旨本博物志物類相感志諸書而衍之但張華贊寧所撰但言剋制生化之性而此則

推闡其所以然雖所錄不免冗雜未必一一盡確其所辨論亦不免時有附會而細大兼收固亦可資博識而利民用鶡冠子曰中流失船一壺千金韓愈曰牛溲馬勃敗鼓之皮兼收並蓄待用無遺則識小之言亦未可盡廢矣乾隆四十七年三月恭校上

春明夢餘錄

臣等謹案春明夢餘錄七十卷　國朝孫承澤撰承澤以隸上林苑監爲順天人明吏科給事中入　國朝歷官吏部左侍郎所撰天府廣記別著錄此書記有明一代掌故首以建置形勝次及城郊宮殿壇廟公署而終之以名蹟寺觀之屬因地以紀人因人以徵事其於天啟崇禎間建言諸臣章疏召對尤語焉而詳昔宋敏求有春明退朝錄孟元老有東京夢華錄承澤蓋兼倣其意而所紀載差有關文獻是其長也乾隆四年　命内廷翰林刪訂其文開雕爲袖珍本題曰　古香齋鑒賞亦極儒臣之榮遇矣茲因繕錄以備稽考其刻本間有

傳訛並取證他書及初訂本詳加校正云乾隆四十七年五月恭校上

居易錄

臣等謹案居易錄三十四卷　國朝王士禛撰士禛字貽上號阮亭亦稱漁洋山人蠶尾老人山東新城人順治乙未進士官至刑部尚書乾隆三十年　錫謚文簡原名下一字犯　世宗憲皇帝廟諱刊本多改書爲正乾隆四十年奉旨以禎字代之是書乃其康熙己巳官左副都御史以後至辛巳官刑部尚書以前十三年中所記前有自序稱取顧況長安米貴居大不易之意末又以居易俟命爲說其義兩岐莫知何取也中多論詩之語標舉名儁自其所長其記所見諸古書考據源流論斷得失及最爲詳悉其他辨證之處可取者亦多惟三卷以後忽記時事九卷以後兼及差遣遷除全以日歷起居注體編年紀月參錯于雜說之中其法雖本于龐元英文昌雜錄究爲有乖義例又喜自錄其平反之獄辭伉直之論議以表所長夫鄴侯家傳乃出自子孫魏公遺事亦

撰由僚屬自爲之而自書之自書之而自譽之即言言實錄抑亦淺矣是則其瑕瑜不揜者矣乾隆四十七年十月恭校上

池北偶談

臣等謹案池北偶談二十六卷　國朝王士禎撰凡談故四卷皆述朝廷殊典及衣冠勝事其中如戊己校尉䄈帶官之類亦間及古制談獻六卷皆紀明中葉以後及　國朝名臣碩德畸人列女其中如論王縉張商英張綵之類間有摘斥其惡者蓋附錄也談藝九卷皆論詩文領異標新實所獨擅全書精粹盡在於斯談異七卷皆記神怪則文人好奇之習謂之戲墨可矣池北者士禎宅西有圃圃中有池建屋藏書取白居易語以池北書庫名之自爲之記庫旁有石帆亭嘗與賓客聚談其中故以名書前有自序康熙辛未作也乾隆四十七年四月恭校上

香祖筆記

臣等謹案香祖筆記十二卷　國朝王士禛撰皆康熙癸未甲申二年所記其曰香祖者王象晉羣芳譜曰江南以蘭爲香祖士禛蓋取其祖之語以名滋蘭之室因以名書也是書體例與居易錄同亦多可采惟論姚旅露書以章八元詩爲盧照鄰某詩話以柳惲詩爲趙孟頫案某詩話原本不著其名蓋有所諱今亦仍其舊文記憶偶誤事所恒有指其疎舛足矣而一則以爲無目人語一則以爲眯目人道黑白肆口毒詈皆乖著書之體士禛池北偶談任惇表語一條何嘗不以劉禹錫覆舟側畔千帆過病樹前頭萬木春二句爲白居易詩漁洋文略遊攝山記何嘗不以左思振衣千仞岡濯足萬里流二句爲郭璞詩乎此由晚年解組侘傺未平筆墨之閒遂失其沖夷之故度斯亦盛德之累矣其中品題文藝宏奬風流至於老而不衰固足尚也乾隆四十七年九月恭校上

古夫于亭雜錄

臣等謹案古夫于亭雜錄五卷　國朝王士禛撰士禛以康熙甲申罷刑部尚

書里居乙酉續成香祖筆記之後復采綴聞見以成此書以所居漁子山有古夫于亭因以爲名其中如據西京雜記鉤弋夫人事以駁正史則誤採僞書據貴耳集以王安石爲秦王廷美後身則輕信小說據詩元龜象齒之文謂韓非希見生象之語不足爲信據易匪其彭之文謂論語竊比老彭彭當音旁訓爲側據子華子證詩有美一人據示兒編解詩黽勉從事則附會經義以張爲爲南唐人以俞文豹爲元人亦失於考核然如謂岳珂桯史之名出於李德裕辨劉表碑非蔡邕作辨帖黃古今不同辨劇談錄元稹見李賀之妄辨丹鉛錄載蘇軾詞之謬辨洪邁萬首絕句辨西溪叢語誤引田子春辨才調集誤題王之渙辨唐彥謙誤詠齊文惠太子宮人皆引據精核品題諸詩亦皆愜當而記董文驥論擬李白孟浩然詩記汪琬論新異字句不諱所短若預知其詩派流弊而防之者可至謂公之論異乎沾沾自護者矣乾隆四十七年十月恭校上

分甘餘話

臣等謹案分甘餘話四卷　國朝王士禎撰士禎有池北偶談諸書俱已著錄此書成於康熙己丑罷刑部尚書家居之時曰分甘者取王羲之與謝萬書中語也隨筆記錄瑣事爲多蓋年逾七十借以消閒遣日無復考證之功故不能如池北偶談居易錄之詳核中如引嬾眞子稱漢書昌邑王賀妾名羅紨即羅敷不言二字何以通用俟考云云今案漢書昌邑王傳實作羅紨師古注曰紨音敷說文系字部有此字注曰布也一曰麤紬從系付聲防無切蓋紨敷音同故得與敷字通用嬾眞子誤引漢書士禎不加辨正而轉以致疑殊爲疎舛是亦隨時摘錄不暇繙檢之明驗其他傳聞之語偶然登載亦多有未可盡憑者然於繁臺之當讀蒲禾切梅福爲吳門市卒之非蘇州宣室之有二此類皆有典據不同撫拾披沙揀金尚往往遇之其中滄浪詩話一條獨舉馮班鈍吟雜錄之說反覆詆排不遺餘力則以士禎論詩宗嚴羽而趙執信論詩宗馮班核其年月在談龍錄初出之時故攻班正所以攻執信此固詞人門戸之見猶有

未化然所云不涉理路不落言詮者自是詩家宗旨士禎力持其說固亦不爲無見焉乾隆四十七年四月恭校上

欽定四庫全書提要卷七十

欽定四庫全書提要卷七十一

子部二十三

雜家類七

洞天清錄

臣等謹案洞天清錄一卷宋趙希鵠撰希鵠本宗室子宋史世系表列其名於燕王德昭房下蓋太祖之後其始末則不可考據書中有嘉熙庚子自嶺右回至宜春語則家于袁州者也是書所論皆鑒别古器之事凡古琴辨三十二條古硯辨十二條古鐘鼎彝器辨二十條怪石辨十一條硯屏辨五條筆格辨三條水滴辨二條古翰墨眞蹟辨四條古今石刻辨五條古今紙花印色辨十五條古畫辨二十九條大抵洞悉源流辨析精審如謂刁斗乃行軍炊具今世所見古刁斗乃王莽威斗之類爲厭勝家所用又謂今所見銅犀牛天祿蟾蜍之屬皆古人以貯油點燈今人誤以爲水滴其援引考證類皆確鑿固賞鑒家之

指南也明寧獻王權嘗爲刊板於江西見寧藩書目曹溶續藝圃搜奇所載與此本同蓋皆從寧王舊刻傳録明錢塘鍾人傑輯唐宋叢書别載一本與此本迥異考其中有楊慎之説寧庶人宸濠之名及永樂宣德成化年號希鵠何自知之其爲未見此本而剌取他書以贋其名固不待辨矣乾隆四十七年九月恭校上

負暄野録

臣等謹案負暄野録二卷舊本題曰陳櫄撰不著時代卷末有至正七年王東跋乃云不知何人所述是當時所見之本未署名也今考書中秦璽一條稱櫄嘗聞諸老先生議論則其人名櫄無可疑但不知何所據而題爲陳姓案閩書陳櫄陳幾之孫長樂人紹熙元年進士書中秦璽條内稱嘉定己卯計光宗紹熙元年下距寧宗嘉定己卯首尾僅三十年又西漢碑條内亦稱聞之梁溪尤袤惜不再叩之袤云云亦正當光寧之時疑即此陳櫄也其書上卷論石刻及

諸家書格下卷論學書之法及紙墨筆研諸事皆源委分明足資考證至所載鼠鬚筆詩一首宋文鑑題爲蘇過作其時斜川集尚存必無舛誤而櫺稱昨見邵道豫賦鼠鬚筆殊有風度今載於此云云則失考之甚矣乾隆四十七年五月恭校上

雲煙過眼錄

臣等謹案雲煙過眼錄四卷續錄一卷宋周密撰密有武林舊事已著錄是書記所見書畫古器略品甲乙而不甚考證其命名蓋取蘇軾之語第考軾寶繪堂記實作煙雲之過眼舊本刊作雲煙殆誤倒其文然錢曾讀書敏求記載元至正間夏頤鈔本已作雲煙則訛異已久矣曾記夏本作一卷而此本四卷或後人所分歟觀所記收藏之人蓋入元以後所作中有湯允謨葉森文璧之語蓋點勘是書各爲題識傳寫者誤合爲一如王子慶所藏宋太祖御批三件條末云今第三卷只有二件疑有脫誤當參考志雅堂雜鈔云云志雅堂雜鈔亦

密所著不應自云當參考知亦誤連校正之語爲正文矣乾隆四十七年十一

月恭校上

格古要論

臣等謹案格古要論三卷明曹昭撰昭字明仲松江人其書成於洪武二十年

凡分十三門曰古銅器曰古畫曰古墨蹟曰古碑法帖曰古琴曰古硯曰珍奇

曰金鐵曰古窰器曰古漆器曰錦綺曰異木曰異石每門又各分子目多者三

四十條少者亦五六條其於古今名玩器具眞贋優劣之辨皆能剖析微至又

諳悉典故一切源流本末無不指掌瞭然故其書頗爲賞鑒家所重郎瑛七修

類稿嘗議其琴論後當入古笙管淳化帖後當收譜系一卷珍寶門欠祖母綠

聖鐵異石類欠大理仙姑異木欠伽楠香古銅中欠刀布等錢古紙欠藏經紙

且珍奇後當設一羽皮如狐貉孔雀翡翠豹兕之類而文房門亦不可不論云

云其言雖似有理然其書不過自抒聞見以爲後來考古之資固與類書隸事

體例有殊要未可以一二事之偶未賅備遽訾其脱漏也乾隆四十七年九月

恭校上

竹嶼山房雜部

臣等謹案竹嶼山房雜部二十二卷凡養生部六卷燕閒部二卷樹畜部四卷皆明華亭宋詡撰尊生部十卷詡子公望撰公望之子懋澄合而編之詡字久夫公望字天民皆見於書中其始末則未詳焉考千頃堂書目載其書凡二十七卷前集樹畜部四卷養生部六卷家要二卷宗儀二卷家規四卷後集種植一卷尊生一卷此本蓋不完之書然此書以農圃之言兼玩好之具與家要家規宗儀同爲一帙實屬不倫疑其復析而别行而此四部以類相聚自爲一編亦不可謂非全帙也其書中於田居雜事最爲詳悉而亦間附考證如養生部鰣魚條引爾雅鮥當鮔以證之鄭樵注謂鮥即鮔鮔即縮項鯿郭璞注謂鮥似鯿而小則非鯿可知鄭注似誤此書取張萱彙雅之説舍鄭從郭以鮥爲鰣所

解甚確則猶讀書考古者所爲非僅山人墨客說也乾隆四十七年十一月恭

校上

遵生八牋

臣等謹案遵生八牋十九卷明高濂撰濂字深父錢塘人其書分爲八目卷一卷二曰清修妙論牋皆養身格言其宗旨多出于二氏卷三至卷六曰四時調攝牋皆按時修養之訣卷七卷八曰起居安樂牋皆室宇器用可資頤養者卷九卷十曰延年卻病牋皆服氣導引諸術卷十一至卷十三曰飲饌服食牋皆食品名目附以服餌諸物卷十四至卷十六曰燕閒清賞牋皆論賞鑒清玩之事附以種花卉法卷十七十八曰靈祕丹藥牋皆經驗方藥卷十九曰塵外遐舉牋則歷代隱逸一百人事蹟也書中所載專以供閒適消遣之用標目編類亦多涉纖仄不出明季小品積習遂爲陳繼儒李漁等濫觴又如張即之宋書家而以爲元人范式官廬江太守而以爲隱逸其訛誤亦復不少特鈔撮既富

時有助于檢核其詳論古器彙集單方亦間有可採以視勦襲淸言强作雅態者尚差勝焉乾隆四十七年九月恭校上

清祕藏

臣等謹案清祕藏二卷明張應文撰而其子謙德潤色之應文字茂實崑山監生屢試不第乃一意以古器書畫自娱作清河書畫舫及眞蹟日録之張丑即其長子是編雜論玩好賞鑒諸物其曰清祕藏者王穉登序謂取倪瓚清祕閣意也上卷分二十門下卷分十門其體例略如趙希鵠洞天清錄其文則多採前人舊論如銅劒一條本江淹銅劒讚之類不一而足而皆不著所出蓋猶沿明人剽劉之習其中所列名香多引佛經所列奇寶多引小說頗參以子虛烏有之談亦不爲典據然於一切器玩皆辨別眞僞品第甲乙以及收藏裝褙之類一一言之甚詳亦頗有可采卷末記所蓄所見一條稱所蓄法書惟宋高宗行書一卷蘇子瞻詩草元趙子昂歸田賦所蓄名畫惟唐周昉戲嬰圖宋人羅

漢八幅畫苑雜蹟一册元倪雲林小景一幅而已而其子丑作淸河書畫表列於應文名下者乃有三十一種此書成於應文臨沒之日不得以續購爲詞然則丑表所列殆亦夸飾其富不足盡信歟此本爲浙江鮑士恭家知不足齋所刊原附丑眞蹟日錄後蓋山谷集末附載伐檀集之例今以各自爲書仍析出別著錄焉乾隆四十七年四月恭校上

長物志

臣等謹案長物志十二卷明文震亨撰震亨字啟美長洲人徵明之曾孫崇禎中官武英殿中書舍人以善琴供奉明亡殉節死是書分室廬花木水石禽魚書畫几榻器具位置衣飾舟車蔬果香茗十二類其曰長物蓋取世說中王恭語也凡閒適玩好之事纖悉畢具大致遠以趙希鵠洞天淸錄爲淵源近以屠隆考槃餘事爲參佐明季山人墨客多以是相誇所謂淸供者是也然矯言雅尙反增俗態者有焉惟震亨世以書畫擅名耳濡目染與衆本殊故所言收藏

賞鑑諸法亦具有條理所謂王謝家兒雖復不端正者亦奕奕有一種風氣歟

且震亨捐生殉國節槩炳然其手所編當以人重尤不可使之泯沒故特錄存

之備雜家之一種焉乾隆四十七年十月恭校上

韻石齋筆談

臣等謹案韻石齋筆談二卷 國朝姜紹書撰紹書有無聲詩史已著錄是書

仿周密雲煙過眼錄記所見古器書畫及諸奇玩惟密書以收藏之人標題此

書即以其物標題密書但記其名此書並詳其形模及諸家授受得失之始末

其體例小異耳其天成太極圖一條不過石中圓理偶爾黑白相間遂執以駁

朱子太極無形之說殊爲迂謬延陵十字碑一條力辨孔子未嘗至吳之說引

後世書墓志者不必皆至墓前爲證然墓之建碑自是漢以下事越國數千里

乞人表墓自是唐宋以下事以例三代殆恐不然至其辨黄氏文王鼎爲附會

博古圖辨天啟甲子所得玉璽非秦物辨河莊淳化帖爲宋人所重刻非王著

原摹辨句容崇明寺藏有宋元祐五年張暉潘澤題名無斗神幻書之事辨宋徽宗山居圖董其昌誤以爲王維辨宋藏經多仿蘇黄字體非必二人眞蹟皆鑿然有理其他亦多可資考證猶近代説部之可觀者其上卷祕閣藏書永樂大典名賢著述朝鮮人好書四條下卷晚季音樂白兔沙雞文臣玉帶四條雜説他事於全書爲不類蓋隨筆記録偶失刊削以原本所有仍並存之焉乾隆四十七年九月恭校上

七頌堂識小録

臣等謹案七頌堂識小録一卷國朝劉體仁撰體仁字公勇諸書或作公㦷㦷即古勇字也河南棣川衛人順治乙未進士官至吏部郎中王士禎居易録記體仁喜作畫而不工恆蓄一人代筆有宣州兔毛褐眞不如假之戲至今以爲口實然其賞鑑則特精所撰七頌堂集中有與張實水尺牘稱近日仿煙雲過眼録爲識小録一册即是書也所記書畫古器凡七十四條多稱孫承澤梁

清標諸舊家物蓋體仁當時與汪琬王士禎爲同榜進士以詩文相倡和而與
承澤等又以博古相高也每條必詳其所藏之人與其授受所自皆可以資考
證惟末二條一爲陸竺僧遇魔事一爲韋際飛池河驛見雌雄猿事皆與賞鑑
無關疑偶記册末而其子凡據以入梓未及刊除也乾隆四十七年十月恭校
上

研山齋雜記

臣等謹案研山齋雜記四卷不著撰人名氏考研山爲孫承澤齋名或疑即爲
承澤作然所引查慎行敬業堂詩王士禎居易錄等書皆在承澤以後則必不
出承澤手考承澤孫炯有研山齋珍玩集覽此書或亦炯所撰歟首論六書而
附以璽印及刊板告身表文之屬次研說墨譜而附以眼鏡次爲銅器考窰器
考皆頗足以資考證蓋承澤雖人不足道而於書畫古器則好事賞鑑兩擅其
長其所收藏至今爲世所重炯承其遺緒耳濡目染具有淵源其所論著一一

能詳究始末細別纖微固足備考鑑矣乾隆四十七年十月恭校上

意林

臣等謹案意林五卷唐馬總撰案梁庾仲容取周秦以來諸家雜記凡一百七家摘其要語爲三十卷名曰子鈔總以其繁略失中增損成書宋高似孫子略稱仲容子鈔每家或取數句或一二百言馬總意林一遵庾目多在十餘句少在一二言比子鈔更爲取之嚴錄之精今觀所采諸子凡世所不傳者惟賴此僅存其概其傳於今者如老莊管列諸家亦多與今本不同不特孟子之文如容齋隨筆所云也前有戴叔倫柳伯存二序與文獻通考所載相同戴序云三軸而柳序云六卷今書乃止五卷且子鈔一百七家此所錄止七十一家又多有錄無書洪氏載總所引書名尚有蔣子譙子鍾子張儼默記裴氏新書袁準正書袁子正論蘇子張顯析言干子顧子諸葛子陳子要言苻子諸書又通考稱今本相鶴經自意林鈔出而永樂大典有風俗通姓氏篇亦云出意林今此

本並無之合計卷帙當已失其半非總之原本矣然殘璋斷璧固益可寶貴也

總扶風人此本題云字元會而唐書及通志皆作會元未知孰是元和中爲嶺南都護本管經略使後至戸部尚書陳振孫書錄解題稱總仕至大理評事者偶未考耳唐書總本傳云總所著有子鈔蓋即此書殆因源出仲容故史文偶襲舊名也乾隆四十七年五月恭校上

紺珠集

臣等謹案紺珠集十三卷不著撰人姓名案晁公武郡齋讀書志亦載有此書十三卷稱爲朱勝非編百家小說而成以舊說張燕公有紺珠見之則能記事不忘故以爲名其所言體例卷數皆與今本相合則此書當爲勝非所撰然書首有紹興丁巳灌陽令王宗哲序稱紺珠之集不知起自何代建陽詹寺丞出鎭臨汀命之校勘將鏤板以廣其傳云云考丁巳爲紹興七年而宋史勝非以紹興二年入相尋罷去五年復起知湖州引疾歸廢居八年而卒是宗哲作序

時勝非方以故相里居若此書果出其手不應刊校之人俱不能詳知姓氏於情理殊爲可疑或公武所紀有誤未可知也其書皆鈔撮說部摘錄數語條分件繫以供獺祭之用體例頗與曾慥類說相近惟類說引書至二百六十一種而此書所引祇一百三十七種視慥書僅得其半然其去取亦頗有同異未可偏廢且其所見書尚多古本亦有足與世所行本互相參討者如方言奕偞容也一條今本注曰奕偞皆輕麗之貌而此書則注云奕奕偞偞又今本私策纖莅稺杪小也一條此書引作私纖稺杪策小也證之下文策字本次在杪字下則此書所引爲長蓋雖徵據叢雜而旁見側出其足資考證者亦多固未可概以蕘積譏之矣乾隆四十七年四月恭校上

類說

臣等謹案類說六十卷宋曾慥編慥字端伯晉江人丞相懷之從兄也官至尚書郎直寶文閣奉祠家居撰述甚富此乃其僑寓銀峯時所作成於紹興六年

取自漢以來百家小說採掇事實編纂成書二十五卷以前爲前集二十六卷以後爲後集其中摘録稍繁卷帙太鉅者則又分析子卷以便檢閲書初出時麻沙書坊嘗有刊本後其板散佚寶慶丙戌葉時爲建安守重鋟置於郡齋今亦不可復見世所傳本則又明人所重刻也其書體例略仿馬總意林每一書各刪取精要摘存其奇麗之語仍存原目於條首但總所取者甚簡慥所取者差寬爲稍不同耳南宋之初古籍多存慥又精于裁鑒故所甄録大都遺文僻典可以裨助多聞又每書雖經節録其存于今者以原本相校未嘗改竄一詞如李繁鄴侯家傳下有注云繁于泌皆稱先公今改作泌云云即一字之際猶詳慎不苟如此可見宋時風俗近古非明人逞臆妄改者所可同日語矣乾隆四十七年五月恭校上

事實類苑

臣等謹案事實類苑六十三卷宋江少虞撰少虞字里未詳據序首自題稱左

朝請大夫權發遣吉州軍州事而江西通志亦未載其履貫蓋其事蹟已不可復考矣其書成于紹興十五年以宋代朝章國典見于諸家記錄甚多而畔散不屬難于稽考因爲選擇類次之分二十四門自序作二十八門蓋傳錄之訛也所引之書悉以類相從全錄原文不加增損而以書名注明每條之下共六十餘家凡用功十四年而成故徵採極爲浩博至其雜摭成編有一事爲兩書所載而先後並存者又如邊鎬稱邊和尚等事及諸家詩話所摘唐人詩句皆與宋朝事實無關亦概錄之未免有氾濫之失然北宋一代遺文逸事略具于斯實可資于辨證王士禎居易錄稱爲宋人說部之宏備而有裨于史者良非虛語至其間若國朝事始三朝聖政錄三朝訓鑒蓬山志忠言讜論元豐聖訓傅商公佳話兩朝寶訓熙寧奏對劉貢之詩話李學士叢談等書俱已久佚無傳均藉此足以考見一二是尤說家之總彙矣王士禎又載此書四十卷而今本實六十三卷檢勘諸本皆合並無同異疑亦士禎筆誤之失云乾隆四十七

年四月恭校上

仕學規範

臣等謹案仕學規範四十卷宋張鎡撰鎡字功甫本成紀人流寓臨安循王俊之諸孫也官至奉議郎直祕閣是書分爲學行己涖官陰德作文作詩六類統載宋儒臣事狀並著出典所採九朝名臣傳諸書俱爲修史者所依據故多與史合且可補其遺缺如所錄范仲淹鎭靑社時設法免靑民輦運之苦靑民至爲立祠又趙抃治越州歲荒令貯米者反增價糶之而其後更賤民胥全活均云出四科事實又張方平知崑山縣收餘賦以給貧民而止民數十年侵越之訟云出哲宗名臣傳今其書皆不傳而三人本傳亦未載此類頗多均可以資考證蓋與朱子名臣言行錄體例雖殊而於當代文獻均爲有關者也乾隆四十七年三月恭校上

自警編

臣等謹案自警編九卷宋趙善璙撰善璙太宗七世孫家于南海端平中嘗知江州其書乃編次宋代名臣大儒嘉言懿行之可爲法則者凡學問類子目三操修類子目十二齊家類子目四接物類子目七出處類子目五事君類子目十一拾遺類子目二共八類五十五目蓋亦仿言行錄之體而少變其義例者也善璙生南宋之季而所載至靖康而止其後惟朱子議論間爲採入其餘多不甄錄固由時代相接難于棄取亦以宋時士大夫風俗淳厚惟汴京爲極盛南渡而還門戶立而黨局生議論繁而實意減非復先民篤厚之風故獨臚陳舊德以示斷限歟雖所列率人所習聞而縷析條分便于省覽其財賦兵門及拾遺一類則并及于壬人憸夫用垂炯戒亦當時士大夫之藥石矣原本各注所引書名今多佚脱蓋傳刻者失之諸本並同亦姑仍其舊焉乾隆四十七年十月恭校上

臣等謹案言行龜鑑八卷元張光祖編光祖元史無傳志乘亦不載其名始末無可考見惟大德癸卯陳普作是書序稱襄國張君字紹先大德辛丑爲泉州推官睹其歷仕爲政信其爲仁人君子又有大德甲辰熊禾序稱光祖質美嗜學有天下來世之志陳普即學者所稱石堂先生熊禾即學者所稱勿軒先生皆宋元間篤行醇儒不妄許可據其所言則光祖亦君子人矣宋初趙善璙作自警編錄前輩嘉言善行以示矩矱光祖欲爲刋行熊禾以善璙所編尙有未及删潤者光祖乃卽善璙舊本益以典型錄厚德錄善善錄名臣言行錄及博採名臣碑誌之文裒輯排比以成是編據原序稱分學問德行交際家道出處政事民政兵政八門黃虞稷千頃堂書目著錄作八卷蓋一門爲一卷也原序又稱類列八十有二枚舉爲九百五十有五今原本散佚惟載於永樂大典者尙存四百七十二條而八十有二之子目則不可復考然唐以前分類之書不過撮舉大綱易於包括宋人著書好立子目目愈繁碎則分隸彌易糾紛今子

目既已無徵惟以所立八門依類排纂轉覺便於循覽又原序稱每類之中首之以善行次之以嘉言先踐履後議論也然言行既各分編則一人之名一類中先後複出時代未免顛舛又或一事一人而言行並見尤難於割裂其體例殊爲未善今惟以人統事以時代敘人庶端緒不淆釐然易見雖編次視原本稍殊而要之標舉芳蹤示以效法於光祖著書之本旨固未嘗失矣宋元說部諸書每雜述詼諧侈陳神怪以供文士之談資是編所記雖平近無奇而篤實切理足以資人之感發亦所謂布帛菽粟之文雖常而不可厭者歟乾隆四十五年十月恭校上

說郛

臣等謹案說郛一百二十卷明陶宗儀撰宗儀有輟耕録已別著録或謂曾見秦淮南曲老寇四家有宗儀說郛全部凡四巨橱世所行者非完本考楊維楨作是書序稱一百卷孫作滄螺集中有宗儀小傳亦稱所輯說郛一百卷二人

同時友善目睹其書必無虛説知相傳之説妄也蓋宗儀是書實仿曾慥類説之例每書略存大概不必求全亦有原本久亡而從類書之中鈔合其文以備一種故其體例與左圭百川學海迥殊後人見其目録所刻數盈千百遂妄意求其全帙當必積案盈箱不知按籍而求多歷代史志所不載宗儀又何自得之乎都卬三餘贅筆又稱説郛本七十卷後三十卷乃松江人取百川學海諸書足之則與楊維楨所記又異豈卬時原書殘缺僅存七十卷耶此本百二十卷爲 國朝順治丁亥姚安陶珽所編已非宗儀之舊矣其中如春秋緯九種之後又别出一春秋緯靑瑣高議之外又别出一靑瑣詩話孔氏雜説之外又别出一珩璜新論周密之武林舊事分題九部段成式之酉陽雜俎别立三名陳世崇之隨隱筆紀詭標二目宗儀之謬決不至斯又王逵蠡海集其人雖在明初而於宗儀爲後輩自商濬稗海始誤爲宋之王逵漢雜事祕辛出於楊愼僞撰又在其後今其書並列集中則不出宗儀又爲顯證然雖經竄亂崖略終

存古書之不傳於今者斷簡殘編往往而在佚文瑣事時有徵焉固亦考證之淵海也所錄凡一千二百九十二種自三十二卷劉餗傳載以下有錄無書者七十六種今仍其舊至珽所續四十六卷皆明人餖飣之詞全書尙不足觀摘錄益無可取別存其目不復留溷簡牘焉乾隆四十七年四月恭校上

玉芝堂談薈

臣等謹案玉芝堂談薈三十六卷明徐應秋撰應秋字君義浙江西安人萬歷丙辰進士歷官福建左布政使是書亦考證之學而嗜博愛奇不免兼及瑣屑之事其例立一標題爲綱而備引諸書以證之大抵採自小說雜記者多應秋自序有曰未及典謨垂世之經奇止輯史傳解頤之雋永名之談薈竊附說鈴其宗旨固在於識小也然其捃摭旣廣則兼收並蓄不主一途軼事舊聞往往而在故考證掌故訂正名物者亦錯出其間披沙揀金集腋成裘其博洽之功頗足以抵冗雜之過在讀者別擇之而已昔李昉修太平廣記陶宗儀輯說郛

其中迂怪居多而皆以取材宏富足資採擇遂流傳不廢應秋此編雖體例與
二書小別而大端相近自來集之之樵書全仿應秋而作然有其蕪漫而博贍
則不及故置彼取此焉乾隆四十七年五月恭校上

元明事類鈔

臣等謹案元明事類鈔四十卷　國朝姚之駰撰之駰所撰後漢書補逸已別
著錄史部中是編蓋摘取元明各書分門別類上自天文下及蟲豸自成類書
亦頗典則可觀蓋元代故實載於說部者最少是書如誌疆域而引劉郁西使
記以證拓境之遠誌任官而引經世大典以證銓法之密皆足補元史各志之
闕又如引詩會小傳以誌馬祖常之耿直引名臣言行錄以誌霍肅之公正又
足裨元史列傳所未備至記宮殿一門雜取元掖庭記元人詩集搜羅頗博更
可與析津志諸書相參唯記奎章閣而不知崇文閣之更重記濟遜引長安客
話謂上直之衣不知即輿服志之濟遜自天子至衞士皆有之乃前後互引失

於考證未免稍略而明代說部浩如煙海所採亦未爲詳賅然萬歷以後異說爭鳴所記錄多不足爲據之騆或以其冗濫而矜愼取之歟乾隆四十七年四月恭校上

儼山外集

臣等謹案儼山外集三十四卷明陸深撰深有南巡日錄已著錄是編乃其箚記之文其子楫彙爲一集凡傳疑錄二卷河汾燕閒錄二卷春風堂隨筆一卷知命錄一卷金臺紀聞二卷願豐堂漫書一卷谿山餘話一卷玉堂漫筆三卷停驂錄一卷續停驂錄三卷豫章漫鈔四卷中和堂隨筆二卷史通會要三卷春雨堂雜鈔一卷同異錄二卷蜀都雜鈔一卷古奇器錄一卷書輯三卷其中惟史通會要撫劉知幾之精華隱括排纂別分門目而採諸家之論以佐之凡十有七篇專爲史學而作同異錄爲進御之本採擇古人嘉言撮其大略分上下二篇上曰典常下曰論述專爲治法而作古奇器錄皆述珍異書輯皆論六

書八法其餘則皆訂正經典綜述見聞雜論事理每一官一地各爲一集部帙雖別體例則一雖讕言瑣語錯出其間而核其大致則足資考證者多在明人說部之中猶爲佳本舊刻本四十卷今簡汰南巡日錄大駕北還錄淮封日記南遷日記科場條貫平北錄六種別存其目故所存惟三十四卷焉乾隆四十七年十一月恭校上

古今說海

臣等謹案古今說海一百三十九卷明陸楫編楫字思豫上海人贈禮部侍郎深之子也是編輯錄前代至明小說分四部七家一曰說選載小錄偏記二家二曰說淵載別傳家三曰說略載雜記家四曰說纂載逸事散錄雜纂三家所采凡一百三十二種每種各自爲帙而略有刪節割裂古書分隸門目始魏繆襲王象之皇覽其存於今者修文殿御覽以下皆其例也裒聚諸家摘存精要而仍不亂其舊第者則始梁庾仲容之子鈔其存於今者唐馬總意林以下皆

其例也楫是書作於嘉靖甲辰所載諸書雖不及曾慥類説多爲今人所未見亦不及陶宗儀説郛捃拾繁富鉅細兼包而每書皆削其浮文俗存始末則視二書爲詳贍參互比較各有所長其蒐羅之力均之不可沒焉乾隆四十七年十一月恭校上

少室山房筆叢

臣等謹案少室山房筆叢三十二卷明胡應麟撰應麟字元瑞蘭谿人萬歷丙子舉人藏書四萬餘卷撰述甚多其所著詩藪專以羽翼王世貞卮言頗爲世所訶病已别著錄集部中此則其生平考據雜説也是書分十六種曰經籍會通四卷皆論羣籍源流曰史書佔畢六卷皆論史事曰九流緒論三卷皆論子部諸家得失曰四部正譌三卷皆考證古來僞書曰三墳補遺二卷專論竹書紀年逸周書穆天子傳三種以補三墳之缺曰二酉綴遺三卷曰華陽博議二卷皆辨論説部類書之異同曰莊嶽委譚二卷皆正前人之附會曰玉壺遐覽

四卷皆論道書曰雙樹幻鈔三卷皆論內典其中徵引典籍極爲宏富頗以辨博自矜而訛舛處多不能免如沈德符敝帚軒賸語刺其以峨嵋爲佛經金剛山之非蓋所摭拾既多或往往不自檢點而應麟學本淹貫其旁引曲證足資考據者亦多故朱彝尊稱其不失爲讀書種子在明代說家中固猶爲有裨實用者矣乾隆四十七年五月恭校上

鈍吟雜錄

臣等謹案鈍吟雜錄十卷　國朝馮班撰班字定遠號鈍吟居士常熟人卷首自署曰上黨從郡望也是書凡家戒二卷正俗一卷讀古淺說一卷嚴氏糾繆一卷日記一卷戒子帖一卷遺言一卷通鑑綱目糾繆一卷將死之鳴一卷班著述頗多歿後大半散佚其猶子武搜求遺稾僅得九種裒而成編家戒多涉歷世故之言其論明末儒者之弊頗爲深切正俗皆論詩法讀古淺說多評詩文日記多說筆法字學皆間附雜論嚴氏糾繆辨嚴羽滄浪詩話之非誡子帖

多評古帖論筆法末附以社約四則皆論讀書之法遺言將死之鳴皆與家戒相出入綱目糾繆未成書僅標識五條武錄而存之耳大抵明季諸儒守正者多迂鶩名者多詐明季詩文沿王李鍾譚之餘波僞體競出故班諸書之中詆斥或傷之過激然班學有本原論事多達物情論文皆究古法雖間有偏駁要所得者爲多也乾隆四十七年九月恭校上

欽定四庫全書提要卷七十二

子部二十四

類書類一

古今同姓名錄

臣等謹案古今同姓名錄二卷梁孝元皇帝撰是書見於梁書本紀及隋書經籍志者皆作一卷唐陸善經續而廣之故讀書志書錄解題皆作三卷其本不傳此本爲永樂大典所載則又元人葉森所增補者也雖輾轉附益已非其舊然幸其體例分明不相淆雜凡善經及森所綴入者皆一一標註尚可考見元帝之原本則類事之書莫古於是編矣史記淮陰侯列傳贊稱兩韓信此辨同姓名之始然劉知幾史通猶譏司馬遷全然不一別班固曾無更張至遷不知有兩子我故以宰予爲預田恆之亂不知有兩公孫龍故以堅白同異之論傅合於孔門之弟子其人相混遂其事俱淆更至於評斷失實則辨析異同殊別

時代亦未嘗非讀史之要務非但綴瑣聞供談資也明萬歷中余寅別撰同姓名錄十二卷周應賓又補一卷　國朝王廷燦又補八卷所錄比此本加詳然發凡起例終以此本爲椎輪之始焉乾隆四十五年十月恭校上

編珠

臣等謹案編珠二卷舊本題隋杜公瞻撰補遺二卷續編珠二卷則　國朝康熙戊寅詹事府詹事錢塘高士奇所輯也是書隋志唐志皆不著錄自士奇始刋行其序稱於　内庫廢紙中得之原目凡四卷佚其半徧覓不可得輒因原目補爲四卷又廣其類之未具者爲二卷今考其書首有大業七年公瞻自序稱奉敕撰進其結銜題著作佐郎兼散騎侍郎又有徐乾學序稱杜公瞻無所表著談藪載隋京兆杜公瞻嘗邀楊玠過宅酒酣嘲謔者即此公瞻無疑今觀其書隸事爲對略如徐堅初學記之體但前無敘事後無詩文原目分天地山川居處儀衞音樂服玩珍寶繒綵酒膳黍稷菜蔬果實車馬舟楫所存者音樂

以上五門而已菖蒲海一條與茱萸江爲對菖字從草無疑矣而條下所注乃引漢書西域傳于闐河與葱嶺合東流注菖蒲海今檢漢書乃蒲昌非菖蒲也唐以前書不應荒謬至此或明人所依託士奇偶未審歟楊士奇文淵閣書目張萱內閣書目俱不著錄永樂大典於前代類書如四六叢珠截江網之類無不具採亦不登其一字知其出明中葉以後矣以其採摭詞華頗爲鮮豔士奇所補所續亦皆取唐以前事較他類書近古故疑以傳疑姑存以備參考焉乾隆四十七年十月恭校上

藝文類聚

臣等謹案藝文類聚一百卷唐歐陽詢撰詢字信本潭州臨湘人仕隋爲太常博士入唐官至太子率更令弘文館學士事迹具唐書本傳是書據其自序蓋奉詔所作唐書藝文志註令狐德棻袁朗趙宏智同修殆以詢董其成故相傳但署詢名歟葉大慶考古質疑論其正月十七日有蘇味道夜遊詩洛水門有

李嶠游洛詩寒食門有沈佺期宋之問詩四子皆後人歐陽安得預編之則傳寫又有所竄亂非盡詢等之舊序稱流別文選專取其文皇覽編略直書其事文義既殊尋檢難一是書比類相從事居于前文列于後俾覽者易爲功作者資其用於諸類書中體例最善凡爲類四十有八其中門目頗有繁簡失宜分合未當如山水部五岳存三四瀆缺一帝王部三國不錄蜀漢北朝惟載高齊儲宮部公主附太子而諸王别入職官雜文部附紙筆硯而武部外又别出七首等爲軍器一門道路宜入地部壇宜入禮部而列之居處鉞宜入器物錢宜附寶玉而列之産業案几杖扇麈尾如意之類宜入器物而列之服飾疾病宜入人部而列之方術夢魂魄亦宜入人部而列之靈異以及茱萸黄連入木部芙蓉菱藤入草部鴻之外又别出雁蚌之外又别出蛤鶴之外别出黄鶴馬之外别出騊駼如斯之類皆不免叢脞少緒又王楙野客叢書摘其以漢書長陵一抔土事誤抔爲杯收入杯門又摘其蒲栁門中收趙高束蒲爲脯事云出史

記史記無此文彭叔夏文苑英華辨證亦摘其引梁君射白雁事云出莊子莊子無其語然隋以前遺文祕籍迄今十九不存得此一書尚略資考證宋周必大校文苑英華多引是集而近代馮惟訥詩紀梅鼎祚文紀張溥百三家集從此采出者尤多亦所謂殘膏賸馥沾溉百代者矣乾隆四十七年四月恭校上

北堂書鈔

臣等謹案北堂書鈔一百六十卷唐虞世南撰世南字伯施餘姚人官至銀青光祿大夫弘文館學士謚文懿事蹟具唐書本傳北堂者祕書省之後堂此書蓋世南在隋爲祕書郎時所作也分八十部凡八百一類唐志作一百七十三卷晁公武讀書志因之中興書目作一百六十卷宋史藝文志因之今本卷帙與中興書目同其地部至泥沙石而畢度非完帙豈原書在宋已有亡佚耶王應麟云二館舊闕書鈔惟趙安仁家有本眞宗命內侍取之手詔褒美蓋前代甚珍其書矣是編爲明萬歷間常熟陳禹謨所校刻錢曾讀書敏求記云世行

北堂書鈔攙亂增改無從訂正向聞嘉禾收藏家有原書尋訪十餘年而始得繙閱之令人心目朗然朱彝尊亦稱曾見大唐類要百六十卷反覆觀之即虞氏北堂書鈔今世所行者出陳禹謨删補至以貞觀後事及五代十國之書雜入其中盡失其舊類要大略出於原書殊未易得云云蓋明人好增删古書逞臆妄改其雜亂無識誠有如錢朱二氏所譏然今嘉禾舊本及大唐類要均已不可得見獨禹謨此本僅存其增加各條幸皆註明補字猶有蹤迹可尋則存什一於千百未始非唐人舊籍所藉以留貽者也乾隆四十七年四月恭校上

龍筋鳳髓判

臣等謹案龍筋鳳髓判四卷唐張鷟撰鷟字文成陸渾人累官司門員外郎終龔州長史嘗自號浮休子世所稱青錢學士是也博聞洽見以駢體擅名所作朝野僉載已别著錄此乃所撰判語組織極工蓋唐人以身言書判銓試選人諸家之集率有擬作今見於文苑英華者尚多鷟復臚比官曹條件撰次成集

洪邁容齋隨筆嘗譏其堆垛故事多不切於蔽罪議法然唐時朝廷號令文章多尚偶儷實一時風會使然況鶱是編取備程試之用則本爲隸事而作不爲定律而作自以徵引故實爲主言各有當固不得指爲鶱病也注爲明武定劉允鵬所輯其採撮頗詳而稍傷冗漫未見精核以別無他注姑仍舊本錄之允鵬本名繼先字敬虛嘉靖辛卯舉人嘗著有續事類賦今未見傳本惟此書獨存云乾隆四十七年二月恭校上

初學記

臣等謹案初學記三十卷唐徐堅撰堅字元固湖州長城人唐太宗賢妃徐惠之弟齊聃子也歷官左散騎常侍集賢院學士累封東海郡開國公史稱其多識故實前後修撰格式氏族及國史等凡七入書府時論美之初張說類集事要以教諸王開元中詔堅與韋述余欽施本張烜李銳孫季良分門撰次即此書也凡爲部二十有三附載二爲類三百七十有四每類之中先敘事次事對

則皆采字之儷偶者並爲疏其出處次詩賦雜文或載全篇或提警策洵足爲修辭之助宜與北堂書鈔藝文類聚諸書同見重于士林也舊刻亥豕多訛板亦漫漶學者艱于購置今惟
內府開雕古香齋袖珍本布諸海內嘉惠多士摹刻既精校勘復密實爲善本兹謹據以繕錄云乾隆四十七年四月恭校上

元和姓纂

臣等謹案元和姓纂十八卷唐林寶撰寶濟南人官朝議郎太常博士序稱元和壬辰歲蓋憲宗七年也寶唐書無傳其名見於藝文志諸家書目所載並同惟唐會要稱王涯撰蓋以涯曾作序而訛鄭樵通志又稱李林寶撰則因李吉甫命寶作是書當日二名連書傳寫脫去吉甫字遂併爲一人觀樵姓氏略中譏寶作姓纂而不知林姓所自出則藝文略中本作林寶可知也焦竑國史經籍志亦因之作李林寶誤之甚矣其論得姓受氏之初多原本於世本風俗通其他如世本族姓記三輔決錄以及百家譜英賢傳姓源韻譜姓苑諸書不傳

於今者賴其徵引亦皆班班可見鄭樵作氏族略全祖其文蓋亦服其該博也但寶以二十旬而成書援引間有訛謬且當矜尙門第之時各據其譜牒所陳附會攀援均所不免觀白居易集自敘家世以白乙丙爲祖而云出自白公勝顚倒時代悖謬顯然其他可知洪邁容齋隨筆稱元和姓纂誕妄最多蓋有由也然於唐人世系則詳且核矣書至宋已頗散佚故黃伯思東觀餘論稱得富弼家本已闕數卷陳振孫書錄解題亦稱絕無善本僅存七八此本載永樂大典皆割裂其文分載於明祖御製千家姓下又非其舊第幸原序猶存可以考見其體例今仍依唐韻以四聲二百六部次其後先又以宋鄧名世古今姓氏辨證所引各條補其闕佚仍釐爲一十八卷其字句之訛謬則參校諸書詳加訂正各附案語於下方至原序稱皇族之外各以四聲類集則李姓必居首卷今獨無一字之存殆修永樂大典時已佚其第一册歟然殘編斷簡究爲文獻之所徵也乾隆四十五年九月恭校上

白孔六帖

臣等謹案白孔六帖一百卷據文獻通考載六帖三十卷唐白居易撰後六帖三十卷宋知撫州孔傳撰合兩書計之總六十卷此本編兩書爲一不知何人所合又作一百卷亦不知何人所分玉海稱孔傳亦有六帖合爲一書則宋本已然矣黄朝英靖康緗素雜記載六帖有元祐九年博平王安世序此本佚之卷首所冠韓駒序則專爲孔傳續書作者也楊億談苑曰白居易作六帖以陶家缾數十各題門目作七層架列齋中命諸生采集其事類投缾中倒取鈔録成書故所記時代多無次序唐志稱其書爲白氏經史事類六帖蓋其别名程大昌演繁露稱唐制帖經者以所習經掩其兩端中間惟開一行裁紙爲帖凡帖三字視時增損可否不一或得四得五得六者爲通六帖之名所由起取中帖多者名其書也其體例與北堂書鈔同而割裂餖飣又出其下賨暇集摘其誤引朱博烏集事南部新書摘其誤引陶潛五柳事東皋雜録摘其誤引烏鳴

嘤嘤事學林就正摘其誤引毛寶放龜事容齋隨筆亦稱俗傳淺妄書如雲仙散錄之類皆絕可笑孔傳續六帖悉載其中事自穢其書然所收究皆古籍不可廢也玉海引中興書目稱其採經傳百家之語摘其英華以類分門悉註所出卷帙名氏於其下晁公武讀書志則稱居易原本不載所出書曾祖父祕閣公爲之註行於世其說不同然公武述其家事當必不誤此本註頗簡略其爲即晁氏所註與否亦不可考矣乾隆四十七年四月恭校上

小名錄

臣等謹案小名錄二卷唐陸龜蒙撰龜蒙事迹具唐書隱逸傳是書所載皆古人小名始于秦終于南北朝趙希弁郡齋讀書後志作三卷此本僅二卷希弁稱其神仙玉女之名婦人臧獲之字亦無棄焉此本但有婦人臧獲之字而無神仙玉女之名又稱其自秦至隋而此本無隋人殆非完書矣所記頗爲叢雜如秦二世名胡亥漢光武帝名秀之類似皆非小名王戎稱阿戎王僧謙稱阿

謙似即如呂蒙之稱阿蒙崔鴻之稱阿鴻王平子之稱阿平似即如米元章之稱阿章皆即其名字以示親暱亦不當在小名之列至於匡衡小名爲鼎出自西京雜記顔師古注漢書已深駁之龜蒙仍祖其説殊爲不考況此書本旨爲記小名而作因小名而引及事實已爲支蔓而謝朗王恭王修之類乃至於疊出不已於體例亦頗有乖或原本散佚後人以意補綴託之龜蒙歟然唐人著述傳世日稀龜蒙此編雖未能必信其眞亦無以必斷其僞疑以傳疑備古書之一種可矣乾隆四十七年四月恭校上

蒙求集註

臣等謹案蒙求集註二卷不著撰人名字案陳振孫書録解題曰補註蒙求八卷徐子光撰以李瀚蒙求爲之註本句之外兼及他人事所言與此書相合惟八卷之數與此本二卷不同然此本卷帙頗重叠後人以八卷合併也其書以蒙求原文冠于卷首然後每二句爲一節各爲之詳註雖稍嫌冗漫而頗爲精

核如呂望非熊句以六韜原文無非熊字則引崔駰達旨註始用非熊以明之

周嵩狠抗句以晉書嵩傳作抗直則引世說新語本作狠抗以明之賈誼忌鵩

句以鵩賦無忌字則引孔臧鴞賦賈生有識之士忌前鵩焉以明之燕昭築臺

句以史記乃築宫非築臺則引孔融與曹操書鮑昭樂府皆稱築臺以明之胡

昭投簪句以本傳無投簪字則引摯虞所作昭贊以明之如斯之類皆爲不苟

凡其事未詳而舊註所説莫知何據者如趙孟疵面子建八斗蘇章負笈申屠

斷鞅龍逢板出何謙焚祠之類皆疑以傳疑亦不失詳愼其中偶爾失檢者朱

翌猗覺寮雜記嘗摘毛寶韓壽二事今考紀瞻出妓句事見世説新語舊註所

引不誤而云今本不載江革忠孝句事見南史乃以爲漢之江革改忠孝爲巨

孝顔叔秉燭句云事出毛公詩傳今詩傳實無此文皆不免小舛又如劉惔傾

釀句乃誤讀世説以傾家之傾爲傾酒之傾亦失于糾正然大致淹通實初學

之津筏也乾隆四十七年四月恭校上

事類賦

臣等謹案事類賦三十卷宋吳淑撰并自注淑有江淮異人錄已於永樂大典內裒集成書別著於錄是編乃所作類事之書淑後官至起居舍人職方員外郎而此書原本結銜稱博士蓋據其進書時官也淑原書狀稱先進所著一字題詞百首退惟蕪累方積兢憂遽奉訓詞俾加注釋又稱前所進二十卷加以注解卷帙差大今廣爲三十卷目之曰事類賦云云是淑初進此賦二十卷尚無書名及奉勑自注乃增益卷數定著今稱也凡天部三卷歲時部二卷地部三卷寶貨部二卷樂部一卷服用部三卷什物部二卷飲食部一卷禽部二卷獸部四卷草木部果部鱗介部各二卷蟲部一卷分子目一百與進狀數合類書始於皇覽六朝以前舊籍據隋書經籍志所載有朱澹遠語對十卷又有對要三卷羣書事對三卷是爲偶句隸事之始然今盡不傳不能知其體例高士奇所刻編珠稱隋杜公瞻撰者僞書也今所見者唐以來諸本駢青妃白排比

對偶者自徐堅初學記始鎔鑄故實諧以聲律自李嶠單題詩始其聯而爲賦者則自淑始嶠詩一卷今尚存然已佚其註如桂詩俠客條爲馬仙人葉作舟之類古書散亡今皆不知爲何語故世不行用淑賦詞既工雅又注與賦出自一手事無舛誤故傳誦至今觀其進書狀稱凡讖緯之書及謝承後漢書張璠漢紀續漢書帝系譜徐整長歷元中記物理論皆今所遺逸而著述之家相承爲用不忍棄去亦復存之云云則自此逸書數種外皆採自本書非輾轉摭拾者比其精審益爲可貴不得以習見忽之矣乾隆四十七年三月恭校上

太平御覽

臣等謹案太平御覽一千卷宋李昉等奉勅撰以太平興國二年受詔至八年書成初名太平編類後改爲太平御覽宋敏求春明退朝錄謂書成之後太宗日覽三卷一歲而讀周故賜是名也凡分五十五門徵引至爲浩博故洪邁容齋隨筆稱太平興國中編次御覽引用書一千六百九十種其綱目並載於首

卷案此則今本前列書目乃宋時官本之舊而雜書古詩賦又不具錄以今考之無傳者十之七八胡應麟經籍會通則以爲是編所引大抵採自類書非其書宋初尚存力駁邁說之誤所言良是然考陳振孫書錄解題曰或言國初古書多未亡以御覽所引用書名故也其實不然特因諸家類書之舊耳以三朝國史考之館閣及禁中書總三萬六千餘卷而御覽所引書多不著錄蓋可見矣是邁所云云振孫已先駁之矣應麟特勦襲其說耳應麟又曰御覽向係鈔本十年來始有刻而譌謬特甚非老師宿儒即一篇半簡莫能句讀至姓氏顛舛世代魯魚初學之士讀之或取爲詩文用誤人不尠案此本前有萬歷元年黃正色敍曰太平興國迄今幾六百載宋世刻本俱已湮滅近世雲間朱氏僅存者亦殘缺過半海內鈔本雖多輾轉傳寫訛舛益甚吾錫士大夫有好文者因聞省梓人用活字校刊始事於隆慶二年至五年纔印其十之一二聞人散去於是浙人倪炳伯文謀於郡邑二三大夫協力鳩工鋟諸梨棗孫國子虞允一元力任校讐忽於

隆慶六年捐館弗克終事今復苦於外訛薛憲副應登有校得善本藏諸家塾其仲子名逢者俾倪氏繕寫付梓云云所言刊本訛謬之故大槪與應麟合然此書行世實有二本一爲活字印本一即倪氏此本二本同出一稿脱誤相類而校手各别字句亦小有異同今以二本參校併證以他書正其所可知而仍其所不可知古書深奥文句與後世多殊闕疑猶愈於妄改也乾隆四十七年十月恭校上

冊府元龜

臣等謹案冊府元龜一千卷宋王欽若楊億等奉勅撰眞宗景德二年詔編修歷代君臣事實以欽若提總同修者十五人至祥符六年書成賜名周必大文苑英華跋王明清揮麈錄並稱太宗太平興國中修者誤也其書分三十一部部有總序又子目一千一百四門門有小序皆撰自李維等六人而竄定於楊億其間義例多出眞宗親定惟取六經子史不錄小説於悖逆非禮之事亦多

所刊削洪邁容齋隨筆謂其時編修官上言凡臣僚自述及子孫追序家世如鄴侯傳之類並不採取遺棄既多故亦不能暴白袁氏楓窗小牘亦謂開卷皆常目所見無罕覯異聞不爲藝家所重是此書在宋世學者頗不滿之但典籍重繁勢不能徧爲掇拾去誣存實未可槩以掛漏相繩也乾隆四十七年五月恭校上

事物紀原

臣等謹案事物紀原十卷宋高承撰考趙希弁讀書附志云承開封人自博奕嬉戲之微蟲魚飛走之數無不考其所自來雙溪項彬爲之序陳振孫書錄解題亦云中興書目作十卷高承撰元豐中人凡二百十七事今此書多十卷且多數百事當是後人廣之云云今檢此本所載凡一千七百六十五事較振孫所見更倍之而仍作十卷又無項彬原序與陳趙兩家之言俱不合蓋後來又已有所增併非復宋本之舊矣其書向惟鈔帙明正統間南昌貢生閻敬始以

付梓印行無幾而板燬于火故世閒頗爲難得然敬所作序乃云作者佚其姓氏亦考之殊未審也書中凡分五十五部名目頗爲冗碎其所考論事始亦閒有未確如引秦本紀謂名縣始自秦孝公而不知左傳宣公十一年楚子縣陳杜注已明言滅陳以爲縣並不起于秦時又謂諸葛亮始造木牛即今小車之有前轅者流馬即今獨推者是民閒謂之江州車子不知三國志注引亮文集所載木牛流馬之法甚詳與今之小車制度絶不相類承所言殊爲臆說又如祓禊一條不引晉書束晳傳所云周公洛邑秦昭王河曲之事亦屬漏略然其他類多排比詳贍足資核證在宋代類書中固爲猶有體要者焉乾隆四十七年三月恭校上

實賓錄

臣等謹案實賓錄十四卷宋馬永易撰永易字明叟揚州人徽宗時嘗官池州石埭尉其事迹無可考見惟文獻通考宋史藝文志載所著有唐職林元和朋

黨錄壽春雜志諸書蓋亦博洽之士也是書見於晁公武讀書志者稱異號錄二十卷而陳振孫書錄解題則題作實賓錄謂永易所撰蜀人句龍材校正文彪增廣凡本書三十卷後集三十卷宋史藝文志乂分實賓錄異號錄各三十卷皆題永易所撰諸家紀載頗舛錯不合今以其說互相參證疑陳氏所稱本書乃永易原撰本名異號錄陳氏所稱後集即文彪所續始取名爲實賓之義併本書改題今名宋志蓋誤分爲兩書而晁公武所見則爲未經增廣之本故尚題爲異號錄也自元以來其書久佚陶宗儀收入說郛者僅寥寥數條近浙江所進范氏天一閣藏本亦即從說郛鈔出一字不殊今從永樂大典蒐輯共得六百餘條皆說郛之所未載惟原帙旣湮其體例已無可考即永易原本與文彪所增亦錯雜不可復辨謹裒輯編綴芟除重複訂正舛訛各以類相從釐爲一十四卷仍從書錄解題統標曰實賓錄以存宋時傳本之舊其書皆取古人殊名別號以廣見聞領異標新頗資採掇至於搜羅旣廣偶涉舛訛如沈傳

師之推爲顏子乃比擬之空言劉長卿之五言長城乃品題之泛論皆非標目不應闌入其間又如吉茂言侍中執虎子語本詼諧白居易賦新豐折臂翁詞由徵實凡此之類尤與稱謂無關一槩濫收殊失別擇是則嗜異貪多爲千古著書之通病不獨永易爲然固不以累其全書矣乾隆四十六年四月恭校上

書敘指南

臣等謹案書敘指南二十卷宋任廣撰廣字德儉浚儀人今本文獻通考作任浚者誤也陳振孫書錄解題稱爲崇寧中人蓋未入南宋者故尤袤遂初堂書目已載此書之名相傳書初刊行靖康時板即被燬有俞氏者携本至吳世世守之而世所傳完帙頗少至 國朝康熙初金券得寫本於韓氏重鈔未竟而沒又失原本第十卷雍正三年金匯得宋刊不全本鈔補而此書始復完整大指皆摘錄經傳成語以備尺牘應用故以書敘爲名明代浦南金取是書與爾雅左腴漢雋合編遂改題作修辭指南非其本矣書中畛分區別徵引既多往

往有倒置複沓及淺近蕪冗之病未能悉歸精核然每句標註出處令讀者知所由來其體例視他書較善且南宋而後類家諸本大都備簡剿取材而塗抹東西穢濫滋甚獨此爲北宋人手筆選擇不失雅馴以視耳剽目竊之流固猶可以爲典要也乾隆四十七年九月恭校上

海錄碎事

臣等謹案海錄碎事二十二卷宋葉廷珪撰廷珪字嗣忠崇安人政和五年進士初知德興縣紹興中爲太常寺丞與秦檜忤以左朝請大夫出知泉州軍州事王之望漢濱集有所作廷珪除官制極稱其學問蓋亦以博洽著名當時者也其書皆類聚故事分條別目以備檢用凡爲部一十有六爲門五百八十有四而廷珪乃自稱百七十五門頗牴牾不合又宋史藝文志載此書作二十三卷文獻通考又作三十三卷目次亦有異同疑後人已有所分併增益非其舊矣書中體例乃於史子及詩文中摘其新雋字句以供行文者襞積之助蓋爲

四六材料而設與他類書用意稍有不同中間如分守令縣令爲兩門而太守事實乃入留守門又如韓偓玉山樵人賀知章四明狂客張志和元眞子之類皆其自號而載入私諡門其分目多有未協又如趙至書中所云雞鳴戒旦飄爾晨征日薄西山馬首靡託者乃自敘行役之詞而入於軍旅門又梁書作神龍仁獸闕仁獸本是仁虎乃唐之史臣避諱而改此類皆仍其舊文不爲考正亦不免失之疎漏然其徵摭繁富軼聞瑣事往往而在頗足以資考證在南宋類書中猶爲善本云乾隆四十七年四月恭校上

古今姓氏書辯證

臣等謹案古今姓氏書辯證四十卷宋鄧名世撰而其子椿裒次之名世字元亞臨川人祖孝甫見宋史隱逸傳即原序所稱文昌先生者是也李心傳繫年要錄稱紹興三年十月詔撫州進士鄧名世赴行在以御史劉大中之薦也四年三月乙亥上此書時吏部尚書胡松年以貫穿羣書用心刻苦遂引對命爲

右迪功郎王應麟玉海所載亦同惟言名世初以草澤得召上書後始詔賜出身充史館校勘朱子語類又謂其以趙汝愚薦以白衣起爲著作郎後忤秦檜勒停均與心傳所記不同則未詳孰是耳文獻通考宋藝文志俱作四十卷惟宋會要作十四卷中興書目作十二卷殆傳寫之訛其書長於辨論大抵以左傳國語爲主自風俗通以下各采其是者從之而於元和姓纂抉摘獨詳又以熙寧姓纂宋百官公卿家譜二書互爲參校亦往往足補史傳之闕蓋始於政宣而成於紹興之中年父子相繼以就是編故較他姓氏書特爲精核朱子語類謂名世學甚博姓氏一部考證甚詳不虛也椿作晝繼亦號賅洽殆承其討論之餘緒乎宋時紹興有刋本今已散佚永樂大典散附千家姓下已非舊第惟考王應麟所引原序稱始於國姓餘分四聲則其體例與元和姓纂相同今亦以韻隸姓重爲編輯仍釐爲四十卷目錄二卷其複姓則以首字爲主附見於各韻之後間有徵引訛謬者併附著案語各爲糾正焉乾隆四十五年十月

恭校上

帝王經世圖譜

臣等謹案帝王經世圖譜十六卷宋唐仲友撰仲友金華人登紹興進士復中宏詞科後守台州宋史不爲立傳惟王象之輿地紀勝稱其博聞洽識尤尚經制之學又朱右白雲稾有題宋濂所作仲友補傳云在台州發粟賑饑抑奸拊弱創浮梁以濟艱涉民咸利賴則其學蓋有體用者是書原止十卷永樂大典所載析作十五卷遂致門類舛混原次已不可尋今略加釐正依類排比分爲十有六卷體例之淆句字之誤則各爲考核更定而附註案語於其下綜而觀之其書綴圖列譜分類纂言大要以周禮爲經而諸經史傳以類附焉貫穿博衍曲暢旁通可謂詳明切當至其論郊社以六天感生帝及神州之說爲牽合讖緯論明堂以世室重屋爲異名同制辟雍淸廟路寢爲同制異所辨地貢之非一易再易三易斥九賦之非口率出泉若此之類于註疏特多所駁正其他

亦皆有理有條克裨實用伏蒙　皇上親灑　奎章特加褒許並付剞劂以廣
流傳以數百載湮没之陳編獲邀　大聖人之品題遂得與日星同炳臣等編
次之餘既仰欽　宸訓且以慶是書之遭云乾隆四十九年十一月恭校上

職官分紀

臣等謹案職官分紀五十卷宋孫逢吉撰逢吉字彦同富春人事蹟具宋史本
傳前有元祐七年秦觀序陳振孫書録解題亦載之考逢吉舉宋隆興元年進
士距元祐七年凡七十二年又考朱子罷經筵直講逢吉代講詩權輿篇事在
紹熙五年距元祐七年凡一百三年逢吉至寧宗朝尚官祕書監吏部侍郎知
太平州距元祐七年則一百幾十年矣謂元祐時秦觀序之殆謬誤也其書每
官先列周官典章次敍歷代制度沿革名姓故事根據經註沿考史傳搜採頗
爲繁富若其引易緯黄帝與司馬容光觀于元扈引論語緯孔子爲素王顔子
爲司徒之類則無關典要徒以愛博而存之然類事之書與考典之書體例各

殊取材亦異固未可執引緯解經之說責以泛濫也乾隆四十七年十月恭校

上

歷代制度詳說

臣等謹案歷代制度詳說十二卷宋呂祖謙撰祖謙有古周易已著錄此書分十三門一曰科目二曰學校三門原本缺頁佚其標題所言乃考課之事四曰賦役五曰漕運六曰鹽法七曰酒禁八曰錢幣九曰荒政十曰田制十一曰屯田十二曰兵制十三曰馬政皆前列制度敘述簡賅後爲詳說議論明切元泰定三年嘗刊行前有盧陵彭飛序稱爲祖謙未竟之書故止于此其或然歟刻板久佚此本輾轉傳寫又多訛缺其錢幣門中脫二頁荒政門中脫二頁今悉據通考所引補足中間誤字亦考核校正惟第二卷脫去標題之數頁則無可檢補姑仍其舊飛序稱紫陽浙學功利之論其意蓋有所指永嘉諸君子未免致疵議焉祖謙以中原文獻之舊巋然爲渡江後大宗紫陽倡道東南祖謙實

羽翼之性命道德之原講之已洽而尤潛心于史學似欲合永嘉紫陽而一之云云蓋有元中葉新安之學盛行飛恐人執朱子之論薄視此書故作是言也考祖謙年譜不載此書蓋採輯事類以備答策本家塾私課之本其後轉相傳録遂以付梓原非所特著書欲以立敎與講學别爲一事各不相蒙所謂言豈一端各有當也飛必牽合調停拘墟殊甚參同契陰符經朱子皆有論著飛亦將謂欲合孔孟黄老而一之乎乾隆四十七年九月恭校上

八面鋒

臣等謹案八面鋒十三卷原本不著撰人名氏卷末有明弘治癸亥都穆跋謂宋時嘗有版刻第云永嘉先生考陳傅良葉適當時皆稱永嘉先生相傳此爲傅良所撰或曰葉氏爲之今觀其間多傅良平日之語其爲陳氏無疑云云案宋史本傳載傅良有詩解詁周禮說春秋傳左氏章指行於世獨不載此書其爲果出傅良與否别無顯證然觀其第二卷中稱今之勸農不必責於江浙而

當責於兩淮大江以北黃茅白葦薈蔚盈目第三卷中稱太上皇朝隅官爲民害太上皇毅然罷之則固確然爲南宋書其魯桓不作魯威犯欽宗諱魏徵不作魏證犯仁宗嫌名蓋明人重刊所改也其書凡提綱八十有八每綱又各有子目皆預擬程試答策之用非欲著書故不署名耳宋人好持議論亦一代之風尚而要其大旨不失醇正永嘉之學倡自呂祖謙和以葉適及傅良遂於南宋諸儒別爲一派朱子頗以涉於事功爲疑然事功主於經世功利主於自私二者似一而實二聖人之道有體有用亦顧其事功何如未可以其末流遂全斥永嘉爲俗學也是編雖科舉之書專言事務亦何嘗涉申韓商孔之術此可見其宗尚之未嘗不正矣乾隆四十七年三月恭校上

萬花谷集

臣等謹案萬花谷集四十卷後集四十卷續集四十卷原本不著撰人姓名前有自序題淳熙十五年十月一日蓋宋孝宗時人陳振孫書錄解題載此書作

錦繡萬花谷四十卷續四十卷而無後集黄虞稷千頃堂書目所載前後續集外又有别集三十卷今案序中明言自九華之歸編次纔成爲三集每集析爲四十卷可知别集爲後人所續增不在原編之數故明人刊本亦祇此三集而書録解題脱載後集則又因失考原序而致誤也序中稱命名者爲烏江蕭恭父河南胡恪皆不知何許人而前集之末獨附載衢州盧襄西征記一篇於體例殊不相類殆撰此書者亦屬衢産故拳拳於襄之著述而特表出之歟其書自天文地理以及倫類事物各分門件繫前集凡二百四十二類後集凡三百二十六類續集自一卷至十四卷凡四十六類自一十五卷至四十卷皆類姓大抵瑣屑叢碎參錯失倫頗爲陳振孫所譏其地理一門止列偏安州郡類姓一門徵事僅及數條而如古人稱號等類向無此例者則又創立名目博引繁稱俱不免榛楛雜陳之誚且其書既成於淳熙中而紀年類載理宗紹定端平年號帝后誕節類載寧宗瑞慶節理宗天基節名並稱理宗爲今上是當時書

肆已有所附益并非淳熙原本之舊特其于各條下皆標出處書名中間如職林郡閣雅談雅言系述雲林異景記等書皆久經散佚而獨見于此書又每類後用藝文類聚例附載詩篇亦頗多逸章賸什爲他本所不載者略其煩蕪而擷其精粹固未嘗不足爲考證之資也乾隆四十七年八月恭校上

古今事文類聚

臣等謹案古今事文類聚前集六十卷後集五十卷續集二十八卷別集三十二卷新集三十六卷外集十五卷遺集十五卷案此書爲元代麻沙板前後續別四集皆宋祝穆撰新集外集元富大用撰遺集元祝淵撰其合爲一編則不知始自何人疑即建陽書賈所爲也穆有方輿勝覽已著錄此書後集第十卷內有呂午跋祝公遺事後一首載穆事蹟尤詳大用字時可不知何許人淵與作古賦辨體之祝淵名姓並同其書中所載制度沿革俱至元初而止時代亦相符合然彼祝淵字君澤而此祝淵字宗禮則截然迥異疑其名姓偶同實非

一人也是書每集各分總部而附以子目條列件繫頗爲賅備每類始以羣書要語次古今事實次古今文集蓋沿用藝文類聚初學記之體而略變其例所載必舉全文故前賢遺佚之篇閒有藉以足徵者如束晳餅賦張溥百三家集僅採數語而此備載其文是亦其體裁之一善在宋代類書之中固猶爲可資檢閱者矣其新集外集遺集均踵穆書而作但補其門類所未及而體例則一無所更改頗嫌其採引雜糅不及原本然作於元代古籍多存連類收之亦可以備參考惟穆書成於淳祐閒而書中有稱理宗廟號者殆大用等有所追改非盡原文是則竄亂古書開明人一代之惡習爲可疾惡耳乾隆四十七年五月恭校上

記纂淵海

臣等謹案記纂淵海一百卷宋潘自牧撰據浙江通志自牧金華人慶元元年進士官龍游令此本題曰教授蓋其著書時所居官也是書分門隸事與諸家

略同惟一百卷中敘天道者五卷敘地理者二十卷敘人事者六十四卷敘物類者僅十一卷詳其大而略其細與他類書小異其郡縣一部以臨安爲首蓋據南渡割裂之餘而五嶺兩川之後更及開封諸府存東京全盛之舊亦與方輿勝覽諸書删淮以北不載者體例有殊其中性行議論諸部子目未免瑣碎然亦不失爲賅備也此本刻于萬曆己卯原本卷首自牧名後題有中憲大夫大名府知府監察御史東魯王嘉賓補遺字則亦如陳禹謨之改北堂書鈔已非自牧之舊又陳文燧序稱其先世求之閩蜀得其前編周流吳越復購後編此本不分前後編蓋復經合併益失其眞序文稱中葉零替蠹魚殘缺戊寅冬承令畿南公暇謬爲補註剝落太甚者屬别駕蔡公司理顧公學博吳君采輯諸書補闕序次一日示諸太守越峯王公邑令吳君願捐俸梓之云云以其卷首列名考之别駕蔡公爲大名府通判蔡之奇司理顧公爲推官顧爾行學博吳君則有府學訓導吳騰龍魏縣教諭吳嶙二人不知誰指邑令吳君爲南樂

縣知縣吳定太守王公當卽嘉賓是補此書者爲文燧及蔡之奇等三人嘉賓特爲刊板未嘗操筆與題名亦互相牴牾蓋明人書帕之本稱校稱補率隨意塡刻姓名不足爲憑亦不足爲異其出自誰手無庸究詰要其根柢則固宋人之舊帙耳乾隆四十七年十月恭校上

名賢氏族言行類稿

臣等謹案名賢氏族言行類稿六十卷宋章定撰定建安人仕履無考惟此書二十六卷中載其曾祖元振建炎中進士官廣東提舉常平祖才邵少年從楊時游嘗守臨賀辰陽而已是書作於嘉定己巳以姓氏分韻排纂各序源流於前而以歷代名人之言行依姓分隸蓋以譜牒傳記合爲一書者也凡一千一百九十姓內單姓一千一百二十一複姓六十九所錄前代諸人時有顚倒漏略如馮姓首春秋馮簡子次馮唐次馮驩旣以漢人居戰國之前而上黨守馮亭事蹟彰彰乃遺不載又意主備箋啟之用惟錄善而不紀惡遂併楊再思之

流掩其巨慝書其小節亦非實錄然於有宋一代紀述頗詳其人其事往往爲史傳所不載頗足以補闕核異故在當時不過書肆刊本而流傳既久足爲考證者所資此如漢碑漢印當時里胥工匠能爲之而一字之存後世遂爲寶玩也乾隆四十七年十一月恭校上

羣書會元截江網

臣等謹案羣書會元截江網三十五卷不著撰人姓名首題太學增修書中有淳祐端平年號蓋宋理宗時太學諸生所輯科舉策略之本也自聖製至諸子凡分六十五門每門間附子目逐類之中復以歷代事實宋朝事實經傳格言名臣奏議諸儒至論分段標識又有所謂主意事證時政警段結尾諸目至於排偶成句亦備列焉其體例叢冗特甚蓋專爲應試備用而設者然其間每事皆具首尾頗便省覽於宋代典故引用尤詳間可以裨史闕大抵與論學繩尺源流至論諸書體格相近錄而存之得以覘當時場屋所崇尚而風會之升降

亦概可見矣此本爲元時麻沙刻本前有至正七年東陽胡助序黄虞稷千頃堂書目遂指爲助所撰非也乾隆四十七年四月恭校上

雞肋

臣等謹案雞肋一卷宋趙崇絢撰崇絢字元素據宋史宗室世系表蓋簡王元份之八世孫作諸番志之趙汝适即其父也書首自稱汴人不忘本耳其書雜采古事有名同而實異者如玉環一爲唐睿宗琵琶名一爲楊貴妃之類有相似而相反者如周亞夫縱理入口餓死褚羅縱理入口壽終之類有一事而數見者如欒巴郭憲佛圖澄皆噀酒救火之類有事相類者如口吃有韓非等十三人酒量有于定國等十一人之類有姓名同者如兩張禹兩李光進之類然如蕭詧惡婦人劉邕嗜瘡痂之類又各自爲條不相比附則未詳其體例何取也其曰雞肋殆偶然記錄成此一册而又未能博採諸書勒成完帙故有取于食之無味棄之可惜之意歟明陳禹之駢雅　國朝陳元龍之鏡原其體例實

源於此類事家之有此猶史家之有紀事本末皆于古式之外別𣶏一格而後來竟不能廢者也故錄存之著其所自始焉乾隆四十七年十月恭校上

小字錄

臣等謹案小字錄一卷陳宋思撰思有寶刻叢編已著錄案思本理宗時臨安書賈而此書卷首題其官爲成忠郞緝熙殿國史實錄院祕書省搜訪不知何以授此職未知其眞與僞也是書乃仿陸龜蒙侍兒小名錄之例稍加推廣集史傳所載小字以爲一編以龜蒙之書叢雜無法故矯其失先列帝王而自漢以後諸臣則按代分系其下然如北周晉公護之小字薩保見於本傳而此顧遺之則亦不免於漏略特以相傳既久採綴頗勤以備檢尋尙足供獺祭之用故考古者每不得而遽廢焉乾隆四十七年十月恭校上

全芳備祖

臣等謹案全芳備祖前集二十七卷後集三十一卷宋陳景沂撰景沂號肥遯

天台人仕履未詳是書前集凡二十七卷所記皆花後集第一卷至八卷爲果部十卷至十二卷爲卉部十三卷爲草部十四卷至十九卷爲木部二十卷至二十二卷爲農桑部二十三卷至二十七卷爲蔬部二十八卷至三十一卷爲藥部其例每一物分事實祖賦詠祖二類事實祖中分碎錄紀要雜著三子目賦詠祖中分五言散句七言散句五言散聯七言散聯五言古詩七言古詩五言八句七言八句五言絶句七言絶句十子目唐以前事實賦詠紀錄寥寥北宋以後特爲賅備而南宋尤詳多有他書不載及其本集已佚者皆可以資考證焉乾隆四十七年五月恭校上

羣書考索

臣等謹案羣書考索二百十二卷宋章如愚撰如愚字俊卿婺州金華人慶元中登進士第初授國子博士改知貴州開禧初被召疏陳時政忤韓侂冑罷歸事蹟具宋史儒林傳史稱所著有文集行世今已散佚惟此書獨存凡分四集

前集六十六卷後集六十五卷續集五十六卷別集二十五卷宋自南渡以後通儒尊性命而薄事功文士尚議論而尠考證如愚是編獨以考索爲名言必有徵事必有據博采諸家而折衷以己意不但淹通掌故亦頗以經世爲心在講學之家尚有實際惟其書卷帙浩繁又四集不作于一時不免有重複牴牾之處然大致網羅繁富考據亦多所心得在宋人著述之中較通考雖體例稍雜而優于釋經較玉海雖博贍不及而詳于時政較黃氏日鈔則條目獨明較呂氏制度詳說則源流爲備前人稱蘇軾詩如武庫之兵利鈍互陳如愚是編亦可以當斯目矣乾隆四十七年八月恭校上

古今合璧事類備要

臣等謹案古今合璧事類備要前集六十九卷後集八十一卷續集五十六卷別集九十四卷外集六十六卷宋謝維新撰維新字去咎建安人其始末未詳自署曰膠庠進士蓋太學生也是書成于寶祐丁巳前有維新自序後有莆田

守黄叔度跋稱維新應友劉德亨之託蓋當時坊本總目後又有跋云昨刻古今備要四集盛行于世但門目未備再刻外集云云不著名氏當即德亨所題也是書前集四十一門子目四百九十一後集四十八門子目四百一十六其致仕一目有錄無書注曰已見前集續集六門子目五百七十別集六門子目四百一十外集十六門子目四百三十所引最爲詳悉惟郡縣山川名勝以祝穆方輿勝覽已備不及更載焉每目前爲事類後爲詩集所收皆兼及宋代雖不及太平御覽册府元龜諸書皆根柢古籍原原本本而所採究皆宋以前書多今日所未見宋代遺事佚詩如蘇軾詠雪詩以富貴勢力分四首爲本集所不錄者亦往往見于此書故厲鶚作宋詩紀事多採用之又宋代官制至爲冗雜宋史不過僅存其名當時詩文所稱今多有不知爲何官者惟此書後集條列最明尤可以資考證在類事之家尚爲有所取材者矣乾隆四十七年十一月恭校上

古今源流至論

臣等謹案古今源流至論前集十卷後集十卷續集十卷宋林駉撰別集十卷宋黄履翁撰駉字德頌寧德人淸修苦學嘗以易魁鄉薦著書授徒鄰境爭迎師之其事蹟見閩書中履翁字吉父不詳其里貫蓋亦閩中人也宋自神宗罷詩賦用策論取士學者咸思以博綜古今參考典制爲務而又苦其浩瀚不可猝窮於是類事之家往往排比聯貫薈稡成書以供場屋採掇之用其時麻沙書坊刊本最多大抵出自鄉塾陋儒勦襲陳言槪無足取惟章俊卿山堂羣書考索差爲精博有助考稽是編於經史百家之異同歷代制度之沿革條列件繫亦尙有體要雖其書專爲科舉而設而有宋一代之朝章國典分門別類序述詳明多有諸書所不載者實考證家所取資未可以體例近俗廢矣乾隆四十七年五月恭校上

玉海

臣等謹案玉海二百卷附辭學指南四卷宋王應麟撰其書分天文律象地理帝學聖製藝文詔令禮儀車服器用郊祀音樂學校選舉官制兵制朝貢宮室食貨兵捷祥瑞二十一門每門各分子目凡二百四十餘類宋自紹聖置宏辭科大觀改辭學兼茂科至紹興而定爲博學宏辭之名重立試格於是南宋一代通儒碩學多由此以進號稱得人而應麟尤爲博洽其作此書蓋本爲詞科應用而設故條目皆取於試題切近者而不及夫祥異變怪器物瑣屑之事然其所引自經史子集百家傳記無不賅具以至漢魏以後文人撰述單詞偶句亦彙而錄之其貫串奥博宋以後類書家亦未有能過之者其書元時嘗刋於慶元路板亦久佚今江寧有明南京國子監刋本以應麟所著詩考等書附梓於後案明貝瓊清江集有所作應麟孫王厚孫墓誌稱應麟著玉海未脱稿而失後復得之中多闕誤厚孫考究編次請於閫帥鋟梓并他書十二種以傳據此則諸書附梓實始於元代慶元初刻之時今各從其類别著於錄焉其曰玉

海者本於張融集名實則仿梁武所集金海之例而變其稱也乾隆四十七年五月恭校上

小學紺珠

臣等謹案小學紺珠十卷宋王應麟撰其書比數以紀事前有方回牟應龍二序稱其天地萬物之名數莫不具備然亦多有淩亂疎漏者如律歷類首序六律六呂以至度量權衡次序四時八正二氣十二月之類蓋由律及歷也而其後復序五音六十四聲八十四調其後復序七閏八會之類前後殊無倫次又如五卜三兆四兆九繇之類應麟玉海系之藝術而此書收入律歷亦自亂其例至于天文類中既載淮南天文訓之八紘八極而東西南北中之五官子午丑未寅申卯酉辰戌巳亥之六府乃不見錄器用類中既載周官之八尊而賈疏之十有六尊乃不見錄既載春秋傳禘飫宴之三烝而儀禮疏之牲有二十一體乃不見錄亦皆未爲詳賅蓋此書爲應麟偶然記錄之本尚未及詳定編

次也乾隆四十七年十月恭校上

姓氏急就篇

臣等謹案姓氏急就篇二卷宋王應麟撰其書仿史游急就篇體以姓氏諸字排纂成章以便記誦文詞古雅不減游書又雖以記録姓氏爲主而臚列名物組織典故意義融貫亦可爲小學之資篇中凡單姓皆無重字篇末列二字三字諸姓則不免複出蓋義取兼載故勢難相避其中稀僻之字如梁四公記之類雖託言沈約所撰實詭立稱號本無其人未免失之稍雜然載籍既有此姓删之反有挂漏之譏過而存之亦不足爲累每句之下各註其受氏之源與歷代知名之士必一一標所據之書尤爲詳密篇末有自跋一章以歐陽修州名急就篇自比修書今載居士集中字數無多亦無註釋實不及此書之善其跋亦作韻語舊本遂誤合于正文考應麟所作爾雅翼序即用此體蓋馬融廣成頌序之支流與本書實不相屬今離析書之庶不失應麟之意焉乾隆四十七

年十月恭校上

六帖補

臣等謹案六帖補二十卷宋楊伯嵒撰伯嵒字彦瞻號泳齋自署代郡人考宋南渡後代郡舊地久入于金蓋其祖籍也淳祐閒嘗以工部郎守衢州而周密雲煙過眼錄有記伯嵒所藏宣和御畫諸條列于高克恭胡詠之後疑其入元尚存也是編以增補白居易六帖孔傳續六帖所未備凡二十類中多割引宋人詩句徵事頗不詳賅蓋二書所有即不複見又書中所載古事多不著明出處未免嫌于無徵然虞世南北堂書鈔已多如此六帖復往往有之蓋因仍舊例未及改作其失亦有由也呂午序稱其能知雲璈字出太平廣記然廣記實引漢武內傳伯嵒不舉本書而僅舉類書之名知其學亦捃摭之功故往往不得事始特其于白孔二家拾遺補闕不爲無功而宋代軼事遺文亦頗藉是以考見以視明代類書餖飣稗販者固尚爲近古矣乾隆四十七年八月恭校上

臣等謹案翰苑新書前集七十卷後集上二十六卷後集下六卷别集十二卷續集四十二卷原本不著撰人名氏是書舊無傳本分宜袁煒爲大學士時始從内閣録出而日久佚其首卷後得華亭徐階所録本乃足成之其書分前後别續四集疑未必出一人之手前集皆爲書啟之用自一卷至六十卷皆以職官分目下至鹽官酒官之類亦皆備載六十一卷至七十卷則以家世閥閲座主門生之類分目每門之中皆冠以歷代事實次以宋朝事實次以自敘次以旁引次以羣書精語次以前賢詩詞次以四六警語後集上備表牋之用一卷至十九卷以大典禮分目而附以謝恩陳乞二十卷至二十六卷則録宋代表牋之文後集下一卷至五卷爲類姓六卷則惟列發舉詞科入學諸目蓋補前集之遺别集皆録宋人劄狀致語朱表表文青詞疏語册文祝文祭文之屬其劄子以五提頭七提頭九提頭分目蓋當時之式其朱表則青詞類也續集録

宋人書啟一卷至二十三卷以官分目二十四卷至四十二卷以事分目又以廣別集未備之體耳其書本爲應酬而作惟取便檢用不免傷于煩複而于宋代典故事實最爲賅備披沙揀金往往見寶較孔傳續六帖之類反爲有資考證也乾隆四十七年五月恭校上

韻府羣玉

臣等謹案韻府羣玉二十卷元陰時夫撰其弟中夫註黃虞稷千頃堂書目云陰幼遇一作陰時遇字時夫奉新人數世同居登宋寶祐九經科入元不仕其兄中夫名幼達據此則時夫乃幼遇之字而中夫又時夫之兄與世所傳不同當必有據然舊刻皆題其字未詳何義也昔顏眞卿編韻海鏡源爲以韻隸事之祖然其書不傳南宋人類書至多亦罕踵其例惟吳澄支言集有張壽翁事韻擷英序稱荆公東坡山谷始以用韻奇險爲工蓋其胸中蟠萬卷書隨取隨有儻記誦之博不及前賢則不能免于檢閱于是乎有詩韻等書然其中往往

陳腐云云是押韻之書盛于宋末元初時夫是編蓋即作于是時康熙中河間府知府徐可先之婦謝瑛又取其書重輯之名增删韻玉定本今書肆所刊皆瑛書此本爲大德中刋板猶時夫原書也明成祖頗喜其書故解縉大庖西封事稱陛下好觀韻府雜書鈔輯穢蕪略無文彩曹安讕言長語亦曰韻府羣玉亦收之博矣其中正要緊者漏之如足字欠管寧濯足栅字欠青溪栅蘇峻攻青溪栅卞壼拒之高頴殺張麗華于青溪栅二事尚失之他可知也云云今以

欽定佩文韻府考之陰氏之所漏寧止於是安之所舉如一葉一花偶然掇拾未睹夫鄧林之茂蔚也然元代押韻之書今皆不傳傳者以此書爲最古又今韻稱劉淵所併而淵書亦不傳世所通行之韻亦即從此書錄出是韻府詩韻皆以爲大輅之椎輪將有其末必舉其本此書亦曷可竟斥歟乾隆四十七年十月恭校上

欽定四庫全書提要卷七十三

子部二十五

類書類二

純正蒙求

臣等謹案純正蒙求三卷元胡炳文撰炳文有周易本義通釋諸書已著錄蒙求自李瀚以下仿其體者數家大抵雜採經傳事實排比鋪陳以爲童蒙記誦之助故敍次頗鮮倫理炳文是書則集古嘉言善行各以四字屬對成文而自註其出處於下所載皆有益於幼學之事以視餖飣割裂僅供口耳者其啟迪較爲切近上卷敍立教明倫之事中卷敍立身行己之事下卷敍待人接物之事略以白鹿洞規爲準每卷一百二十句總爲三百六十句卷中又各有子目每一目多者一二十句少者不過四句中間以拘於對偶格於聲韻故漏落甚多不足以盡事物之理又如黃香暖席宜入父子之倫而反入幼學見趣條下

陳子高讓田宜入長幼之倫而反入處宗族條下其分隸亦未能悉允然童子入塾之初正取其淺近而易曉此書詞雖弇陋不及朱子小學之詳備而循諷可知足資感發其於端本正始之道不可謂無所裨也乾隆四十七年四月恭校上

氏族大全

臣等謹案氏族大全二十二卷不著撰人名氏書中所引事蹟迄於南宋季年蓋元人所編攷相其板式亦建陽麻沙所刋乃當時書肆本也依廣韻次第以四聲分隸各姓末爲複姓則以上一字爲韻而排次之每姓俱引史傳人物摘敘大略而採其中三四字爲標題大抵在擷取新穎以供綴文之用姓末多別附女德婚姻一門歷敘古來淑媛及兩姓結婚故事蓋宋元之間婚禮必有四六書啟故載之獨詳亦以便于剽掇也葉盛水東日記曰近代雜書著述考據多不精如翰墨全書以彭思永爲明道毋舅所謂氏族大全者尤甚如以趙明

誠爲趙抃之子廣州十賢有李朝隱一作李尙隱因而譌爲李商隱今考中間所列朝代先後多顚倒失次如王導妾雷氏干預政事陳之張貴妃龔孔二嬪怙寵亡國而並入之女德深爲不倫又如韋思廉劉奉林諸人既別立仙之一目而張果菩識諸人亦以仙術顯名乃仍混入人物中無所區別體例亦殊疎舛至每姓之末間附韻藻數語如洪韻兆洪㴶洪翁韻仙翁塞翁之類既與氏族不相關涉且掛一漏萬徒滋蛇足特捃摭尙爲廣博有其人爲史傳志乘所不詳而獨見于此者頗足以資旁證至于王氏有臨沂太原二派句氏避宋高宗諱分作數姓蘭亭集作詩名氏諸本不同亦間附考訂寸有所長固未嘗無裨于藝苑也乾隆四十七年五月恭校上

名疑

臣等謹案名疑四卷明陳士元撰士元有易象鉤解已著錄是書上自三皇下迄元代博採史傳及百家雜說凡古人姓名異字及更名更字與同姓名者皆

彙萃之其中如因司馬遷諱談爲同遂謂談同一音以童烏爲揚雄小字以揚雄本姓楊字訛爲揚字之類間有訛誤又神仙鬼怪之名如吳剛姮娥豐隆屏翳神荼鬱壘等皆詳載之體例亦頗冗雜然其採摭繁富頗廣見聞如洞仙部載三皇姓名列仙傳稱介子推姓王名光之類皆指駁其謬又據史記佞幸傳辨朱建傳誤閎孺爲閎籍孺據顏延之誄辨陶徵士名淵明字元亮亦皆有所根據存以備考固亦有資參證焉乾隆四十七年十月恭校上

稗編

臣等謹案稗編一百二十卷明唐順之輯順之學問淹博論撰極富所作有左編右編文編武編已各著於錄此亦其所輯諸編之一也其義例蓋略仿章如愚山堂考索黃氏日鈔薈萃百家遺說區類錄載而其大旨則主於舉天下萬事萬物貫通於一書自閎鉅以至細碎無所不有故以稗爲名其目次始之以六經終之以六官六經所不能盡則條次之以諸家之學而並及於文藝自法

名迄射奕凡二十七目六官所不能盡則賅之以史氏傳記之式自君相迄方技凡二十五目其門人左烝爲之考校付梓烝沒而書多殘缺茅一相復加釐正刊行所引諸書撰人姓名原本錯互不合一相亦詳訂而改定之其中編次尚有舛誤者如程大昌詩議在所撰考古編中而乃以爲出自新安文獻志正諫本説苑篇名而標之爲論林泉高致集所載荆浩山水賦李成山水訣乃其人所自作而槩以爲出郭思之手敖陶孫字器之而訛作孫器之陶九成輟耕錄天闍之説此與鑑戒無關而濫引入宦者門中褚淵王儉雖身事二姓然不可謂之佞倖乃引其傳論入倖臣門中此類均爲疎於檢核然順之生平雅以經世自負故其所裒集大都有用之言非徒襞積纂組以供掇拾者可比固未始非學者多識之一助也乾隆四十七年四月恭校上

萬姓統譜

臣等謹案萬姓統譜一百四十六卷明凌迪知撰迪知有左國腴詞已著錄其

書以古今姓氏分韻編次略仿林寶元和姓纂以歷代名人履貫事蹟按次時代分隸名下又仿章定名賢氏族言行類稿名爲姓譜實則合譜牒傳記而共成一類事之書也古者族系掌於官故周禮小史定世系辨昭穆南史王僧虔傳稱司馬遷仿周譜以作年表其體皆旁行斜上是其制也戰國策稱智果別族于太史爲輔氏是周末法猶未改矣秦漢以下始私相記錄自世本以下纂述不一其存于今者惟林寶鄧名世鄭樵三家餘皆散佚然其散見他書者尚可考見不過明世系辨流品而已迨乎南宋啟劄盛行駢偶之文務切姓氏于是錦繡萬花谷合璧事類各有類姓一門元人排韻氏族大全而下作者彌衆其合諸家之書勒爲一帙者則迪知此編稱賅備焉其中龐雜牴牾均所不免亦間有脫略至于遼金元三史姓氏音譯失眞舛訛尤甚然蒐羅既廣足備考訂故世俗頗行用之要亦未可盡廢也乾隆四十七年五月恭校上

臣等謹案喻林一百二十卷明徐元太撰元太字汝賢宣城人嘉靖乙丑進士官至刑部尙書是書以經史及諸子集中所載古人設喻之詞廣徵博採彙爲一編分立十門每門又各分子目凡五百八十餘類歷二十餘年而成復自加刊削而付之梓用心頗爲勤至其引書各於條下註明出處篇目次第臚載無遺亦迥異明人剽竊捃摭之陋習特其自序稱閱書四百餘種而檢核書中所列篇籍實不及其半未免涉於誇張又往往隨手摭拾不能得其根源如兒說宋人善辨者一條本出韓非子周人有仕不遇者一條本出王充論衡而皆引作藝文類聚又懷金玉者至不生歸一條本出後漢書耿弇傳而引作文選李善注又頭白可期汗青無日一條本出唐書劉知幾傳而引作事文類聚又天寒即飛鳥走獸尙知相依一條本出沈約所作阮籍詠懷詩注而以爲李善此類甚多皆爲失於疎略蓋其學惟知以氾濫自矜奧博而不能考核精詳故每蹈舛漏之病然自秦漢以迄六朝文人詞賦多以罕譬爲工恣肆汪洋大都得

力於此元太是編蒐羅極備零璣斷璧均足爲綴文者沾匃之資猶爲有裨藝苑以視坊本類書之叢雜無章者固勝之遠矣乾隆四十七年二月恭校上

經濟類編

臣等謹案經濟類編一百卷明馮琦編琦字琢菴臨朐人萬歷丁丑進士官至禮部尙書謚文敏是編爲琦手錄之稿粗分門類琦沒之後其弟瑗與其門人周家棟吳光義稍爲排纂且删其重複定爲帝王政治儲宮宮掖臣諫諍銓衡財賦禮儀樂文學武功邊塞刑法工虞天地人倫人品人事道術物雜言二十三類大致與册府元龜互相出入但册府元龜惟隸事迹此則兼採文章册府元龜惟以史傳爲據此則諸子百家靡所不採其體例少異耳此書旣非琦所手校其間所錄諸條瑗等惟有所損而弗能益故或詳或略不盡均齊又離析合併未必一一得琦之本意故分隸亦間有參錯然網羅繁富大抵採自本書究非明人類書輾轉稗販者可比惟編內所收皆義存正大而道術類中有鬼

神妖怪諸瑣說物類中及寶鼎琴酒諸細故核以體例頗屬蕪雜是則叢璧不免於微瑕大木不免於寸朽分別觀之可矣乾隆四十七年八月恭校上

同姓名錄

臣等謹案同姓名錄十二卷明余寅撰錄補一卷周應賓撰寅應賓俱鄞縣人寅登萬歷庚辰進士歷官太常寺卿應賓登萬歷癸未進士歷官禮部尚書自梁元帝始著古今同姓名錄一卷見于隋經籍志唐陸善經元葉森遞相增益其後漸佚惟永樂大典有此書而明代人間別無傳本寅因上據經史旁摭稗官起自洪荒訖于元代先成四卷應賓以其未備搜而廣之後寅又自續八卷凡應賓所不欲載者悉掇拾無遺二人間有互異者如丙吉寅謂當姓邴陳涉博士孔甲寅謂當作孔鮒之類其義寅較爲長其他蒐採考覈訂訛辨異殊見該博惟卷帙既多不無踈謬如知傅霖有二矣而宋之撰刑統賦者不與焉知周密有二矣而宋之撰齊東野語者不與焉秦徐市之市音勿因訛爲福不與

漢徐福同孔門鄭邦史諱邦因改爲國不與韓水工同漢之塞決河者王延世而削去世字宋之進事類賦者吳淑而易吳爲李甚至同地名同神名同藥名同鳥獸蟲名概錄之以爲同姓名尤爲紊雜然梁元帝本書簡略陸善經葉森所續舛誤頗多此書採摭詳備足裨考證者多固未可以晚出廢之也乾隆四十七年八月恭校上

說略

臣等謹案說略三十卷明顧起元撰起元字太初江寧人萬歷戊戌進士官至吏部右侍郎謚文莊明史藝文志載說略六十卷考起元自序全書實止三十卷蓋志偶誤也其書雜采說部件繫條列頗與曾慥類說陶宗儀說郛相近故明史收入小說家類然詳考體例其分門排比編次之法實同類書但類書隸事此則纂言耳雖其中旁及二氏及參以怪異詭瑣之事不免駁雜特明代坊行類書最多大抵剽竊餖飣無資實用起元學問較諸家爲淹貫故所作尚有

體裁其史别典述諸門尤有益于考證裒輯彙粹之功良亦未可盡泯也乾隆四十七年五月恭校上

天中記

臣等謹案天中記六十卷明陳耀文撰耀文學問該博所著有學圃萱蘇正楊集諸書皆别著於録此編見明史藝文志者六十卷今世傳刻本止五十卷不加標目蓋當時初刊未定之本此本共六十卷目次與明史相合則其完書也明人類書所列舊籍大都沒其出處至於憑臆增損無可徵信此書援引繁富而皆能一一著所由來於體裁較善惟所著書名或在條首或在條末爲例未免不純又如愆陽伏陰語出春秋左氏傳而引漢書五行志爲據則事始不的又第一卷內篇目已畢而復綴以張衡靈憲賦一篇則編次失倫此類亦往往疎於檢點然其自九流毖緯以逮僻典遺聞廣事蒐羅實可爲博聞多識之助且每條下間附案語抉摘向來類家相沿之訛謬於隸事之中兼資考據其典

核尤諸家所未及其稱天中記者以耀文所居近天中山故也乾隆四十七年十月恭校上

圖書編

臣等謹案圖書編一百二十七卷明章潢撰潢有周易象義已著錄是編取左圖右書之意凡諸書有圖可考者皆彙輯而爲之說一卷至十五卷爲經義十六卷至二十八卷爲象緯歷算二十九卷至六十七卷爲地理六十八卷至一百二十五卷爲人道一百二十六卷爲易象類編一百二十七卷爲學語多識於例當入經義中而别綴於末蓋玉海附錄諸書例也其門人萬尙烈序稱是編肇於嘉靖壬戌成於萬歷丁丑年考潢年譜乃稱萬歷五年丁丑論世編成又稱萬歷十三年乙酉出圖書編與鄧元錫函史相證然則初名論世編後乃改此名矣明人圖譜之學惟此編與王圻三才圖會號爲巨帙然圻書門目瑣屑排纂冗雜下至奕棋牙牌之類無所不收不及潢書之體要其所繫諸說亦

皆捃摭殘賸未晰源流甚至軍器類中所列鞭鐧二圖稱鞭爲尉遲敬德所用鐧爲秦叔寶所用雜採齊東之語漫無考證亦不及潢書之引據古今詳賅本末雖儒生之見持論或涉迂談然採摭繁富條理分明浩博之中取其精粹於博物之資經世之用亦未嘗無百一之裨焉乾隆四十七年十一月恭校上

駢志

臣等謹案駢志二十卷明陳禹謨撰禹謨有經言枝指別著錄是書取古事之相類者比而録之對偶標題而各註其所出於條下不立門目但以自甲至癸十干爲序而大較以類相從其中嗜博愛奇務盈卷帙如晏子宅晏子冢蘇秦宅蘇秦冢之類古來有宅有冢者豈能徧收秦趙高爲丞相漢趙高爲太守之類古來同姓名者更難悉數又如平仲君遷乃吳都賦之本文橘不踰淮貉不踰汶乃考工記之成語因而採爲駢句名爲隸事實則鈔胥齊梁來儷偶之文亦恐罄竹難盡至于癸部所載及于經典一字之異同如浴乎沂沿乎沂詠而

歸詠而饋則經典釋文且將全錄矣然所採旣繁所儲遂富或一言而出典各殊或兩事而行縱相近多可以考證異同辨別疑似所謂披沙揀金往往見寶又如漢高毋姓駁司馬貞依託班固碑之類亦頗精確大致考核不及陳士元之名疑而博贍則勝方中德之古事比雖體例時有疎舛其蒐羅排比之勤要未可盡沒也乾隆四十七年五月恭校上

山堂肆考

臣等謹案山堂肆考二百二十八卷補遺十二卷明彭大翼撰大翼字雲舉又字一鶴揚州人是書萬歷乙未廖自伸序稱其冠軍諸生廿有餘年竟不得一登賢書其弟大翺序則稱其宦游百越凌儒序亦稱其浩然解組杜門海上則又嘗隸仕籍其嘗爲何官則不可得詳矣據卷端凡例是書成於萬歷乙未浸淫散佚越二十餘年至萬歷己未其孫壻張幼學乃尋繹舊聞踵事增定遂成完帙則幼學又有所附益不盡大翼之舊本也案焦竑序作於乙未已稱幼學增定與凡例不符疑坊本翻刻

訛己爲乙凡分宮商角徵羽五集如趙璘因話錄例然璘書於五音之義各有所取大翼此書則臣職一門割隸宮商二集親屬一門割隸商角二集無所分別特以紀其部帙如甲稿乙稿之類而已中分四十五門門又各分子目大致與他類書相等惟卉原訓草而以草卉標題似乎字複然考沈約詩有勿言草卉賤幸宅天地中語則自有出典未可譏也又道教神仙分爲二部與他類書亦稍別考漢志道家神仙家原自分别則亦古義矣所收雖多掇拾羣籍不盡採自本書而網羅繁富存之亦足備參考焉乾隆四十七年四月恭校上

古儷府

臣等謹案古儷府十二卷明王志慶撰志慶崑山人其書以六朝唐宋駢體之文足供詞藻之用者採摭英華分類編輯其漢魏賦頌之類雖非四六而典實博麗已開對偶之漸者亦併取焉凡分十八門門各分子目凡一百八十有二大槩仿歐陽詢藝文類聚之例或載全篇或存節本與他類書割裂餖飣僅存

字句者不同所引止於宋以前又皆從各總集别集採出亦非明人類書輾轉
稗販以致冗瑣舛訛貽誤來學者可比蓋志慶爲僉事志堅舉人志長之弟昆
仲皆以文學見稱於世志慶之考訂精確雖不及其兄而源流既正識度自超
故偶然選輯之本終能不失前人矩矱惟書中間收玉海所載儷句稍爲猥雜
若以此爲例則吴淑事類賦必將全部收入文繁語冗安有終窮幸其偶一之
故尚不至爲全書之累而貪多嗜博之弊亦終不能相掩云乾隆四十七年五
月恭校上

廣博物志

臣等謹案廣博物志五十卷明董斯張撰斯張字遐周烏程人國子監生以治
聞周見有聲於時所著述甚多此書名爲廣張華博物志而作其實分門隸事
名目瑣碎頗近後世類家與博物志原例不甚相合書中分大目二十有二子
目一百六十有七所載始於三墳迄於隋代詳略互見未能首尾眩貫其徵引

諸書皆標列原名綴於每條之末體例較善而中間亦有舛駮者如太平御覽太平廣記皆採摭古書原名具在乃斯張所引出自二書者往往但題御覽廣記之名而沒所由來殊爲不明根據又圖經不言某州地志不言某代隨意剽掇亦頗近於稗販又漢雜事祕辛爲楊愼僞作世所共知乃好異喜新雜然並載更不免疎於持擇至若孔疏鄭箋牽連滿幅道經釋典採錄盈篇愛博貪多尤傷枝蔓然其蒐羅既富唐以前之遺文墜簡裒聚良多在明代類書中固猶爲有資於淹雅者矣乾隆四十七年四月恭校上

御定淵鑑類函

臣等謹案淵鑑類函四百五十卷　聖祖仁皇帝御定事各爲部部各分類一本俞安期唐類函之體而增廣之蓋類書之作始于劉孝標類苑而踵其體者如徐堅初學記虞世南北堂書鈔歐陽詢藝文類聚以及白孔六帖太平御覽事類合璧玉海萬花谷事文類聚山堂考索記纂淵海山堂肆考天中記潛確

類書諸書闞靡夸多不勝屈指求其博而不繁簡而能覈則安期所述特爲詳
括第安期止載唐以前是書則自宋迄明博搜兼採益其所無補其所略不獨
以資華贍於凡歷代以來職官之升降郡邑之沿革邊塞之開拓瞭如指掌蓋
自有類書以來集其大成者矣乾隆四十七年五月恭校上

御定駢字類編

臣等謹案駢字類編二百四十卷　聖祖仁皇帝勅撰雍正四年告成　世宗
憲皇帝製序頒行其書與佩文韻府一齊尾字一齊首字互爲經緯相輔而行
實纂輯類書未有之格若綱在綱有條不紊爲門十有二曰天地曰時令曰山
水曰居處曰珍寶曰數目曰方隅曰采色曰器物曰草木曰鳥獸曰蟲魚補一
門曰人事爲類一千六百有四一類之中多者至百十餘條並從字義排次而
每條所引之事則以經史子集雜文詩賦爲次搜羅殫博義例井然且字必典
核文貴雅馴於以嘉惠承學用爲選辭徵事之祕眞可云毫髮無遺憾矣乾隆

四十七年四月恭校上

御定分類字錦

臣等謹案分類字錦六十四卷聖祖仁皇帝御定爲四十門六百餘類類各以字數爲次又以成對備用別之所引自經史以及百家著述靡不采菁擷華探原抉委視事文類聚白孔六帖合璧事類及編珠紀麗等書取材彌博選言益精而條理秩然尤便檢閱洵乎嘉惠藝林爲摛詞立言者之津逮云乾隆四十七年三月恭校上

御定子史精華

臣等謹案子史精華一百六十卷聖祖仁皇帝御定世宗憲皇帝實纘成之唐臣韓愈有云紀事者必提其要纂言者必鉤其玄周秦以來子部著錄者近數千家正史雜史下逮稗野之作亦數千百種承學之士汎濫浩博莫之津逮而有志編摩者間有節錄若諸史提要經子法語諸子瓊林諸書或翦裁過

甚得犓遺精識者病之是編綜萃羣言大書以標其警策分注以玩其辭旨卷帙不繁而包羅宏富蓋大聖人嘉惠藝林之盛心無微不至矣乾隆四十七年五月恭校上

御定佩文韻府

臣等謹案佩文韻府聖祖仁皇帝御定始事於康熙四十三年六月蕆事於五十年十月凡閱八年而後告成初命内直翰林臚次分纂每進初稿親加批乙既復詔閣部大臣更益蒐采仍稟睿裁於是載籍之精奥靡不包舉矣其體例參仿韻府羣玉及五車韻瑞二書而加以精博每韻詳其切首字義爲第一條而繼以韻藻以兩字三字四字爲次其一語而諸書互見者先引最初之書以爲出處而其餘承用者附之至排字之次大抵首經傳次諸史次百家雜説次詩文隽語詳者或連數行略者或標隻句期於博而不煩簡而必備洵所謂探珠於海採玉於山以之昭示藝林資考訂而宏淹雅蔑以加矣舊

依韻釐卷爲一百有六而中分子卷二十有四今依次繕錄篇頁加展因分子卷爲三百一十有四總得四百四十四卷云乾隆四十七年五月恭校上

御定韻府拾遺

臣等謹案韻府拾遺拾佩文韻府之所遺也　聖祖仁皇帝既　親定佩文韻府一書用裨藝林掞藻復恐載籍極博或有隻字之遺未稱羣言之備復　命詞臣續成是編依前　親定凡前編韻藻所未載而增入者爲補藻其已載而增注者爲補注援引先後次第一如前例而於諸家雜說詩文較詳焉於是華辭藻句綜萃無遺矣舊文依韻爲卷茲繕錄亦閒分子卷爲六總一百十有二卷云乾隆四十七年五月恭校上

格致鏡原

臣等謹案格致鏡原一百卷　國朝陳元龍撰元龍字廣陵海寧人康熙乙丑進士及第歷官文淵閣大學士謚文簡是書采輯物之原委以資考訂故以格

致爲名凡分三十類曰乾象曰坤輿曰身體曰冠服曰宮室曰飲食曰布帛曰舟車曰朝制曰珍寶曰文具曰武備曰禮器曰樂器曰耕織器物曰日用器物曰居處器物曰香奩器物曰燕賞器物曰玩戲器物曰穀曰蔬曰木曰草曰花曰果曰鳥曰獸曰水族曰昆蟲每類中又各爲條目採摭極稱繁博又以明人類書多不載原書之名攘古自益因詳加考訂凡大而連篇小而隻句必以原書名繫之雖所據或閒出近代之本不能盡泝其源而體例秩然首尾貫串無諸家叢冗猥雜之病亦庶幾稱精核者焉其書爲康熙戊子丁亥閒元龍歸養時所作後官廣西巡撫乃刊行之於粤中云乾隆四十七年二月恭校上

讀書紀數略

臣等謹案讀書紀數略五十四卷福建巡撫宮夢仁輯夢仁泰州人占籍靜海康熙十二年進士由翰林御史歷任巡撫因病休致是書蓋家居所輯也其義例本諸王應麟小學紺珠張九韶羣書備數而增益之一曰天部其類四次曰

地部其類十次曰人部其類二十有九次曰物部其類十有一類各爲卷凡古事之以數紀者具列焉康熙四十三年奏上得　旨刊印既成同板進入　禁中觀其自述凡例有懼其弗詳故名曰略奇幻不經未敢妄錄題下注出某書不忘所本諸語蓋其纂集異乎輕心以掉者而以臣下著述特邀　乙覽　允其刊布尤見　右文之盛矣乾隆四十七年二月恭校上

花木鳥獸集類

臣等謹案花木鳥獸集類三卷　國朝吳寶芝撰寶芝石門貢生是書原本卷端題有臣吳寶芝恭纂字當是經　進之本也所集花木鳥獸故實分門別類臚纂成書上卷凡四十三目中卷凡四十二目下卷凡二十五目蓋亦類書之體而卷帙不繁專掇取新穎字句以供詞藻之採擷上自經史諸子旁及漢唐以來稗官小說下至名人詩句無不博引兼收中間如三國典略瑞應圖字說等書久已佚亡亦不免從他書稗販之弊然所摘錄大致猶稱雅贍蓋其意取

纖麗爲清異錄之支流而泛濫及于詞章則又藝文類聚以來相沿之舊體雖

徵據稍隘掛漏尚多而片語單辭往往可資考證以視冗雜蕪蔓者轉爲足備

檢核焉乾隆四十七年九月恭校上

别號録

臣等謹案别號録九卷　國朝葛萬里撰萬里號夢航崑山人其書取宋金元

明人别號以下一字分韻編輯宋金元人共一卷明人八卷時彌近者彌易詳

也考錢曾讀書敏求記載有宋淳祐間錢塘徐光溥自號録一卷載當代名公

鉅卿騷人墨士之號譚友聞序之其本爲元至正間華亭孫道明所鈔今未之

見萬里此書蓋仿其類而廣之者也古人冠而稱字年過五十稱伯仲而已至

左傳所載子産子美至于兩字並行已難别識然猶無别號商山四皓皆自有

名姓而又有黄綺諸稱其别號之所昉乎自唐以後名目彌繁萬里序稱盛于

南宋濫于明見者莫知爲誰誠爲確論惟其體例苟簡每韻惟第一人標兩字

以下皆但標一字驟觀殊不了了又宋金元但注時代明人則兼注爵里而爵止兩字里止一字亦費推求其中如坡韻收蘇軾之東坡而翁韻乃遺歐陽修之醉翁失之眉睫亦多遺漏要其採摭之勤實足以資考據雖似瑣屑而于史學有補楊萬里之于院吏固時得一字師也乾隆四十七年十月恭校上

宋稗類鈔

臣等謹案宋稗類鈔三十六卷　國朝潘永因編永因讀史津逮已著錄是書以宋人詩話說部分類纂輯凡五十九門末附搜遺一卷以補諸門之所未備亦江少虞事實類苑之流惟皆不著所出是其一失蓋明人編輯舊文往往如是永因尚沿其舊習也又如異數門中盧延讓紅綾餅餤事則上及唐末符命門中庚申帝事武備門中泰定間鄧弼事則下及元時詔媚門中徐學詩劾嚴嵩嘉定人有與同姓名者遂改爲學謨事併闌入明代皆失斷限至武備門中載狄青不祖狄仁傑不去黥文之類分隸亦多未允然宋代雜記之書最爲汗

漫是編掇集英華網羅繁富且分門別類較易檢尋存之亦可資考核也乾隆

四十六年二月恭校上

欽定四庫全書提要卷七十四

子部二十六

小說家類一

西京雜記

臣等謹案西京雜記六卷舊本題晉葛洪撰考黄伯思東觀餘論稱此書中事皆劉歆所說葛稚川采之其稱余者皆歆本文云云今檢書後有洪跋稱其家有劉歆漢書一百卷考校班固所作殆是全取劉氏有小異同固所不取不過二萬許言今鈔出爲二卷名曰西京雜記以補漢書之闕據此則其書乃劉歆原本洪特鈔錄爲二卷耳舊題洪撰者非也此書初見於隋書經籍志者二卷本不著撰人名氏漢書匡衡傳顔師古註稱今有西京雜記者出於里巷亦不言作者爲何人至段成式酉陽雜俎廣動植篇始載葛稚川就上林令虞淵問草木名今在此書第一卷中則指爲葛洪者實起於唐之中葉舊唐書經籍志

宋史藝文志遂直註作晉葛洪撰蓋沿此説致誤而酉陽雜俎語資篇別載庾信作詩用西京雜記事旋自追改曰此吳均語恐不足用晁公武讀書志亦稱江左人或以爲吳均依託今考晉書葛洪傳載洪所著有抱朴子神仙良吏集異等傳金匱要方肘後備急方並諸雜文共五百餘卷並無西京雜記之名則此書決非洪所撰特其中所記與班書參校往往錯互不合則小有異同之語洪跋固自言之未足爲疑也當兼題劉歆葛洪姓名以從核實其書諸志皆作二卷今本作六卷據書録解題蓋宋人所分今亦仍之其所纂述雖多爲小説家言而採摭繁富取材不竭李善注文選徐堅作初學記已引其文杜甫詩隸事謹嚴亦多採其語詞人沿用數百年久成故實固有足取者矣乾隆四十七年九月恭校上

世説新語

臣等謹案世説新語三卷宋臨川王劉義慶撰梁劉孝標註義慶事迹具宋書

本傳孝標名峻以字行事迹具梁書本傳黄伯思東觀餘論謂世說之名肇於
劉向其書已亡故義慶所集名世說新書段成式酉陽雜俎引王敦澡豆事尙
作世說新書可證不知何人改爲新語蓋近世所傳然相沿已久不能復正矣
所記分三十八門上起後漢下迄東晉皆軼事瑣語足爲談助唐藝文志稱劉
義慶世說八卷劉孝標續十卷崇文總目惟載十卷晁公武謂當是孝標續義
慶元本八卷通成十卷又謂家有詳略二本迥不相同今其本皆不傳惟陳振
孫書錄解題作三卷與今本合其每卷析爲上下則世傳陸游所刋本已然蓋
即舊本至振孫載汪藻所云敍錄二卷首爲考異繼列人物世譜姓字異同末
記所引書目者則佚之久矣自明以來世俗所行凡二本一爲王世貞所刋註
文多所刪節殊乖其舊一爲袁褧所刋蓋即從陸本翻雕者雖板已刓敝然猶
屬完書義慶所述劉知幾史通深以爲譏然義慶本小說家言而知幾繩之以
史法擬不于倫未爲通論孝標所注特爲典贍高似孫緯略亟推之其糾正義

慶之紕繆尤爲精核所引諸書今佚者十九惟賴其注以傳故與裴松之三國志註李善文選註同爲考證家所引據焉乾隆四十七年十月恭校上

朝野僉載

臣等謹案朝野僉載六卷舊本題唐張鷟撰鷟有龍筋鳳髓判已著錄此書新唐書藝文志作三十卷宋史藝文志作僉載二十卷又僉載補遺三卷文獻通考則但有僉載補遺三卷此本六卷參考諸書皆不合晁公武讀書志又謂其分三十五門而今本乃逐條聯綴不分門目亦與晁氏所記不同又莫休符桂林風土記載鷟在開元中姚崇誣其奉使江南受遺賜死其子上表請代減死流嶺南數年起爲長史而卒計其時尚在天寶之前而書中有寶歷元年資陽石走事寶歷乃敬宗年號又有孟宏微對宣宗事時代皆不相及案尤袤遂初堂書目亦分朝野僉載及僉載補遺爲二書疑僉載乃鷟所作補遺則爲後人附益凡闌入中唐後事者皆應爲補遺之文而陳振孫所謂書本三十卷此其

節略者當即此本蓋嘗經宋人摘錄合併載補遺爲一删併門類已非原書又不知何時析三卷爲六卷也其書皆紀唐代故事而於諸噱荒怪纖悉臚載未免失於瑣雜故洪邁容齋隨筆譏其記事瑣屑摘裂且多媟語然耳目所接可據者多故司馬光作通鑑亦引用之兼收博采固未嘗無裨於見聞也乾隆四十七年十月恭校上

唐國史補

臣等謹案唐國史補三卷唐李肇撰首題尚書左司郎中而肇所作翰林志又題翰林學士左補闕結銜互異案王定保唐摭言稱肇爲元和中中書舍人而新唐書藝文志則云翰林學士坐薦柏耆自中書舍人左遷將作少監以唐官制考之蓋肇自左司改補闕入翰林後爲中書舍人坐事左遷而此書則其官左司時所作也書中皆載開元至長慶間事乃續劉餗小說而作上卷中卷各一百三條下卷一百二條每卷以五字標題所載如謂王維取李嘉祐水田白

鷺之聯今李集無之又記霓裳羽衣曲一條沈括亦辨其妄又謂李德裕清直無黨謂陸贄誣于公異皆爲曲筆然論張巡則取李翰之傳與記左震李汧李廙顔眞卿陽城歸登鄭絪孔戣田布鄒待徵妻元載女諸事皆有裨於風教又如李舟天堂地獄之說楊氏穆氏兄弟賓客之辨皆有名理末卷所說諸典故及下馬陵相府蓮義亦資考據餘如㮮蒲盧雉之訓可以解劉裕事劍南燒春之名可以解李商隱詩可采者不一而足自序謂言報應叙鬼神徵夢卜近帷箔則去之紀事實探物理辨疑惑示勸戒采風俗助談笑則書之歐陽修作歸田錄自稱以是書爲式良有以也乾隆四十七年十月恭校上

唐新語

臣等謹案唐新語十三卷唐元和中登仕郎守江州潯陽縣主簿劉肅撰所紀起武德之初迄大曆之末凡分三十門皆取軼文舊事有裨勸戒者前有自序後有總論一篇稱昔荀爽紀漢事可爲鑒戒者以爲漢語今之所記庶嗣前修

蓋雜史之流非若世說新語諸書徒爲談助者比惟其中諸譃一門體雜小說未免自亂其例耳是書本名新語新唐書藝文志並同明馮夢禎兪安期等因與李垕續世說合刻遂改題曰唐世說殊爲臆撰商濬刻入稗海併於肅自序中增入世說二字兪僞妄矣卷末總論一篇稗海佚之又佚其政能第八之標題皆爲疎舛今以諸本參校定爲書三十篇總論一篇而復名爲唐新語以存其舊焉乾隆四十七年四月恭校上

次柳氏舊聞

臣等謹案次柳氏舊聞一卷唐李德裕撰德裕事蹟具唐書本傳是書所記皆玄宗遺事凡十七則前有德裕自序大略謂史官柳芳上元中謫徙黔中高力士時已徙巫州相與周旋因得聞禁中事記爲一書曰問高力士太和中詔求其書宰相王涯等向芳孫度支員外郎璟索之不獲而德裕父吉甫及與芳子吏部郎中冕遊嘗聞其說以告德裕德裕因追憶錄進舊唐書文宗本紀載太和

八年九月己未宰臣李德裕進御臣要略及柳氏舊聞三卷蓋卽其事惟卷數與今本不合殆二書共爲三卷歟中如元獻皇后服藥張果飲堇汁無畏三藏祈雨吳后夢金甲神興慶池小龍內道場素黃文事皆涉神怪其姚崇魏知古相傾軋及乳媪以他兒易代宗事亦似非實錄姑存以備異聞可也柳珵常侍言旨案此書無別行之本此據陶宗儀說郛所載首載李輔國逼脅玄宗遷西內事云此事本在朱厓太尉所續桯史第十六條內蓋以避時事所以不書也考德裕所著别無所謂桯史知此書初名桯史後改今名又知此書本十八條刪此一條今存十七至其名桯史之義與所以改名之故則不可詳矣乾隆四十七年九月恭校上

劉賓客嘉話錄

臣等謹案劉賓客嘉話錄一卷唐韋絢撰絢字文明京兆人唐書藝文志載韋絢劉公嘉話錄一卷註曰絢執誼子也咸通義武軍節度使劉公禹錫也宋史藝文志則載絢劉公嘉話一卷又賓客嘉話一卷劉公嘉話當卽此書賓客嘉

話則諸家著錄皆無之當由諸書所引或稱劉公嘉話或稱劉賓客嘉話故分爲二書又誤脫劉字耳此本載曹溶學海類編中其所載昭明太子脛骨一條人腊一條盧元公病疸一條（案此本刪去盧字直作元公）蜀王琴一條李勉百衲琴一條碧落碑一條狸骨方一條張憬藏書台字一條張嘉祐改忻州一條王廙書畫一條戲場刺蝟一條汲冢書一條牡丹花一條王僧虔書一條陸暢蜀道易一條魏受禪碑一條張懷瓘書斷一條灊山九井一條虎頭致雨一條五星浮圖一條寶章集一條紫芝殿一條王次仲化鳥一條李約葬商胡一條楊汝士說項斯一條蔡邕石經一條借船帖一條飛白書一條章仇兼瓊鎭蜀日女童爲夜叉所掠一條寒具一條昌黎生改金根車一條辨遷鶯字一條謝太傅碑一條千字文一條鄭虔三絕一條鄭承嘏遇鬼一條堯女冢一條白居易補銀佛像一條謝眞人上升一條皆全與李綽尚書故實相同間改竄一二句其文必拙陋不通蓋學海類編所收諸書大抵竄改舊本以示新異遂致眞僞糅雜炫惑

視聽幸所攙入者尚有蹤迹可尋今悉刋除以存其舊中昌黎生改金根車一條王楙野容叢書引之辨遷鶯一條黄朝英緗素雜記引之亦均作劉禹錫嘉話或一事而兩書互見疑以傳疑姑並存之雖殘缺之餘非復舊帙然大概亦十得八九矣乾隆四十七年十月恭校上

明皇雜録

臣等謹案明皇雜録二卷別録一卷唐鄭處誨撰處誨字延美滎陽人宰相餘慶之孫太和八年登進士第官至檢校刑部尚書宣武軍節度使事蹟附見舊唐書鄭餘慶傳案史稱處誨爲校書郎時撰次明皇雜録三篇行於世晁公武讀書志則載明皇雜録二卷然又曰別録一卷題補闕所載十二事則史并別録數之晁氏析別録數之也葉夢得避暑録話曰鄭處誨明皇雜録記張曲江與李林甫爭牛仙客實封時方秋上命高力士以白羽扇賜之九齡惶恐作賦以獻意若言明皇以忤旨將廢黜故方秋賜扇以見意新書取載之本傳據曲

江集賦序曰開元二十四年盛夏奉勅大將軍高力士賜宰相白羽扇九齡與焉則非秋賜且通言宰相則林甫亦在不獨爲曲江而設乃知小說記事苟非耳目親接安可輕書耶云云則處誨是書亦不盡實錄然小說所記眞僞相參自古已然不獨處誨在博考而愼取之固不因一二事之失實遂廢此一書也避暑錄話又曰盧懷愼好儉家無珠玉錦繡之飾此固善事然史言妻子至寒餓宋璟等過之門不施箔風雨至引席自障則恐無此理此事蓋出鄭處誨明皇雜錄而史臣妄信之云云今本無此一條然則已有佚脫非完帙矣乾隆四十七年十月恭校上

大唐傳載

臣等謹案大唐傳載一卷不著撰人名氏記唐初至元和中雜事唐宋藝文志俱不載前有自序稱八年夏南行嶺嶠暇日瀧舟傳其所聞而載之考穆宗以後惟太和大中咸通乃有八年此書既不著其紀元之號所云八年者亦不知

其在何時也所錄唐公卿事迹言論頗詳多爲史所採用間及於詼諧談謔及朝野瑣事亦往往與他說部相出入惟稱貞元中鄭國韓國二公主加謚爲公主追謚之始而不知高祖女平陽昭公主有謚已在前又蕭穎士逢一老人謂其似鄱陽王據博異記乃亘盜而此紀之以爲異人如此類與諸書頗不合蓋當時流傳互異作者承所聞而錄之故不免牴牾要其可據者實十之六七云

乾隆四十七年十月恭校上

教坊記　幽閒鼓吹附　松窗雜錄附

臣等謹案教坊記一卷唐崔令欽撰是書唐書藝文志著錄又總集類中載令欽注庾信哀江南賦一卷然均不言令欽何許人蓋修唐書時其始末已無考矣所記多開元中猥雜之事故陳振孫譏其鄙俗然其後記一篇諄諄于聲色之亡國雖禮爲尊諱無一語指斥玄宗而歷引漢成帝高緯陳叔寶慕容熙其言剴切而著明乃知令欽此書本以示戒非以是勸唐志列之于經部樂類固

爲失當然其風旨有足取者雖謂曲終奏雅亦無不可但所列曲調三百二十五名足爲詞家考證也

臣等謹案幽閒鼓吹一卷唐張固撰固始末未詳是書舊有明顧元慶跋稱共二十五篇與晁公武讀書志所言合今檢此本乃二十六篇蓋誤斷元載及其子一條爲二耳元慶又稱固在懿僖間採摭宣宗遺事則殊不然書中元和會昌間事不一而足非僅記宣宗事也又稱姚文公唐詩鼓吹序謂宋高宗退居德壽宮嘗纂唐宋遺事爲幽閒鼓吹其言不知何據元慶亦以爲疑今考唐書藝文志小說家有張固幽閒鼓吹一卷則出自唐人更無疑義縱高宗别有幽閒鼓吹亦書名偶同不得以此本當之矣固所記雖篇帙寥寥而其事多關法戒非造作虛辭無裨考證者比在唐人小說之中猶差爲切實可據焉

臣等謹案松窗雜錄一卷唐李濬撰濬爵里新舊唐書皆不載文獻通考作韋濬撰案宋史藝文志及明陳文燭歷代小史皆作李濬疑通考誤也惟宋志作

松窗錄少一雜字則又史文之訛異耳此乃范氏天一閣鈔本與陳文燭所刻本略同唯多中宗召宰相一節又姚崇姨母盧氏一節然亦他小説所有恐鈔此書者别取以增入之首條記唐明皇事頗詳整可觀中幅載李泌對德宗論明皇得失瞭若指掌通鑑所載泌事多取之鄴侯家傳纖悉必錄最爲詳備而獨不記此語是亦足以補其闕也乾隆四十七年九月恭校上

雲溪友議

臣等謹案雲溪友議三卷唐范攄撰攄始末未詳唐書藝文志註稱爲咸通時人而書中李涉贈盜詩一條自稱乾符己丑歲客於霅川觀李博士手翰考乾符元年爲甲午六年爲己亥次年庚子改元廣明中間無己丑己丑實爲咸通十年疑書中或誤咸通爲乾符否則誤己亥爲己丑然總之僖宗時人也攄自號五雲溪人故以名書世有二本商濬稗海所刻分作十二卷此本分上中下三卷共六十五條每條各有三字標題卷端有攄自序皆商氏本所無考陳振

孫書錄解題已稱唐志三卷今本十二卷則南宋已經分析然終以三卷之本爲不失櫖之舊也所錄皆中唐以後雜事其中如南陽錄一條記安祿山生於鄧州南陽與姚汝能祿山事迹所記生於營州阿軋犖山者不同殆傳聞之誤記李白蜀道難爲房琯杜甫厄於嚴武而作宋蕭士贇李詩補註已駁之他如陳子昂爲射洪令段簡所殺在武后時章仇兼瓊判梓州自在天寶以後時代迥不相及殺王昌齡者閭丘曉殺閭丘曉者張鎬與高適亦不相關乃云章仇大夫兼瓊爲陳拾遺雪獄高適侍御爲王江寧申寃殊不可解陳拾遺句下注曰陳冕字子昂亦與史不符又周德華所唱楊柳枝詞世傳賀知章作蓋據韋縠才調集才調集又據此書然古詞但有月節折楊柳歌其柳枝一調實興自中唐白居易諸人郭茂倩樂府詩集班班可考知章時安有是題皆委巷流傳失於考證至於頌于頔之寬仁詆李紳之狂悖毀譽不免過當而李羣玉黃陵廟詩一條侮謔古聖尤小人無忌之談皆不足取然六十五條之中詩話居十

之七八大抵爲孟棨本事詩所未載逸篇瑣事頗賴以傳又以唐人說唐詩耳目所接終較後人爲近故考唐詩者如計有功紀事諸書往往據之是固不以一二瑕疵累其全帙矣乾隆四十七年二月恭校上

玉泉子

臣等謹案玉泉子一卷不著撰人名氏中稱昭宗是唐末人矣所記皆雜事亦亦多采他小說爲之如開卷裴度一條全同因話錄韓昶金根車事先載尙書故實不盡其所聞見也書錄解題作玉泉筆端三卷稱前有中和三年序末有跋稱出於淮海相公之孫扶風李昭德家此本皆無之書錄解題又曰別一本號玉泉子比此本少數條而多五十二條無序跋錄其所多者爲一卷此本共八十二條豈即陳振孫所錄之一卷而書錄解題訛八字爲五字耶但所謂玉泉筆端者今已不可復見其同異遂無由考證特以唐人舊帙傳世者稀故錄而存之以備小說家之一種焉乾隆四十七年四月恭校上

雲仙雜記

臣等謹案雲仙雜記十卷舊本題唐金城馮贄撰贄履貫無可考其書雜載古人逸事如所稱戴逵雙柑斗酒往聽黄鸝之類詩家往往習用之然實僞書也無論所引書目皆歷代史志所未載即其自序稱天復元年所作而序中乃云天祐元年退歸故里書成於四年之秋又數歲始得終篇年號先後亦復顚倒其爲依託明矣考陳振孫書錄解題有馮贄雲仙散錄一卷亦有天復元年序振孫稱其記事造語如出一手疑贄爲子虚烏有之人洪邁容齋隨筆趙與旹賓退錄所說亦皆相類然不能指爲何人作張邦基墨莊漫錄云近時傳一書曰龍城錄乃王性之僞爲之又作雲仙散錄尤爲怪誕又有李歜注杜甫詩注東坡詩皆出性之一手殊可駭笑然則爲王銍所作無疑矣惟陳振孫稱雲仙散錄一卷此乃作雲仙雜記十卷頗爲不同然孔傳續六帖所引散錄驗之皆在此書中其即爲一書顯然可證疑卷數則陳氏誤記書名則後人追改也此

本爲葉盛菉竹堂所刋較說郛諸書所載多原序一篇其書未經删削較他本亦爲完備云乾隆四十七年五月恭校上

唐摭言

臣等謹案唐摭言十五卷五代王定保撰定保舊本不題其里貫其散序一篇稱王溥爲從翁則溥之族也陳振孫書録解題謂定保爲吳融之壻光化三年進士喪亂後入湖南考定保登第之歲距朱溫篡唐僅六年又序中稱溥爲丞相則是書成于顯德元年以後故題唐國號不復作內詞歟然定保生于咸通庚寅至是年八十五矣不審何以尚能著書也同時南唐鄉貢士何晦亦有摭言十五卷與定保書同名今晦書未見而定保書刻於商氏稗海者删削大半殊失其眞此本爲吳江宋賓王所録末有跋語稱以汪士鋐本校正較稗海所載特爲完備近日揚州新刻卽從此録出者也惟是晁公武讀書志稱是書分六十三門而此本實一百有三門數目差舛不應至是豈商濬之前已先有

删本耶是書述有唐一代貢舉之制特詳多史志所未及其一切雜事亦足以覘名場之風氣驗士習之淳澆法戒兼陳可爲永鑒不止小說雜家但記異聞已也據定保自述蓋聞之陸扆吳融李渥顔蕘王溥王渙盧延讓楊贊圖崔籍若等所談云乾隆四十七年十月恭校上

中朝故事　金華子

臣等謹案中朝故事二卷南唐尉遲偓撰偓履貫未詳書首舊題朝議郎守給事中修國史驍騎尉賜紫金魚袋臣尉遲偓奉旨纂進蓋李氏有國時偓爲史官承命所作李昪自以爲出太宗之後承唐統緒故稱長安爲中朝也其書皆記唐宣懿昭哀四朝舊聞上卷多君臣事迹及朝廷制度下卷則雜錄神異怪幻之事中間不可盡據者如宣宗爲武宗所忌請爲僧遊行江表一事司馬光通鑑考異已斥其鄙妄無稽又路巖傾害劉瞻賴幽州節度使張公素上疏申理一事考是時鎭幽州者乃張允伸非張公素所記殊誤又鄭畋鬼胎一事與

唐人所作齊推女傳首尾全同而變其姓名尤顯出蹈襲然其時去官未遠故
家文獻所記亦往往足徵如崔彦昭王凝相仇一事司馬光考異雖摘其以彦
昭代凝領鹽鐵之誤而其事則全取之又昭宗菩薩蠻詞選家所錄亦率本于
此讀者苟與正史分別參觀去訛存是固未嘗不足以資參證也
臣等謹案金華子二卷南唐劉崇遠撰崇遠家本河南唐末避黃巢之亂渡江
南徙仕李氏爲文林郎大理司直嘗慕皇初平之爲人自號金華子因以爲所
著書名崇遠有自序一篇頗具梗概序末題名具官稱臣不著年月而書中所
稱烈祖高皇帝者乃南唐先主李昪廟號又有昇元受命之語亦南唐中主李
景紀年晁公武讀書志乃以爲唐人陳振孫書錄解題則泛指爲五代人宋濂
諸子辨則併謂其人不可考諸說紛紜皆未核其自序而誤也其書宋藝文志
作三卷世無傳本惟散見永樂大典者蒐採尚得六十餘條核其所記皆唐末
朝野之故事與晁氏所云錄唐大中後事者相合其中於將相之賢否藩鎮之

强弱以及文章吟詠神奇鬼怪之事靡所不載多足與正史相參證觀資治通鑑所載宣宗引對令狐綯李景讓稟母訓王師範拜縣令王式馭亂卒諸事皆本是書則司馬光亦極取之惟其紀劉鄩襲兗州一條以兗帥爲張姓而考之五代歐薛二史則當時兗帥實葛從周不免傳聞異詞然要其大致可信者多與大唐傳載諸書摭拾委巷之談者相去固懸絕矣胡應麟九流緒論乃以鄙淺譏之考應麟仍以崇遠爲唐人不糾晁氏之誤知未見其自序又取與劉基郁離子蘇伯衡空同子相較是並不知爲記事之書誤儕諸立言之列明人詭薄好爲大言以售欺不足信也謹裒綴編次分爲二卷而以崇遠原序冠之簡端以存其略焉乾隆四十七年九月恭校上

開元天寶遺事

臣等謹案開元天寶遺事四卷五代王仁裕撰仁裕字德輦天水人唐末爲秦州節度判官後仕蜀爲翰林學士唐莊宗平蜀復爲秦州節度判官廢帝時以

都官郎中充翰林學士晉高祖時爲諫議大夫漢高祖時復爲翰林學士承旨遷戸部尚書罷爲兵部尚書太子少保周顯德三年卒事迹具五代史雜傳晁公武讀書志曰蜀亡仁裕至鎬京採摭民言得開元天寶遺事一百五十九條分爲四卷洪邁容齋隨筆則以爲託名仁裕摘其中舛謬者四事一爲姚崇在武后時已爲宰相而云開元初作翰林學士一爲郭元振貶死後十年張嘉貞乃爲宰相而云元振少時宰相張嘉貞納爲壻一爲張九齡去位十年楊國忠始得官而云九齡不肯及其門一爲蘇頲爲宰相時張九齡尚未達而云九齡覽其文卷稱爲文陣雄師所駁詰皆爲確當然蘇軾集中有讀開元天寶遺事四絕句司馬光作通鑑亦採其中張彖指楊國忠爲冰山語則其書實在二人以前非雲仙散錄龍城錄之流晚出於南宋者可比蓋委巷相傳語多失實仁裕採摭於遺民之口不能證以國史是即其失必以爲依託其名則事無顯證劉義慶世說新語劉孝標註往往摘其牴牾要不以是爲不出義慶手也故今

仍從舊本題爲仁裕撰焉乾隆四十七年五月恭校上

鑑戒錄

臣等謹案鑑戒錄十卷蜀何光遠撰光遠字輝夫東海人孟昶廣政初官普州軍事判官其書多記唐及五代間事而蜀事爲多皆近俳諧之言各以三字標題凡六十六則趙希弁讀書後志以爲輯唐以來君臣事迹可爲世鑒者似未覩其書因其名而臆説也此本有朱彝尊序稱從項元汴家宋本影寫今觀所記如徐后事一條所載王承旨詩後山詩話以爲花蕊夫人所作蜀門諷一條所載向瓚嘲蔣鍊師詩南唐近事以爲廬山道士其語大同小異猶可曰傳聞異詞鑿冤辱一條全剽襲殷芸小説東方朔辨怪哉蟲事已爲附會鬼傳書一條不知水經注有梁孝直事更屬疏灩鐵汁一條稱秦宗權本不欲叛乃太山神追其魂以酷刑逼之倡亂是爲盜賊藉口尤不可以訓特以其爲五代舊書所載佚事遺文往往可資采綴故仍録之小説家焉乾隆四十七年十月恭

校上

南唐近事

臣等謹案南唐近事二卷宋鄭文寶撰文寶字仲賢寧化人南唐鎮海節度使彦華之子仕李煜爲校書郎入宋登太平興國八年進士官至陜西轉運使兵部員外郎事迹具東都事略藝文傳有江表志别著録文寶受業於徐鉉文章頗有淵源而是編所記乃多近小説家言中如廬山道士控鶴致斃一詩先見蜀何光遠鑑戒録乃女冠蔣鍊師事則亦不免於牽合附會疑南唐亡後文寶有志於國史蒐採舊聞排纂敘次以朝廷大政入江表志至於大中祥符三年乃成其餘叢談瑣事别爲輯綴先成此編一爲史體一爲小説體義例本殊故所載如是視馬令南唐書以彭利用掉書袋事特立一傳連篇累牘名爲史而實則小説者較爲有裁制矣乾隆四十七年五月恭校上

臣等謹案北夢瑣言二十卷宋孫光憲撰光憲字孟文自號葆光子十國春秋作貴平人而自題乃稱富春考光憲自序言生自岷峨則當爲蜀人其曰富春蓋舉郡望也仕唐爲陵州判官旋依荆南高季興爲從事以文學知名後勸高繼沖以三州歸宋太祖嘉之授黄州刺史以終舊以爲五代人者誤也所著有荆臺集橘齋集玩筆傭集鞏湖編玩蠶書續通歷紀事等部皆久亡惟是書獨傳於後以左傳有田於江南之夢而荆州在江北故以命名所載皆唐及五代時士大夫逸事每條多載某人所説以示徵信雖詮次徵傷叢碎實可資史家考證之助宋李昉等編太平廣記采掇尤多明商濬刻入稗海中而所據本脱誤特甚今所傳乃元時華亭孫道明所藏則猶宋時陝西刊本之舊也乾隆四十七年四月恭校上

賈氏譚錄

臣等謹案賈氏譚錄一卷宋張洎撰洎字偕仁全椒人初仕南唐爲知制誥中

書舍人入宋爲史館修撰翰林學士淳化中官至參知政事是書乃泊爲李煜使宋時錄所聞於賈黃中者故曰賈氏譚錄前有自序題庚午歲爲宋太祖開寶三年宋史賈黃中傳載黃中官左補闕在開寶初與此序合蓋其時爲泊館伴也又序末稱貽諸好事而晁公武讀書志乃稱南唐張泊奉使來朝錄賈黃中所談歸獻其主殆偶未檢此序歟史稱黃中多知臺閣故事談論亹亹聽者忘倦故此錄所述皆唐代軼聞晁氏稱原書凡三十餘事明陶宗儀說郛所載僅九事宋曾慥類說所載亦僅十七事惟考永樂大典所載較曾陶二本爲詳今從各韻蒐輯參以說郛類說共得二十六事視泊原目蓋已及十之九矣原敍一篇類說及永樂大典皆佚之惟說郛有其全文今仍錄冠卷首以補其闕是書雖篇帙無多然如牛李之黨其初肇釁於口語爲史所未及而周秦行紀一書晁公武嘗據此錄以辨韋瓘之誣他如興慶宮華清宮含元殿之制淡墨題榜之始以及院體書百衲琴澄泥研之類皆足以資考核較他小說固猶爲

篤實近正也乾隆四十五年十月恭校上

洛陽縉紳舊聞記

臣等謹案洛陽縉紳舊聞記五卷宋張齊賢撰齊賢字師亮曹州人徙居洛陽太平興國二年進士累官同中書門下平章事以司空致仕卒謚文定事蹟具宋史本傳是書前題乙巳歲乃眞宗景德二年齊賢以兵部尚書知青州時所作皆述梁唐以還洛陽舊事凡二十一篇分爲五卷書錄解題目次與此本合獨晁氏讀書志作十卷今案自序明言五卷而檢永樂大典所載此書之文亦無出此本外者則讀書志字誤明矣書中多據傳說之詞約載事實以爲勸誡自稱凡與正史差異者竝存而錄之亦別傳外傳之比然如衡陽周令妻報應洛陽染工見寃鬼焦生見亡妻諸條具不免涉於語怪又如李少師賢妻一條稱契丹降王東丹朝廷密害之非命而死契丹已知之李肅奉命護喪柩送歸憂沮不知其計云云案通鑑五代史東丹即遼太祖長子太宗之兄奔唐爲昭

信節度使賜名贊華因太宗助石晉起兵潞王遣宦者秦繼旻皇城使李彦紳殺之於其第是東丹之死實緣潞王以兵敗逞忿旋即滅亡晉高祖後爲之備禮送歸時隔兩朝在晉人本無密害之事又何所嫌疑而遽形憂沮此事殆出傳聞之訛殊不可信至如紀張全義治洛之功極爲詳備則舊史多採用之其他佚事亦頗有足資博覽者固可與五代史闕文諸書同備讀史之考證也乾隆四十七年十月恭校上

南部新書

臣等謹案南部新書十卷宋錢易撰舊本卷首題籛後人蓋以姓譜載錢氏出籛鏗也易字希白吳越王倧之子眞宗朝官至翰林學士是書乃其大中祥符間知開封縣時所作皆記唐時故實間及五代多錄軼聞瑣事而朝章國典因革損益之故亦雜載其中故雖小說家言而實有裨于史學晁公武讀書志作五卷焦竑國史經籍志作十卷今考其標題自甲至癸以十干爲紀則作十卷

者是也世所行本多非完書兼有從曾慥類說中摘錄而成半經删削者此本共八百餘條首尾完具猶爲全帙云乾隆四十七年三月恭校上

王文正筆錄

臣等謹案王文正筆錄一卷宋王曾撰曾字孝先青州益都人咸平五年鄉貢試禮部廷對皆第一官至右僕射兼門下侍郎平章事集賢殿大學士封沂國公謚文正事蹟具宋史本傳此乃所記朝廷舊聞凡三十餘條皆太祖太宗眞宗時事其下及仁宗初者僅一二條而已曾練習掌故所言多確鑿有據故李燾作通鑑長編往往全採其文如記李沆爲相王旦參知政事羽書邊奏無虚日旦以爲憂沆謂他日天下寧晏未必端拱無事及北鄙和好登封行慶旦疲於贊導始服李之深識云云司馬光涑水記聞亦載其事則謂和好既成而沆獨憂之李燾考異謂沆卒於景德元年七月至十二月和議始成光蓋偶未及考當以曾說爲長此類皆爲能得其實惟景德改元在其年正月而曾於王繼

忠一條乃謂兵罷改元亦未免有誤又繼忠兵敗降遼不能死國反爲所任用殊虧臣節雖有和好啟導之力殊不足以自贖曾乃以盡忠兩國許之襃貶尤爲失當矣乾隆四十七年九月恭校上

儒林公議

臣等謹案儒林公議二卷宋田況撰況字元均其先京兆人徙居信都況舉進士又舉賢良方正爲太常丞辟陝西經略判官入爲右正言歷帥秦蜀擢樞密使以觀文殿學士提舉景靈宮卒事蹟具宋史本傳所著有奏議三十卷久佚不傳是編乃記建隆以迄慶歷朝廷政事及士大夫行履得失甚詳五代十國時事亦間附一二條蓋雜錄而成故前後多未詮次其中議論亦有沿世俗之見隨聲附和不能悉當于正理者而大致尚屬公平其紀入閤會議諸條明晰掌故皆足爲讀史者參稽互證之助東都事略稱況嘗作好名朋黨二論極以爲戒而是編內于范仲淹歐陽修諸條亦拳拳致意于黨禍之所自起其識見

正大尤爲不易幾及至況曾爲夏竦幕僚好水川之役況上疏極論之竦不出師蓋用況之策故書中于竦多恕詞而于竦所惡之富弼諸人仍極口揄揚絶無黨同伐異之見亦可以見其直道也此本末有嘉靖庚戌陽里子柄一跋不知何許人論此書頗詳明商濬刻稗海乃以爲宋無名氏所撰其末考甚矣乾隆四十七年九月恭校上

涑水記聞

臣等謹案涑水記聞宋司馬光撰光有易說諸書已著錄是編雜錄宋代舊事起於太祖訖於神宗每條皆註其述說之人故曰記聞或如張詠請斬丁謂之類偶忘姓名者則註曰不記所傳明其他皆有證驗也間有數條不註者或總註於最後一條以括上文或後傳寫不免有所佚脫耳其中所記國家大政爲多而亦間涉瑣事案文獻通考溫公日記條下引李燾之言曰文正公初與劉道原共議取實錄國史旁採異聞作資治通鑑後紀今所傳記聞及日記朔記

皆後紀之具也光集有與范祖禹論修長編書稱妖異有所警戒詼諧有所補益並告存之大抵長編寧失於繁無失於略云云此書殆亦是志歟至於記太祖時宋白知舉一事自註云疑作陶穀記李迪丁謂鬭閲一事前一條稱上命翰林學士錢惟演草制罷謂政事惟演乃出迪而留謂後一條稱詔二人俱罷相迪知鄆州明日謂復留爲相种世衡遺王嵩反間一事前一條云間旺榮後一條云間剛朗凌招撫保州亂兵一事前一條云田況後一條云郭逵聞見異詞即兩存其說亦仍通鑑考異之義也王明清玉照新志曰元祐初修神宗實錄秉筆者極天下之文人如黃秦晁張是也紹聖初鄧聖求蔡元長上章指爲謗史乞行重修蓋舊文多取司馬文正公涑水記聞如韓富歐陽諸公傳及敍劉永年家世載徐德占母事王文公之詆永年常山呂正獻之評曾南豐安簡借書多不還陳秀公母賤之類取引甚多於是裕陵實錄皆以朱筆抹之盡取王荆公日錄以删修焉號朱墨本是光此書實當日是非之所繫故紹述之黨

務欲排之然明清所舉諸條今乃不見於書中殆避而刊除歟陳振孫書錄解題亦曰此書行世久矣其間記呂文靖數事呂氏子孫頗以爲諱蓋嘗辨之以爲非溫公全書而公之曾孫侍郎伋遂從而實之上章乞毀板識者以爲譏知當時公論所在不能以私憾抑矣其書宋史藝文志作三十卷書錄解題作十卷今所傳者凡三本其文無大同異而分卷則多寡不齊一本十卷與陳氏目錄合一本二卷不知何人所併一本十六卷又補遺一卷而自九卷至十三卷所載往往重出失於刊削蓋本光未成之稾傳寫者隨意編錄故自宋以來卽無一定之卷數也今參稽釐訂凡一事而詳略不同可以互證者仍存備考凡兩條複見徒滋冗贅者則竟從删其補遺一卷或疑卽李燾所謂日記案書錄解題載溫公日記一卷司馬光熙寧在朝所記凡朝廷政事臣僚遷除及前後奏對上所宣諭之語以及聞見雜事皆記之起熙寧元年正月至三年十月出知永興而止此卷雖皆記熙寧之事然無奏對宣諭之語且所記至熙寧十年

與止於三年亦不符其非日記明甚今仍併入此書共爲一十六卷以較舊本卷數雖殊要於光之原書無所竄改也乾隆四十七年三月恭校上

澠水燕談錄

臣等謹案澠水燕談錄十卷舊本題宋齊國王闢之撰宋藝文志作王闢之蓋闢闢形近而誤通考引晁陳二家書目作王闢疑傳寫脫之字也書錄解題稱其爲治平四年進士讀書志稱其從仕四方與賢士大夫燕談有可取者輒記久而得三百六十餘事今考此書皆記紹聖以前雜事分十五類帝德十七條讜論十一條名臣五十條知人四條奇節十二條忠孝八條才識十二條高逸二十條官制二十條貢舉二十一條先兆十七條歌詠十八條書畫八條事誌三十二條雜錄三十五條共二百八十五條與讀書志所載之數不合蓋此本爲明商濬稗海所刻有所删削故也所記質實可信多與史傳相出入其間如誰傳佳句到幽都詩乃蘇轍使遼時寄其兄軾之作而誤以爲張舜民又如柳

永以負緣中官獻醉蓬萊詞爲仁宗所斥而以爲仁宗大悦之類雖間有舛訛

正不以一眚掩耳乾隆四十七年九月恭校上

歸田録

臣等謹案歸田録二卷宋歐陽修撰修有詩本義諸書已别著録是書多記朝廷軼事及士大夫談諧之言自序謂以唐李肇國史補爲法而小異於肇者不書人之過惡陳氏書録解題曰或言公爲此録未成而序先出裕陵索之其中本載時事及所經歷見聞不敢以進旋爲此本而初本竟不復出王明清揮麈三録則曰歐陽公歸田録初成未出而序先傳神宗見之遽命中使宣取時公已致仕在穎州因其間所記有未欲廣布者因盡删去之又惡其太少則雜記戲笑不急之事以充滿其卷帙既繕寫進入而舊本亦不敢存二説小異周煇清波雜志所記與明清之説同惟云原本亦嘗出與明清説又不合大抵初稾爲一卷宣進者又一本實有此事其旋爲之説與删除之説則傳聞異詞也惟

修歸潁上在神宗時而錄中稱仁宗立今上爲皇子則似英宗時語疑亦平時劄記歸田後乃排纂成之偶忘追改耳是書諸家刊本並二卷與宋史藝文志合晁公武讀書志别有歸田錄十卷乃熙寧中蜀人李畋所作命名偶同今其書亦不傳云乾隆四十七年九月恭校上

嘉祐雜志

臣等謹案嘉祐雜志一卷宋江休復撰休復字鄰幾開封陳留人舉進士充集賢校理謫監蔡州稅復官歷刑部郎中修起居注事蹟具宋史文苑傳休復有文集二十卷今佚不傳惟此書存文獻通考及宋史藝文志皆作三卷而稗海唐宋叢書皆不分卷明胡應麟筆叢云江鄰幾雜志宋人極推之今不傳略見說郛然說郛所載止十頁而稗海唐宋叢書與此鈔本皆三倍于說郛應麟殆偶未見也歐陽修作休復墓誌云休復殁于嘉祐五年而是書屢紀己亥秋冬之事即休復未殁之前一年年月亦皆相應惟書中記其奉使事宋史本傳與

墓誌皆不載又刻本皆題云臨川江休復而史與墓誌皆云陳留人頗爲舛異然諸家引用其說無不稱江鄰幾者而晁公武讀書志亦以爲嘉祐雜志即江鄰幾雜志蓋休復奉使雄州未嘗出境不過館伴之常事故墓誌本傳皆不書而刻本標題又後人所妄加爾其書皆記雜事故宋志列之小說家姚寬西溪叢語摘其象膽隨四時一條誤以酉陽雜俎爲山海經朱翌猗覺寮雜記摘其壓角一條誤以丞相爲直閣以坐于榻爲立於䄶是誠偶誤然休復所與交遊率皆勝流耳濡目染具有端緒究非委巷俗談可比也乾隆四十七年十月恭校上

東齋記事

臣等謹案東齋記事六卷宋范鎮撰鎮字景仁華陽人仕履事蹟具宋史本傳是書據其自序乃元豐中作宋藝文志作十二卷文獻通考作十卷舊本久佚未能考其孰是今採輯永樂大典所收以類編次釐爲五卷又江少虞事實類

苑曾慥類說亦多引之今删除重複續爲補遺一卷雖未必鎮之完書然以宋志及通志所載卷數計之幾於得其强半矣王得臣麈史載是書爲鎮退居時作故所記蜀事較夥晁公武讀書志稱崇觀間以其多及先朝故事禁之今觀其書多宋代祖宗美政無所謂誹訕君父得罪名教之語特以所記之諸事皆與熙寧新法隱然相反殆有寓意於其間故鎮入黨籍而是書亦與蘇黄文字同時禁絶迨南渡以後黨禁既解其書復行是禁之特惡其異議耳非眞得罪於朝廷也今所存諸條句下如張繪註曰京板作張綸之類凡有數處是當時刊本且不一而足矣鎮與司馬光相善惟論樂不合此書所記尙斷斷相爭而於胡瑗阮逸詞氣尤不能平蓋始終自執所見者他如記蔡襄爲蛇精之類頗涉語怪記室韋人三眼突厥人牛蹄之類亦極妄誕皆不免稗官之習故通考列之小説家然核其大綱終非碧雲騢東軒筆録諸書所能並論也乾隆四十六年三月恭校上

青箱雜記

臣等謹案青箱雜記十卷宋吴處厚撰處厚字伯固邵武人皇祐五年進士初爲將作丞以王珪薦授館職出知漢陽軍後擢知衛州卒其書皆記當代雜事亦多詩話晁公武讀書志謂所記多失實又譏其記成都置交子務誤以寇瑊爲張詠案處厚以干進不遂挾怨羅織蔡確車蓋亭詩驟得遷擢爲論者所薄故公武惡其人併惡其書今觀所記如以馮道爲大人之類頗乖風教不但記録之訛然處厚本工吟詠宣和畫譜載其題王正升瀟景亭詩一首刻史載其自諸聲抵剡詩二首皆綽有唐人格意故其論詩往往可取亦不必盡以人廢也乾隆四十七年八月恭校上

錢氏私志

臣等謹案錢氏私志一卷舊本或題錢彦遠撰或題錢愐撰或題錢世昭撰錢曾讀書敏求記定爲錢愐謂愐爲彭城王第三子昭陵之甥故記熙寧尚主玉

仙求嗣事獨詳書末有錢世昭跋謂叔父太尉昭陵之甥凡耳目之所接事出一時語流千載者皆廣記而備言之世昭敬請其說得數千言敘而集之名曰錢氏私志據此則是書蓋愐嘗記所聞見而世昭敘而集之爾序稱叔父太尉則世昭愐之猶子也宋史秦魯國大長公主本傳主爲仁宗第十四女以延祐五年封慶壽即是書所云錢某可尚慶壽公主而通考前列秦魯國大長公主適錢景臻後列慶壽公主云不言所適則以慶壽公主與秦魯國大長公主分爲二人證以是書與宋史相合可知通考之誤惟其以五代史吳越世家歸田錄貶斥錢氏之嫌詆歐陽修甚力似非公論然其末自稱皆報東門之役則亦不自諱其挾怨矣乾隆四十七年五月恭校上

龍川略志

臣等謹案龍川略志十卷別志二卷宋蘇轍撰案晁公武讀書志載龍川略志十卷別志四卷稱轍元符二年夏居循州杜門閉目追維平昔使其子遠書之

於紙凡四十事其秋復記四十七事此本龍川略志作十卷別志作二卷略志凡三十九事較公武所紀少一事別志則四十八事較公武所紀又多一事蓋商濬刻本離析卷帙已非其舊又誤竄略志中一事入別志中並轍序所稱十卷之文亦濬所改竄也略志惟首尾兩卷記雜事十四條餘二十五條皆論朝政蓋是非彼我之見至謫居時猶不忘也然惟記衆議之異同而不似王安石曾布之日錄動輒歸怨君父此轍之所以爲轍歟別志所述多耆舊之餘聞朱子平生極不滿於二蘇而所作名臣言行錄引轍此志幾及其半則其說信而有徵亦可以見矣乾隆四十七年十月恭校上

後山談叢

臣等謹案後山談叢四卷宋陳師道撰師道字無已後山其別號也彭城人以薦爲棣州教授徽宗時官至祕書省正字事蹟具宋史文苑傳陸游老學庵筆記頗疑此書之僞又以爲或其少時作然師道後山集前有其門人魏衍附記

稱談叢詩話別自爲卷則是書實出師道手又第四卷中記蘇軾卒時太學諸生爲飯僧考軾卒于徽宗建中靖國元年六月師道亦以是年十一月二十九日從祀南郊感寒疾卒則末年所作非少年所作審矣洪邁容齋隨筆議其載呂許公惡韓范富一條丁文簡陷蘇子美以撼杜祁公一條丁晉公賂中使沮張乖厓一條張乖厓買田宅自污一條皆爽其實今考之良信然邁稱其筆力高簡必傳于後世不云他人所贋託邁去師道不遠且其考證不草草知陸游之言未免失之臆斷也乾隆四十七年九月恭校上

孫公談圃

臣等謹案孫公談圃三卷宋臨江劉延世錄所聞于孫升之語也升字君孚高郵人元祐中官中書舍人紹聖初謫汀州延世父時知長汀得從升遊因錄爲此書升名列元祐黨籍書中多述時事觀其記王安石見王雱冥中受報事則不滿于安石記蘇軾以司馬光薦將登政府升言軾爲翰林學士其任已極不

可以加如用文章爲執政則趙普王旦韓琦未嘗以文稱王安石在翰林爲稱職及居相位天下多事若以軾爲輔佐願以安石爲戒又記軾試館職策題論漢文帝宣帝及仁宗神宗升率傅堯俞王嵒叟言以文帝有弊則仁宗不爲無弊以宣帝有失則神宗不爲無失是又不滿于軾其記爭弔司馬光事亦不滿于程子殆于黨籍之中又自行一意者歟乾隆四十七年五月恭校上

談苑

臣等謹案談苑四卷舊本題宋孔平仲撰平仲有珩璜新論已著錄是書多錄當時瑣事而頗病叢雜趙與旹賓退錄嘗駁其記呂夷簡張士遜事謂以宰相押麻與當時體制不合疑爲不知典故者所爲必非孔氏眞本今考其所載往往與他書相出入如梁灝八十二爲狀元一條見於遯齋閑覽錢俶進寶帶一條王禹玉上元應制一條見於錢氏私志宰相早朝上殿一條見於王文正筆錄上元燃燈一條詔勅用黃紙一條見於春明退朝錄寇萊公守北門一條見

於國老談苑其書或在平仲前或與平仲同時似亦摭拾成編之一證至於王雱才辨傲很新法之行雱實有力而稱之爲不慧殊非事實至張士遜死入地獄等事尤誕幻無稽不可爲訓與旹所論未可謂之無因姑以宋人舊本存備參稽云爾乾隆四十七年五月恭校上

畫墁錄

臣等謹案畫墁錄一卷宋張舜民撰舜民字芸叟自號浮休居士又號矴齋邠州人中進士第爲襄樂令累官龍圖閣待制知定州坐元祐黨謫商州復集賢殿修撰卒事蹟具宋史本傳舜民工詩文所著名畫墁集世久無傳今已從永樂大典裒輯成編別著於錄又有郴行錄爲其貶郴州時所紀亦僅存永樂大典中均已採附集末是書乃所作筆記亦以畫墁爲名中多載宋時雜事於新唐書五代史屢致不滿之詞蓋其意氣淩轢一世有不屑隨聲附和者至徐禧於永樂死事朝廷贈卹之典見於史册甚詳而舜民乃云徐禧不知所歸人無

道者或云有人見之夏國疑亦有之是直以禧爲屈節偸生與史不合舜民嘗從高遵裕西征喜談兵事殆必因惡禧之失策而故醜其詞然殊不免於誣妄其他載錄亦頗涉瑣碎而一時典故藉以考見者多固小說家之末可盡廢者也乾隆四十七年十月恭校上

甲申雜記

臣等謹案甲申雜記一卷聞見近錄一卷隨手雜錄一卷並宋王鞏撰鞏字定國自號淸虛先生莘縣人同平章事旦之孫工部尚書素之子嘗倅揚州坐與蘇軾遊謫監筠州鹽稅後官至宗正丞所記雜事三卷皆紀東都舊聞甲申雜記凡四十二條甲申者徽宗崇寧三年也故所記上起仁宗下訖崇寧隨筆紀載不以時代爲先後聞見近錄凡百四條所紀上起周世宗下訖宋神宗而太祖太宗眞宗仁宗事爲多隨手雜錄凡三十三條中惟周世宗事一條南唐事一條吳越事一條餘皆宋事止于英宗之初二書事迹在崇寧甲申前而原本

次甲申雜記後蓋成書在後也乾隆四十七年十月恭校上

湘山野錄

臣等謹案湘山野錄三卷續錄一卷宋釋文瑩撰文瑩字道溫錢塘人文獻通考引晁公武讀書志以爲吳僧今案讀書志實無吳字通考誤也其書成於熙寧中多記北宋事讀書志作四卷通考則續錄亦作三卷皆與今本不同未詳孰是續錄中太宗即位一條李燾引入長編啟千古之論端程敏政宋紀受終考詆之尤力然觀其始末並無指斥逆節之事特後人誤會其詞致生疑竇實非作者本意未可以爲是書病也朱弁曲洧舊聞曰宇文大資言文瑩嘗游丁晉公門晉公遇之厚野錄中凡記晉公事多佐佑之人無董狐之公未有不爲愛憎所奪者然後世豈可盡欺哉是則誠其一瑕耳乾隆四十七年四月恭校上

玉壺野史

臣等謹案玉壺野史十卷宋錢塘釋文瑩撰文瑩喜讀書多從文士遊老于荆州之金鑾寺著有湘山野錄渚宮集此編自序云收國初至熙寧間文集數千卷其間神道墓誌行狀實錄奏議之類輯其事成一家言玉壺者其隱居之地文獻通考載文瑩著玉壺清話十卷即此書也諸書所引亦多作玉壺清話此本疑後人所改題周必大二老堂詩話嘗駁其記王禹偁事之訛蓋不無傳聞失實者而大致則多可資考證云乾隆四十七年三月恭校上

侯鯖錄

臣等謹案侯鯖錄八卷宋趙令畤撰令畤字德麟燕王德昭玄孫元祐中僉書潁州公事坐與蘇軾交通罰金入黨籍紹興初襲封安定郡王同知行在大宗正事是書採錄故事詩話頗爲精贍然如第五卷辨傳奇鶯鶯事凡數十條每條綴之以詞未免失之冶蕩歐陽修以艷曲數闋被謗釋文瑩著湘山野錄尚辨其枉而令畤此書乃著其挾妓事載其詩於卷中未免近誣朱翌猗覺寮雜

記稱上元放燈增十七十八兩夜乃建隆五年詔書以時和歲豐之故見太祖
實錄三朝國史諸書令畤乃云錢氏納土進錢買兩夜亦屬妄傳又令畤雖因
蘇軾入黨籍而後附內侍譚稹以進頗違清議此書乃稱余爲元祐黨人幸復
過陳舉王叡昭君怨詩示張文潛文潛云此眞先生篤行而剛者云云不免愧
詞然令畤所與遊處皆元祐勝流耳濡目染見聞自異諸所記錄多尚有典型
是固不以人廢言矣乾隆四十七年九月恭校上

東軒筆錄

臣等謹案東軒筆錄十五卷宋魏泰撰泰字道輔襄陽人曾布之婦弟也桐江
詩話載其試院中因上請忿爭毆主文幾死坐是不得取應潘子眞詩話稱其
博極羣書尤能談朝野可喜事王銍跋范仲尹墓誌稱其場屋不得志喜僞作
他人著書如志怪集括異志倦遊錄盡假名武人張師正又不能自抑作東軒
筆錄用私喜怒誣蔑前人最後作碧雲騢假作梅堯臣毀及范仲淹晁公武讀

書志稱其元祐中記少時所聞成此書是非多不可信心喜章惇數稱其長則大概已可見又摘王曾登甲科劉輩爲翰林學士相戲事歲月差舛相去幾二十年則泰是書宋人無不詆諆之而流傳至今則以其書自報復恩怨以外所記雜事亦多可采論古者頗藉以爲考據之資故亦不得而廢焉乾隆四十七年三月恭校上

欽定四庫全書提要卷七十四

欽定四庫全書提要卷七十五

子部二十七

小說家類二

泊宅編

臣等謹案泊宅編三卷宋方勺撰勺字仁聲婺州人元祐中蘇軾知杭州値省試嘗以勺爲名薦送勺遂遊軾之門後徙居湖州之西溪有張志和泊舟處後人以志和有泛宅浮家之語因謂之泊宅村勺寓居其間自號泊宅翁浙江通志載潘良貴嘗稱勺超然遐舉神情散朗如晉宋間高士似以肥遯終身者而書中有一條記虔州龍南安遠二縣有瘴因自述其管句常平季點到邑事則亦曾官於江右者也宋史藝文志載勺泊宅編十卷此本僅三卷乃明商濬錄入稗海中者蓋刊刻已有所合併矣所載皆元祐迄政和間朝野舊事勺既爲蘇軾弟子於王安石張商英輩皆有不滿之詞宗澤乃其鄉里而徽宗時功名

未盛故勺頗譏其好殺是非未必盡允然其間遺聞軼事摭拾甚多亦考古者所不廢書中間有附注如教授誤據建板坤爲金一條言不欲顯姓名而下註姚祐尚書也五字又秦觀贈妓陶心詞一條下注云此乃誤記東坡詞云云此類是非勺之自註然詳其詞氣當亦宋人手筆則由來已久矣乾隆四十七年四月恭校上

珍席放談

臣等謹案珍席放談二卷宋高晦叟撰晦叟仕履無可考所紀上自太祖下及哲宗時事則崇寧以後人也是書宋藝文志不著錄惟文淵閣書目載有一册世無傳本今散見於永樂大典者尚可裒輯成編謹採集排綴釐爲上下二卷書中於朝廷典章制度沿革損益及士大夫言行可爲法鑒者隨所聞見分條錄載如王旦之友悌呂夷簡之識度富弼之避嫌韓琦之折佞其事皆本傳所未詳可補史文之闕特間加評論是非軒輊往往不能持平又當王氏學術盛

行之時於安石多曲加迴護頗乖公議然一代掌故猶藉以考見大凡所謂識小之流於史學固不無裨助也乾隆四十六年九月恭校上

鐵圍山叢談

臣等謹案鐵圍山叢談六卷宋蔡絛撰絛字約之自號百衲居士興化仙遊人蔡京之季子也官至徽猷閣待制京敗流白州以死宋史附載京傳末稱宣和六年京再起領三省目昏眊不能視事悉決於絛凡京所判皆絛爲之且代京入奏由是恣爲姦利竊弄威柄宰相白時中李邦彥惟奉行文書其罪蓋與京等曾敏行獨醒雜志則載絛作西淸詩話多稱引蘇黃諸人竟以崇尚元祐之學爲言者論列蓋雖盜權怙勢而知博風雅之名者陳振孫書錄解題稱西淸詩話乃絛使其客爲之殆以蔡攸領袖書局懵不知學爲物論所不歸故疑絛所著作亦出假手然此書作於竄逐之後黨與解散誰與捉刀而敍述舊聞具有文采則謂之驕恣紈袴則可不能謂之不知書也書中稱高宗爲今上謝石

相字一條稱中原傾覆後二十一年爲紹興十七年徽宗買茴香一條稱中興歲戊辰爲紹興十八年又趙鼎亦卒於紹興十七年而此書記鼎卒後王趯坐調護鼎被劾罷官過白州見絛之事是南渡後二十餘年尙謫居無恙亦可云倖逃顯戮矣書中如陳師道後山詩話稱蘇軾詞如教坊雷大使舞諸家引爲故實而不知雷爲何人觀此書乃知爲雷中慶宣和中以善舞隸教坊三經新義宋人皆稱王安石觀此書乃知惟周禮爲安石親筆詩書二經實出王雱又徽宗繪事世稱絕藝觀此書乃知皆畫院供奉代爲染寫非眞自作尤歷來賞鑒家所未言其人雖不足道以其書論之亦說部中之佳本矣文獻通考作五卷此本實六卷或通考爲傳寫之誤歟乾隆四十七年十一月恭校上

國老談苑

臣等謹案國老談苑二卷舊本題夷門隱叟王君玉撰考陳振孫書錄解題宋史藝文志作國老閒談卷數與此相合而注稱夷門君玉撰不著其姓然則此

名後人所改王字亦後人所加矣所記乃宋太祖太宗眞宗三朝雜事於當時士大夫頗有所毁譽尤推重田錫而貶斥陶穀其餘如馮拯諸人俱不免於微詞雖間或抑揚過情而大致猶據實可信如范質不受賂遺竇儀議令皇弟開封尹署勅趙普請從征上黨曹彬平蜀回囊中惟圖書諸條宋史皆採入本傳中他亦多敘述詳贍足與史文相參考惟記太祖淸流關之戰謂臨陣親斬僞驍將皇甫暉不知暉兵敗見擒送壽州行在周世宗尙賜以金帶鞍馬因創甚不肯治而死並非戮之陣前又謂是時環滁僧寺皆鳴鐘遂爲定制案滁人一日五時鳴鐘乃後人感暉之義以資追薦亦非爲太祖助戰而起此則傳聞之訛異未可概從至謂太宗嚮用老成寇準欲求速進遂餌地黃蘆菔以求白髮恐準亦未必至是也乾隆四十七年九月恭校上

道山淸話

臣等謹案道山淸話一卷不著撰人名氏說郛摘其數條刻之題曰宋王暐案

書末有暐跋語云先大父國史在館閣最久多識前輩嘗以聞見著館祕錄曝書記并此書爲三仍歲兵火散失不存近方得此書於南豐曾仲存家因手鈔藏示子孫後題建炎四年庚戌孫朝奉大夫主管亳州明道宮賜紫金魚袋暐書則撰此書者乃暐之祖非暐也書中記元祐五年其父爲賀遼國正旦使論范純仁呂公著事歸奏哲宗哲宗命寄書純仁後純仁再相哲宗問曾見李某書否則撰此書者李姓非王姓也所記終於崇寧五年則成書當在徽宗時中頗詆王安石之姦於伊川程子及劉摯亦不甚滿惟記蘇黄晁張交際議論特詳其爲蜀黨中人灼然可見矣其書皆記當代雜事王士禎居易錄嘗譏其誤以兩張先爲一然作者與張先同時似未可以數百年後之傳聞駁當時之目見疑以傳疑不妨並存其説也乾隆四十七年十月恭校上

墨客揮犀

臣等謹案墨客揮犀十卷宋彭乘撰案北宋有兩彭乘一爲華陽人眞宗時進

士官至翰林學士宋史有傳其作此書者則筠州高安人史不載其仕履故始末無可考見書中稱嘗爲中書檢正又稱至和中赴任邕州而不言其爲何官又自稱嘗至儋耳其所議論大抵推重蘇黄疑亦蜀黨中人也陳振孫書錄解題載此書十卷續十卷稱不知撰人名氏今本爲商濬刻入稗海者卷首直題彭乘姓名蓋以書中所自稱名爲據而止有十卷與書錄解題卷目不合又書中如陳瑩中言後苑牧豭豘潘大臨作滿城風雨近重陽詩彭淵材遊興國寺諸條惠洪所作冷齋夜話亦載之皆全同其文不易一字惠洪本高安彭氏子與乘同族同時不應顯相蹈襲若此又如魏舒詣野店張華博物傅融有三子諸條皆全錄晉書北魏書原文別無考證亦不相類疑所謂正續二十卷者久經闕佚此本已爲後人竄亂非復振孫所見之舊特於宋代遺聞軼事以及詩話文評徵引詳洽頗有足資參訂者故存之以爲考證之助焉乾隆四十七年十一月恭校上

唐語林

臣等謹案唐語林八卷宋王讜撰陳振孫書錄解題云長安王讜正甫以唐小說五十家倣世說分門三十五又益十七門爲五十二門晁公武郡齋讀書志云未詳撰人效世說體分門記唐世名言新增嗜好等十七門餘皆仍舊馬端臨經籍考引陳氏之言入小說家又引晁氏之言入雜家兩門互見實一書也惟陳氏作八卷晁氏作十卷其數不合然陳氏又云館閣書目十一卷闕記事以下十五門另一本亦止八卷而門目皆不闕蓋傳寫分併故兩本不同耳讜之名不見史傳考書中裴佶一條佶字空格注云御名宋惟徽宗諱佶則讜爲崇寧大觀間人矣是書雖倣世說而所紀典章故實嘉言懿行多與正史相發明視劉義慶之專尚清談者不同且所采諸書存者已少其裒集之功尤不可沒惜其刊本久佚故明謝肇淛五雜俎引楊慎語謂語林罕傳人亦鮮知惟武英殿書庫所藏有明嘉靖初桐城齊之鸞所刻殘本分爲上下二卷自德行

至賢媛止十八門前有之鸞自序稱所得非善本其字畫漫漶篇次錯亂幾不可讀今以永樂大典所載參互校訂删其重複增多四百餘條又得原序目一篇載所采書名及門類總目當日體例尚可考見其梗槩蓋明初全書猶存也惟是永樂大典各條散於逐韻之下其本來門目難以臆求謹略以時代爲次補於刻本之後無時代者又後之共爲四卷又刻本上下二卷篇頁過繁今每卷各析爲二仍爲八卷以還其舊此書久無校本譌脱甚衆文義往往難通謹取新舊唐書及諸家說部一一詳爲勘正其必不可知者則姑仍原本庶不失闕疑之義焉乾隆四十九年十月恭校上

楓窗小牘

臣等謹案楓窗小牘二卷不著撰人名氏前有明海鹽姚士粦序以書中所載先三老一條證以洪适隸釋袁良碑知其姓袁又有少長大梁及僑寓臨安語可知其鄉貫其名則終莫得詳杳愼行注蘇軾來鶴亭詩引爲袁褧未詳何據

也上卷記見崇寧間作大鬢方額下卷言嘉泰二年月食事即以崇寧末年而計亦相距九十七年舊本題百歲老人不誣也所記多汴京故事如艮嶽京城河渠宮闕戶口之類多可與史傳相參其是非亦皆平允惟洪芻以根括金銀之日勢劫內人徵歌佐酒其罪不可勝誅長流海島宋法已爲寬縱此乃力辨其無辜則紕繆之甚不足徵據矣乾隆四十七年十一月恭校上

南窗記談

臣等謹案南窗記談一卷不著撰人名氏多紀北宋盛時事淳熙中袁文作甕牖閒評已引其書則作於孝宗以前而中有葉夢得問徐惇濟一條又有近傳崧卿給事餽冰云云夢得爲紹聖四年進士高宗時終于知福州崧卿爲政和五年進士高宗時終于中書舍人給事中則是書當在南北宋間也中載葉景修述延祐戊午開元宮立虞集碑一條乃元仁宗五年事殊不可解檢核別本此條獨低二格書之乃知上一條記蔡寬夫在金陵鑿地丈餘得竈灰及朱漆

匕箸事元人讀是書者因記王眉叟掘地丈餘得花臺魚池事批於其旁故稱與此事相同云云此事即指蔡寬夫事也曹溶所藏之本因傳寫者不究文義一槩錄作正文故致是訛異耳其書凡二十三條袁文所引衞大夫一條此本不載蓋已非完書然所記多名臣言行及訂正典故頗足以資考證惟袁州女子登仙一條龐籍見天書一條頗涉語怪然籍見天書一事曲洧舊聞已載之蓋宋人說部之通例固無庸深詰者矣乾隆四十七年十一月恭校上

過庭錄

臣等謹案過庭錄一卷宋范公偁撰公偁仕履未詳據其所言乃仲淹之玄孫而不言其曾祖爲誰觀其稱純禮爲右丞純粹爲五侍郞則必非純禮純粹二人之後純佑惟一子曰正臣官太常寺太祝與所言祖光祿者不合則亦非純佑之後考純仁傳末稱二子正平正思此書皆稱爲伯祖則併似非純仁後惟純仁傳中有沒之日幼子五孫皆未官語正平傳中亦稱以遺澤官推與幼弟

後蔡京興僞造純仁行狀之獄正思與正平爭承則純仁沒時正思已不年幼
知純仁尚有一幼子光祿即所蔭之官公偁之父蓋即其子書中稱其於純仁
沒後未及釋服而卒故後來不預行狀事而史遂但稱純仁子二人耳以是推
之知爲純仁之曾孫也其書多述祖德皆紹興丁卯戊辰間聞之其父故命曰
過庭語不溢美猶有淳實之遺風惟純禮自政府出守潁昌史以爲王詵之譖
此則以爲中官閻守忠之譖則未知孰是也中亦間及詩文雜事如記宋祁論
杜詩實下虛成語記蘇軾論中岳畫壁似韓愈南海碑語皆深有理解其記蘇
黃集外文及盧照鄰崔鶠諸人詩詞亦多可觀獨黃鬚翁傳即李靖虬髯客事
而稱爲已佚之異書則偶誤記耳乾隆四十七年九月恭校上

萍洲可談

臣等謹案萍洲可談三卷宋朱彧撰彧字無惑烏程人是書文獻通考著錄三
卷而明代商濬刻入稗海陳繼儒刻入祕笈者均止五十餘條不盈一卷陶宗

儀說郛所錄更屬寥寥蓋其本久佚濬等特於諸書所引掇拾殘文以存其槩皆未及睹三卷之本也惟永樂大典徵引頗繁裒而輯之尚可復得三卷謹排纂成編以還其舊雖散佚之餘重爲綴緝未必毫髮無遺然較明代諸家所刋幾贏四倍約略核計已得其十之八九矣彧之父服元豐中以直龍圖閣歷知萊潤諸州紹聖中嘗奉命使遼後又爲廣州帥故彧是書多述其父之所見聞而於廣州蕃坊市舶言之尤詳考之宋史服雖坐與蘇軾交游貶官然實非元祐之黨嘗有隙於蘇轍而比附於舒亶呂惠卿故彧作是書於二蘇頗有微詞而於亶與惠卿則往往曲爲解釋甚至於元祐垂簾有政由帷箔之語蓋欲回護其父不得不回護其父黨既回護其父黨遂不得不尊紹聖之政而薄元祐之人與蔡絛鐵圍山叢談同一用意殊乖是非之公然自此數條以外所記土俗民風朝章國典皆頗足以資考證即軼聞瑣事亦往往有裨勸戒較他小說之侈神怪肆詼嘲徒供談噱之用者猶有取焉乾隆四十五年九月恭校上

高齋漫録

臣等謹案高齋漫録一卷宋曾慥撰慥有類説已著録類説自序以爲小道可觀而歸之於資治體助名教供談笑廣見聞其撰述是書亦即本是意上自朝廷典章下及士大夫事蹟以至文評詩話詼諧嘲笑之屬隨所見聞咸登記録其中如給舍之當服韋帶不歷轉運使之不得爲知制誥皆可補史志所未備其徵引叢雜不無瑣屑要其可取者多固遠勝於游談無根者也陳振孫書録解題載此書二卷世尠流傳近時曹溶嘗採入學海類編而祇存五頁蓋自他書鈔撮姑以備數遺漏宏多今從永樂大典各韻中捃摭裒輯視溶所收多逾什之三四其或溶本有之而永樂大典失載者亦參校補入略用時代詮次合爲一卷雖未必慥之完帙然大略亦可睹矣乾隆四十六年九月恭校上

默記

臣等謹案默記三卷宋王銍撰銍字性之汝陰人自稱汝陰老民紹興初以薦

詔視秩史官給札奏御爲樞密院編修官此編多載汴都朝野遺聞末一條乃考正陳思王感甄賦事周煇清波雜志嘗疑其記尹洙扼吭之妄未免失之誣毁而書中所引江南野史李後主小周后事參校本書無此文則亦不能無誤然銍熟于掌故所言可據者居多如宋太祖以周世宗幼子賜潘美爲子一事似不近理而證以王鞏所記乃併其子孫世系一一有徵則尹洙事或傳者已甚鞏未察而書之小周后事或則今本江南野史非完書其文在佚篇之內均未可知未必盡構虛詞也惟所記王朴引周世宗夜至五丈河旁見火輪小兒知宋將代周一事涉于語怪頗近小說家言不可據爲實錄耳乾隆四十七年十月恭校上

揮麈錄

臣等謹案揮麈前錄四卷後錄十一卷第三錄三卷餘話二卷宋王明清撰明淸字仲言汝陰人慶元中寓居嘉興書錄解題稱其官曰朝請大夫宋詩紀事

則曰泰州倅未詳孰是也是編皆其劄記之文前録爲乾道丙戌奉親會稽時所紀多國史中未見事後録爲紹熙甲寅武林官舍中所紀第三録爲慶元初請外時所紀於高宗東狩時事獨詳餘話兼及詩文碑銘補前三録所未備晁公武讀書志云總二十三卷今止二十卷文獻通考云前録三卷今四卷後録自跋云釐爲六卷今多五卷蓋久經後人分併故卷帙不齊如此明清爲王銍之子曾紆之外孫紆爲曾布第十子故是録於布多溢美其記王安石歿有神人幢蓋來迎而于米芾極其醜詆尤不免軒輊之詞趙彥衛雲麓漫鈔嘗議其載張耆宴侍從諸臣事爲不近事理王士禎古夫于亭雜録亦議其載歲祀黄巢墓事爲不經之談然明清爲中原舊族多識舊聞要其所載較委巷流傳之小説終有依據也乾隆四十九年四月恭校上

玉照新志

臣等謹案玉照新志六卷宋王明清撰此書多談神怪及瑣事亦間及朝野舊

文及前人逸作所載胡舜申己酉避亂記頗詆諆韓世忠明清不爲置辨蓋當時相去甚近毀譽糾紛尚未論定宋齊愈獄牘一條深不滿於李綱則朱子語類亦有是語非好詆諆正人他如王堯臣諫取燕雲疏李長民廣平汴都賦姚平仲擬劫寨破敵露布皆載其全文足資參證又如載曾布馮燕水調歌頭排徧七章爲詞譜之所未載亦足以見宋時大曲之式蓋明清博物洽聞兼嫻掌故故隨筆記錄皆有裨見聞也乾隆四十七年十一月恭校上

投轄錄

臣等謹案投轄錄一卷宋王明清撰明清所著有揮麈前錄後錄三錄餘話及玉照新志諸書已別著錄是書乃其晚年所作見於書錄解題者一卷與此本相同其以投轄爲名者陳振孫謂所記皆奇聞異事客所樂聽不待投轄而留蓋亦客談之類也明清爲王銍之子熟於宋朝典故其揮麈諸錄於朝廷舊事前哲遺聞紀錄殊爲詳備此編所列凡四十四條大都掇拾叢碎隨筆登載不

能及揮麈錄之精粹然故家文獻所言多信而有徵在小說家中猶爲不失之荒誕者明清宋史無傳其年齒始末諸書多未之及今按是編江彥文一條下注聞之陸務觀任藎臣虹縣良家子二條下注聞之僧祖秀祖秀乃宣和舊人卽作艮岳記者明清猶及見之而又下見陸游其稱己未歲金人歸我河南地者爲高宗紹興九年又稱甲戌歲者乃寧宗嘉定七年則明清之老壽可以槩見宜其於軼聞舊事多所記識矣乾隆四十七年九月恭校上

張氏可書

臣等謹案張氏可書一卷宋史藝文志陳振孫書錄解題晁公武讀書志皆不著錄文淵閣書目載有一册亦不詳撰人名氏惟愛日齋叢鈔引其中司馬光文彥博論僧换道流一事稱爲張知甫可書知甫不知何許人今考書中所紀有僕頃在京師因幹出南薰門事又有見海賈鬻龍涎香於明節皇后閤事是在宣和之初嘗官汴京中間復有紹興丁巳戊午紀年及劉豫僭號中原事則

入南渡後二十餘年矣蓋其人生於北宋末年猶及見汴梁全盛之日故都遺事目擊頗詳迨其晚歲追述爲書不無滄桑今昔之感故於徽宗時朝廷故實紀錄尤多往往意存鑑戒其餘瑣聞佚事爲他說家所不載者亦多有益談資雖詼諧神怪之說雜廁其間不免失於冗雜而按其本旨實亦孟元老東京夢華錄之流未嘗不可存備考覈也其書元目已佚今據永樂大典收各韻内者採掇裒輯共得五十條謹編爲一卷以存其槩云乾隆四十五年九月恭校上

聞見前錄

臣等謹案聞見前錄二十卷宋邵伯溫撰伯溫字子文邵子之子猶及見元祐諸耆舊故於當時朝政具悉端委是書成於紹興二年前十六卷記太祖以來故事而於王安石新法始末及一時同異之論載之尤詳其論洛蜀朔三黨相攻惜其各立門戶授小人以間又引程子之言以爲變法由於激成皆平心之論其記燈籠錦事出文彥博之妻於事理較近其記韓富之隙由撤簾不由定

策亦足以訂强至家傳之訛周必大跋呂獻可墓誌謂伯溫是書頗多荒唐凡所書人及其歲月鮮不差誤殆好惡已甚之詞不盡然也十七卷多記雜事其洛陽永樂諸條多寓麥秀黍離之感十八卷至二十卷皆記邵子之言行而殤女轉生黑猿感孕意欲神奇其父轉涉妖誕又記邵子之言謂老子得易之體孟子得易之用文中子以佛爲西方聖人亦不以爲非似乎附會至投壺一事益猥瑣不足紀蓋亦擇焉不精者取其大旨可爾乾隆四十七年四月恭校上

清波雜志

臣等謹案清波雜志十二卷别志三卷宋周煇撰煇字昭禮邦彦之子厲鶚宋詩紀事附載馬曰琯之言曰舊本清波雜志有張貴謨序書中煇俱作燀應從之案是編爲影宋精本書中俱作煇張貴謨序亦存恐曰琯所見者或轉是訛本煇自題曰淮海人而兩浙名賢錄載之書中有祖居錢塘後洋街語則煇實自浙遷淮也是書之末有張斯中張訢陳晦楊寅張巖龔頤正徐似道等七跋

皆同時人似道稱煇爲處士然煇曾試宏詞奏名見之書中或當時未就官耶別志又自稱嘗至金國益不可解或隨出使者行也清波爲杭州城門之名紹興中煇寓其地因以名書所記皆宋人雜事方回桐江續集力詆其尊王安石之非考書中稱煇之曾祖與安石爲中表蓋親串之間不無回護猶之王明清揮麈諸錄曲爲曾布解耳知其私意所在則可以此盡廢其書則又門戶之見矣是書原本十二卷商濬稗海作三卷蓋明人刋本多好合併删削不足爲異諸跋並稱二志惟龔頤正跋作三志考宋人著書率以前後別續新分爲五集則別志之前似乎當有後志然別志中但稱前志不及後志嘉靖戊申姚舜牧跋亦但稱雜志十二卷別志三卷則自明以來惟此兩集或頤正跋三字誤歟

乾隆四十七年八月恭校上

雞肋編

臣等謹案雞肋編三卷宋莊季裕撰季裕名綽以字行清源人其始末未詳辥

季宣浪語集有爲季裕所作筮法新儀序亦不著其所終據書中年月始於紹聖終於紹興蓋在南北宋之間又尹孝子一條自稱嘗攝襄陽尉原州棠樹一條稱作倅臨涇李倢食糟蟹一條稱官於順昌瑞香亭一條稱官於澧州其爲何官則莫可考矣此書前有自序題紹興三年二月九日而所記有紹興九年事疑書成之後又續有所增世無刊本陶宗儀說郛所採僅二三十條且多舛謬此本較說郛多五倍後有至元乙卯仲春月觀陳孝先跋曰此書莊綽季裕手集也綽博物洽聞有杜集援證灸膏肓法筮法新儀行於世聞其他著述尚多惜未之見此書經秋壑點定取以爲悅生隨鈔而訛謬最多因爲是正如右然掃之如塵尚多有疑誤云云蓋猶季裕之原本也季裕之父在元祐中與黄庭堅蘇軾米芾諸人游季裕猶及識芾及晁補之故學問頗有淵源亦多識軼聞舊事書中如不知龍城錄爲同時王銍所僞作反據以駁金華圖經之類間失考證然可取者多其記遼宋誓書一條大旨以和議爲主亦各抒所見季裕

方浮沈郡縣與當時朝士附合秦檜者不同殊非輟耕錄諸書所及也乾隆四十七年三月恭校上

聞見後錄

臣等謹案聞見後錄三十卷宋邵博撰蓋續其父伯溫之書故曰後錄中如論復孟后諸條亦有與前錄重出者然伯溫所記多朝廷大政可裨史傳是書兼及經義史論詩話又參以神怪俳諧不過雜家流耳又伯溫書盛推二程博乃力排程氏而宗蘇軾觀所記游酢謝良佐之事蓋康節沒後程氏之徒尊其師而抑邵故博有激以報之皆非平心之論也至其彙輯疑孟諸說至盈三卷說外丙仲壬與皇極經世相違記王子飛事稱佛法之靈記湯保衡事推道教之驗論晏殊薄葬之非詆趙鼎宗洛學之謬皆有乖邵子之家學他若以元稹詩作黃巢之類引據亦頗疎略惟其辨宣仁之誣載司馬光集外章疏之類可資考訂議通鑑削屈原之非駁王安石取馮道之謬辨伊川易傳非詆垂簾證紹

興玉璽實非和璧論皆有見談詩亦多可采宋人說部完美者稀節取焉可矣

乾隆四十七年五月恭校上

北窗炙輠錄

臣等謹案北窗炙輠錄二卷宋施德操撰德操字彦執海昌人生不婚宦病廢而殁嘗與張九成張璇爲友里人稱持正先生是編所記多當時前輩盛德之事有益於立身行己可爲士大夫觀法者蓋儒者之言也中多稱道二程間一及蘇氏而不甚推重其第一條即言王氏新法由於激成其微意可知惟稱林靈素有活人心未免好爲高論而解孟子萬物皆備一條尤近於性惡之旨頗不可爲訓耳其書自明以來傳本甚稀朱彝尊嘗於海鹽藏書家借鈔始稍稍流播而海昌志人物莫有舉其姓名者則其湮沒固已久矣乾隆四十七年五月恭校上

步里客談

臣等謹案步里客談二卷宋陳長方撰長方字齊之侯官人紹興戊午進士第官江陰縣學教授初長方父侁爲洪州錄事卒於官長方奉母居吳依其外祖太僕寺卿林旦家於步里遂以名書宋史藝文志載陳唯室步里客談一卷唯室即長方之别號胡伯能作長方行狀稱所著有步里談錄二卷亦即此書蓋初名談錄後乃改今名也所記多嘉祐以來名臣言行而於熙寧元豐之間邪正是非尤三致意其論元祐黨人不皆君子足破假借標榜之習其引陳瓘與楊時書譏欲裂白麻之非禮亦深明大體所見迥在宋人之上至於評論文章頗多可采如謂陳師道李杜齊名吾豈敢晚風無樹不鳴蟬句與黃庭堅坐對眞成被花惱出門一笑大江横句皆學杜甫縛鷄行而陳爲不類又引王剛中語謂文字使人繫節賞嘆不如使人肅然起敬又謂文章態度如風雲變滅水波成文直因勢而然以議蘇軾數擬盤谷序之非皆爲有見至謂月自有光非受日之光一條由不知推步之術謂腎無左右一條由不知診候之方置之不

論可矣此書宋志作一卷與胡伯能狀不合蓋傳寫之誤今散見永樂大典者
裒而輯之尚得五十八條謹以類排纂從胡伯能所記仍釐爲二卷乾隆四十
五年九月恭校上

程史

臣等謹案桯史十五卷宋岳珂撰珂字肅之號倦翁又號亦齋湯陰人武穆王
飛之孫敷文閣待制霖之子官至戶部侍郎淮東總領制置使是書載南北宋
雜事凡一百四十條各有標目其閒雖多俳優詼諧之詞然惟金華士人看命
司諸條不出小說習氣爲自穢其書耳餘則大旨主於寓褒刺明是非借物論
以明時事非他書所載徒資嘲戲者比所記遺事惟張邦昌劉豫二册文可以
不存至於石城堡寨一條汴京故城一條皆有關於攻守形勢施宜生一條趙
希光節概一條葉少蘊內制一條乾道受書禮一條范石湖一言悟主一條紫
宸廊食一條燕山先見一條大散論賞書一條秦檜死報一條鄭少融遷除一

條任元受啟一條陳了翁始末一條開禧北征一條二將失律一條愛莫助之圖一條黃潛善一條皆比正史爲詳備所録詩文亦多足以旁資考證在宋人說部之中亦邵博王明清之亞也惟其以桯史爲名不甚可解考工記曰輪人爲蓋達常爲圍三寸桯圍倍之註曰桯車杠也說文解字曰桯牀前几也皆與著書之義不合至廣韻訓爲碓桯集韻訓與楹同義更相遠疑以傳疑闕所不知可矣毛晉刻本末有附録一卷前爲岳飛傳及飛遺文併珂詩文各一首已與此書無關又附明劉瑞孝娥井銘王公祠記各一篇尤足驗非此書所舊有今併删之庶不溷簡牘焉乾隆四十七年四月恭校上

獨醒雜志

臣等謹案獨醒雜志十卷宋曾敏行撰其子三聘編次敏行字達臣自號浮雲居士又曰獨醒道人又曰歸愚老人吉水人吉水本屬廬陵郡故又自題曰廬陵曾祖孝先祖君彥皆當熙寧之時不肯以所學干科第故敏行守其家法多

與正士遊胡銓楊萬里謝諤皆其友也年二十病廢不仕進專意學問積所聞見成此書書中多志前言往行可補史傳之闕記南渡後劉岳諸將皆極推崇而於秦檜則惟記與翟汝文詬爭一事亦不甚置是非其秦熺登第一事則借崔頎以寓之蓋敏行卒於淳熙二年去檜未遠猶有所避也其書頗可垂法戒惟車戰之説迂而難通萬里顧極稱之儒生之見存而不論可也乾隆四十七年三月恭校上

耆舊續聞

臣等謹案耆舊續聞十卷原本題曰南陽陳鵠録正又一本題陳鵠西塘撰蓋南陽人而號曰西塘者特其時代爵里已不可考書中載有陸游辛棄疾諸人遺事又自紀嘗與知辰州陸子逸遊則開禧以後人也所録自汴京故事及南渡後名人嘉言懿行攟拾頗多間或於條下夾註書名及所説人名字蓋亦雜採諸家説部及名流談論而成其間如政和三年與外弟趙承國論學數條乃

出呂好問手帖而入之諸條中頗不可辨又稱朱翌爲待制公陸軫爲太傅公沿用其家傳語不復追改皆體例之未審者然南渡以後故家遺老文獻猶存故鵠所聞見多元祐諸賢之緒論其於詩文宗旨往往片言皆要頗足以開悟後學又如駁苕溪漁隱叢話議東坡卜算子詞之非據宋祁奏議摘歐陽修撰薛參政墓誌之誤俱殊有考據非同剿說雖叢談瑣語間傷冗雜不倫而可採處亦復不少固談藝者所取資也乾隆四十七年九月恭校上

四朝聞見錄

臣等謹案四朝聞見錄五卷宋葉紹翁撰紹翁自署龍泉人又載程公許與論眞德秀諡議手柬字之曰靖逸而厲鶚宋詩紀事稱其字嗣宗建安人與自述互異考書中又載高宗航海一條自稱本生祖曰李穎士建之浦城人則建安其祖籍歟所錄分甲乙丙丁戊五集凡二百有七條甲乙丙戊四集皆雜敘高孝光寧四朝軼事各有標題不以時代爲先後惟丁集所記僅寧宗受禪慶元

黨禁二事始末不及其他紹翁與眞德秀游其學一以朱子爲宗持論頗正又留心掌故多識者舊故所記朝廷大政往往能訂俗說之訛考諸家之異南渡以後諸野史足補史傳之闕者惟王明淸之揮麈錄李心傳之建炎以來朝野雜記號爲精核餘惟紹翁是書可相伯仲王士禎居易錄謂其頗涉煩碎不及李心傳書是誠有之然不可以是廢也紹翁仕履無考觀所記庚辰京城災周端朝諷其論事一條及與眞德秀私校殿試卷一條則似亦嘗爲朝官矣乾隆四十七年四月恭校上

癸辛雜識

臣等謹案癸辛雜識前集一卷後集一卷續集二卷別集二卷宋周密撰密有武林舊事已著錄是編以作于杭州之癸辛街因以爲名與所作齊東野語大致相近然野語兼考證舊文此則辨訂者無多亦皆非要義野語多記朝廷大政此則瑣事雜言居十之九體例殊不相同故退而列之小說家從其類也明

商濬稗海所刻以齊東野語之半誤作前集以別集誤作後集而後集續集則全闕又併其自序佚之後烏程閔元衢于金閶小肆中購得鈔本毛晉爲刻入津逮祕書始還其原帙書中楊凝式僧淨端一條與野語重出蓋刪除未盡周彌陀入冥劉朔齋再娶二條並附注衢案云云蓋閔氏所加海鰌兆火一條附注不題名字核其語意殆亦閔語也書中所記頗猥雜如姨夫眼眶諸條皆不足以登記載而遺文佚事可資考據者實多究在輟耕錄之上所記羅椅董敬庵韓秋巖諸人于宋末講學之弊言之最悉其引沈仲固語一條周平原語一條尤言言炯戒有關于世道人心正未可以小說忽之矣都穆南濠詩話曰吳興唐廣嘗錄癸辛雜識見其中載方萬里穢行之事意頗不平是夜夢方來曰吾舊與周生有隙故謗我幸爲我暴之云云夫是非之公人心具在使密果誣巘方回不應有元一代無一人爲回訟冤至明而其鬼忽靈者其說荒唐殆不足辨且密爲忠臣回實叛賊即使兩人面質人終信密不信回也况恍惚夢語

平乾隆四十七年九月恭校上

隨隱漫錄

臣等謹案隨隱漫錄五卷舊本題宋臨川陳隨隱撰蓋後人以書中自稱隨隱而稱陳郁爲先君知爲臨川陳姓故題此名實則隨隱非名也據所載錢舜選詩其人嘗於理宗景定四年以布衣官東宮掌書又載辛巳八月己丑爲元世祖至元十八年則其人蓋已入元案劉壎隱居通議載宋度宗御批一道云令旨付藏一所有陳世崇詩文稿都好可再揀幾篇來在來日定要千萬千萬四月五日辰初付陳藏一壎跋其後以爲在春宮時盛年潛躍汲汲斯文惜不遇園綺羽翼乃下訪藏一父子之卑陋藏一爲郁字則其子當即世崇證以書中所記與此批一一脗合知隨隱即世崇號也其書多記同時人詩詞而於南宋故事言之尤詳如紫宸殿上壽儀賜太子玉食批直書閤夫人名數孩兒班服飾孟享駕出儀太子問安展書儀帶格三十二種諸條頗有史傳所未及者他

所記詩話雜事亦多可采其二卷內漢平帝后晉愍懷太子妃以下五條皆借古事以寓宋亡後臣降君辱之慘與所以致敗之由而終無一言之顯斥猶有黍離悱惻忠厚之遺焉尤非他說部所及也乾隆四十七年八月恭校上

東南紀聞

臣等謹案東南紀聞三卷不著撰人名氏諸家書目亦不載考書中有丙子之事非復庚申之役語丙子爲至元十三年前一年巴顏渡江臨安失守矣當爲元人所作故稱宋爲東南而其中鄭紳一條稱外戚生封王爵者宋蓋自紳始論乘籥一條稱宋朝渡江以前無今之籥論三五九月一條稱宋朝於此三月不支羊肉錢亦皆屬元人之語然於宋之諸帝稱陵名稱廟號年號往往多內詞殆江左遺民所追記歟所載惟論𧋍醢論揖兩條偶涉古事餘皆南北宋之軼聞間與他書相出入疑亦雜采說部爲之至於韓淲之清節何自之伉直張惟孝之任俠單煒之書法趙執中之木箭史嵩之之忮忍以及徽宗時瑞禽迎

駕出市儈之智術紹興中韋后欲觀石塔得寺僧之譎諫則皆史傳所佚足補
紀載之闕惟楊談耗用茶局官錢一事足見宋政之不綱乃載之以爲豪舉殊
不可訓又汪勃調官一事稱張浚韓世忠迎合秦檜浚之心術不可知世忠當
萬萬不至此恐未免傳聞失眞而南嶽夫人一事尤爲猥褻亦未免墮小說窠
臼自穢其書然大旨記述近實持論近正在說部之中猶爲善本原書久佚卷
帙無考今以永樂大典分載於各韻下者裒合排纂勒爲三卷乾隆四十五年
九月恭校上

歸潛志

臣等謹案歸潛志元劉祁撰祁字京叔渾源人御史從益之子金哀宗時爲太
學生舉進士不第元兵入汴遁還鄉里戊戌復出就試魁南京選充山西東路
考試官後征南行省辟置幕府凡七年而歿舊以金史載之文藝傳遂題曰金
人殊非其實是書名曰歸潛蓋祁于壬辰北還以此二字榜其室因以題其所

著然晚年再出西山之節不終此名亦非其實也卷首有祁乙未自序謂昔所聞見暇日記憶隨得隨書第一卷至六卷悉爲金末諸人小傳第七卷至十卷雜記遺事第十一卷題曰錄大梁事紀哀宗亡國始末第十二卷題曰錄崔立碑事記立作亂時廷臣立碑以媚之刼祁使撰文事又一篇題曰辨亡叙金前代之所以平治末造之所以亂亡自此二篇以下至十三卷悉爲雜說略如語錄之體殊不相類疑此二篇本自爲一卷殿全書之末別以語錄爲第十三卷詩文爲第十四卷附之後人因篇頁不均割語錄之半移綴此卷故體例參差也壬辰之變祁在汴京目擊事狀記載胥得其實故金史本傳稱祁此志于金末之事多有足徵哀宗本紀全以所言爲據又若大金國志稱樞密使伊喇蒲阿出降于元此志不書出降與金史相合可證大金國志之誤元史稱壬辰正月太宗自白坡濟河而南睿宗由峭石灘涉漢而北以渡河涉漢同在一時而此志則載睿宗涉漢在辛卯十一月太宗渡河乃在壬辰與金史及姚燧牧菴

集蘇天爵名臣事略所載相合可證元史之誤又如載大興元年劉元規使北朝不知所終而金史本紀不書其事載薩克蘇媒孽李元妃而本紀不著其名載大定十七年三月朔諸國使臣朝見遇雨放朝與周煇北轅錄合而本紀但載十六年三月朔日蝕放朝一條載金代鈔法凡八易其名而金史食貨志失載通貨改爲通寶通寶又改爲通貨一條皆足以補正史之闕至于金史交聘表稱大定十六年宋湯邦彦充申請使此志作祈請使圖克坦烏登傳稱天興元年正月朝廷聞大兵入饒風關移烏登行省閿鄉以備潼關此志書其事于正大八年完顔思烈傳稱王渥從思烈戰歿此志作從持嘉哈希李英傳稱與元兵遇于霸州敗死此志作遇于潞州郭阿林傳稱宋兵大至戰歿此志作馬倒被擒不知存歿師安石傳稱以論列侍從觸怒而死此志則云既居位人望頓減皆有異詞其他年月先後姓名官階與史不同者甚多皆足以資互考談金源遺事者以此志與元好問壬辰雜編爲最金史亦並稱之壬辰雜編已佚

則此志尤足珍貴矣世所行本皆八卷雖傳是樓藏本亦然　國朝郭朝釪編纂金詩所採録僅及前七卷知其未見全帙此本一十四卷與王惲渾源世德碑相合當猶從元板傳録錢曾讀書敏求記稱陸孟鳧家鈔本歸潛志凡十四卷蓋即此本也乾隆四十七年四月恭校上

山房隨筆

臣等謹案山房隨筆一卷舊本題元全愚蔣子正撰不知何許人惟書中杜善甫一條内有余分教溧陽語知嘗爲溧陽學官又有穆陵在御語知爲宋人入元者也所記多宋末元初之事而於賈似道事尤再三深著其罪於鄭虎臣木棉菴事敘述始末亦比他書爲最詳惟所記陸秀夫輓張世傑詩似出附會厓山舟覆鯨海沸騰烏有吟詠之暇且詩中會聞海上鐵斗膽句亦不似同時之語朱國楨湧幢小品謂世傑溺死在秀夫赴海之後亦以此詩爲疑所言良允殆好事者欲表忠義故造作斯言至於以夏貴之降元歸咎似道未爲無理而

反復解釋似於貴反有恕詞未免有乖於大義讀者不以詞害意可矣乾隆四十七年五月恭校上

山居新語

臣等謹案山居新語四卷元楊瑀撰瑀元史無傳楊維楨集有瑀墓碑曰瑀字元誠杭州人天歷間擢中監司典簿帝愛其廉慎超授奉議大夫太史院判官至正乙未江東浙西盜羣嘯乃改建德路總管瑀涖郡視之如家民亦視之如父母其像而祠者凡十有四所行省最其功進階中奉大夫云云是書卷末有至正庚子三月瑀後序結銜題中奉大夫浙東道宣慰使都元帥當成於進階以後而卷首又有維楨序作於是年四月乃稱爲歸田後作殆是年即已致仕歟其書皆記所見聞多參以神怪之事蓋小說家言然記處州砂糖竹箭記至正六年增糶官米記高克恭弛火禁記托克托開舊河則有關於民事記勅令格式四者之別記入府宰相職掌記奎章閣始末記儀鳳司教坊司班次則有

貲於典故記朱夫人陳才人之殉節記高麗女之守義記樊時中之死事則有裨於風教其他嘉言懿行可資勸戒者頗多至於辨正薩都拉元宫詞謂宫車無夜出之例不得云深夜宫車出建章擎執宫人紫衣大朝賀於侍儀司法物庫關用平日則無有不得云紫衣小隊兩三行北地無芙蓉宫中無石欄不得云石欄杆畔銀燈過照見芙蓉葉上霜又辨其京城春日詩謂元制御溝不得洗手飲馬留守司差人巡視犯者有罪不得云御溝飲馬不回首貪看柳花飛過牆則亦頗有助於考證雖亦輟耕錄之流而視陶宗儀所記之猥雜則勝之遠矣乾隆四十七年四月恭校上

遂昌雜錄　樂郊私語

臣等謹案遂昌雜錄一卷元鄭元祐撰元祐字明德至正丁酉除平江路儒學教授移疾去後七年復擢江浙儒學提舉卒于官本遂昌人其父希遠徙錢塘元祐又流寓平江其集以僑吳名而是錄仍題曰遂昌不忘本也元祐以至正

二十四年卒年七十一則生于前至元二十九年故書中所列人名上猶及見宋諸遺老下及見台哈布哈倪瓚杜本併見杜本之卒多記宋末軼聞及元代高士名臣軼事而遭逢世亂亦間有憂世之言其言皆篤厚質實非輟耕錄諸書掇拾冗雜者可比其記葬高孝二陵遺骨事作林景熙與輟耕錄異蓋各據所聞其稱南宋和議由于高宗不由于秦檜宋既亡矣可不必更爲高宗諱亦誅心之論也

臣等謹案樂郊私語一卷元姚桐壽撰桐壽字樂年睦州人順帝後至元中嘗爲餘干教授解官歸里自號桐江釣叟至正中流寓海鹽時江南擾亂惟海鹽未被兵火尚得以閉戶安居從容論述故以樂郊私語爲名雖若幸之實則傷亂之詞也所記軼聞瑣事多近小說家言然其中如楊鄂勒哲（鄂勒哲原作完者今改正）武陵之捷張士誠杉青之敗頗足與史傳相參所辨六里山天冊碑秦檜像贊魯訔注杜詩諸條亦足資考證末載楊維楨撰其兄椿壽墓誌一篇頗爲不倫桐

壽欲表章其兄何不敍之于書內乃别載于末核以體例深屬有乖今削除不載惟錄桐壽之本書焉乾隆四十七年九月恭校上

輟耕錄

臣等謹案輟耕錄三十卷元陶宗儀撰宗儀有國風尊經已著錄此書乃雜記聞見瑣事前有至正丙午孫作序書中稱明兵曰集慶軍或曰江南游軍蓋丙午爲至正二十七年猶未入明時所作也郎瑛七修類稿謂宗儀多錄舊書如廣客談通本錄之率皆攘爲己作今其書未見傳本無由證瑛說之確否但就此書而論則於有元一代法令制度及至正東南兵亂之事紀錄頗詳所考訂書畫文藝亦多足備參證惟多雜以俚俗戲謔之語閭里鄙穢之事頗乖著作之體葉盛水東日記深病其所載猥褻良非苛論然其首尾賅貫要爲能留心於掌故故朱彝尊靜志居詩話謂宗儀練習舊章元代朝野舊事實借此書以存而許其有裨史學則雖瑜不掩瑕固亦論古者所不廢也乾隆四十七年九

月恭校上

水東日記

臣等謹案水東日記三十八卷明葉盛撰盛字與中崑山人正統乙丑進士官至吏部左侍郎諡文莊事蹟具明史本傳是書記明代制度及一時遺文逸事多可與史傳相參其間徵引既繁不免時有牴牾議論亦間涉偏駁又好自敘平生立朝居官諸事迹殆有露才揚己之譏並乖著述之體至於辨請禁官舍家人操習一疏謂人誣其子與官舍鬬鵪鶉不勝因有是奏深自剖析連篇不已抑又淺之甚者然盛留心掌故於朝廷舊典考究最詳又家富圖籍其菉竹堂書目今尚有傳本頗多世所罕覩之笈故引據諸書亦較他家稗販成編者特爲博洽略其冗贅取其精華亦所謂披沙揀金往往見寶者也乾隆四十七年二月恭校上

臣等謹案菽園雜記十五卷明陸容撰容字文量號式齋太倉州人成化丙戌進士官至浙江右參政事迹具明史文苑傳史稱容與張泰陸釴齊名時號婁東三鳳其詩才不及泰釴而博學過之是編乃其劄錄之文於明代朝野故實敘述頗詳多可與史相考證旁及談諧雜事皆並列簡編蓋自唐宋以來說部之體如是也中間頗有考辨如元王柏作二南相配圖棄甘棠何彼穠矣野有死麕三篇於經義極爲乖剌而容獨歎爲卓識又文廟別作寢殿祀啟聖公而配以四配之父其議發于熊禾而容謂叔梁紇爲主出於無謂孟孫激非聖賢之徒不當從祀尤昧於崇功報本之義皆不足爲據然核其大致可採者較多王鏊嘗謂其門人曰本朝紀事之書當以陸文量爲第一即指此書也雖無雙之譽獎借過深要其所以取之者必有在矣乾隆四十七年五月恭校上

先進遺風

臣等謹案先進遺風二卷明耿定向撰毛在增補定向有碩輔寶鑑要覽已著

錄在自署太倉人其始末則未詳也是書略仿宋人典型錄之體載明代名臣遺聞瑣事大抵嚴操守礪品行存忠厚者爲多蓋明自嘉靖以後開國敦龐之氣日遠日漓士大夫怙權營賄風尚日偸定向陳先進懿行以救時弊故所紀多居家行己之細事而朝政罕及焉考其著書之時正分宜驕怙之日定向其有微旨乎其間如曲譽李東陽之類未免鄉曲之私提唱姚江之學亦未免門戶之見然著書大旨不在是略其小疵可也此本爲陳繼儒祕笈所刻體例混淆原書與續輯不甚可辨間有論斷亦不知爲誰語以行款推之殆每條第一字跳行者爲定向之書其第一字平書者爲在之書歟今未見定向之原本不可考矣乾隆四十七年五月恭校上

觚不觚錄

臣等謹案觚不觚錄一卷明王世貞撰世貞有鳳洲綱鑑已著錄是書專記明代典章制度於沿革爲尤詳自序謂傷觚之不復舊觚蓋感一代風氣之升降

也雖多紀細故頗涉瑣屑而朝野軼聞往往可資考據昔徐學謨博物典彙載高拱考察科道被劾者二十七人並載名氏說者謂其諳於故事而是書幷詳及諸人所以被劾之故爲學謨所不及載於情事首尾尤爲完具蓋世貞弱冠入仕晚成是書閱歷既深見聞皆確非他人之稗販耳食者可比故所敘錄有足備史家甄擇者焉乾隆四十七年九月恭校上

語林

臣等謹案語林三十卷明何良俊撰良俊字元朗華亭人官翰林院孔目良俊以辨博自負雅好著述而所紀時事每不免附會失實當時至有說謊定推何太史之語其所著四友齋叢說頗爲世所譏而是編獨完善精密稱爲詳贍蓋其書名雖襲王讜之舊而其義例實本於劉義慶之世說新語以詞旨雋永爲宗大都撫錄舊文依類編綴又以其淹貫旁搜博採廣事蒐羅故所述至二千七百條盱列眉分皆可以考遺聞而資談助每條之下又多依劉孝標之例自

爲之注其所捃拾亦悉有條理至間有諸書舛互而附己說以折衷之者如第二十二卷辨元載妻事牴牾之類其考證殊見確核尤非小說稗官所可比也

乾隆四十七年五月恭校上

欽定四庫全書提要卷七十六

子部二十八

小說家類三

山海經

臣等謹案山海經十八卷晉郭璞注山海經之名始見史記大宛傳司馬遷但云所言怪物余不敢道而未言何人作列子稱大禹行而見之伯益知而名之夷堅聞而志之似乎即指是書而不言其名山海經隋書經籍志云蕭何得秦圖書後又得山海經相傳夏禹所記而劉秀校上山海經奏直斷以爲伯益作趙氏吳越春秋所說亦同疑皆因列子附會也書中明載夏后啟周文王及秦漢長沙象郡餘暨下嶲諸地名斷不作於三代以上朱子謂出於楚辭用山海經得其實矣隋唐二志皆云郭璞注山海經二十三卷今本乃少五卷疑後人併其卷帙以就劉秀奏中一十八篇之數非缺佚也隋唐志又有郭璞山海經

圖贊二卷今其贊猶載璞集中其圖則宋志已不著錄知久佚矣舊本載劉秀
奏所言一十八篇與漢志稱十三篇不合七略即劉歆所定不應自相牴牾且
歆於王莽時始更名秀此亦不應題所改之名疑其贋託然璞序已引其文相
傳既久今仍併錄焉乾隆四十七年十月恭校上

山海經廣注

臣等謹案山海經廣注十八卷　國朝吳任臣撰任臣有十國春秋已著錄是
書因郭璞山海經注而補之故曰廣注於名物訓詁山川道里皆有所訂正雖
嗜奇愛博引據稍繁如堂庭山之黄金青邱山之鴛鴦雖販婦傭奴皆識其物
而旁徵典籍未免贅疣舊本載圖五卷分爲五類曰靈祇曰異域曰獸族曰羽
禽曰鱗介云本宋咸平舒雅舊稾雅本之張僧繇其說影響依稀未之敢據其
圖亦以意爲之無論不眞出雅與僧繇即果有傳緒二人亦何由見而圖之故
今惟錄其注圖則從删又前列引用書目五百三十餘種多採自類書虛陳名

目亦不瑣錄焉乾隆四十七年十月恭校上

穆天子傳

臣等謹案穆天子傳六卷晉郭璞註前有荀勗序案束晳傳云太康二年汲縣人盜發魏襄王墓得竹書穆天子傳五篇又雜書十九篇周食田法周書論楚事周穆王美人盛姬事今案盛姬事載穆天子傳第六卷蓋卽束晳傳所謂雜書之一篇也尋其文法應歸此傳束晳傳別出之非也此書所紀雖多夸言寡實然所謂西王母者不過西方一國君所謂縣圃者不過飛鳥百獸之所飮食爲大荒之圃澤無所謂神仙怪異之事所謂河宗氏亦僅國名無所謂魚龍變見之說較山海經淮南子猶爲近實郭璞註爾雅西王母句不過云西方昏荒之國于河出崑崙墟句雖引大荒西經而不言其靈異其註此書乃頗引志怪之談蓋釋經不敢不謹嚴而箋釋雜書則務矜博洽故也乾隆四十七年九月恭校上

神異經　海内十洲記

臣等謹案神異經一卷舊本題漢東方朔撰所載皆荒唐之言怪誕不經陳振孫書錄解題已極斥此書稱東方朔撰張茂先傳之僞今考漢書朔本傳歷敘朔所撰述言凡劉向所錄朔書俱是世所傳他事皆非其贊又言後世好事者取奇言怪語附著之朔云云則朔書多出附會在班固時已然此書旣劉向七略所不載則其爲僞託更無疑義晉書張華本傳亦無注神異經之文則併華注亦屬假借振孫所疑誠爲有見然隋書經籍志已載此書其稱東方朔撰張華注亦與振孫所言合則其僞已在隋前矣觀其詞華縟麗格近齊梁當由六朝文士影撰而成與洞冥拾遺諸記先後並出流傳已久固不妨過而存之以廣異聞也其書隋志列之史部地理類唐志又列之子部神仙類今核所言多世外恍惚之事旣有異於輿圖亦無關於修煉其分類均屬未安今核文獻通考列之小說類中庶得其實焉

臣等謹案海内十洲記一卷舊本題漢東方朔撰十洲者祖洲瀛洲玄洲炎洲長洲元洲流洲生洲鳳麟洲聚窟洲也後又附以滄海島方丈洲扶桑蓬邱崑崙五條其言或稱臣朔似對君之詞或稱武帝又似追記之文又盛稱武帝不能盡朔之術故不得長生則似道家夸大之語大抵恍惚支離不可究詰考劉向所錄朔書無此名書中載有武帝幸華林園射虎事案文選應貞晉武帝華林園集詩李善註引洛陽圖經曰華林園在城内東北隅魏明帝起名芳林園齊王芳改爲華林武帝時安有是號蓋六朝詞人所依託觀其引衞叔卿事知出神仙傳後引五岳眞形圖事知出漢武内傳後也然自隋志已著於錄李善註張衡南都賦宋玉風賦鮑照舞鶴賦張衡思玄賦曹植洛神賦郭璞遊仙詩第一首第七首江淹擬郭璞遊仙詩夏侯元東方朔畫贊陸倕新刻漏銘並引其文爲證足見其詞調豐蔚有助文章陸德明經典釋文亦於莊子北冥條下引此書曰水黑色謂之冥海無風洪波百丈則通儒訓詁且據其文矣唐人詞

賦引用尤多固錄異者所不能廢也諸家著錄或入地理循名責實未見其然今與山海經同退置小說家焉乾隆四十七年十月恭校上

漢武故事　漢武帝內傳

臣等謹案漢武故事一卷舊本題漢班固撰然史不云固有此書隋志著錄傳記類中亦不云固作晁公武讀書志引張柬之洞冥記跋謂出于王儉唐初去齊梁未遠當有所考也所言亦多與史記漢書相出入而雜以妖妄之語然如藝文類聚三輔黃圖太平御覽諸書所引甲帳珠簾王母青雀茂陵玉椀諸事稱出漢武故事者乃皆無之又李善註文選西征賦引漢武故事二條其一爲柏谷亭事此本亦無之其一爲衞子夫事此本雖有之而文反略于善註考隋志載此書二卷諸家著錄並同錢曾讀書敏求記亦尙作二卷稱所藏凡二本一是錫山秦汝操繡石書堂本一是陳文燭晦伯家本又與秦本互異今兩存之云云兩本今皆未見此本爲明吳琯古今逸史所刻併爲一卷僅寥寥七八

頁蓋已經刊削又非兩家之本以其六朝舊帙姑存備古書之一種云爾

臣等謹案漢武帝內傳一卷舊本題漢班固撰隋志著錄二卷不著撰人宋志亦注曰不知作者此本題曰班固不知何據殆後人因漢武故事僞題班固遂併此書歸之歟漢書東方朔傳贊稱好事者取奇言怪語附著之朔此書乃載朔乘龍上昇與傳贊自相矛盾其不出于固灼然無疑其文排偶華麗與王嘉拾遺記陶弘景眞誥體格相同考徐陵玉臺新詠序有靈飛六甲高擅玉函之句實用此傳六甲靈飛十二事封以白玉函語則其僞在齊梁以前又考郭璞游仙詩有漢武非仙才句與傳中王母所云殆恐非仙才語相合葛洪神仙傳所載孔元方告馮遇語與傳中稱受之者四十年傳一人無其人八十年可頓授二人非其人謂之泄天道得其人不傳是謂蔽天寶云云相合其殆魏晉間文士所爲乎玉海引中興書目曰漢武帝內傳二卷載西王母事後有淮南王公孫卿稷邱君八事乃唐終南元都道士游巖所附今無此八事蓋明人删竄

之本非完書矣乾隆四十七年九月恭校上

洞冥記

臣等謹案洞冥記四卷舊本題後漢郭憲撰憲字子橫汝南宋人官至光祿勳事迹具後漢書方術傳是書隋志止一卷唐志始作四卷文獻通考有拾遺一卷晁公武讀書志引憲自序謂漢武明雋特異之主東方朔因滑稽浮誕以匡諫洞心于道教使冥迹之奧昭然顯著故曰洞冥陳振孫書錄解題云其別錄又于御覽中鈔出則四卷亦非全書別錄當即拾遺也今憲序與拾遺俱已佚惟存此四卷核以諸書所引皆相符合蓋猶舊本考范史載憲初以不臣王莽至焚其所賜之衣逃匿海濱後以直諫忤光武帝時有關東觥觥郭子橫之語蓋亦剛正忠直之士徒以噀酒救火一事遂抑之方術之中其事之有無已不可定至于此書所載皆怪誕不根之談未必眞出憲手又詞句縟艷亦迥異東京或六朝人依託爲之然所言影娥池事唐上官儀用以入詩時稱博洽後代

文人詞賦引用尤多蓋以字句妍華足供采摭至今不廢良以是耳若其中伏生受尚書于李克一條悠謬支離全乖事實朱彝尊乃採以入經義考則嗜博貪奇有失裁擇非著書之體矣乾隆四十七年十月恭校上

拾遺記

臣等謹案拾遺記十卷秦王嘉撰嘉字子年隴西安陽人事迹具晉書藝術傳考舊本繫之晉代然嘉實苻秦方士是時關中雲擾與典午隔絶久矣稱晉人者非也其書本十九卷二百二十篇後經亂亡失殘缺梁蕭綺搜羅補綴定爲十卷并附著所論命之曰錄即此本也綺序稱文起羲炎以來事迄西晉之末然第九卷記石虎燋龍至石氏破滅則事在穆帝永和六年之後入東晉久矣綺亦約略言之也嘉書蓋仿郭憲洞冥記而作其言荒誕證以史傳皆不合如皇娥讌歌之事趙高登仙之説或上誣古聖或下奬賊臣尤爲乖迕綺錄亦附會其詞無所糾正然歷代詞人取材不竭亦劉勰所謂事豐奇偉辭富膏腴無

益經典而有助文章者歟虞初九百漢人備錄六朝舊笈今亦存備採擷焉乾隆四十七年十月恭校上

搜神記

臣等謹案搜神記二十卷舊本題曰晉干寶撰寶字令升新蔡人元帝時以著作郎領國史遷散騎常侍本傳稱寶感父婢再生事遂撰集古今靈祇神異人物變化爲此書其自序一篇併載本傳是書隋唐志皆著錄而宋晁公武陳振孫諸家皆不載王應麟玉海引崇文總目云搜神總記十卷不著撰人名氏或云干寶撰非也又胡震亨嘗云此書有謝鎮西之稱考謝尙于穆帝永和間加鎮西將軍寶書成嘗示劉惔惔卒于明帝大寧間則鎮西之號去書成時尙後二十餘年疑亦經後人附益非寶之舊今考太平寰宇記青陵臺條下引搜神記韓憑化蛺蝶事此本無之勘驗太平廣記所引又一一與此本合二書皆宋初所修不知何以互異疑樂史所引乃寶書李昉所引乃總記後人傳寫每卷

析而爲二故與崇文總目十卷之數不合耳疑以傳疑今姑仍舊題著之於錄焉乾隆四十七年五月恭校上

搜神後記

臣等謹案搜神後記十卷舊本題晉陶潛撰中記桃花源事一條全錄本集所載詩序惟增注漁人姓黃名道眞七字又載干寶父婢事亦全錄晉書剽掇之迹顯然可見明沈士龍跋謂潛卒於元嘉四年而此有十四十六年事陶集多不稱年號以干支代之而此書題永初元嘉其爲僞託固不待辨然其書文詞古雅非唐以後人所能隋書經籍志著錄已稱陶潛則贋撰嫁名其來已久又陸羽茶經引其中晉武帝時宣城人秦精入武昌山採茗一條與此本所載合封演見聞記引其中有人因病能飲茗一斛二斗後吐一物一條與此本桓宣武督將一條僅文有詳略及牛肺字作牛肚茗瘕字作斛二瘕其事亦與此本所載相合知今所傳刻猶古本矣其中丁令威化鶴阿香雷車諸事唐宋詞人

並遞相援引承用至今題陶潛撰者固妄要不可謂非六代遺書也乾隆四十七年九月恭校上

異苑

臣等謹案異苑十卷宋劉敬叔撰敬叔宋書南史俱無傳明胡震亨始採諸書補作之稱其爲彭城人起家中兵參軍元嘉三年爲給事黄門郎泰始中卒又稱嘗爲劉毅郎中令以事忤毅爲所奏免官今案書中稱毅鎮江州褊躁愈劇又載毅妻爲桓玄所得擅寵有身多蓄憾詆毁之語則震亨所言當爲可信惟書中自稱義熙十三年余爲長沙景王驃騎參軍以宋書長沙景王道憐傳考之時方以驃騎將軍領荆州刺史與敬叔所紀相合而傳中顧未之及則又震亨疎略之失也其書皆言神怪之事卷數與隋書經籍志所載相合雖中間如以殷仲堪爲商仲堪乃宋人避諱所改又稱宋高祖爲宋武帝裕直舉其國號名諱亦不似當時臣子之詞疑已不免有所竄改然其大致尚完整與搜神述

異諸記全出後人補綴者不同且其詞旨簡澹無小說家猥瑣之習斷非六朝以後所能作故唐人多所引用如杜甫詩中陶侃胡奴等事其根據皆出於是書知其裨助於詞章者不少矣乾隆四十七年三月恭校上

續齊諧記

臣等謹案續齊諧記一卷梁吴均撰均事迹具梁書本傳唐藝文志作吴筠案唐有道士吴筠乃大歷時人是書隋志著録杜公瞻荆楚歲時記註歐陽詢藝文類聚已先引其文非筠明甚唐志蓋傳寫之訛吴琯刋本有元陸友跋曰齊諧志怪蓋莊生寓言今均所續特取義云爾前無其書也案隋書經籍志雜傳類均書之前有宋散騎侍郎東陽無疑齊諧記七卷唐志小說家亦並載之然則均書實續無疑友謂前無其書亦爲失考所記皆神怪之説然崔顥黄雀銜黄花句李商隱綵絲豈惜懼長蛟句其事實出此書韋絢劉賓客嘉話所引霍光金鳳轄蔣潛犀導二條稱曰傳記亦即此書之文則唐時亦據爲故實至於

九日茱萸囊田氏紫荆樹織女七夕渡河諸條歷代詞人遞相引用亦小説之表表者矣又劉阮天台一事唐時賦詠至多李瀚蒙求亦及之徐子光所引續齊諧記之文述其始末甚備而今本無此條豈原本久佚後人於太平廣記諸書內鈔合成編故偶有遺漏歟乾隆四十七年十月恭校上

還冤志

臣等謹案還冤志一卷隋顔之推撰之推有家訓已著録此書隋志不載唐書藝文志作寃魂志三卷文獻通考作北齊還冤志二卷考宋史藝文志作顔之推還冤志太平廣記所引亦皆稱還冤志與今本合則唐志爲傳寫之訛考書中所記上始周宣王杜伯之事不得目以北齊即之推亦始本梁人後終隋代觀陸法言切韻序則開皇之初尚與劉臻等八人同時定韻更不得目以北齊殆因舊本之首題北齊黄門侍郎顔之推撰遂誤以冠于書名上歟觀宋史又載釋庭藻續北齊還冤志一卷則誤稱北齊亦已久矣自梁武以後佛教彌昌

士大夫率皈禮能仁盛談因果之推家訓有歸心篇于罪福尤爲篤信故此書所述皆釋家報應之説然齊有彭生晉有申生鄭有伯有衞有渾良夫其事並載春秋傳趙氏之大厲趙王如意之蒼犬以及魏其武安之事亦未嘗不載于正史强魂毅魄憑厲氣而爲變理固有之尙非天堂地獄幻杳不可稽者比也其文詞亦頗古雅殊異小説之冗濫存爲鑑戒固亦無害於義矣陳繼儒嘗刻入祕笈中刋削不完僅存一卷此本乃何鏜漢魏叢書所刻猶爲原帙今據以著錄焉乾隆四十七年九月恭校上

集異記　博異記

臣等謹案集異記一卷唐薛用弱撰案唐書藝文志載用弱字仲勝長慶中光州刺史其里籍則未之載此本卷首題曰河東然唐代士族率標郡望劉必彭城李必隴西其確生何地固未之知也是書所記凡十六條晁公武讀書志稱其首載徐佐卿化鶴事此本亦以此條爲首與晁氏所記合蓋猶舊本世所傳

狄仁傑集翠裘王維鬱輪袍王積薪婦姑圍棊王之渙旗亭畫壁諸事皆出此書其良常山新宫銘洪邁容齋隨筆推爲奇作蘇軾與子過詩所謂爾應奴隸蔡少霞我亦伯仲山玄卿者即用其事卷帙雖狹而歷代詞人恒所引據亦小説家之可采者陳振孫書録解題謂是書一名古異記然諸家著録俱無此名不知振孫何本又唐比部郎中陸勳亦有集異記二卷與用弱書同名故文獻通考題勳書爲陸氏集異記以别於用弱書焉

臣等謹案博異記一卷舊本題唐谷神子還古撰不著姓氏考晁公武讀書志載老子指歸十三卷亦題谷神子註不著姓氏而唐書藝文志有馮廓注老子指歸十三卷與公武所言書名卷數皆合則谷神子其馮廓歟胡應麟二酉綴遺則曰唐詩人鄭還古嘗爲殷七七作傳其人正晚唐而殷傳文與事皆類是書蓋其作也其説亦似有依據然古無明文闕所不知可矣其書載敬元穎許漢陽王昌齡張竭忠崔元微陰隱客岑文本沈亞之劉方元馬燧十人太平廣

記三百四十八卷載李全質一條稱會昌壬戌濟陰大水谷神子與全質同舟云云此本無之蓋亦鈔合而成非完帙也所記皆神怪之事敘述雅贍鏡銘一條不似三代語而陳振孫書錄解題謂語觸時忌故隱其名前有自序亦稱非徒但資笑語抑亦鱻顯箴規或冀逆耳之詞稍獲周身之戒今觀所載殊不見觸忌之語而證以太平廣記所引又確爲本書非出依託未審其寓言之旨何在也乾隆四十七年十一月恭校上

杜陽雜編

臣等謹案杜陽雜編三卷唐蘇鶚撰案唐藝文志鶚字德祥光啟中進士嘗撰演義十卷考證名物典故極爲精核世無傳本今已從永樂大典裒輯成書別著於錄此編所記起代宗廣德元年下盡懿宗咸通十四年凡十朝之事皆以三字爲標目其中所記奇技寶物類涉不經大抵祖述王嘉之拾遺郭憲之洞冥雖必舉所聞之人以實之恐未免粉飾也然鋪陳縟艷足爲詞賦所取材固

小說家之以文采勝者讀者挹其葩藻忘其夸飾至今沿用厥有由矣其曰杜陽雜編者晁公武讀書志謂鶚居武功之杜陽川蓋因地以名其書云乾隆四十七年十月恭校上

前定錄

臣等謹案前定錄一卷續錄一卷唐鍾輅撰輅太和中人官崇文館校書郎唐書藝文志作鍾簵未詳孰是也是書所錄前定之事凡二十三則與書錄解題所言合前有自序稱庶達識之士知其不誣奔競之徒亦足以自警較他小說爲有勸戒高彦休唐闕史曰世傳前定錄所載事類實繁其間亦有鄰委曲以成其驗者蓋即指此書然小說多不免附會亦不能獨爲此書責也續錄一卷不題撰人名氏書錄解題亦載之觀其以唐明皇與唐玄宗析爲兩條知爲雜采類書而成失於刪併又柳宗元一條乃全引龍城錄語龍城錄爲宋王銍僞撰則非唐以前書明矣乾隆四十七年九月恭校上

桂苑叢談

臣等謹案新唐書藝文志小說家類中載桂苑叢談一卷註曰馮翊子子休撰不著姓名晁公武引李淑邯鄲書目云姓嚴疑馮翊子其號而子休其字也陳繼儒刻入祕笈乃題爲唐子休馮翊著顚倒其文誤之甚矣其書前十條皆載咸通以後鬼神怪異及瑣屑事後爲史遺十八條其十二條亦紀唐代雜事餘六條則兼及南北朝然如高湝捕賊高延宗縱恣崔宏度酷虐諸事齊隋本史皆已載之又似摘鈔卷中未及刊削者疑已經後人竄亂非原書也其甘露亭一條稱吳王收復浙右之歲者當爲昭宗天復二年時始封楊行密爲吳王故子休以此稱之然則作是書者其江南人歟乾隆四十七年九月恭校上

劇談錄

臣等謹案劇談錄二卷唐康駢撰以所見聞天寶以來瑣事聚錄成帙間以議論附之書成于僖宗乾寧二年凡四十二條駢池陽人咸通中進士仕爲崇文

館校書郎此書所載皆見太平廣記中非當時全部收入即後人從廣記鈔合也序末有臨安府陳道人書籍鋪刊行字蓋猶影鈔宋代舊本如潘將軍一條注中鶻硉字今本劍俠傳訛爲鶴碎遂不可解知此本所錄猶爲精善矣乾隆四十七年三月恭校上

宣室志

臣等謹案宣室志十卷補遺一卷唐張讀撰陳振孫書錄解題稱讀字聖朋唐書藝文志載讀建中西狩錄十卷注曰讀字聖用朋用字形相近義亦兩通未詳孰是也深州陸澤人舊唐書附見其祖張薦傳中稱其登進士第有俊材累官至中書舍人禮部侍郎典貢舉時稱得士位終尚書左丞新唐書藝文志則稱爲僖宗時吏部侍郎高彥休唐闕史亦稱張侍郎讀爲員外郎張休復之子案舊唐書作希復牛僧孺之外孫年十九登進士第不言其爲吏部禮部以典貢舉之文證之蓋新唐志爲誤矣是書所記皆鬼神靈異之事豈以其外祖牛僧孺嘗

作元怪錄讀少而習見故沿其流波歟補遺一卷舊本併題讀撰然諸家書目皆無之疑刋刻者摭他書所引載于後也宣室之義蓋取漢文帝宣室受釐召賈誼問鬼神事然鬼神之對雖在宣室而宣室之名實不因鬼神而立取以題誌怪之書于義未當特久相沿習不覺耳今特附訂其失庶讀者有考無相沿用焉乾隆四十七年十月恭校上

唐闕史

臣等謹案唐闕史二卷舊本題唐高彦休撰彦休始末未詳書中鄭少尹及第一條有開成二年愚江夏伯祖再司文柄語考舊唐書高鍇傳鍇於太和三年以吏部員外郎奉詔審定勅試别頭進士明經開成元年以中書舍人權知禮部貢舉尋爲禮部侍郎掌貢舉者三年出爲鄂岳觀察使而卒鄂岳正江夏之地所言官品事蹟俱合則彦休當爲鍇之從孫惟新舊書皆失鍇之里籍遂不知彦休爲何地人耳陳振孫書錄解題曰彦休自號參寥子唐藝文志注亦同

宋史藝文志載闕史一卷注曰參寥子述又載高彥休闕史三卷分爲兩書兩人殊爲舛誤又黄伯思東觀餘論有此書跋云敘稱甲辰歲編次蓋僖宗中和四年而其間有已書僖宗諡者或後人追改之今考序中自言乾符甲子生乾符無甲子爲甲午之訛下距中和四年僅十年不應即能著書由是以後惟晉開運元年爲甲辰上推乾符元年甲午生年當七十一歲尚有著書之理然則彥休蓋五代人也是書諸家著錄皆三卷今止上下二卷似從他書鈔撮而成非其原本張禾宛邱集稱賈長卿嘗辨此書所載白居易母墮井事此本無之是亦不完之一證然自序言共五十一篇分爲上下二卷又似非有脱遺者或後人併追改其序歟乾隆四十七年十月恭校上

甘澤謠

臣等謹案甘澤謠一卷唐袁郊撰晁公武讀書志云載譎異事九章咸通中久雨臥疾所著陳振孫書錄解題述其自序云以春雨澤應故有甘澤成謠之語

以名其書此本爲毛晉所刋云得之華陰楊儀篇數與讀書志合或謂夢羽本未出時已有鈔太平廣記二十餘條爲甘澤謠以行者今未之見錢希言獪園薄明經爲魚一條稱嘗見唐人小說有甘澤謠載魚服記甚詳今此本無魚服記豈希言所見乃先出一本耶其書雖小說家流而瑣事軼聞往往而在如杜甫飲中八仙歌葉夢得避暑錄話謂惟焦遂不見於書傳今考此書陶峴條中實有布衣焦遂而絕無口吃之說足以證師古僞註之謬是亦足資考證不盡爲無益之談矣乾隆四十七年十月恭校上

開天傳信記

臣等謹案開天傳信記一卷唐鄭綮撰綮字藴武滎陽人登進士第累官右散騎常侍好以詩謠託諷昭宗意其有所藴蓄擢爲禮部侍郎同中書門下平章事所謂歇後鄭五作宰相時事可知者即其人也舊唐書本傳稱綮嘗歷監察殿中倉戶二員外金刑右司三郎而是書原本首署其官爲吏部員外郎本傳

顧未之及或史文有所脱漏歟書中皆記開元天寶故事凡三十二條自序稱
簿領之暇搜求遺逸期於必信故以傳信爲名其紀明皇戲遊城南王琚延過
其家謀誅韋氏一條據唐書琚傳乃琚選補主簿過謝太子乘機進説以除太
平公主並無先過琚家之事司馬光作通鑑亦不從是書惟新唐書兼採之然
韋氏稱制時琚方以王同皎黨亡命江都安得復卜居韋杜槩所紀恐非事實
宜爲通鑑所不取又如華陰見岳神夢遊月宫羅公遠隱形葉法善符籙諸事
亦語涉神怪未能盡出於雅馴然行世既久諸書言唐事者多沿用之故録以
備小説之一種焉乾隆四十七年九月恭校上

稽神録

臣等謹案稽神録六卷宋徐鉉撰鉉字鼎臣廣陵人仕南唐爲翰林學士隨李
煜歸宋官至直學士院給事中散騎常侍淳化初坐累謫靜難軍司馬卒於官
事蹟具宋史本傳是編皆記神怪之事晁公武讀書志載其自序稱自乙未歲

至乙卯凡二十年則始於後唐廢帝淸泰二年迄於周世宗顯德二年猶未入宋時所作書中惟乾寧天復天佑開成同光書其年號自後唐明宗以後則但書甲子考馬永卿嬾眞子稱南唐自顯德五年用中原正朔士大夫以爲恥碑文但書甲子此書猶在李璟去帝號前三年殆必原用南唐年號入宋以後追改之其稱楊行密曰僞吳稱南唐曰江南其官稱僞官亦入宋以後所追改歟晁公武讀書志云所載一百五十事陳振孫書錄解題云元本十卷此無卷第當是他書中錄出者案今止六卷而反有一百七十四事末又有拾遺十三事與晁氏陳氏所云卷數條數俱不合案楓窗小牘云太宗命儒臣修太平廣記時徐鉉實與編纂稽神錄鉉所著也每欲采擷不敢自專輒示宋白使問李昉昉曰詎有徐率更言無稽者於是此錄遂得見收疑是錄全載太平廣記中後人錄出成帙而三大書徵引浩博門目叢雜所列諸書凡一名疊見者太平御覽皆作又字文苑英華皆作前名字廣記皆作同上字其間前後相連以甲蒙

乙者往往而是或緣此多錄數十條亦未可知也乾隆四十七年十月恭校上

江淮異人錄

臣等謹案江淮異人錄二卷宋吳淑撰淑有事類賦已著録是編所紀多道流俠客術士之事凡唐代二人南唐二十三人徐鉉嘗積二十年之力成稽神錄一書淑爲鉉壻殆耳濡目染挹其流波故亦喜語怪歟鉉書說鬼率誕漫不經淑書所記則周禮所謂怪民史記所謂方士前史往往載之尚爲事所之有其中如耿先生之類馬令陸游二南唐書皆採取之則亦非盡鑿空也尤袤遂初堂書目載此書作江淮異人傳疑傳寫之訛又宋史淑本傳載是書三卷而陳振孫書錄解題作二卷宋藝文志亦同則列傳以二爲三亦由字之誤矣其書久無傳本今從永樂大典中掇拾編次適得二十五人之數首尾全備仍爲完書謹依宋志仍分爲上下二卷以復其舊焉乾隆四十五年十月恭校上

臣等謹案太平廣記五百卷宋李昉奉勅監修同修者扈蒙李穆湯悅徐鉉宋白王克貞張洎董淳趙璘陳鄂呂文仲吳淑十二人也以太平興國三年八月表進六年正月勅雕板印行凡分五十五部所采書三百四十五種古來軼聞瑣事僻笈遺文咸在焉卷帙輕者往往全部收入蓋小說家之淵海也後以言者謂非後學所急收板貯之太清樓故崇文總目不載鄭樵號爲博洽亦未見其書通志藝文略中遂謂太平廣記乃太平御覽中別出廣記一書專記異事誤矣其書雖多談神怪而采摭繁富名物典故錯出其間詞章家恆所取資又如皇覽三輔決錄三國典略晉陽秋晉中興書齊春秋唐歷益部耆舊傳汝南先賢傳會稽先賢傳古文瑣語琴清英世語符子金樓子諸書世所不傳者斷簡殘編尚間存其什一尤足貴也此本爲明嘉靖中右都御史談愷所刊卷頁間有闕佚無從校補今亦仍之焉乾隆四十七年二月恭校上

茅亭客話

臣等謹案茅亭客話十卷宋黃休復撰休復有益州名畫錄已著錄是編乃雜錄其所見聞始王孟二氏終於宋眞宗時皆蜀中軼事無一條旁涉他郡陳振孫書錄解題稱其所記多蜀事似未徧檢其書但約略言之也李畋作益州名畫錄序稱其通春秋學又稱其鬻丹養親書中李處士一條極論杜預以左傳合經之誤足徵其明於春秋其他論燒煉服餌導引之術臚列道家靈迹者居全書之大半足徵其嫻於丹法餘雖多及神怪而往往借以勸戒在小說之中最爲近理其記吳王容省使高弼以王羲之石本蘭亭一軸獻僞蜀太子當時識者謂是羲之撰序之後刻石蘭亭之本其說爲自古錄金石者所未聞（案賓退錄引蔡絛之言曰定武本乃江左所傳晉會稽石也其說殆即因此事而附會之）又記唐德宗疑韋皐有異志陰遣僧行勤誘之餌丹至貞元二十年丹毒發而死亦唐史所不載又記雷琴所以爲異者岳雖高而絃低雖低而不拍面按之若指下無絃吟振之則有餘韻皆足以廣異聞其駁北夢瑣言所記高駢鎭蜀時術士王劍換福感寺塔金相輪事謂

淳化五年相輪墜地實銅鐵所鑄證孫光憲爲誣亦足訂小說之訛也乾隆四十七年四月恭校上

分門古今類事

臣等謹案分門古今類事二十卷不著撰人姓名宋史藝文志亦未著録卷首題蜀本二字蓋宋時四川書肆刊行之本第八卷内載有先大夫龍泉夢記一篇末署政和七年三月宋如璋記記中自稱崇寧乙酉拔漕解次年叨第是如璋本蜀士嘗舉進士入官其作此書者即如璋之子故書中稱如璋爲先大夫特前後無序跋其名已不可復考矣書分十二類凡帝王運兆門二卷異兆門三卷夢兆門三卷相兆門二卷卜兆門二卷讖兆門三卷祥兆門一卷婚兆門一卷墓兆門一卷雜誌門一卷爲善而增門一卷爲惡而損門一卷大旨在徵引故事以明事有定數無容妄覬而又推及于天人感應之捷以著惠迪吉從逆凶之所以然雖採摭叢瑣不無涉于誕幻而警發世俗意頗切至蓋亦前定

錄樂善錄之類且其書成于南渡之初中間所引如成都廣記該聞錄廣德神異錄唐宋遺史賓仙傳蜀異記搢紳脞說靈驗記靈應集諸書皆後世所不傳亦可以資博識之助故存之以備小說家之一種焉乾隆四十七年十一月恭校上

陶朱新錄

臣等謹案陶朱新錄一卷宋馬純撰純字子約自號樸樕翁單州城武人紹興中爲江西轉運使隆興初以太中大夫致仕居越之陶朱鄉搜輯見聞著爲是書因名曰陶朱新錄純事蹟不槪見惟會稽志載其題能仁寺壁一詩以譏僧宗昂有黃紙除書猶到汝定知塵世不遺賢之句爲當時傳誦是書自宋以來史志及各家書目亦多不著錄所載皆宋時雜事大抵涉於怪異者十之七八亦洪邁夷堅志之流末附元祐黨籍一碑與全書體例頗爲不類考錄中所記馬默忠郭眞人詩純蓋默之諸孫默在神宗朝以戶部侍郎寶文閣待制致仕

奉祠後入黨籍南渡以後力反宣和之政以收人心凡黨人子孫皆從優敍故張綱華陽集中有論其除授太濫一疏然士大夫終以爲榮純載是碑蓋以其祖之故亦陸游自稱元祐黨家之意云乾隆四十七年四月恭校上

睽車志

臣等謹案睽車志六卷宋郭彖撰彖字次象和州人由進士歷官知興國軍是書皆紀鬼怪神異之事爲當時耳目所聞見者其名睽車志蓋取睽上六載鬼一車之語也宋史藝文志載有是書一卷陳振孫書錄解題馬端臨經籍考俱作五卷而明會稽商濬刻入稗海者又作六卷參錯不一蓋後人屢有所分析故卷目多寡互異耳書中所載多建炎紹興乾道淳熙間事而汴京舊聞亦間爲錄入各條之末悉分注某人所說蓋用洪邁夷堅志之例其大旨亦主於因果報應以爲世勸戒特摭拾既廣有聞即錄往往傳述附會於事實不免荒唐如米芾本北宋名流而疑爲蟒精程迥亦南渡後宿儒多所著述而以爲其家

奉玉眞娘子由此致富張謽能斥奸平亂志操甚正身後至廟食邵武而以爲挾嫌殺人白晝見鬼而卒此類皆灼然可知其妄至於其他紀載亦多涉瑣碎然齊諧志怪之書古所不廢雖無裨考證而有助談諧此書亦搜神記稽神錄之支流故仍錄而存之以補小說家之一種焉乾隆四十七年二月恭校上

夷堅支志

臣等謹案夷堅支志五十卷宋洪邁撰邁所著容齋隨筆已别著錄是書所記皆神怪之說故以列子夷堅志事爲名考列子謂大禹行而見之伯益知而名之夷堅聞而志之正謂珍禽異獸如山海經之類邁雜錄仙鬼諸事而名取于斯非其本義然唐華原尉張愼素已有夷堅錄之名則邁之名亦有所本也陳振孫書錄解題載夷堅志甲至癸二百卷支甲至支癸一百卷三甲至三癸一百卷四甲四乙二十卷共四百二十卷趙與旹賓退錄亦載邁夷堅志三十二編凡三十一序不相重複各節錄其序之大略頗爲詳備此本僅存自甲至戊

五十卷標題但曰夷堅志而失載其原序證以與旹之所載乃支甲至支戊非其正集惟與旹記支丙作支景謂避其曾祖之嫌名而此仍作丙疑傳寫者所改也胡應麟筆叢謂所藏之本有百卷而世所傳又謂應麟所藏乃支甲至三甲此殆即胡氏之本而小佚其半歟朱國楨湧幢小品不知爲志中之一集乃云夷堅志本四百二十卷今行者五十一卷蓋病其煩蕪而删之則誤之甚矣陳振孫譏邁爲謬用其心其說頗正張世南游宦紀聞則謂邁欲修國史借此以練習其筆似乎曲爲之詞然其中詩詞之類往往可資采錄而遺聞瑣事亦多足爲勸戒非盡無益于人心者小說一家歷來著錄亦何必拘于方隅獨爲邁書責歟乾隆四十七年五月恭校上

博物志

臣等謹案博物志十卷舊本題晉張華撰考王嘉拾遺記稱華好觀祕異圖緯之部捃採天下遺逸自書契之始考驗神怪及世間閭里所說造博物志四百

卷奏於武帝帝詔詰問卿才綜萬代博識無倫然記事采言亦多浮妄可更芟截浮疑分爲十卷云云是其書作於武帝時今第四卷物性類中稱武帝泰始中武庫火則武帝以後語矣又江淹古銅劍讚引張華博物志有鑄銅之工不可復得惟蜀地羌中時有解者云云今本無此語足證非齊粱時所見之本又唐會要載顯慶三年太常丞呂才奏案張華博物志曰白雪是泰帝使素女鼓五弦曲名以其調高人遂和寡云云今本亦無此語足證非唐時所見之本或原書散佚宋時好事者掇拾諸書所引博物志復雜采他小說以足之而仍託名於華故證以藝文類聚太平御覽所載亦往往相符蓋眞僞參半之書也所記多見他書無大奇祕至於誣蠛孔子尤爲不經書中間有附註或稱盧氏或稱周日用文獻通考載周氏註博物志十卷又盧氏註六卷此所載寥寥數條疑非完本或後人偶爲摘附歟乾隆四十七年五月恭校上

臣等謹案述異記二卷舊本題梁任昉撰昉字彦昇樂安人官至新安太守事蹟具梁書本傳此書宋志始著録卷數與今本相符晁公武讀書志曰昉家藏書三萬卷天監中採輯先世之事纂新述異皆時所未聞將以資後來屬文之用亦博物志之意唐志以爲祖沖之所作誤也案隋志先有祖沖之述異記十卷唐志蓋沿其舊文以爲別自一書則可以爲誤題祖沖之則史不誤而公武反誤矣考昉本傳稱著雜傳二百四十七卷地志二百五十二卷文章三十三卷不及此書且昉卒於梁武帝時而下卷地生毛一條云北齊武成河清年中案河清元年壬午當陳天嘉三年周保定二年後梁蕭巋天保元年距昉之卒久矣昉安得而記之其爲後人依託蓋無疑義姚寬西溪叢語謂潘岳閒居賦房陵朱仲之李句李善注朱仲未詳此書中乃有其事摭以補善注之逸今考李善閒居賦注此句下引荆州記曰房陵縣有朱仲者家有縹李代所希有並無未詳之語寬偶讀誤本不知此書之剽文選注反謂選注未見此書舛誤甚

矣乾隆四十七年十月恭校上

酉陽雜俎

臣等謹案酉陽雜俎二十卷續集十卷唐段成式撰成式字柯古臨淄人宰相文昌之子官至太常卿事迹具唐書本傳其書首有自序云凡三十篇爲二十卷今自忠志至肉攫部凡二十九篇尙闕其一考語資篇後有云客徵鼠蝨事余戲摭作破蝨錄今無所謂破蝨錄者蓋脫其一篇獨存其篇首引語綴前篇之末耳至其續集六篇十卷合前集爲三十卷諸史志及諸家書目並同而胡應麟筆叢云酉陽雜俎世有二本皆二十卷無所謂續者近於太平廣記中鈔出續記不及十卷而前集漏佚者甚多悉鈔入續記中爲十卷俟好事者刻之又似乎其書已佚應麟復爲鈔合者然不知應麟何以得其篇目豈以意爲之耶其書多詭怪不經之談荒渺無稽之物而遺文祕籍亦往往錯出其中故論者雖病其浮誇而不能不相徵引自唐以來推爲小說之翹楚莫或廢也其曰

酉陽雜俎者蓋取梁元帝賦訪酉陽之逸典語其子目有曰諾皐記者吳曾能改齋漫錄以爲諾皐太陰神名語本抱朴子未知確否至其貝編玉格天咫壺史諸名則在可解不可解之間蓋莫得而深考矣乾隆四十七年九月恭校上

清異錄

臣等謹案清異錄二卷宋陶穀撰穀字秀實新平人事周世宗爲翰林學士承旨入宋官至禮部尚書事蹟具宋史本傳是書皆採摭唐及五代新穎之語分三十七門各爲標題而注事實緣起於其下蓋小說家流也或以爲不類北宋人語胡應麟筆叢嘗力辨其爲出於穀手今案穀雖入宋實五代舊人當時文格不過如是應麟所云良是惟穀本北人僅一使南唐而花九品九命一條云張翊者世本長安因亂南來先主擢置上列乃是江南人語是則殊不可解耳豈亦雜錄舊文刪除未盡耶所記諸事如出一手大抵即穀所造亦雲仙散錄之流而獨不僞造書名故後人頗引爲詞藻之用相沿既久遂亦不可廢焉乾

隆四十七年八月恭校上

續博物志

臣等謹案續博物志十卷舊本題晉李石撰然第二卷稱今上於前朝作鎮睢陽洎開國號大宋是宋太祖時人矣而又稱曾公亮得龍之脊王安石得龍之睛全撫陸佃埤雅之說又引子華子陳正敏遯齋閒覽曾慥集仙傳均南北宋間之書則併非北宋初人別本末有其門人迪功郎眉山簿黄宗泰跋稱爲方舟先生方舟爲宋李石之號所作詩如例已著錄經部中則稱晉李石誤也然石爲紹興乾道間人亦不應稱太祖爲今上殆亦剽掇說部以爲之仍其舊文未及削改歟其書以補張華所未備惟華書首地理此首天象體例小異其餘雖不分門目然大致略同故自序謂次第仿華說一事續一事然龜巢蓮葉一條與華說複出竟不及檢又王士禎香祖筆記摘其既云劉亮合仙丹得白蝙蝠服之立死又云陳子眞得蝙蝠大如鴉食之一夕大泄而死乃更云丹水石

穴蝙蝠百歲者倒懸得而服之使人神仙自相矛盾又摘其以文帝使掌故歐陽生受伏生尚書以伏生墓爲在濕水以磻溪爲在汲郡皆附會舛誤特以宋人舊笈軼聞瑣語閒有存焉姑錄以備參考云爾乾隆四十七年九月恭校上

欽定四庫全書提要卷七十六

欽定四庫全書提要卷七十七

子部二十九

釋家類

弘明集

臣等謹案弘明集十四卷梁釋僧祐撰僧祐居鍾山定林寺所謂古律師者是也唐書藝文志載僧祐弘明集十四卷此本卷數與唐志相符蓋猶釋藏之舊卷末有僧祐後序而卷首無前序疑傳寫佚之所輯皆東漢以下至於梁代闡明佛法之文其學主於戒律其說主於因果其大旨則主於抑周孔排黄老而獨伸釋氏之法夫天不言而自尊聖人之道不言而自信不待夸不待辨也恐人不尊不信而嚻張其外以彌縫之是亦不足於中之明證矣然六代遺編流傳最古梁以前名流著作今無專集行世者頗賴以存終勝庸俗緇流所撰述就釋言釋猶彼教中雅馴之言也乾隆四十七年九月恭校上

臣等謹案廣弘明集三十卷唐釋道宣撰道宣姓錢氏丹徒人隋末居終南白泉寺又遷豐德寺淨業寺至唐高宗時乃卒持戒精苦釋家所謂宣律師者是也唐志載廣弘明集三十卷與此本合然二十七卷以後每卷各分上下實三十四卷其書續梁僧祐弘明集而體例小殊分爲十篇一曰歸正二曰辨惑三曰佛德四曰法義五曰僧行六曰慈濟七曰戒功八曰啓福九曰悔罪十曰統歸每篇各爲小序大旨排斥道教與僧祐書相同其中如魏書釋老志本于二氏神異各有記錄雖同爲粉飾而無所抑揚道宣乃于敘釋氏者具載其全文敘道家者潛删其靈蹟然則寃親無等猶爲最初之佛法迨其後世味漸深勝負互軋雖以叢林古德人天瞻禮如道宣者亦不免于門戶之見矣其書採摭浩博卷帙倍于僧祐如梁簡文帝被幽述志詩及連珠三首之類頗爲泛濫然道宣生隋唐之間古書多未散佚故墜簡遺文往往而在如阮孝緒七錄序文

及其門目部分儒家久已失傳隋志僅存其說而此書第三卷內乃載其大綱尙可推尋崖略是亦禮失求野之一端不可謂無裨考證也神僧傳稱僧祐前身爲南齊剡溪隱嶽寺僧護道宣前身即爲僧祐殆因道宣續僧祐之書故附會是說又稱道宣卒于乾封二年而書末有遊大慈恩寺詩乃題高宗之謚殊不可解又註曰一作唐太宗蓋知其牴牾爲之遷就考雍錄載慈恩寺貞觀二十二年高宗在春宮時爲文德皇后立則太宗猶及見之然大慈恩之名可以出高宗之口不可以出太宗之口殆原本題爲御製後人追改歟乾隆四十七年三月恭校上

法苑珠林

臣等謹案法苑珠林一百二十卷唐釋道世撰道世字元惲上都西明寺僧是書成于高宗總章元年朝散大夫蘭臺侍郎隴西李儼爲之序稱事總百篇勒成十帙此本乃一百二十卷蓋百篇乃其總綱書中則約略篇頁而分卷帙如

千佛篇十惡篇則一篇分七八卷善友篇惡友篇擇交篇則兩三篇共一卷故書凡一百一十八卷而目錄二卷亦入卷數與陸德明經典釋文例同合之共爲百二十也每篇各有述意如史傳之序子部之首則或有述意或無述意爲例不一大旨以佛經故實分類編排推明罪福之由用生敬信之念蓋佛法初興惟明因果暨達摩東邁始啟禪宗譬以六經之傳則因果如漢儒之訓詁雖專門授受株守師承而名物典故悉求依據其學較實而難誣禪宗如宋儒之義理雖覃思冥會妙悟多方而擬議揣摩可以臆測其說憑虛而易騁故心印之教既行天下咸避難趨易辨才無礙語錄日增而腹笥三藏之學在釋家亦幾乎絕響矣此書作于唐初去古未遠在彼法之中猶爲引經據典雖其間荒唐悠謬之説與儒理牴牾而要與儒不相亂存之可考釋氏之掌故較後來侈談心性彌近理大亂眞者固尚有間矣乾隆四十七年二月恭校上

臣等謹案開元釋教錄二十卷唐釋智昇撰智昇開元中居長安西崇福寺是編以三藏經論編爲目錄不分門目但以譯人時代爲先後起漢明帝永平十年丁卯迄開元十八年庚午凡六百六十四載中間傳經緇素總一百七十六人所出大小二乘三藏聖教及聖賢集傳併及失譯總二千二百七十八部合七千四十六卷分爲二錄一曰總括羣經錄皆先列譯人名氏次列所譯經名卷數及或存或佚末列小傳各詳其人之始末凡九卷其第十卷則載歷代佛經目錄凡古目錄二十五家僅存其名新目錄十六家具列其數首爲古經錄一卷謂爲秦始皇時釋利防等所齎其說恍惚無徵次爲舊經錄一卷稱爲劉向校書天祿閣所見蓋依向列仙傳序稱七十二人已見佛經之文至稱爲孔壁所藏則無庸置辨矣餘自漢時佛經目錄以後則固皆有實徵者也一曰別分乘藏錄凡爲七類一曰有譯有本二曰無譯無本三曰支派別行四曰刪略繁重五曰拾遺補闕六曰疑惑再詳七曰僞邪亂眞則各以經論類從州次部

列與總録一經一緯凡八卷其第十九卷則大乘經律論入藏目録第二十卷則小乘經律論聖賢集傳入藏目録也佛氏舊文兹爲大備亦兹爲最古所列諸傳尤足爲考證之資今於二氏之書皆擇體裁猶近儒書者略存數家以備參考至經典敍目則惟録此書及白雲霽道藏目録以存梗槪亦猶隋志但列總數之意云爾乾隆四十七年九月恭校上

宋高僧傳

臣等謹案宋高僧傳三十卷宋釋贊寧撰贊寧德清高氏子出家杭州龍興寺吴越武肅王署爲兩浙僧統賜號明義宋太宗召對滋福殿賜號通慧咸平初加右街僧録至道二年卒是書乃贊寧於太平興國七年奉太宗勅旨編撰至端拱元年十月書成遣天壽寺僧顯忠等於乾明節奉表上進有勅獎諭賜絹三十匹仍令僧録司編入大藏而宋史藝文志文獻通考均不著於録殆以其已經入藏而略之也高僧傳之名起於梁釋惠皎分譯經義解兩門釋慧皎復

加推擴始分立十科至唐釋道宣續高僧傳蒐輯彌博於是分譯經義解習禪明律護法感通遺身讀誦興福雜科十門所載迄唐貞觀而止贊寧此書蓋又以續道宣之後故所錄始於唐高宗時門目亦一仍其舊凡正傳五百三十三人附見一百三十人傳後附以論斷於傳授源流最爲賅備中間如武后時人皆系之周朝殊乖史法又所載既託始於唐而雜科篇中乃有劉宋元魏二人亦爲未明限斷然其於誄銘志記摭採不遺實稱詳博文筆近六朝風格亦多雅贍可觀洵釋門典故之總匯於揆藻摛文之用固不爲無助矣乾隆四十七年八月恭校上

法藏碎金錄

臣等謹案法藏碎金錄十卷宋晁迥撰迥字明遠澶州清豐人其父始徙家彭門太平興國五年登進士第至道末擢右正言直史館知制誥旋爲翰林學士加承旨天禧中判西京留司御史臺以太子少保致仕卒謚文元迥受學於王

禹偁以文章典贍擅名而性耽禪悦喜究心内典是編乃天聖五年退居昭德里所作皆融會禪理隨筆記載蓋亦宗門語録之類其曰碎金取世説新語謝安碎金義也孫覿謂其宗向佛乘以莊老儒書彙而爲一蓋嘉祐治平以前濂洛之説未盛儒者沿唐代餘風大抵歸心釋教以范仲淹之賢而手製疏文請道古開壇説法其他可知迥作是書蓋不足異南宋初年迥五世孫公武作郡齋讀書志乃附載迥道院集後並列之别集門中殊爲不類殆二程以後諸儒之辨漸明公武既不敢剷其祖宗之書不著于録又不肯列之釋氏貽論者口實進退維谷故姑以附載回護觀其條下所列僅叙迥仕履始末行誼文章而無一字及本書其微意蓋可見矣然自阮孝緒七録以後釋氏之書久已自爲一類歷朝史志著録並同不必曲爲推崇亦不必巧爲隱諱今從陳振孫書録解題入之釋氏類中存其實也其書傳本頗稀明嘉靖乙巳迥裔孫翰林院檢討瑮始從内閣録出鋟板以行改其名曰迦談殊爲無謂今亦仍迥原名以著

于錄焉乾隆四十七年三月恭校上

道院集要

臣等謹案道院集要三卷舊本題爲道院集宋晁迥撰宋史藝文志載道院集要三卷注曰不知作者考晁公武讀書志載道院集要三卷稱元祐中侍從王古編併載古序曰文元晁公博觀內書復勤於著述其書曰道院別集曰自擇增修百法曰法藏碎金曰隨因紀述曰髦智餘書余嘗徧閱之以爲名理之妙雖白樂天不逮也輒刪去重複總集精粹以便觀覽則此書乃王古選錄迥書故名集要此本以爲即道院集者誤也文獻通考列之別集門中今檢其書乃語錄之流實非文集改隸釋家庶不失其本旨焉乾隆四十七年十月恭校上

禪林僧寶傳

臣等謹案禪林僧寶傳三十二卷宋釋惠洪撰惠洪字覺範筠州入禪宗自六祖以後分而爲二一曰青原其下爲曹洞雲門法眼一曰南岳其下爲臨濟潙

仰是爲五家宗派嘉祐中達觀曇穎嘗爲之傳載其機緣語句而略其終始行事惠洪因綴輯舊聞各爲之傳而系以贊凡八十一人原本前有寶慶丁亥臨川張宏敬序稱舊本藏在廬阜後失于回禄錢塘風篁山僧廣遇慮其湮沒因校讐鋟梓與諸方共之然卷末題明州府大慈名山教忠報國禪寺住持比丘寶定刊板又似刻于四明者疑爲重鋟之本也陳氏書錄解題作三十卷文獻通考作三十二卷蓋惠洪原書本三十卷後有補禪林僧寶傳爲舟峯菴僧慶老撰慶老亦北宋人復有臨濟宗旨一卷亦惠洪撰故爲三十二卷云乾隆四十七年四月恭校上

林間錄

臣等謹案林間錄二卷後錄一卷宋釋惠洪撰洪字覺範筠州人所撰冷齋夜話天廚禁臠石門文字禪諸書已别著錄是書文獻通考作四卷此本二卷殆明代重刻所併晁公武讀書志稱所記皆高僧嘉言善行然頗考證同異訂贊

寧高僧傳諸書之訛又往往自立議論發明禪理不盡敘録舊事也惠洪在當時頗有詩名其所著作多援引黄庭堅諸人爲重然喜遊公卿間初以醫術交結張商英復往來郭天信之門政和元年張郭得罪遂連坐決配朱厓又吴曾能改齋漫錄記其作上元宿嶽麓寺詩有十分春瘦緣何事一掬鄉心未到家句當時以浪子和尚稱之則既役志於繁華復耽情於綺語於釋門戒律實未精嚴在彼教中未必遽爲法器又書中載杜衍張詠同居睢陽事晁公武讀書志嘗辨其踈胡應麟筆叢亦稱其載衍呼張字爲安道安道乃張方平字非詠之字益證其所記之誣蓋與其所作冷齋夜話同一喜作妄語然所作石門文字禪釋家收入大藏又宋季靈隱寺僧普濟作五燈會元亦多采此書蓋惠洪雖僧律多疎而聰明特絶故於禪宗微義能得悟門又素擅詞華工於潤色所述釋門典故皆斐然可觀亦殊勝麤鄙之語錄在佛氏書中猶爲有益文章者矣乾隆四十七年八月恭校上

五燈會元

臣等謹案五燈會元二十卷宋釋普濟撰普濟字大川靈隱寺僧也其書取釋道原景德傳燈錄駙馬都尉李遵勗天聖廣燈錄釋維白建中靖國續燈錄釋道明聯燈會要釋正受嘉泰普燈錄凡五種撮其要旨彙爲一書以七佛爲首次四祖五祖六祖南嶽青原以下各按法嗣世數載入焉蓋禪宗自慧能而後分派滋多有良价號洞下宗文偃號雲門宗文益號法眼宗靈祐慧寂號潙仰宗義元號臨濟宗學徒傳授幾徧海內宗門撰述亦日以紛繁五燈之書遞相推衍至有百餘卷說者或議其冗蔓轇轕數千萬言不離文字於彼教中直指人心之說頗相剌謬是書删掇精英去其冗雜敘錄較爲簡要雖機緣語句悉見採摭而考論宗系分篇臚列於釋氏之源流本末指掌了然例以儒書蓋亦淵源錄學案之類緇林故事實可藉以考稽故焦竑經籍志於釋家類中别出傳記一門以此書與僧寶高僧諸傳同列入之均取其有資典故固非語錄諸

家但以空言敷演者比也乾隆四十七年四月恭校上

羅湖野錄

臣等謹案羅湖野錄四卷宋釋曉瑩撰曉瑩字仲温江西人頗解吟詠其南昌道中一律載宋高僧詩選中紹定間釋紹嵩作江浙記行詩廣集唐宋名句曉瑩亦與焉則在當時亦能以詞翰著也是書卷首有紹興乙亥自序謂以倦遊歸憩羅湖之上因追憶昔所聞見録爲四卷其中多載禪門公案及機鋒語句蓋亦林間録之流而緇徒故實記述頗詳所載士大夫投贈往來篇什尤夥遺聞逸事多藉流傳亦頗有資于談柄末有紹興庚辰後跋一首不署姓名而跋中自稱曰妙總則亦僧作也近厲鶚撰宋詩紀事多採此書然如普首座詩取其別衆絶句而山居一絶反不見録則鶚所摭摭尚未盡其菁華矣乾隆四十七年四月恭校上

釋氏稽古略

臣等謹案釋氏稽古略四卷元釋覺岸撰覺岸字寶洲烏程人其書皆敘述釋氏事實用編年之體以歷代統系爲綱而以有佛以來釋家世次行業爲緯始於太昊庖犧氏終於南宋瀛國公德祐二年初名稽古手鑑既以所載尚未賅備復因舊輯而廣之始改今名書成於至正初中山李恒爲之序覺岸記誦賅博故所錄自內典以外旁及雜家傳記文集志乘碑碣之類多能搜採源流派別詳贍可觀惟於列朝興廢盛衰絕無關於釋氏者亦復分條摘列參雜成文未免傷於枝贅且據藏經所記佛生於周昭王九年既欲甄敘宗門自當斷以是歲爲始顧乃侈談邃古遠引洪荒於體例亦爲氾濫又唐代紀年於昭宣帝後别有少帝濮王綱一代謂爲朱全忠所立年號天壽旋復被鴆求之正史全無事實尤不知其何所依據然其援引既富亦頗有出自僻書足資考證者其於叢林古德記莂流傳亦多考覈詳明備徵典故錄存其說未始非緇林道古之一助也乾隆四十七年十一月恭校上

佛祖歷代通載

臣等謹案佛祖歷代通載二十二卷元釋念常撰念常姓黄氏號梅屋華亭人延祐中居嘉興大中祥符禪寺是編前有至正元年虞集序所紋釋氏故實上起七佛下迄元順帝元統元年皆編年紀載每條之後多附論斷大旨主於侈神異陳罪福起人敬畏之心以自尊其教然知儒者之禮樂刑政必不可廢故但援儒入墨與闢佛者力爭而仍尊孔子又知道家清淨與佛同源故但攻擊齋醮章呪服餌修煉之術而仍尊老子其論唐憲宗懿宗之迎佛爲崇奉太過論王縉杜鴻漸但言福業報應故人事置而不修爲泥佛太過亦時能自彌其罅漏其立言頗巧念常頗涉儒書在緇流之中較爲賅洽於佛教之廢興禪宗之授受言之頗悉於唐以來碑碣誌傳之類採掇尤詳亦足以資考訂其黨同伐異負氣囂爭乃釋道二氏之通例心知其意置而不論可矣乾隆四十七年九月恭校上

欽定四庫全書提要卷七十七

欽定四庫全書提要卷七十八

子部三十

道家類

陰符經解　陰符經考異

臣等謹案陰符經解一卷舊本題黄帝撰太公范蠡鬼谷子張良諸葛亮李筌六家注崇文總目云陰符經敘一卷不詳何代人敘集太公以後爲陰符經注者凡六家幷以惠光嗣等傳附之蓋即此書而佚其傳也晁公武讀書志引黄庭堅稱陰符糅雜兵家語又妄託子房孔明諸賢訓注則是書之注以此本爲最古矣案隋書經籍志有太公陰符鈐錄一卷又周書陰符九卷皆不云黄帝至唐李筌始稱于嵩山虎口巖得此書題曰魏道士寇謙之傳諸名山而未曉其義後于驪山逢老母傳授微旨其說怪誕不足信胡應麟筆叢乃謂蘇秦所讀即此書故書非僞而託于黄帝則李筌之僞考戰國策載蘇秦發篋得太公

陰符具有明文又歷代史志皆以周書陰符入兵家而黃帝陰符入道家亦足爲判然兩書之證應麟假借牽合殊爲未確至所云唐永徽初褚遂良嘗寫一百本者考文徵明停雲館帖所刻遂良小字陰符經卷末實有此文然遂良此帖自米芾書史寶章待訪錄宣和書譜俱不著錄諸家鑒藏亦從不及其名明之中葉忽出于徵明之家石刻之眞僞尚不及定又烏可據以定書之眞僞乎特以書雖晚出而深有理致故文士多爲注釋今亦錄而存之耳注中別有稱尹曰者不知何人卷首有序一篇不署名氏亦不署年月中有泄天機者沈三劫語蓋鄙野道流之鄙談無足深詰惟晁公武讀書志中所引筌注今不見于此本或傳寫有所竄亂又非筌之原本歟

臣等謹案陰符本考異一卷宋朱子撰陰符經出于唐李筌晁公武讀書志引黃庭堅跋定爲即筌所僞託朱子語錄亦以爲然然以其時有精語非深于道者不能作故爲考定其文其以人以愚虞聖而下一百十四字皆爲經文蓋用

褚氏張氏二注本也語錄載閭邱次孟論陰符經自然之道靜數語雖六經之言無以加朱子謂閭邱此等見處儘得而楊道夫以爲陰符經無此語蓋道夫所見乃驪山老母注本以我以時物文理哲爲書之末句故疑其語不見于本經也書中有黃瑞節附錄徵引亦頗賅備考吉安府志瑞節字觀樂安福人舉鄉試授泰和州學正元季棄官隱居嘗輯太極圖通書西銘易學啓蒙家禮律呂精義皇極經世諸書并加釋注名曰諸子成書此及參同契蓋亦其中之二種志蓋以其學涉道家故諱而不載云乾隆四十七年九月恭校上

陰符經講義

臣等謹案陰符經講義四卷宋夏元鼎撰元鼎字宗禹自號雲峯散人永嘉人少以從戎得官後登南嶽祝融峯遇人授以丹法遂歸隱於西山講修煉之術是編前有寶慶二年樓昉序稱其少從永嘉諸老游好觀陰符未盡解後遇至人於祝融峯頂若有所授者復取陰符讀之章斷句析援筆立成若有神物陰

來相助云云卽其事也卷末附内外三關圖日月聖功圖奇器萬象圖三教歸一圖先天後天圖上下鵲橋圖七十二候圖五行生成圖各繫以說蓋以丹法註陰符者也末又有寶慶丙戌留元剛雲峯入藥鏡箋序一篇及元鼎自記自序二篇寶慶丁亥王九萬後序一篇俞琰席上腐談稱元鼎註陰符藥鏡悟眞三書眞西山爲之序今考諸序皆稱三書與琰所記合而獨不載德秀序西山全集亦不載其文豈當時依託後遂不傳歟抑或久而佚之也乾隆四十七年九月恭校上

老子道德經注

臣等謹案老子道德經注二卷舊本題河上公撰文獻通考引晁氏讀書志曰太史公謂河上丈人通老子再傳而至蓋公蓋公卽齊相曹參師也而葛洪謂河上公者莫知其姓名漢孝文時居河之濱侍郎裴楷言其通老子孝文詣問之卽授素書道經兩說不同當從太史公其論甚正然隋志道家載老子道德

經二卷漢文帝時河上公注又載梁有戰國時河上丈人注老子經二卷亡則兩河上公各一人兩老子注各一書戰國時河上公書在隋已亡今所傳者實漢河上公書耳明朱東光刻是書題曰秦人蓋未詳考惟是文帝駕臨河上親受其書無不入祕府之理何以劉向七略載注老子者三家獨不列其名唐書劉子玄傳稱老子無河上公注欲廢之而立王弼前此陸德明作經典釋文亦置此注而釋弼注二人皆一代通儒必非無據詳其詞旨不類漢人殆道流之所依託歟相傳已久所言亦頗有發明姑存以備一家可耳乾隆四十七年十月恭校上

道德指歸論

臣等謹案道德指歸論六卷舊本題漢嚴遵撰隋志著錄十一卷晁公武讀書志曰唐志有嚴遵指歸四十卷馮廓注指歸十三卷今考新舊唐書均載嚴遵老子指歸十四卷馮廓老子指歸十三卷無嚴遵書四十卷之說疑公武所記

爲傳寫誤倒其文也此本爲胡震亨所刊後以板歸毛晉編入津逮祕書止存六卷錢曾讀書敏求記云曾得錢叔寶鈔本自七卷至十三卷前有總序後有人之譏也至信言不實四章今皆失去又引谷神子序云道德指歸論陳隋之間已逸其半今所存者止論德篇近代嘉興刊本列卷一之卷六與序文大相逕庭云云此本亦題卷一之卷六然則震亨所刻即據嘉興本也曹學佺作元羽外編序稱近刻嚴君平道德指歸論乃吳中所僞作今案通考引晁氏之言

（案此條通考所引與今本讀書志不同）

稱其章句頗與諸本不同如以曲則全章末十七字爲次章首之類則是書原有經文陸游集有是書跋稱爲道德經指歸古文亦以經文爲言此本乃不載經文體例互異又谷神子註本晁氏尚著錄十三卷不云佚闕此本載谷神子序乃云陳隋之間已逸其半今所存者止論德篇因獵其訛舛定爲六卷與晁氏所錄亦顯相背觸以是推求則學佺之說不爲無據錢曾所辨殊逐末而遺其本矣以其言不悖於理猶能文之士所贋託故仍著於

錄備道家之一說焉乾隆四十七年十月恭校上

老子道德經

臣等謹案唐書劉知幾傳稱易無子夏傳老子無河上公注請用王弼爲宋璟所格僅廢子夏易而弼注老子終不用然陸德明經典釋文所著音訓即弼此注是自隋以來已以弼書爲重也後諸家之解日衆弼書遂微僅有傳本亦多訛謬此本乃從明華亭張之象本錄出亦不免於訛脱而大致尚可辨别後有政和乙未晁以道跋稱文字多謬誤又有乾道庚寅熊克重刊跋稱近世希有蓋久而後得之則自宋已然矣然二跋皆稱不分道經德經而今本經典釋文上卷雖不題道經下卷乃題曰老子德經音義與此本及跋皆不合殆傳刻釋文者反據俗本增入今謹據永樂大典所載本詳加參校考訂同異闕其所疑而仍依弼原本不題道經德經字以存其舊云乾隆四十七年五月恭校上

老子道德經解

臣等謹案老子道德經解二卷宋蘇轍注蘇氏之學本出入於二氏之間故得力於二氏者特深而其發揮二氏者亦足以自暢其說是書大旨主於佛老同源而又引中庸之說以相比附蘇軾跋之謂使漢初有此書則孔老爲一使晉宋有此書則佛老不二朱子則以其援儒入墨作雜學辨以箴之然二氏之書往往隱取儒理而變其說儒者說經明道不可不辨別毫釐剖析疑似以杜學者之岐趨若爲二氏之學而注二氏之書則爲二氏立言不爲儒者立言矣其書本不免援儒以入墨注其書者安得不各尊所聞哉故自儒家言之則轍書爲兼涉兩歧自道家言之則轍書猶爲各明一義今既存老子以備一家轍書亦未可竟廢矣乾隆四十七年十月恭校上

道德寶章

臣等謹案道德寶章一卷宋葛長庚撰長庚字白叟閩清人爲道士居武夷山舊本題紫清眞人白玉蟾白玉蟾其別號紫淸眞人則嘉定間徵赴闕下所封

也其書隨文標識不訓詁字句亦不旁爲推闡所注乃少于本經語意多近禪偈蓋佛老同源故也此本爲元趙孟頫手書鉤摹雕板字畫絕爲精楷明陳繼儒亦嘗刻之彙祕笈中改題曰蟾仙解老非其本目又前有萬歷癸未適園居士跋二則其前一則稱董逌藏書志述張道相集古今註老子四十餘家不載是編案晁氏讀書志張道相乃唐天寶後人安能以南宋寧宗時書著之于錄且道相所集凡二十九家併其自註爲三十家亦無所謂四十餘家者跋所云云殆于道聽塗說矣長庚世傳其神仙而劉克莊集有王隱居六學九書序稱所見丹家四人鄒子益不登七十曾景建黃天谷僅六十白玉蟾夭死又陳振孫書錄解題羣仙珠玉集條下云白玉蟾葛其姓福之閩淸人嘗得罪亡命蓋姦匿流也余宰南城有寓公稱其人云近嘗過此曾相識否余言此輩何可使及吾門云云二人與長庚同時其說當確流俗所傳殆出附會然道家自尊其教往往如此其書既頗有可取則其人亦不足深詰矣乾隆四十七年十月恭

校上

道德眞經註

臣等謹案道德眞經註四卷元吳澄撰澄有易纂言已著錄據澄年譜稱大德十一年澄辭疾歸自京南下留淸都觀與門人論及老莊太玄等書因爲正厥訛誤而著其說澄學出象山以尊德性爲本故此註所言與蘇轍指意略同雖不免援儒入墨而就彼法言之則較諸方士之所註精邃多矣篇末有澄跋云莊君平所傳章七十二諸家所傳章八十一然有不當分而分者定爲六十八章上篇三十二章二千三百六十六字下篇三十六章二千九百二十六字凡五千二百九十二字然大抵以意爲之不必於古有所考蓋澄好竄改古經故於是書亦多所更定殆習慣成自然云乾隆四十七年九月恭校上

老子翼

臣等謹案老子翼三卷明焦竑撰竑有易筌已著錄是編輯韓非以下解老子

者六十四家而附以竑之筆乘共成六十五家各采其精語裒爲一書其首尾完具自成章段者仿李鼎祚周易集解之例各標舉姓名列本章之後其音義訓詁但取一字一句者則仿裴駰史記集解之例聯貫其文綴本章末句之下上下篇各爲一卷附錄及考異共爲一卷不立道經德經之名亦不妄署篇名體例特爲近古所采諸說大抵取諸道藏多非世所常行之本竑之去取亦特精審大旨主於闡發元言務明清淨自然之理如葛長庚等之參以道家爐火禪學機鋒者雖列其名率屏不錄於諸家註中爲博贍而有理致蓋竑於二氏之學本深於儒學故其說儒理者多涉悠謬說二氏之理者轉具有別裁云乾隆四十七年三月恭校上

御定道德經註

臣等謹案道德經二卷順治十三年大學士成克鞏恭纂仰邀　欽定　御製序文發明是書本非虛無寂滅權謀術數之學註中亦備論日用常行之理治

心治國之道於是猶龍之旨燦然明顯矣此經自河上丈人而下註釋著録者凡八十餘家積三百餘卷其間或爲之解或爲之疏或爲之音或爲之章句或爲之譜或爲之傳其人則名臣若羊祜蘇轍名儒若王弼王肅逸士若嚴遵孫登陶弘景戴逵皇甫謐道流若葛洪杜光庭輩多所闡述而梁武帝唐明皇宋徽宗明太祖亦各有註解見淺見深隨其識趣而於老聃本旨未免在離合顯晦之間註參取衆説簡要明暢眞足以益心智閎治理非徒以究淸淨無爲之説而已也乾隆四十八年十月恭校上

老子說略

臣等謹案老子說略二卷　國朝張爾岐撰爾岐有儀禮鄭註句讀已著録道德經解者甚多往往繳繞穿鑿自生障礙爾岐是編獨屏除一切略爲疏通大意其自序謂流覽本文讀有未通輒以己意占度稍加一二言於句讀隙間覺大義犂然迴視諸註勿計不能讀亦已不欲讀云云又有自跋稱人問朱子道

可道如何解應之曰道而可道則非常道名而可名則非常名朱子生平未嘗解老使其解老此即其解老之法亦即可謂解一切諸書之法要在不執解求解反之是書以解是書而已云云蓋其大旨在於涵泳本文自得理趣故不及縱横權譎之談亦不涉金丹黄白之術明白簡當頗可以備參覽焉乾隆四十七年十月恭校上

道德經注

臣等謹案道德經注二卷附陰符經注一卷　國朝徐大椿撰大椿有神農本草經百種録已著録是編以老子舊注人人異說而本旨反晦乃尋繹經文疏通其義仍分上下二篇而削其道經德經之目仍分八十一章而削其章名但以每章第一句標題其字句參考諸本取其詞意通達者其訓詁推求古義取其上下融貫者其所詮釋主乎言簡理該大旨與張爾岐老子說略相同而研索較深發揮較顯在老子注中尚爲善本附載陰符經一卷詁以易理義亦可

通惟其凡例詆訶古人王弼注謂之膚近河上公注謂之文理不通未免過當又謂老氏之學與六經旨趣各有不同六經爲中古以後文物極盛之書老氏所云養生修德治國用兵之法皆本上古聖人相傳之精意故其教與黄帝並稱其用甚簡其效甚速漢時循吏師其一二已稱極治云云亦不免務爲高論夫老子生乎亂世立清淨之説以救之特權宜拯弊之一術猶曰不藥得中醫耳蓋公以是術教曹參亦適當秦虐之後人思休息猶適當静攝可愈之病耳必謂老氏欲以此術治萬世非老氏之本意至于黄帝以七十戰定天下一切禮樂刑政無一非其所制作古書具在班班可考必謂黄帝以無爲治天下尤非黄帝之實事大椿此書于老子之學不爲無見而躋老子于六經上則不可以訓故録存其書而附辨其説如右乾隆四十七年十一月恭校上

關尹子

臣等謹案關尹子一卷舊本題周關尹喜撰考漢志有關尹子九篇而隋志唐

志皆不著錄則其佚久矣南宋時徐藏子禮始得本于永嘉孫定家前有劉向
校定序後有葛洪序向序稱蓋公授曹參參薨書葬孝武帝時有方士來上淮
南王祕而不出向父德治淮南王事得之其說頗誕與漢書所載得淮南鴻寶
祕書言作黄金事者不同疑即假借此事以附會之故宋濂諸子辨以爲文既
與向不類事亦無據疑即定之所爲然定爲南宋人而墨莊漫錄載黄庭堅詩
尋師訪道魚千里句已稱用關尹子語則其書未必出于定或唐五代間方士
解文章者所爲也至濂所謂其書多法釋氏及神仙方技家如變識爲智一息
得道嬰兒蕊女金樓絳宫青蛟白虎寶鼎紅爐誦呪土偶之類老聃時皆無是
語又謂其文峻潔而頗流于巧刻則所論皆當要之其書雖出于依託而核其
詞旨固遠出天隱無能諸子上不可廢也此本分一字二柱三極四符五鑑六
匕七釜八籌九藥九篇與濂所記合兪琰席上腐談稱舊有陳抱一注又元大
德中有杜道堅註名曰闡元今皆未見云乾隆四十七年二月恭校上

列子

臣等謹案列子八卷周列禦寇撰劉向校定爲八篇以禦寇爲鄭穆公時人柳宗元辨爲繻公時人考據極確唐天寶元年册爲沖虛眞人尊其書爲沖虛眞經宋景德間加至德二字宗元謂是書亦多增竄非其實高似孫子略以莊子天下篇歷叙墨翟以下諸子不及禦寇司馬遷亦不傳列子遂謂後人薈萃而成之皆於理或近似孫又謂出於莊子之寓言並無其人則太臆斷矣晉張湛嘗爲之註詞旨簡遠可亞於王弼注老郭象註莊其註鍊石補天之類皆妙得寓言之旨葉夢得乃詆其逐事爲解返多迷失蓋夢得僻於佞佛欲取列子書一一比附於禪學故於湛之註合己說者則以爲微知其意不合己說者則惡其害己而排之非篤論也其楊朱力命二篇宗元以所稱魏牟孔穿皆在列子以後疑爲楊朱之書然劉向以來並無是說今亦不取焉乾隆四十七年九月恭校上

沖虛至德眞經解

臣等謹案沖虛至德眞經解八卷宋江遹撰遹自署杭州州學內舍生始末未詳是書乃所注列子據舊刻標題蓋經進之本其稱沖虛至德眞經者案唐書藝文志天寶元年詔號莊子爲南華眞經列子爲沖虛眞經文子爲通元眞經亢倉子爲洞靈眞經故也老莊二子自王弼郭象作注以後著錄者不下百數十家列子則隋唐二志著錄者惟張湛所注八卷陸德明作經典釋文有老莊而無列子陳振孫書錄解題載當塗丞殷敬順補作釋文二卷今亦不傳宋史藝文志亦僅增政和御注八卷今並未見焦竑國史經籍志所載盧重元孫鶚注及沖虛至德眞經四解其存佚𥩲不可據今行於世者張湛以外惟林希逸口義及遹此書而已此書焦竑稱二十卷與今本不符然今本首尾完具不似缺佚竑所著錄大抵雜鈔史志書目舛漏相仍僞妄百出所記卷數不足憑也張湛注旨趣簡遠不尙繁詞遹此注則全仿郭象注莊之體攟落訓詁自抒會

心領要標新往往得言外之旨其間如周穆王篇注云穆王亦丹臺之舊侶也謫降人間塵俗之氣尚未深染故能安栖聖境此雖下乘之所居豈胎生肉人所能到哉殆似杜光庭林靈素輩之語未免自穢其書然大致文詞都雅思致元遠足以雁行郭象平揖張湛林希逸書不足以嬰其意也乾隆四十七年九月恭校上

莊子註

臣等謹案莊子註十卷晉郭象撰象字子元河南人辟司徒掾稍遷至黄門侍郎東海王越引爲太傅主簿事蹟具晉書本傳劉義慶世說新語曰註莊子者數十家莫能究其旨統向秀于舊註外别爲解義妙演奇致大暢玄風惟秋水至樂二篇未竟而秀卒秀子幼其義零落然頗有别本遷流象爲人行薄以秀義不傳於世遂竊以爲己註乃自註秋水至樂二篇又易馬蹄一篇其餘衆篇或點定文句而已其後秀義别本出故今有向郭二莊其義一也晉書象本傳

亦采是文絶無異語錢曾讀書敏求記獨謂世代遼遠傳聞異詞晉書云云恐
未必信案向秀之註陳振孫稱宋代已不得但時見陸氏釋文今以釋文所載
校之如逍遥遊有蓬之心句釋文郭向並引絶不相同胠篋篇聖人不死大盜
不止句釋文引向註二十八字又爲之斗斛以量之句釋文引向註十六字郭
本皆無然其餘皆互相出入是所謂竊據向書點定文句者殆非無證錢曾乃
曲爲之解何哉考劉孝標世説註引逍遥遊向郭義各一條今本無之讓王篇
惟註三條漁父篇惟註一條盜跖篇惟註三十八字説劍篇惟註七字似不應
簡略至此疑有所脱佚又列子生物者不生化物者不化二句張湛註曰莊子
亦有此文併引向秀註一條而今本莊子皆無之是併正文亦有所遺漏蓋其
亡已久今已不可復考矣乾隆四十七年九月恭校上

南華眞經新傳

臣等謹案南華眞經新傳二十卷宋王雱撰雱字元澤臨川人安石之子未冠

登進士累官龍圖閣直學士事蹟具宋史本傳是書體例略仿郭象之注更約其詞標舉大意而不詮文句謂內七篇皆有次序綸貫其十五外篇十一雜篇不過藏內篇之宏綽幽廣後附拾遺雜說一卷以盡其義史稱雱睥睨一世無所顧忌其很悖本不足道顧率其傲然自恣之意與莊周之滉瀁肆論破規矩而任自然者性若相近故往往能得其微旨孫應鼇謂取言不以人廢諒矣文獻通考作十卷此本倍之疑通考誤脫二字或明代重刊每卷分而爲二歟王宏撰山志曰注道德南華者無慮百家而呂惠卿王雱所作頗稱善雱之才尤異使當時從學于程子之門所就當不可量又曰竊又疑惠卿之姦諂雱之恣戾豈宜有此小人攫名或倩門客爲之亦未可知案小人有才而無行自其天性邪恕何嘗不及程子之門而一旦決裂不可收拾安見雱之必有所就至于雱之材學原自出羣王安石所作新經義惟周禮是其手稾其餘皆雱之助成蔡絛鐵圍山叢談言之甚詳又何有于莊子注而必需假手乎宏撰所言不過

好爲議論均未詳考其實也至此本流傳較稀脫爛頗甚駢拇已下五篇傳文已佚餘亦多殘缺今亦姑仍之焉乾隆四十七年十月恭校上

莊子口義

臣等謹案莊子口義十卷宋林希逸撰希逸有考工記解别著録是編爲其三子口義之一前有自序大意謂讀莊子有五難必先精於語孟學庸等書見理素定又必知文字血脈知禪宗解數而後知其立意少嘗聞於樂軒因樂軒而聞艾軒之説文字血脈頗知梗槩又嘗涉獵佛書而後悟其縱横變化之機於此書稍有所得實前人所未盡究者云云蓋希逸之學本於陳藻藻之學得於林光朝所謂樂軒者藻之别號艾軒者光朝之别號凡書中所稱先師皆指藻也序又謂郭象之註未能分章析句王雱吕惠卿之説大旨不明愈使人有疑於莊子云云今案郭象之註標意於町畦之外希逸以章句求之其見已陋王吕二註就莊子以解莊子而不附合於儒理亦謂以道家之言還之道家不至

混二氏於孔門希逸以托身於道家之門而註莊子恐儒者用以爲譏遂以爲有合於聖人亦牽合回護之見其實不過論禪論文各明一義以其發揮明達曉暢不爲艱深之語於莊子多所發明猶勝於後來林雲銘輩支離弇陋以時文之法讀莊子者故錄而存之備一家焉乾隆四十七年四月恭校上

南華眞經義海纂微

臣等謹案南華眞經義海纂微一百六卷宋褚伯秀撰伯秀杭州道士其書成於咸淳庚午下距宋亡僅六年周密癸辛雜識後集載至元丁亥九月與伯秀及王磐隱游閱古泉則入元尚在也其書纂郭象吕惠卿林疑獨陳祥道陳景元王雱劉槩吴儔趙以夫林希逸李士表王旦范元應十三家說而斷以己意謂之管見中多引陸德明經典釋文而不列於十三家中以是書主義理而不主音訓也成元英疏文如海正義張潛夫補註皆間引之亦不列於十三家以從陳景元書采用也范元應乃蜀中道士本未註莊子以其爲伯秀之師故多

述其緒論焉蓋宋以前解莊子者梗槩略具於是其間如吳儔趙以夫王旦諸家今皆罕見傳本實賴是書以傳則伯秀編纂之功亦不可沒矣前有劉震孫文及翁湯漢三序皆咸淳初所作也乾隆四十七年四月恭校上

莊子翼

臣等謹案莊子翼八卷莊子闕誤一卷附錄一卷明焦竑撰竑有易筌已著錄是編成於萬歷戊子體例與老子翼同前列所載書目自郭象注以下凡二十二家旁引他說互相發明者自支遁以下凡十六家又章句音義自郭象以下凡十一家今核其所引惟郭象呂惠卿褚伯秀羅勉學陸西星五家之說爲多其餘特間出數條略備家數而已又稱褚氏義海引王雱注內篇劉槩注外篇道藏更有雱新傳十四卷豈其先後所注不同故並列之歟今採其合者著于編仍以新傳別之云云今考書中所引自雱新傳以外别無所謂雱注而養生主注引劉槩一條則槩注亦有內篇其說殆不可解蓋明人著書好誇博奧一

核其實多屬子虛萬歷以後風氣類然固不足以深詰也至于支遁注莊前史未載其逍遙遊義本載劉孝標世說新語注中乃沒其所出竟標支道林注亦明人改頭換面之伎倆不足爲憑然明代自楊愼以後博洽者無過于竑其所引據究多古書固較流俗注本爲有根柢矣乾隆四十七年十月恭校上

文子

臣等謹案文子二卷漢志道家文子九篇注曰老子弟子與孔子並時而稱周平王問似依託者也案此班固之原注讀書志以爲顔師古注誤也隋志載文子十二篇注曰老子弟子七略有九篇梁十卷亡二志所載不過篇數有多寡耳無異說也因史記貨殖傳有范蠡師計然語又因裴駰集解有計然姓辛字文子其先晉國公子語北魏李暹作文子注遂以計然文子合爲一人文子乃爲有姓有名謂之辛鈃案暹注今不傳此據讀書志所引案馬總意林列文子十二卷注曰周平王時人師老君又列范子十三卷注曰並是陰陽歷數也又曰計然者葵邱濮上人姓辛名文子其

先晉國公子也其書皆范蠡問而計然答是截然兩人兩書更無疑義遷移甲爲乙謬之甚矣柳宗元集有辨文子一篇稱其旨意皆本老子然考其書蓋駮書也其渾而類者少竊取他書以合之者多凡孟子輩數家皆見剽竊嶢然而出其類其意緒文詞又互相牴而不合不知人之增益之歟或者衆爲聚斂以成其書歟今刊去謬惡濫雜者取其似是者又頗爲發其意藏于家是其書不出一手唐人固已言之然宗元所刊之本高似孫子略已稱不可見今所行者仍十二篇之本别本或題曰通元眞經蓋唐天寶中嘗加是號事見唐書藝文志云乾隆四十七年十月恭校上

文子纘義

臣等謹案文子纘義十二卷宋杜道堅撰道堅字南谷當塗人武康計籌山昇元觀道士也其始末無考是書諸家書目亦罕著于錄惟牟巘陵陽集有爲道堅所作序又别有計籌峯眞率錄序稱洞微先生常主昇元觀席德壽宮賜之

寶翰至今歲某甲道堅實來上距祖君十二化然才百年云云案自高宗內禪居德壽宮時下至景定壬戌正一百年則道堅當爲理宗時人矣文子一書自北魏以來有李暹徐靈府朱元三家註惟靈府註僅存亦大半闕佚道堅因所居計籌山有文子故蹟因註其書所採諸家之說不標姓名但題曰舊註道堅自爲說者則題纘義以別之自元以來傳本頗稀獨永樂大典尙載其文其精誠符言上德微明自然下德上義七篇首尾完備道原十守道德上仁上禮五篇原本失載或修永樂大典之時已散佚不完歟今檢原目次第排錄成帙所闕之五篇亦仍載其原文釐爲十有二卷仍符隋唐志文子舊數書中字句與世傳明代道潛堂刊本多所同異其閒文義兩通者不可勝舉其顯然訛脫者如符言篇求爲寧求爲治句明刊本作無爲與上下文義全反又不知言知病也句明刊本無言字于義難通又時之去不可追而援也句明刊本追字作足又內在己者得句明刊本內字作則又夫氣者可以道而制也句明刊本夫字

作二又微明篇聖人見福于重關之內句明刊本見字作先又上義篇奇伎逃亡句明刊本逃亡作天長均譌誤不可解當以此本爲正又符言篇故能以衆不勝成大勝者惟聖人能之二句明刊本脫下一句又能成霸王者必德勝者也句明刊本脫德字又上義篇故天下可一也句明刊本一字下衍人字此類甚多蓋道堅生當宋季猶見諸家善本故所載原文皆可正後來譌誤不但註文明暢足以宣通疑滯也乾隆四十七年十月恭校上

列仙傳

臣等謹案列仙傳二卷舊本題漢劉向撰紀古來仙人自赤松子至玄俗凡七十一人人係以贊篇末又爲總贊一首其體全仿列女傳陳振孫書錄解題以爲不類西漢文字必非向撰黄伯思東觀餘論謂是書雖非向筆而事詳語約詞旨明潤疑東京人作今考是書隋志著錄則出於梁前又葛洪神仙傳序亦稱此書爲向作則晉時已有其本然漢志列劉向序六十七篇但有新序說苑

世說列女傳圖頌無列仙傳之名又漢志所錄皆因七略其總贊引孝經援神契爲漢志所不載涓子傳稱其琴心三篇有條理與漢志蜎子十三篇不合老子傳稱作道德經上下二篇與漢志但稱老子亦不合均不應自相違異或魏晉間方士爲之託名於向耶振孫又云館閣書目作三卷六十一人中興書目作二卷七十二人李石續博物志亦云劉向傳列仙七十二人皆與此本小異惟葛洪神仙傳序稱七十一人此本上卷四十八下卷三十人內江裴二女應作二人與洪所記適合檢李善文選註及唐初藝文類聚諸書所引文亦相符當爲舊本其篇末之贊今槩以爲向作考隋志載列仙傳贊二卷劉向撰晉郭元祖贊又孫綽贊三卷此本二卷較孫綽所贊少一卷又劉義慶世說新語載孫綽作商邱子胥贊曰所牧何物殆非眞豬儻遇風雲爲我龍攄此本商邱子胥贊亦無此語然則此本之贊其郭元祖所撰歟以相傳舊刻未列郭名疑以傳疑今亦姑闕焉乾隆四十七年五月恭校上

周易參同契通眞義

臣等謹案周易參同契通眞義三卷後蜀彭曉撰曉字秀川永康人自號眞一子仕孟昶爲朝散郎守尚書祠部員外郎賜紫金魚袋其事迹未詳楊慎序古本參同契則以曉爲道士考王建之時杜光庭嘗以道士授官曉爲道士亦事理所有但未知所據何書也葛洪神仙傳稱魏伯陽作參同契五行相類凡三卷其說是周易其實假借爻象以論作丹之意隋書經籍志不著錄舊唐書經籍志始有周易參同契二卷周易五行相類一卷而入之五行家殊非其本旨鄭樵通志藝文略始別立參同契一門載註本一十九部三十一卷今亦多佚亡獨曉此本尚傳共分九十章以應陽九之數又以鼎器歌一篇字句零碎難以分章獨存于後以應水一之數又撰明鏡圖訣一篇附下卷之末曉自作前後序闡發其義甚詳諸家註參同契者以此本爲最古至明嘉靖中楊慎稱南方有發地中石函者得古文參同契以爲伯陽眞本反謂曉此本淆亂經註好

異者往往信之然朱子作參同契考異其章次並從此本永樂大典所載參同契本亦全用曉書而以俞琰諸家之註分隸其下則知此本爲唐末之書授受遠有端緒愼所傳本殆豐坊古大學之流殊荒誕不足爲信故今錄參同契之註仍以此本爲冠焉乾隆四十七年十一月恭校上

周易參同契考異

臣等謹案周易參同契考異一卷宋朱子撰考陳振孫書錄解題稱朱子以參同契詞韻皆古奥雅難通讀者淺聞妄輒更改比他書尤多舛誤因合諸本更相讐正朱子自跋亦稱凡諸同異悉存之以備考訂故以考異爲名今案書中注明同異者惟天下然後治之治字云或作理威光鼎乃熺之熺字云本作僖參證他本者不過二處又如修字疑作循六五疑作廿六鉛字疑作飴與字疑作爲之類朱子所自校者亦祇六七處其餘每節之下隨文詮釋實皆箋註之體不盡訂正文字乃以考異爲名未喻其旨跋末自署空同道士鄒訢蓋以鄒

本邾國其後去國而爲朱故以寓姓禮祀鄭氏註謂訢當作熹又集韻熹虚其切訢亦虚其切故以寓名殆以究心丹訣非儒者之本務故託諸庾詞歟考朱子語錄論參同契諸條頗爲詳盡年譜亦載有慶元三年蔡元定將編管道州與朱子會宿寒泉精舍夜論參同契一事文集又有答蔡季通書曰參同契更無縫隙亦無心思量但望他日爲劉安之雞犬耳云云蓋遭逢世難不得已而託諸神仙殆與韓愈謫潮州時邀大顛同游之意相同故黄瑞節附錄謂其師弟子有脱屣世外之意深得其情也乾隆四十七年十月恭校上

周易參同契解

臣等謹案周易參同契解三卷宋陳顯微撰顯微字宗道自號抱一子淮陽人嘉定中遇異人於都梁得金丹之訣寶慶初至臨安居佑聖觀謝絶賓友入室修鍊者逾年道益進嘗以近世箋註參同契者非一皆未明伯陽之旨因别爲之解端平元年其弟子王夷授梓以行顯微自爲之序其書前後次第悉依彭

曉本惟分上中下三篇而不分章蓋依神仙傳所載篇目之舊鼎器歌一首則仍從彭本附之於後又經文中象彼仲冬節以下七十字彭曉陳致虛本俱在枝莖華葉之下而是本乃在太陽流珠一節之下則亦顯微據經中別序四象之語移之於此以起下文者也仙家丹書皆內景法象隱語猝難領悟所謂口訣別有師授然必依文以求方能不失宗旨顯微此解明白敷暢易於尋繹在參同契諸注中稱爲善本故存之爲言內丹者備一家焉乾隆四十七年十月恭校上

周易參同契發揮

臣等謹案周易參同契發揮三卷釋疑一卷元俞琰撰琰字玉吾吳縣人隱居洞庭山好言周易有集說舉要諸書又以爲養生家言源於易理著易外別傳一卷是書以一身之水火陰陽發揮丹道論者以爲遜於彭曉陳顯微陳致虛三注然取材甚博其釋疑三篇考核異同較朱子尤爲詳備明白雲霽道藏目

錄謂二書共十四卷焦竑經籍志則作十二卷毛晉津逮祕書以琰注與曉等三家注合爲一編已非其舊又併其釋疑佚之此本每卷俱有圖乃至大三年嗣天師張與封所刻實祇三卷附以釋疑一卷而琰易外別傳自序亦稱丹道之口談細微具載於參同契發揮三卷焦竑等蓋未見此書故所紀篇目有誤也乾隆四十七年十月恭校上

周易參同契分章註

臣等謹案周易參同契分章註三卷元陳致虛撰致虛字觀吾自號上陽子年四十始從趙友欽學道得長生久視之術嘗著上陽子二十篇見於永樂大典丹字韻中又有金丹大要五卷論丹術祕義道家多推其微妙其言稱金丹之道求於册者當以陰符道德爲祖金碧參同次之又稱丹書多不可信得眞訣者要必以參同契悟眞篇爲主又所作醒眼詩有云端有長生不死方常人緣淺豈承當鉛銀砂汞分斤兩德厚恩深魏伯陽蓋實能於伯陽書中研討而有

得者此乃所作參同契注凡分爲三十五章與彭曉注本分九十章者不同又以曉取鼎器歌一篇移置於後爲非仍依原本置之法象成功章之後其所疏解皆明白顯暢可資學道者啟悟之益近時李光地謂參同契惟漢魏叢書所載朱長春本爲最得古意今以朱本相勘其章次皆與此相同惟首篇乾坤者易之門戶云云不立章名故自乾坤設位以下祇分爲三十四章視此較少一章其實即致虛之本也乾隆四十七年四月恭校上

古文參同契集解

臣等謹案古文參同契集解三卷明蔣一彪撰一彪自號復陽子餘姚人魏伯陽作參同契原本三篇自彭曉分章作解後來註家雖遞有併析而上中下篇之次序俱仍舊目至明楊慎始別出一本稱南方掘地得石函中有古文參同契上中下三篇敘一篇徐景休箋注亦三篇後序一篇淳于叔通補遺三相類上下二篇後序一篇合爲十一篇自謂得見朱子所未見一彪此註即據慎本

而作故謂之古文其彭曉陳顯微陳致虚俞琰四家之註悉割裂其文綴于各段之下故謂之集解今考其書于舊文多所顛倒以原本所有讚一篇則指爲景休後序原本補塞遺脱一章亦析出爲叔通後序案參同契書自虞翻註易引其日月爲易一語外見李鼎祚周易集解他家罕所稱引其授受源流諸書亦不具載所可據者惟彭曉之序爲古曉序但稱魏君示青州徐從事徐隱名而注之鄭樵通志藝文略有徐從事注陰陽統略參同契三卷亦不言爲徐景休何以越二千年至愼而其名忽顯其讚序一首朱子嘗謂其文意是注之後序恐是徐君註而註不復存今此本乃適與相合豈非因朱子之語而附會其説歟一彪此本于諸注原稱魏君者輒改作徐君以就其説尤非闕疑之義然自愼以後世遂別有此本諸家所注往往沿之亦遂不可磨滅今姑依其篇第各分子卷與彭曉諸本並著于録以著作僞變亂之由俾來者無惑焉乾隆四十七年十月恭校上

抱朴子內外篇

臣等謹案抱朴子內外篇八卷晉葛洪撰洪字稚川丹陽句容人耽嗜道術嘗聞餌丹砂可延年自乞爲句漏令後退居羅浮山鍊丹著書推明導養黄白之術自號抱朴子因以名書自序爲內篇二十卷外篇五十卷而隋志唐志及通志通考所載卷數率多互異疑傳寫者分晰不同晁公武謂晉書內外有一百一十六篇今世所傳者四十篇陳振孫又謂館閣書目有外篇五十卷未見又永樂大典所載目校今本失去丹砂法等八篇是宋元間流傳全本已尠此本乃明烏程盧舜治以所得宋本及王府藏經二本參校付刊視他本獨少闕略所列篇數與洪自序卷數相符知洪當時葢以一篇爲一卷也特晁氏所云一百十六篇者未知何所據耳其書外篇言時政得失人事臧否旁引曲喻饒有名理內篇則論神仙吐納符籙之事先儒或斥其不經然詞旨辨博文藻贍麗實非六朝以後所能作未可以其出於道家者言而概置之也乾隆四十七年

十一月恭校上

神仙傳

臣等謹案神仙傳十卷晉葛洪撰洪有抱朴子内外篇已别著録是書據洪自序蓋于内篇既成之後因其弟子滕升問仙人有無而作所録凡八十四人序稱秦大夫阮倉所記凡數百人劉向所撰又七十餘人今復鈔集古之仙者見于仙經服食方百家之書先師所説耆儒所論以爲十卷又稱劉向所述殊甚簡略而自謂此傳有愈于向今考其書惟容成公彭祖二條與列仙傳重出餘皆補向所未載其中如黄帝之見廣成子盧敖之遇若士皆莊周之寓言不過鴻濛雲將之類未嘗有其人淮南王劉安謀反自殺李少君病死具載史記漢書亦實無登仙之事洪一概登載未免附會至謂許由巢父服箕山石流黄丹今在中岳山中若二人晉時尚存洪目睹而記之者尤爲虚誕然後漢書方術傳載壺公薊子訓劉根左慈甘始封君達諸人已多與此書相符疑其亦據舊

文不盡僞撰又流傳既久遂爲故實歷代詞人轉相沿用固不必一一核其眞僞也諸家著錄皆作十卷與今本合惟隋書經籍志稱爲葛洪列仙傳其名獨異考新舊唐書並作葛洪神仙傳知今本隋志殆承上列仙傳讚之文偶然誤刊矣乾隆四十七年九月恭校上

眞誥

臣等謹案眞誥二十卷梁陶弘景撰弘景有刀劒錄已著錄是書凡運象篇甄命授協昌期稽神樞闡幽微握眞輔翼眞檢等七篇其運象篇書末弘景敍錄又作運題象前後必有一訛然未詳孰是也文獻通考作十卷此本乃二十卷蓋後人所分析也所言皆仙眞授受眞訣之事朱子語錄云眞誥甄命篇卻是竊佛家四十二章經爲之至如地獄託生妄誕之說皆是竊佛教中至鄙至陋者爲之黄伯思東觀餘論則云眞誥衆靈敎戒條後方圓諸條皆與佛四十二章經同後人所附然二氏之書亦存此一家于天地間耳固不必一一別是非

亦無庸一一辨眞僞也伯思又云小宋太乙宮詩瑞木千尋聳仙圖幾弔開注云眞誥謂一卷爲一弔殊不知眞誥所云弖即卷字蓋從省文眞誥音亦爾非弔字也然則此書諸卷皆原作弖字陶宗儀說郛蓋本於此今皆作卷幾亦非弘景之舊矣乾隆四十七年十月恭校上

亢倉子　亢倉子注

臣等謹案亢倉子一卷舊本題庚桑楚撰唐柳宗元嘗疑之宋晁公武讀書志高似孫子略皆稱唐開元天寶間尊庚桑子爲洞靈眞經求其書不獲襄陽處士王士源采諸子文義類者撰而獻之周氏涉筆摘其危代以文章取士語又摘其一鄉一縣一州被靑紫章服語謂指唐制宋濂諸子辨亦摘其以人易民以代易世爲太宗諱斷作之者爲唐士今考孟浩然集首有宣城王士源序自稱修亢倉子九篇又有天寶九載韋滔序亦稱宣城王士源藻思淸遠深鑒文理常遊山水不在人間著亢倉子數篇傳之後代云云則此書乃士源補撰原

非僞託當時已明言之後人疑者紛紛蓋未之考也惟是庚桑楚居于畏壘僅見莊子而史記莊周列傳則云周爲書如畏壘亢倉子皆空言無事實則其人亦鴻濛雲將之流有無蓋未可定其書漢志隋志皆不著錄至于唐代何以無所依據憑虛漫求毋亦士源先有此本而出入禁中之方士如葉法善羅公遠者轉相煽惑預爲之地因而詔求歟觀士源自序稱天寶四載徵謁京邑適在書成之後是亦明證矣然士源本亦文士故其書雖雜剽老子莊子列子文子商君書呂氏春秋劉向說苑新序之詞而聯絡貫通亦殊亹亹有理致非他僞書之比其多作古文奇字與衞元嵩元包相類晁公武謂内不足者必假外飾頗中其病詞人好異之習存而不論可矣崇文總目作九篇馬端臨經籍考作二卷宋濂諸子辨則作五卷此本僅有一卷而篇數與崇文總目合蓋猶舊本云

臣等謹案亢倉子注一卷舊本題何粲撰不著時代柳宗元讀亢倉子稱劉向

班固錄書無亢倉子而今之爲術者乃始爲之傳注以教于世則注自宗元時
已有然宗元不著注者姓名晁公武讀書志載亢倉子二卷何璨注公武當南
北宋之間則何璨當在北宋以前惟璨字從玉與今本小異或傳寫異文歟注
文簡質不類宋以後語疑即宗元所見也注中又雜以音釋爲明黄諫所補卷
末有諫跋諫喜作古字所著有從古正文別著錄亢倉子多用奇字與諫所學
合故諫喜而爲之音釋然與注糅雜不復一一識別是則明人竄亂古書之惡
習也亢倉子爲王士源所補唐史具有明文柳宗元誤以爲僞書晁公武已辨
之高似孫子略乃又誤以士源爲王褒其謬更甚諫跋亦以爲王褒所作不能
考正蓋諫之所學不過以小篆改隸書使人不可辨識而已其他固非所知也
乾隆四十七年十一月恭校上
玄眞子　無能子
臣等謹案玄眞子唐張志和撰志和字子同婺州人初名龜齡肅宗時以明經

擢第待詔翰林坐事貶南浦尉後遇赦還放浪江湖以終自號曰煙波釣徒又號曰玄眞子沈汾續仙傳載其行事甚怪大抵好事者附會之實則恬退自居之士也其書據書錄解題稱本十二卷陳振孫時祇存三卷已非完帙此本併爲一卷又非南宋人所見者矣書凡三篇一曰碧虛二曰鸑鷟三曰濤之靈或當時之本以一篇爲一卷歟其言略似抱朴子外篇但文采不及其麗耳天隱子亦唐人撰不知其姓名前有司馬承禎序晁公武陳振孫皆疑爲承禎所託名然無顯證也書凡八篇一曰神仙二曰易簡三曰漸門四曰齋戒五曰安處六曰存想七曰坐忘八曰神解讀書志稱一本有三宮法附於後此本無之殆傳寫佚脫矣文獻通考别列之神仙家然神仙究亦道家之言且寥寥僅兩三紙不能自成卷帙今以與玄眞子同爲唐人所作即附之玄眞子後俾從其類焉

臣等謹案無能子一卷不著撰人名字序稱光啟三年天子在襃則唐僖宗時

人也宋崇文總目錄屬道家晁公武讀書志云書三十篇明老莊自然之旨今案篇目實三十四篇與序所言篇數合而卷上註闕第六篇卷中註闕第五篇卷下註闕第七第九第十第十二第十三第十四等六篇是其全書具在又不止于三十四篇豈當時有錄無書欲爲之而未成姑虛列其目耶唐藝文志以爲光啟間隱民考序中有不述姓名遊宦語則非隱民也其書多竊莊列之旨又雜以釋氏之說詞旨頗淺弱以唐代遺書在今已少姑以舊本錄之耳乾隆四十七年九月恭校上

續仙傳

臣等謹案續仙傳三卷舊本題唐溧水令沈汾撰陳振孫書錄解題曰汾或作玢案吳淑江淮異人錄載有侍御沈汾游戲坐蛻事亦道家者流疑即其人書中記及譚峭而稱楊行密曰吳太祖則所謂唐者南唐也其書上卷載飛昇一十六人以張志和爲首中卷載隱化十二人以孫思邈爲首下卷載隱化八人

以司馬承禎爲首雖其中附會傳聞均所不免而大抵因事緣飾不盡子虚烏有之流如張志和見顔眞卿集藍采和見南唐書謝自然見韓愈集許宣平見李白集孫思邈司馬承禎譚峭各有著述傳世皆非鑿空他如馬自然許碏戚逍遥許宣平李昇徐釣者譚峭李陽冰諸詩亦頗藉其採錄惟泛海遇仙使歸師司馬承禎事上卷以爲女眞謝自然下卷又以爲女眞焦静眞不應二人同時均有此異是其虚構之詞偶忘其自相矛盾者矣乾隆四十七年四月恭校

上

雲笈七籤

臣等謹案雲笈七籤一百二十二卷宋尚書度支員外郎充集賢校理張君房撰祥符中君房自御史臺謫官寧海適眞宗崇尚道教詔以祕閣道書付杭州俾戚綸陳堯佐校正綸等同王欽若薦君房主其事君房乃編次得四千五百六十五卷進之復撮其精要總萬餘條以成是書其稱雲笈七籤者蓋道家之

言三洞經總成七部天寶君說洞眞爲上乘靈寶君說洞元爲中乘神寶君說洞神爲小乘又太元太平太淸爲輔經又正一法文徧陳三乘別爲一部統稱三洞眞文君房以道經總旨不出於此故以名之自序所謂掇雲笈七部之英略寶藴諸子之奥者是也詮敘之例自一卷至二十八卷總論經敎宗旨及仙眞位籍之事二十九卷至八十六卷則以道家服食鍊氣內丹外丹方藥符圖守庚申尸解諸術分類縷載八十七至一百二十二卷則前人文字及詩歌傳記之屬凡有涉于道家者悉編入焉大都摘錄原文不加論說其引用集仙錄靈驗記等亦間有脫遺然類例既明指歸略備綱條科格無不兼賅足爲道家總彙博學之士咸取材焉誠不可廢矣文獻通考作一百二十卷此本爲明中書舍人張萱所刊中多二卷蓋通考脫誤也乾隆四十七年十月恭校上

悟眞篇註疏

臣等謹案悟眞篇註疏三卷附直指詳說一卷宋張伯端撰翁葆光注而戴起

宗所重增疏義也伯端一名用成字平叔天台人熙寧中遊蜀遇異人傳金丹
火候之祕元豐中成道於荆湖以無生留偈而逝其徒焚之若釋氏所謂舍利
者千百後七年復有人見之王屋山中故世俗相傳以爲仙去是專明金丹之
要與參同契並道家所推爲正宗其中所云要知產藥川源處只在西南是本
鄉者即參同契三日出爲巽震生庚西方之旨其云藥重一斤須二八者即參
同契上弦兑數八下弦艮亦八之旨其云三五一都三個字古今明者實然稀
者即參同契三五與一天地至精可以口訣難以書傳之旨其云木生于火本
藏鋒要須制伏覓金公者即參同契河上奼女得火則飛將欲制之黄芽爲根
之旨彼此闡發指藴極爲深奥學道者罕得眞解乾道中象川翁葆光始析爲
三篇作注以申繹其義又附以悟眞直指詳說一篇傳之既久或訛爲薛道光
撰而葆光之名不顯逮元至順間集慶戴起宗訪得眞本重加訂正於是定爲
葆光之注而已復爲之疏相輔而行二人於丹術頗深故言之皆有根柢如所

云假眞陰眞陽之二物奪天地之一氣以爲丹餌歸丹田氣海之中以御一身後天地之氣翕然歸之若衆星之拱北辰其説實能括丹家之祕悟眞篇注釋雖多其明白切要未有能過於是本者故録而存之以備道家之一説焉乾隆四十七年十一月恭校上

龍虎經注疏

臣等謹案龍虎經注疏三卷宋王道撰前有道自序及太乙宮道士周眞一奏進箚子又有道後序一篇道本末不可考自題稱保義郎差充恩平郡王府指揮使自序又云一介武弁隸職王府蓋本藩邸環衛官而依附道流者也陳振孫書録解題載古文龍虎上經一卷不著名氏道推衍其義爲之注又中注意自爲之疏其經分三十三章上卷十三章中卷六章下卷十四章末又載攢簇周天火候金火相交生藥二圖明用功之法大旨謂眞鉛眞汞止取天地之精日月之華混合造化以成神丹辨藥材之眞僞抉金石之異同又稱得其師口

訣以龍虎經行世之本謬誤爲多故釐而正之分章定句於淳熙間奏進所謂龍虎者即水火之義道家丹訣例用寓名耳注疏中多引參同契語蓋爐火之說自魏伯陽始有書猶彼法中之六經也道又有補注參同契見所作後序今佚不傳然大意亦不過如此矣此書宋史藝文志不著錄或疑出羽流依託然龍虎經之爲古書尚無確驗亦何必究注之眞僞且服氣養生山林隱逸之事也因方士以奏於朝此何意乎其人殊不足道姑以其言成理存之爾乾隆四十七年十月恭校上

易外別傳

臣等謹案易外別傳一卷元俞琰撰其書以邵子先天圖闡明丹家之旨考先天圖傳自陳摶南宋以來無不推爲伏羲之祕文卦爻之本義袁樞林栗雖據理以攻之然不能抉其假借之根口衆我寡無以相勝也迨元延祐間天台陳應潤始指爲參同契爐火之說其言確有根據然宗河洛者深諱之巧辨萬端

轇轕彌甚惟琰作此書絕無文飾其後序有曰名之曰易外別傳蓋謂丹家之說雖出于易不過依仿而託之者非易之本義也可謂是非皎然不肯自誣其心者矣後序稱是書附周易集說後其子仲溫跋亦云易外別傳一卷先君子之所著而附於周易集說後者今通志堂所刊集說成德序中雖稱易圖纂要一卷易外別傳一卷附焉而印本實無此卷豈初鋟於木後覺其不類而刪之耶白雲霽道藏目錄以此書與易圖通變易筮通變同載於太元部若字號中並題曰雷思齊撰考揭傒斯爲思齊作序稱所著有老子本義莊子旨義和陶詩吳全節序又稱其別有文集而均不及此書殆雲霽以三書同函而誤歟乾隆四十七年十月恭校上

席上腐談

臣等謹案席上腐談二卷宋俞琰撰是書乃其箚記雜說惟上卷前數十條爲考證名物之語詞意多膚淺無稽如謂婦人俗稱媽媽乃取坤卦利牝馬之貞

意謂氍毹之名因出于渠搜謂毾㲪之名取于蹋以登牀多附會穿鑿不足爲據其餘則皆闕容成之術及論褚氏遺書胎孕之說下卷則備述丹書而終以黃白爲戒大旨皆不出道家而在道家之中持論獨爲近正亦由其先明儒理故不惑方士之詭說也朱存理樓居雜著有是書跋語二條其一稱石澗先生注易外別有席上腐談易說既有刻此編特手筆存于家黃巖林公守郡時持之而去其家別無副本至今吳中失其傳庚戌秋與海昌董子壬會于逆旅偶談家有是書又已失去遂同過祝秋官處轉爲假之歸幸此書又復來吳中云云是此書之傳出于存理其一稱俞氏家集云腐談四卷今止二卷今本曰輔談者雖聲相近而字畫傳訛不同必有據也云云考永樂大典所引或作輔或作腐參差不一觀存理跋知當時本自異文非有兩書矣乾隆四十七年十一月恭校上

臣等謹案道藏目錄詳註四卷明道士白雲霽撰雲霽字明之號在虚子上元人是書成於天啟丙寅以道藏之文分門編次大綱分三洞四輔十二類每條各有解題如崇文總目郡齋讀書志之例所列諸書多掇拾以足卷帙如劉牧易數鈎隱圖遺論九事張理易象圖說内外篇雷思齊易外別傳案此本俞琰之書雲霽誤以爲思齊易筮通變易圖通變舊皆入易類穆天子傳舊入起居注類山海經舊入地理類揚雄太玄經邵子皇極經世鮑雲龍天原發微舊皆入儒家類墨子舊入墨家類素問靈樞經八十一難經孫思邈千金方葛洪肘後備急方急救仙方仙傳外科祕方寇宗奭本草衍義舊皆入醫家類公孫龍子尹文子舊入名家類韓非子舊入法家類孫子舊入兵家類鬼谷子舊入縱横家類鬻子鶡冠子淮南子子華子劉子馬總意林舊皆入雜家類録異記江淮異人錄舊皆入小說家類黄帝宅經龍首經金匱玉衡經玄女經通占大象歷星經靈棋經舊皆入術數家類陶弘景華陽隱居集邵子擊壤集吳筠宗元集舊皆入別集類

雖配隸或有未安門目或有改易然總無以爲道家言者今一概收載殊爲牽
强蓋二氏之書往往假借附會以自尊其教不足深詰也乾隆四十七年四月
恭校上